Herbert Westenburger

WIR PFEIFEN AUF DEN GANZEN SCHWINDEL

Bibliografische Informationen der Deutschen Nationalbibliothek
Die Deutsche Nationalbibliothek verzeichnet diese Publikation in der Deutschen Nationalbibliographie; detaillierte bibliografische Daten sind im Internet über http://d-nb.de abrufbar.

Die Veröffentlichung wurde von
der Stiftung „Dokumentation der Jugendbewegung“
mit einem Druckkostenzuschuss unterstützt.

2. erweiterte Ausgabe, März 2020

Fotos: Herbert Westenburger
Umschlag: Peter Bertsch (Fuchs), Rheinstetten-Forchheim
Konzeption, Layout und Ausführung: pth-mediaberatung
Korrektur: Fritz Schmidt (Fouché), Augsburg

Titelbild: Treffen des „Maulbronner Kreises“, ehemaliger dj. 1.11er und Nachkriegsjungenschaftler unter den „Hohlen Felsen“ im Wasgau (Pfalz), Pfingsten 1959
Foto: Leif Geiges, Staufen/Breisgau

ISBN 978-3-88778-327-3

WIR PFEIFEN AUF DEN GANZEN SCHWINDEL

VERSUCHE JUGENDLICHER SELBSTBESTIMMUNG

SPURBUCHVERLAG

MEINER LIEBEN MUTTER
UND MEINER FRAU LORE GEWIDMET

DOCH EH' ICH ES VERGESSE

Ein Wort des Dankes an alle, die mich bei der vorliegenden Dokumentation hilfreich unterstützt haben.

Besonderer Dank gilt Herrn Professor Dr. Jürgen Reulecke, der mir schon in den 80er Jahren die Möglichkeit eines Einblicks in damals noch nicht zugängliche gesperrte Akten in den deutschen Hauptstaatsarchiven ermöglichte. Hier sind das Hauptstaatsarchiv des Landes Nordrhein-Westfalen (Düsseldorf) und das Hessische Hauptstaatsarchiv (Wiesbaden) als offizielle behördliche Hilfe zu erwähnen. Der besondere Einsatz des Referats „Planung und Projekte" im Hessischen Ministerium für Wissenschaft und Kunst, das auch meine Arbeiten in den hessischen Schulen betreut, bei der Suche nach einem geeigneten Verlag soll hier genannt werden.

Bei den Nachforschungen nach dem spurlosen Verschwinden meiner Mutter, ihrer Deportation nach Auschwitz sowie den missglückten Ausbruchsversuchen aus britischen und amerikanischen Kriegsgefangenenlagern half mir die Kenntnis des Historikers Rafael Zagovec.

Korrektur lasen Frau Schmidt und Professor Dr. Hans Mausbach, dessen Rat ich gerne und dankbar in Anspruch nahm. Peter Jürgen Bertsch zeichnet verantwortlich für den Umschlag.

Nicht zuletzt danke ich meiner Familie, die über viele Jahre meine Aktivitäten ertragen musste. Ohne meine Tochter Doris, die hunderte von handgeschriebenen Seiten druckfertig aufbereitete, wäre ich hilflos gewesen.

Der Spurbuch-Verlag hat sich bereit erklärt – in seiner bekannt anspruchsvollen Aufmachung, das Buch zu verlegen. Auch ihm bin ich zu Dank verpflichtet.

Die Stiftung „Dokumentation der Jugendbewegung", Archiv Burg Ludwigstein, hat sich dankenswerterweise bereit erklärt, die jetzt vorliegende Arbeit durch einen Druckkostenzuschuss fördernd mit auf den Weg zu bringen.

Herbert (Berry) Westenburger
im April 2008

INHALTSVERZEICHNIS

VORWORT VON JÜRGEN REULECKE

ZAJAGAN, BERRY!

Zu Herbert Westenburgers Erinnerungen an seine Jahre bis 1948 – ein Vorwort

Ungefähr zur gleichen Zeit, als der gerade 26 Jahre alt gewordene Herbert „Berry" Westenburger im Januar 1946 aus amerikanischer Kriegsgefangenschaft wieder in seine Heimatstadt Frankfurt zurückkam, kehrte auch der in der frühen Nazi-Zeit nach Vaduz/Liechtenstein emigrierte Ernst Friedlaender (1895-1973), Sohn eines jüdischen Arztes aus Breslau – er war nach (abgebrochenem) Philosophiestudium bis Anfang der 1930er Jahre zeitweise Filialleiter der IG-Farben AG in den USA gewesen – nach Hamburg zurück und wurde stellvertretender Chefredakteur der neugegründeten Wochenzeitung „Die Zeit".

Bereits ein Jahr später erschienen unter dem Titel „Deutsche Jugend" seine „Fünf Reden", in denen er sich an fünf Jugendtypen wandte, die er in Deutschland nach dem Zusammenbruch des NS-Regimes, nach dem Kriegsende und nun in einer Zeit gewaltiger allgemeiner Desorientierung unter den etwa von 1917 bis 1930 Geborenen entdeckt zu haben glaubte: die Trotzenden, die Skrupellosen, die Müden, die Traditionsgebundenen und die Suchenden. Alle zeichneten sich – so Friedlaender – durch eine krasse „Unfertigkeit" aus, die völlig anders sei als die der Jugend nach dem Ersten Weltkrieg. Für den jungen Menschen im Jahre 1946 gebe es nämlich keinen Punkt in seiner Vergangenheit, zu dem er sich zurücktasten könne, um dort ein früheres Leben einfach wieder aufzunehmen: „Was er einmal in der Schule konnte, hat er vergessen, was er in der HJ, in der Partei, in der SS gelernt hat, das ist keine Brücke in die Zukunft. Alle dort empfangenen Wertungen, die ganze Haltung zum Leben, zu Deutschland, zu Vorstellungen von einer Laufbahn in Staat, Partei oder Wehrmacht sind plötzlich durch die Ereignisse sinnlos geworden."

Bei Friedlaenders Diagnose der geistigen Befindlichkeit der jungen Leute der unmittelbaren Nachkriegszeit handelt es sich ohne Zweifel um eine der faszinierendsten Bestrebungen im Rahmen einer größeren Zahl von ähnlichen Versuchen damals im mittleren Lebensalter stehender Zeitgenossen, über den Appell an die Jugend irgendwie auch selbst wieder Boden unter die Füße zu bekommen und Zukunftsperspektiven zu gewinnen. Wie lässt sich Berrys quellenreiche autobiographische Selbstverortung, die von seinen ersten Erlebnissen in bündischen Jugendgruppen zu Beginn der 1930er Jahre ausgeht, dann seine daran anschließende Prägung im widerständigen „bündischen Selbstschutz" im weiteren Verlauf des „Dritten Reiches" sowie seine Kriegserfahrungen behandelt und schließlich auf sein Engagement in der nach 1945 wiederauflebenden Bündischen Jugend, speziell der Jungenschaftsbewegung, hinausläuft, mit Friedlaenders Diagnose und Typologie in Verbindung bringen?

Um diese Frage zu beantworten, muss etwas ausgeholt werden: Berrys Einstieg in die Rekonstruktion seiner jugendlichen Prägephase wirkt zunächst wie ein lockerer Haufen bunter Mosaiksteine, die Facetten aus seinem familiären Herkommen und seiner Schulzeit und daran anschließenden Lehre als Konditoreilehrling, aber auch allgemeine Hinweise auf die Geschichte der Jugendbewegung, besonders des „Nerother Wandervogels“ um die Brüder Oelbermann liefern; hinzu kommen kleine Zeitanalysen aus der Perspektive des damals heranwachsenden Knaben und schließlich Geschichten über seine ersten bündischen Erfahrungen, die er ab 1932 in einem „Fähnlein“ des Nerother-Ordens mit dem klingenden Namen „Rabenklaue“ gemacht hat, eine Jungengruppe, die für ihn bald, wie er schreibt, so etwas wie ein „Familienersatz“ wurde. Was aber dann folgt, ist nicht mehr so sehr eine weitere Anhäufung dieses Mosaiksteinhaufens, sondern ein immer eindringlicher werdender Bericht über ein vor dem Hintergrund der ständig bedrückender werdenden Zwänge des NS-Regimes immer enger geknüpftes widerständig-bündisches Netzwerk, in dem Berry im Knotenpunkt einer ganzen Reihe von Fäden stand: Jungenschaftlich-bündisch geprägte Heranwachsende versuchten auf diese Weise (Stichwort „bündischer Selbstschutz“), ein eigenständiges Gruppen- und Fahrtenleben aufrecht zu erhalten und Verbindungen zu Gleichgesinnten quer durch Deutschland herzustellen, um sich so dem Druck der Gleichschaltung zu entziehen, ehe es dann zu ersten Verhaftungen und schließlich zu dem mehr oder weniger starken Zwang kam, als Soldat in den Krieg zu ziehen. Eindrucksvoll und oft auch anrührend sind die fortdauernden Bemühungen der Freunde, durch Feldpostbriefe das Netzwerk so gut wie eben möglich aufrechtzuerhalten und sich gegenseitig ihrer kritischen Haltung zum Regime zu versichern. Eindrucksvoll sind aber dann auch die Detailberichte über einzelne Fronterlebnisse Berrys und schließlich über seine Erfahrungen mit der Kriegsgefangenenschaft in Nordafrika und in den USA (mit zweimaligen Fluchtversuchen). Zwar hatte Berry dann nach seiner Rückkehr im Januar 1946 nach Frankfurt mit Blick auf seine berufliche Zukunft und sein Zuhause – seine Mutter war als Halbjüdin aufgrund einer Denunziation nach Auschwitz verschleppt und dort umgebracht worden – nach eigenen Worten „den Krieg tatsächlich verloren, obwohl ich ihn ja nie gewollt hatte“, aber der dritte Teil seiner „dichten Beschreibung“ läuft dann doch letztlich auf eine „tröstliche“ Erkenntnis hinaus, nämlich jene, dass das jungenschaftlich-bündische Gruppenleben „einfach nicht auszulöschen“ gewesen sei und viele der „Knabenträume“ dennoch ausgelebt hätten werden können – dies trotz der Erschütterung über die Unmenschlichkeiten der NS-Zeit und des Krieges, über die Bösartigkeit der erlebten Verfolgungen, über den Tod vieler Freunde und über die allgemeine geistig-seelische und materielle Not und Zerstörung der Nachkriegszeit.

Wer als bündisch-jungenschaftlich infizierter Zeitgenosse bzw. als Kenner der bündischen Traditionen, Stilformen und Szenerien die vielen von Berry erzählten Einzelgeschichten liest, der hat ganz sicher eine Fülle von Aha-Erlebnissen und mag sich wohl auch zu einer selbstkritischen und vielleicht auch selbstironischen Selbsthistorisierung herausgefordert fühlen. Wer solche Vorkenntnisse nicht mitbringt, der wird mit einem unverwechselbar-eigenwilligen, jugendgeschichtlich bedeutsamen Milieu (hier vorgeführt und konkretisiert am Beispiel der drei bündischen Entwicklungsschritte im Leben Berrys) vertraut gemacht, einem Milieu, welches – ohne dass dieses bisher als geschichtswirksames Phänomen intensiver von den meisten Historikern reflektiert worden ist – hinter oder unterhalb der Geschichte des 20. Jahrhunderts, wie sie in den Geschichtsbüchern nachzulesen ist, in den Biographien vieler nun älterer Zeitgenossen tiefe Spuren hinterlassen und oft deren Weltsichten, Werthierarchien, Verhaltensweisen und Arten ihres Auftretens in der Öffentlichkeit entscheidend mitgeprägt hat.

Zurück zur Ausgangsfrage, ob und eventuell wie Berry und seine bündisch-jungenschaftliche Umgebung in die Typologie Ernst Friedlaenders aus den Jahren 1946/47 einzuordnen sind: Bei dreien seiner Typen hatte der Verfasser damals besonders große Zweifel, ob unter ihnen „Keime einer kommenden deutschen Elite" zu finden sein könnten und zwar beim „trotzigen Romantiker der Gewalt", bei dem „von Skrupeln unbelasteten ‚Realisten' auf dem Pfade des Erfolgs" und bei dem „müde Gewordenen, zu nichts mehr Bereiten." Und auch die „Traditionsgebundenen" hielt er nicht für die „Selbständigsten und Zukünftigsten" unter der Jugend, auch wenn sie im Vergleich zu den drei bisher genannten Typen noch „die Fertigsten unter den Unfertigen" seien: Sie verkörperten letztlich „die natürliche Haltung des braven Durchschnitts", der bloß das Vorgefundene übernimmt. Nun könnte man bei oberflächlichem Blick annehmen, die Erben der deutschen Jugendbewegung von den Wandervögeln bis zu den bündischen Pfadfindern, von der wiederbegründeten Freischar bis zu den Jungenschaften gehörten dann wohl zu den Traditionsgebundenen, weil sie im Jahrzehnt nach dem Ende des Krieges in einer Art „Restgeschichte", allerdings unter Weglassung der völkisch-nationalistischen und der allzu militärisch-disziplinierenden Elemente und unter stärkerer Betonung der eher spielerischen und romantisierenden Züge des bündischen Gruppen- und Fahrtenstils, das Repertoire jugendbewegter Stilformen aus den 1920er und frühen 1930er Jahren weitertransportierten: Zeltlager und Fahrt, Fahrtenlieder und Lagerfeuerromantik, Singeabende und Erzählrunden bei Kerzenschein usw. Und tatsächlich lassen sich wohl viele der nicht zuletzt auch konfessionellen Wiederbegründungen von Jugendgruppen als an jugendbewegten Traditionen orientierte Versuche bewerten, im Chaos der Zeit jenseits des bedrückenden Alltags unpolitisch-spielerische Inseln für die Heranwachsenden zu schaffen. Berrys Bericht und eine differenzierende Betrachtung der damaligen Jugendszene zeigen jedoch, dass dieses Spektrum jugendbewegter Selbstorganisation nicht nur ein Tummelplatz für jugendliche „Traditionalisten" aller Art war, sondern auch dem von Friedlaender beschriebenen fünften Typus, nämlich den „Suchenden" vielerlei Impulse lieferte, sich mit offenem Blick, wachsam und mit großem Engagement um Wege hin zu einem humanen Miteinander in einer neuen demokratischen und weltoffenen Gesellschaft zu bemühen. Auf sie setzte deshalb Friedlaender seine Hoffnungen: „Sie trotzen weder auf Trümmern noch haben sie entzaubert jeder Idee abgeschworen, noch endlich sind sie bloß genügsame Wanderer auf bekannten Pfaden." Was sie suchten, sei nicht Geld, Stellung oder Erfolg, nicht, was man materiell haben und genießen könne, denn sie seien auf dem Weg, „den die liebenswerteste Jugend zu allen Zeiten gegangen ist: durch Irrtümer zu neuen Zielen des Wertes." Wenn man das Pathos abstreicht, dann mag ein solches Urteil vor allem auf viele der jungenschaftlichen Horten der Nachkriegszeit und ihre meist um 1920 geborenen jungen Führer zugetroffen haben, wofür Berrys Bericht viele Beispiele liefert. Die Suchenden aus dieser Altersgruppe – so Friedlaender – hätten zuviel gesehen, um bloße Träumer zu sein: „Ohne vor der Wirklichkeit zu flüchten, sind sie die wahren Idealisten Deutschlands." Sie gaben dann in durchaus eigenständiger Deutung jenen Staffelstab aus den Anfängen der deutschen Jugendbewegung weiter, der bei dem großen Treffen der Freideutschen Jugend auf dem Hohen Meißner im Herbst 1913 auf die Formel gebracht worden ist: „Die Freideutsche Jugend will aus eigener Bestimmung, vor eigener Verantwortung, mit innerer Wahrhaftigkeit ihr Leben gestalten." Damit war zwar kein konkretes Programm, aber doch eine für solche „Suchenden" lebensbegleitende Devise angesprochen, die dann durch solche, in Jungenschaftskreisen verbreiteten Sätze wie „Der Weg ist besser als die Herberge" und „Glaubt nicht, was ihr nicht selbst erkannt" ergänzt wurde und letztlich auf das jungenschaftliche Prinzip des „Selbsterringens" hinauslief.

Und was heißt in diesem Zusammenhang das „Zajagan", mit dem Berrys Horte sich schmückte? Es ist – wie er schreibt – ein Gruß der Karawanenführer in Zentralasien und bedeutet so viel wie „gute Reise – guter Weg!", übertragen also „alles Gute für deinen Lebensweg!" Also weiterhin: Zajagan, Berry! ■

Zitiert worden ist: Ernst Friedlaender: Deutsche Jugend. Fünf Reden.
Erschienen im März 1947 im Claassen & Goverts Verlag, Hamburg

VORWORT ZUR 2. AUFLAGE VON PAUL-THOMAS HINKEL

Am 5. Januar wäre Berry Westenburger 100 Jahre alt geworden. Anlass genug, noch einmal das Buch seiner Lebensgeschichte zur Hand zu nehmen und eine zweite Auflage auf den Weg zu bringen.

Zunächst war Berry Mitglied eines bundesunmittelbaren Fähnleins des Nerother Wandervogels. Dann, nach dem Verbot sämtlicher Jugendorganisationen außer der Hitlerjugend 1933, gründeten etwa 20 Jugendliche, die sich der Hitlerjugend (HJ) nicht anschließen wollten, die »autonome Jungenschaft Frankfurt«. Sie machten Fahrten und veranstalteten gemeinsam Sing- und Leseabende. Dabei verfolgten sie keine politischen Ziele. Dennoch gerieten sie immer wieder in handgreifliche Auseinandersetzungen mit der HJ, die einen eigenen Streifendienst eingerichtet hatte. 1938 wurden sie entdeckt und landeten in Gestapohaft. Berry blieb unter Beobachtung. Erst nach dem Ende des Krieges erfuhr er, dass seine Mutter im KZ Auschwitz ermordet worden war.

Die Jugendbewegung war für ihn Halt und Lebensausrichtung. Mit der Herausgabe dieses Buches im Jahr 2008 widmete er sich vor allem seiner Berufung, Zeugnis über die Nazi-Zeit abzulegen. Noch in hohem Alter berichtete er vor allem Jugendgruppen über seine leidvollen Erfahrungen. Seine reflektierten, lebendig geschilderten Berichte zeugen von seiner Wahrhaftigkeit und aufrechten Haltung in dieser unseligen Zeit.

Gerade deswegen ist er uns heute ein würdiges Vorbild, auch als Mahner gegen Antisemitismus und Unmenschlichkeit.

Baunach, am 5. Januar 2020

Der Herausgeber

WIR PFEIFEN
AUF DEN GANZEN SCHWINDEL

Paul Leser, Frankfurt
Ordensführer der „Pachanten“ 1933

Versuche jugendlicher Selbstbestimmung

Teil I | 1932-1939

Hätten Freunde mich nicht aufgefordert, ja geradezu gedrängt, endlich doch einmal meine Jugendzeit und die darauffolgenden Ereignisse zu Papier zu bringen, wäre das eine oder andere lustige, aber auch traurige Geschehen in Vergessenheit geraten. Doch wie und wann beginnen, in welcher Form?

Einige meiner kleinen Veröffentlichungen jedoch boten Hilfestellung genug, um sie, mit neuen Erkenntnissen, besseren Fotos und weiteren Dokumenten angereichert, bei der geplanten Ausarbeitung mit einzubeziehen. Verlage und Herausgeber waren einverstanden, zumal ich keine Honorare bekommen hatte und keine Neuauflage vorgesehen war. Ich hatte das Einverständnis aller Betroffenen. So fing ich an in der vagen Hoffnung, daß etwas Brauchbares daraus entstehen könnte.

Die frühen Knabenjahre mit ihren Lausbubenstreichen waren hierzu denkbar ungeeignet, das hatte jeder irgendwie erlebt. So wählte ich den März 1932, in dem das eigentliche Abenteuer meiner Jugendzeit begann:

DIE JUGENDBEWEGUNG

Darin, so glaubte ich, konnte ich mich dem strengen Regiment meines Stiefvaters und der oft erdrückenden Fürsorge meiner Mutter, wenn auch nicht endgültig, aber doch für eine gewisse Dauer entziehen.

Nach Ansicht meines alten Herrn eine unglaubliche Entscheidung. Er hätte mich gerne in einem Sport- oder Turnverein gesehen, besser noch bei den Ruderern. Dort herrschten Zucht und Ordnung, kein Alkohol, kein Nikotin, und auch die beginnende Pubertät stand unter Kontrolle. Überhaupt war seine Auffassung von Erziehung eine ganz andere als die meiner Mutter. Etikette, was immer man darunter verstehen mag, war für meinen Vater Hauptinhalt seines Lebens. So sollten zum Beispiel eine Verbeugung, der sogenannte Diener, und ein Handkuß von meiner guten Erziehung ein sichtbares Zeugnis ablegen. Die monatlichen Familienabende, an denen nicht nur die Familie, sondern auch gute Freunde oder Personen, die man dafür hielt, geladen waren, schienen für diese Exerzitien hervorragend geeignet.

Nur widerwillig unterwarf ich mich dieser Anordnung, vor allem, weil die so geehrten Damen in der Folge glaubten, mich abküssen zu müssen, was mir natürlich peinlich war. Ein nasser „Schmatz" ist ja nun wirklich kein Vergnügen. Mit Ausreden versuchte ich, diesen Ereignissen fernzubleiben, wurde jedoch stets herbeizitiert und mußte mein Zirkuskunststückchen, wie meine Mutter abfällig meinte, vorspielen. Wie auch immer, etwas Gutes hatte das Ganze. Im Laufe der Zeit lernte ich echten Schmuck von Talmi zu unterscheiden und ein gutes Parfum von einem billigen. Die Hände der

Damen waren so unterschiedlich wie ihre Gesichter, daher verweilte ich bei den Jüngeren etwas länger, was mein Vater mit einem lauten Räuspern zu beenden pflegte.

Die Abendgesellschaft bestand im wesentlichen immer aus den gleichen Personen. Sanitätsrat Lapp, ein Corpsbruder meines Vaters, war regelmäßiger Gast. Er schätzte vermutlich den gepflegten Weinkeller der Gastgeber. Onkel Frank, der jüngere Bruder meiner Mutter, erschien zwar unregelmäßig, dafür aber regelmäßig mit einer anderen Begleiterin. Sein Freund Dr. Rau, ein Oberstudienrat, den ich von Kindesbeinen „Onkel Ludwig" und seine Frau „Tante Martha" rufen durfte, versuchte mich über die schlechten Noten hinwegzutrösten, die ich der Familie verschwiegen hatte. Dr. Brill, ein weiterer Freund meines Onkels, war Dermatologe, seine ehemalige Sprechstundenhilfe inzwischen seine Frau Hedwig. Die beiden Freunde waren in ihrer Sturm- und Drangperiode – mir erschien sie noch nicht ganz beendet – durch Frankreich und Spanien bis Marokko gewandert. Ihr Thema hieß beständig „Ach, weißt du noch, damals ...". Da holte der gute Onkel Frank seine alte spanische Gitarre, und Dr. Brill hämmerte auf dem Klavier die ersten Takte aus „Carmen". Dann war es Zeit, mich in meine Bude zu verziehen.

Auf keinen Fall darf ich aber einen der bemerkenswertesten Gäste hier unterschlagen. Frau Emmy Nagel, für mich auch „Tante Emmy", eine langjährige Freundin meiner Mutter. In Begleitung einer oder mehrerer junger Damen erschien sie stets zu später Stunde. Im klassischen Schneiderkostüm oder auch einem Hosenrock aus bestem englischen Tuch, mit einem kessen Herrenschnitt, einer Krawatte oder einer Fliege war sie vor allem für meine Mutter die Emanzipation in Reinkultur. Ich persönlich mochte sie aus zwei Gründen besonders gern, weil sie erstens einen Handkuß ablehnte und mir statt dessen mit den Worten „wie geht es denn so, Herbert-Helmut" nur über den Scheitel strich. Zum zweiten, weil sie in ihrem Wintergarten frei herumspringende Laubfrösche hielt. Bei unseren Besuchen dort konnte ich die grünen Hüpfer, die nicht nur im Blattwerk saßen, sondern auch auf den Glasscheiben klebten, in aller Ruhe betrachten – beruhigend für die Damenrunde, die hinter mir im Salon ungestört plaudern konnte.

Die Wesensart meiner Mutter ist einfach zu beschreiben:
Freizügig (sie lief gelegentlich nackt oder auch nur mit seidener Unterwäsche bekleidet durch die Wohnung), freigiebig (verpumpte Geld an Freundinnen, wohl wissend, daß sie es nie wiedersehen würde) und freidenkend (riet mir, doch besser Schwimmen, im Winter Schlittschuhlaufen zu gehen anstatt den Kindergottesdienst zu besuchen). Bei einer derartigen Lebensphilosophie war meine Mutter meine einzig verläßliche Verbündete hinsichtlich meines Wunsches, der Jugendbewegung beizutreten. Sie unterstützte mein Bestreben, mich endgültig aus der „Diener-, Handkuß-, Bleyle-Matrosenanzug-Umgebung" zu verkrümeln.

Obwohl noch keine Entscheidung gefallen war, welchem Bund ich mich endgültig anschließen wollte, entwickelte sie eine geradezu überbordende Betriebsamkeit. So wurden ein halbes Dutzend Wollsocken, ein paar Bundschuhe, warme Unterwäsche und Fahrtenhemden gekauft. Natürlich heimlich, ohne Wissen oder gar Zustimmung des Haushaltsvorstandes, wie mein Vater sich selbst gerne bezeichnete.
Es lag jetzt an mir, die Werbe- und Elternabende der jeweiligen Gruppierungen zu besuchen und meine Wahl zu treffen. Die Freiheit schien greifbar nahe zu sein.
Von allen Gruppen gefielen mir die „Wandervögel" am besten. Genau gesagt: Der Nerother Wandervogelbund. Klassenkameraden hatten mich überzeugt, daß ich hier gut aufgehoben sei. Es herrschte kein Drill, die Lieder gefielen mir, und die Gruppe machte keine Unterschiede in Herkunft, Religionszugehörigkeit und Schulbildung.

Wandern hatte Tradition in meiner Familie, zumindest mütterlicherseits. Not und Verfolgung, Wanderburschenleben und Abenteuerlust mußten meine Vorfahren schon früh über die Grenzen des damaligen Deutschen Reiches getrieben haben. So kamen sie Mitte des 18. Jahrhunderts als Hugenotten aus Frankreich und ließen sich in Hanau nieder. Die Kirchenbücher der französisch-reformierten Gemeinde weisen sie seit Generationen als Handwerker aus. Urgroßvater, Großvater und Großonkel waren Konditoren. Im letzten Drittel des 19. Jahrhunderts ging Großvater auf Wanderschaft. Großonkel Heinrich, sein älterer Bruder, mußte nach dem Tod seines Vaters, meines Urgroßvaters, seine Mutter und vier unverheiratete Schwestern unterhalten. Man zog 1875 von Hanau nach Frankfurt an den „Alten Markt Nr. 21", einem Fachwerkhaus gegenüber der Schirn. Im Erdgeschoß wurde ein Caféhaus mit Konditorei betrieben.

Großvaters Wanderjahre sind durch Zeugnisse gut belegt. So war er von 1883 bis 1884 bei Rumpelmayer in Nizza, 1886-1889 bei Baron Adolphe de Rothschild in Paris, später, von 1890 bis 1895, fünf Jahre bei P. Maréisie in New York. Im September 1889 war er in die Vereinigten Staaten ausgewandert und hatte dort meine Großmutter kennengelernt.
Am 6. Oktober 1891 wurde in der evangelisch-lutherischen St.-Johannis-Kirche in New York die Ehe geschlossen. Meine Mutter und Onkel Frank wurden hier auch getauft. Alle vier waren amerikanische Staatsbürger seit 1895. Als im Mai 1895 Großonkel Heinrich starb, mußte mein Großvater dessen Stelle einnehmen und die Verpflichtungen der Familie gegenüber erfüllen. Ein Auseinandersetzungsvertrag übertrug ihm als Gegenleistung dafür Haus und Betrieb in Frankfurt am Main. Die Restfamilie hatte weiterhin Wohnrecht und finanzielle Unterstützung. Was ein Handwerksbetrieb im Familienbesitz damals zu leisten vermochte, zeigt die Tatsache, daß man meiner Mutter einen vierjährigen Internatsaufenthalt in Lausanne in der Schweiz und meinem Onkel eine Lehre als Goldschmied in Hanau ermöglichen konnte. Für beides waren erhebliche Geldmittel bereitzustellen. Hierzu waren jedoch

die Bestallungen zum Hoflieferanten an fünf regierenden Häusern und Exporte nach England ein wichtiges Fundament. Gold- und Silbermedaillen auf internationalen Ausstellungen, im Firmenemblem besonders herausgehoben, sorgten für weitere Empfehlungen.
Vor Ausbruch des 1. Weltkrieges wurden die „Neubürger", diesmal in der alten Heimat, wieder Reichsdeutsche. Onkel Frank glaubte, 1917 seine Loyalität beweisen zu müssen, und meldete sich freiwillig zum Militär. Mit einer Gasvergiftung und einer Kopfverletzung fand er sich am Ende in einem Lazarett wieder. Nach dem Tod zweier seiner Schwestern und seiner Mutter zogen Großvater und seine Familie 1904 mit dem gesamten Betrieb an den „Roßmarkt 6", gegenüber der Hauptwache. Der Inflation der zwanziger Jahre war man durch einen weiteren Hauskauf im Holzhausenviertel, meinem Elternhaus, rechtzeitig noch vor Kriegsende zuvorgekommen.

1917 heiratete meine Mutter den Architekten Jakob Becker, meinen leiblichen Vater. Im Januar 1920 wurde ich geboren. Onkel Frank blieb Junggeselle. Die Ehe meiner Eltern zerbrach 1924.
Ich wuchs in den kommenden fünf Jahren wohlbehütet im großelterlichen Hause auf, bis zu jenem Tag, an dem meine Mutter den Herrn Regierungsrat a. D. Robert Westenburger der Familie als ihren zukünftigen Ehemann vorstellte. Diese war von einer solchen Verbindung nicht gerade begeistert. Erst durch meine Adoption glaubten meine Großeltern, inzwischen erneut Schwiegereltern, man müsse sich arrangieren, und boten die Wohnung in der ersten Etage als Domizil an.

Am Anfang ging alles gut, bis im Frühjahr 1930 Großvater und ein Jahr später meine Großmutter verstarben. Die Erbstreitigkeiten wurden zwar beigelegt, die Beziehung zwischen Onkel Frank und meiner Mutter kühlten jedoch merklich ab und waren am Ende nicht mehr überbrückbar. Anlaß zum endgültigen Bruch war der Eintritt meines Stiefvaters am 5. März 1932 in SA und NSDAP.

Im Holzhausenviertel, in dem die Familie seit Jahrzehnten wohnte, wählte man gemäßigte Parteien. Es war geradezu eine Provokation, hier in SA-Uniform auf der Straße zu erscheinen. Die Anwohner waren höhere Beamte, Geschäftsleute, Direktoren, Ärzte und Rechtsanwälte. Die Reaktionen der Eltern meiner Spielkameraden konnte ich mir ausmalen.

Onkel Frank fürchtete mit Recht um die Reputation des Cafés, zumal gerade dort die Ehefrauen vieler Mitglieder der jüdischen Gemeinde Stammgäste waren. Er allein kannte aber seit dem Tode seiner Mutter deren wirkliche Herkunft, die weder in den USA noch in Deutschland bis jetzt eine Rolle gespielt hatte. In den Vereinigten Staaten gab es keine Personenstandsgesetzgebung, die zwingend eine Offenlegung der Religionsgemeinschaften vorsah. Wenn Herkunft und Alter glaubwürdig dargestellt wurden, konnte eine Trauung vollzogen werden.

Beim Ordnen des Nachlasses fand er den Geburtsschein, ausgestellt vom Rabbiner der jüdischen Gemeinde in Kolin im heutigen Tschechien. Flugblätter der NSDAP, die gelegentlich in den Briefkästen steckten, sagten genug über die rassistischen Ziele dieser Partei aus. Thema der abendlichen Tischgespräche waren daher häufig die israelitische Gemeinde und der „mosaische Glaube". Moses kannte ich aus dem Religionsunterricht. Da war doch auch die Sache mit dem Weidenkörbchen am Nil. Und dann die unglaubliche Geschichte mit dem Roten Meer, die mich stutzig machte. Doch die Prophezeiung vom Schlaraffenland, in dem angeblich Milch und Honig flossen, wurde durch ein Gedicht von Ludwig Uhland mit dem Vers: „Viel Steine gab's und wenig Brot" auch kaum glaubhafter. Und wer schleppt schon Felsbrocken durch die Wüste, auf denen die 10 Gebote, an die sich ohnehin niemand hält, eingemeißelt sind? Was dies alles mit meiner Großmutter zu tun haben sollte, blieb mir verborgen. Ich konnte keinen Zusammenhang zwischen Moses und meiner Großmutter erkennen.

Zu dem Gesamtthema meinte meine Mutter lakonisch, so glaube ich mich zu erinnern, wenn die SA sich unbedingt prügeln müsse, sei dies gewiß nicht ihr Problem.

Da eine Familie bekanntlich aus zwei Wurzeln stammt, komme ich nicht umhin, auch die väterliche Ahnenreihe kurz zu streifen.
Alle Vorfahren waren Protestanten, Beamte oder Handwerker. Ansässig seit Generationen an der Bergstraße in Hessen zwischen Darmstadt und Heidelberg.
Meinen Großvater Wendelin Becker, zuletzt Stadtrat in Heppenheim, und seine Frau Katharina habe ich nie kennengelernt, beide verstarben zu früh. Von drei Söhnen war mein Vater der jüngste.
Nach Kriegsende 1918 ließ er sich in Frankfurt nieder und zog 1924, nach der gescheiterten Ehe mit meiner Mutter, nach Kempten. Aus einer zweiten Ehe hatte ich plötzlich noch einmal fünf Halbgeschwister. Im Gegensatz zu meinem Stiefvater war er ein lebenslustiger, sinnenfroher und weltoffener Mensch, der nicht ohne Hintergedanken seiner Logenbrüder in der „Schlaraffia" den Beinamen „Jakobus der Fruchtbare" erhielt. Bei insgesamt sechs Nachkommen durchaus verständlich.

(Eine Verbindung zu ihm und seiner Familie kam Jahre später zustande und soll hier nicht behandelt werden.)

DER BUND

Der Nerother Wandervogel, von den Zwillingsbrüdern Robert und Karl Oelbermann 1920 als Jungenbund gegründet, gliederte sich in überregionale Orden und Fähnlein. Dies hatte den Vorteil, daß die verschiedenen Orden in allen Regionen Deutschlands vertreten sein konnten, soweit die einzelnen Mitglieder mit deren Ordenszielen einverstanden waren. War dies nicht der Fall, konnte ein neuer Orden gegründet werden oder man wechselte in einen anderen. Daran hat sich bis heute nichts geändert. So waren in Frankfurt vier Orden beheimatet, die auch in anderen Städten Fähnlein unterhielten. Die „Rabenklaue", die „Wulfen", die „Freibeuter" und ein „Piraten"-Fähnlein, dessen Orden überwiegend in Düsseldorf seinen Stammsitz hatte. Ein ehemals fünfter Orden, die „Amelungen", hatte sich nach einer Auseinandersetzung 1930 mit der Bundesführung aufgelöst und war in anderen Bünden aufgegangen.
Der Mittelpunkt des Bundes war die Burgruine Waldeck im Hunsrück, die nach und nach zu einer Jugendburg auf- und ausgebaut werden sollte. Viele Wochen verbrachten die Mitglieder des Bundes dort, um Freunde zu treffen, Fahrten zu planen oder am Aufbau mitzuwirken. Die Bauhütte hatte in den Sommermonaten bis zu 30 Helfer, und die eigene Landwirtschaft, die rings um die Burg betrieben wurde, war auf jede helfende Hand angewiesen.

Bundesführung und Kanzlei, vertreten durch Robert und seinen Bruder Karl, waren dort ansässig. Von hier aus begannen die Großfahrten, die oft Monate oder Jahre dauerten. Die hierbei gefilmten Abenteuer wurden später teils im Vorprogramm der großen Festspielhäuser oder zu Werbezwecken bei Elternabenden gegen Entgelt gezeigt. Die eingespielten Summen wurden dann für den Aufbau der Burg oder die nächste Großfahrt eingesetzt. Die Fähnlein waren Freundeskreise, in die man neue Mitglieder „keilte". Das Fähnlein, dem ich jetzt angehörte, war keinem Orden zugeteilt, sondern „bundesunmittelbar" nur dem Bundesführer Robert Oelbermann unterstellt, der sich wie so oft wieder einmal auf großer Fahrt im Ausland befand.

Verantwortlich waren Hermann Flor und seine beiden Stellvertreter und späteren Nachfolger Fritz Hoffmann und Heinz Gilles. Mit zwei Dutzend Jungen hatten sie eine Aufgabe übernommen, die ihnen nicht immer leicht fiel.
Die „Rabenklaue" war mit etwa 80-100 Mitgliedern der größte Orden. Die „Freibeuter", auch in Offenbach stark vertreten, waren gemeinsam mit den „Wulfen" und „Piraten" gleich groß. Zu den Nestabenden trafen wir uns in einem Haus in der Löhergasse im Stadtteil Sachsenhausen, das die Stadt für Jugendgruppen aller Bünde zur Verfügung gestellt hatte. In den engen Gassen der Altstadt dort schallten die Gesänge und Klampfen nach Meinung der Anwohner zu laut, so daß Beschwerden nicht ausblieben.

Auch gelegentliche Raufereien mit Angehörigen anderer bündischer Gruppen sorgten für weiteren Ärger. Hermann Flor schlug daher vor, in privaten Räumen zu tagen, zumal man dann mit einer Suppe oder mit belegten Broten versorgt werden könnte. Gearbeitet wurde zu dieser Zeit bis 19.00 Uhr, und einige kamen direkt von ihren Lehrstellen zum wöchentlichen Treffen. In diesem Kreis, so glaubte ich, konnte man ohne Einmischung der Eltern, Parteiorganisationen und kirchlichen Institutionen sein Leben nach eigener Bestimmung und Verantwortung – wie in der Meißner-Formel von 1913 vorgegeben – gestalten. Ein Traum für einen 12-jährigen Knaben! Zwar hatte mir der Parteieintritt und der SA-Dienst des „alten Herrn“ einige Vorteile gebracht, da er an vielen Abenden und Wochenenden im Einsatz war und ich so Nestabende und Fahrten wahrnehmen konnte, ohne lästige Fragen beantworten zu müssen. Schlechte Noten jedoch, und dies war ein perfides Druckmittel, wurden mit Teilnahmeverboten geahndet. Die Nerother waren für ihn ohnehin „Tunichtgute“ und „lose Vögel“, die für eine bürgerliche Erziehung wenig taugten.

Wie recht er hatte, zeigt uns ein Gesamtbild, das Karl von den Driesch in seiner autobiographischen Skizze „Entwicklungen“, Seite 12-14, erschienen 1996 im Deutschen Spurbuchverlag, über die Nerother aufzeichnete.
So zum Beispiel über das Singen:
„Unser Nimbus“, so hat es ein Nerother ausgedrückt, „beruht nicht auf gesanglicher Vollkommenheit, sondern auf der Übereinstimmung vom Erleben und dessen Umsetzung im Gesang. Die Besonderheit nerothanen Singens liegt da, wo wir Texte leben können und darum im Vortrag glaubwürdig sind. Das unterscheidet uns von neubündischen Chören und Gesangvereinen.“

Eine weitere Detailbeschreibung des Nerother Wandervogels findet sich bei Walter Laqueur in dem Buch „Die deutsche Jugendbewegung“, 1962, Seite 179, Verlag Wissenschaft und Politik, B. v. Nottbeck, Köln:
„Die Nerother: In den Augen ihrer Freunde und Förderer die Kompromißlosesten unter den Bündischen genannt, von ihren zahlreichen Gegnern wurden sie als Desperados der Jugendbewegung bezeichnet. Sie waren unerschütterlich in ihrem Widerstand gegen alle Kompromisse ihrer Gesellschaft, erbitterte Gegner des Gedankens, erwachsen zu werden, sagten ihre Kritiker. Ihre abenteuerlichen und waghalsigen Expeditionen in ferne Kontinente dauerten nicht Wochen, sondern Monate und Jahre. Gelegentlich arbeiten sie auch, um zu leben, aber sie waren die Bohémiens der Jugendbewegung, die den Geist der Wandervögel ins Extrem führten, die sich weigerten, mit ihrem Umfeld einen modus vivendi zu finden.
Dies allein wäre kaum ausreichend, ein ungünstiges Urteil über sie zu rechtfertigen. Und es ist eine Streitfrage, ob vollkommene Anpassung an die Gesellschaft das höchste Ziel sein sollte.“

In diesem Milieu hatte ich meine Freunde gefunden. Die Gruppe war mir Familienersatz.

Jede Fahrt und jeden Heimabend hier zu beschreiben, würde den Rahmen dieser Aufzeichnungen sprengen, zumal sie über die Monate des Jahres 1932 ohne große Veränderungen abliefen. Ziel der Wochenendfahrten waren der Taunus und Spessart, eine schilfumstandene Insel in der Kinzig und die Burg Waldeck selbstverständlich. Die Frankfurter Fähnlein der „Rabenklaue" unter „Oster", Paul Leser und Wolf Kaiser gingen gemeinsam oder getrennt, manchmal mit Fähnlein befreundeter Orden auf Fahrt. Oder aber – und das kam gelegentlich vor – man zeltete (die schwarze Kohte hatte sich noch nicht durchgesetzt) mit einer anderen bündischen Gruppe am gleichen Platz. So trafen wir uns manchmal, meist an einem Badesee wie dem Grünwieser-Weiher oder Hattstein-Weiher im Taunus, die zu dieser Zeit nur wenig von Badeausflüglern frequentiert wurden.
Auch die Niedermooser Seen im Vogelsberg kamen hier in Frage, waren jedoch weiter entfernt und man verlor durch An- und Abfahrt die ohnehin knappe Fahrtenzeit.

Bei solchen Gelegenheiten versuchten wir, neue Pimpfe zu keilen, was fast immer gelang. Wenn Nerother sangen, beeindruckten sie stets ihre Zuhörer. Aber die Gegenspieler waren nicht untätig. Vor allem ein gewisser Rudi Sturdinski, genannt „Quarta", ein baumlanger Kerl, fuhr mit seinem Rennrad die Straßen und Plätze des West- und Nordends der Stadt ab und hielt Ausschau. Er trug schon eine Jungenschaftsbluse à la tusk und führte eine kleine Gruppe der „Deutschen Freischar" (ihm sollte ich in späteren Jahren noch häufiger persönlich begegnen).

Wie sehr sich der Nationalismus inzwischen auch in unserer Familie manifestiert hatte, wurde besonders augenfällig anläßlich eines Besuches von Tante Martha, einer Cousine meiner Mutter, die mit ihrem Ehemann, einem Tschechen, zu Besuch kam. Als Gastgeschenk erhielt ich ein Buch über die Tschechoslowakei. Es sollte mich über Land und Leute informieren, wie er sagte, dabei lud er mich in den nächsten Ferien nach Prag ein. Mein Stiefvater aber entriß mir das Geschenk mit den Worten „Du liest mir das nicht, die Tschechen sind 1914/18 zu den Russen übergelaufen!" Auch andere Bemerkungen wie „was will die Jüdin hier!" machten meine Mutter sehr betroffen.
Tante Martha war die Tochter meines Großonkels, des Bruders meiner Großmutter, jedoch vor ihrer Heirat zum katholischen Glauben übergetreten. Den überzeugten Nationalsozialisten aber war nicht die Religionszugehörigkeit, sondern die jüdische Abstammung Grund genug für Diffamierung und letztendlich Ausgrenzung, Verfolgung und Vernichtung. Vorerst blieb es bei Verbalattacken wie „die Juden sind unser Unglück" und „Juda verrecke!" Die bisher gezeigte schwarz-weiß-rote Fahne wurde

eingemottet und durch eine Hakenkreuzfahne ersetzt, was Onkel Frank sich ohne Erfolgsaussichten in einem Brief verbat.

Die Weihnachtsferien verbrachte ich nach den Feiertagen mit unserem Fähnlein im Vogelsberg auf einer Skihütte am Hohen Rodskopf. Die Ausrüstung war im Vergleich zu der heutigen recht rustikal, besser noch „urig". Skischuhe der damaligen Zeiten sind jetzt im Offenbacher Ledermuseum zu besichtigen. Die Skier selbst wurden je nach den Schneeverhältnissen mittels eines Bügeleisens, das auf einem Küchenherd erhitzt wurde, und Bienenwachs oder Stearinkerzen „gewachst". Mit Pudelmützen, Ohrenschützern und dickem Wollschal ging es dann auf die mäßig steile Piste, wo wir uns in Stemmbogen und Abfahrten übten.
Am Abend, nach einem Hordeneintopf oder sonstiger „Pampe", hockten wir um den Herd, dessen Ringe teilweise gesprungen oder ganz verschwunden waren, so daß die Flammen zu unserer Freude fast die Deckenbalken in Brand gesetzt hätten. Dabei wurden so manche Wollsocken, die an einer Leine zum Trocknen über dem Herd hingen, angekokelt und unbrauchbar. Wenn dann aber die Gitarren klangen und wir unsere Lieder schmetterten, kamen vorbeifahrende Skiläufer an die Fenster und lauschten. Gelegentlich kam der eine oder andere ungeniert hereinspaziert.
„Seid ihr von Oelbermanns wilder Horde?" fragte ein – wie es schien – gut Informierter.
Wir sammelten Holz für die Neujahrsnacht. Ohne großes Feuer im Freien war der Jahreswechsel nur der halbe Spaß. Das Jahr 1933 begann in freudiger Erwartung auf kommende Fahrten und Abenteuer.

Der 30. Januar 1933 war für die NSDAP „der Tag". Die Machtübernahme mit Fackelzügen, bombastischen Reden, aber auch versteckten Drohungen. Wer in der Presse zwischen den Zeilen lesen konnte, ahnte, was sich da langsam, aber stetig in Richtung Verbote, Ausgrenzung, Schutzhaft und Konzentrationslager zubewegte.

Der Nerother Oskar Sulz (in der Emigration Oscar Sorell), Fahrtenname „Butz", Mitglied der „Rabenklaue", beschreibt diese Tage in einem privaten Tagebuch:
„Sturmwolken ballten sich um uns. 1933 naht. Wir wittern die Gefahr eines linken oder rechten Totalitarismus. Wir finden uns genau in der Mitte. Singen, lesen und gehen auf Fahrt. Dann passiert's: Der Fackelzug durch die Straßen Frankfurts. Ich stehe in der Kaiserstraße und fühle einen Schüttelfrost über dem Rücken. Paul Leser ist bedrückt und so fühlen auch andere unserer Gruppe.
Einige Zeit radeln wir noch zu unseren Nestabenden …, dann kommen die Schläge: Verbote, alles, was nicht ausdrücklich erlaubt ist, ist verboten. Gleichschaltung posaunen Zeitung und Radio. Wir verlieren unsere Heimräume in der Löhergasse. Von nun an treffen wir uns nur noch in Wohnungen. Wilhelm Maria Mund schließt sich mit seinem, Grünen Kreis, einer bündischen

Singgruppe, uns an. Ich hatte aber das Gefühl, daß diese ganz und gar nicht zu uns paßte. Durch seine Initiative wurden wir (Teil der „Rabenklaue) für ein paar Wochen die ‚Gebiets-Spielschar', sangen gelegentlich im Radio und bei einer Filmvorführung des HJ-Films ‚Hitlerjunge Quex', und einmal, als die großen Führer Hitler, Göring und einige andere Räuberbarone nach Frankfurt kamen. Sie kamen durch einen kleinen Raum, in dem wir sangen, und ich sah keinen Heiligenschein um Görings fetten Kopf."

Das Familienleben kam jetzt zum Erliegen. Unsere Wohnung – die Aufmärsche in der Innenstadt waren beendet – glich einer Stabsstelle. SA-Männer kamen, SA-Männer gingen. „Heil Hitler, Müller", „Heil Hitler, Schmidt", „Heil Hitler, Meyer" – sie saßen in Mutters Salon und in Stiefvaters Ledersesseln im Arbeitszimmer herum, diskutierten und tranken Flaschenbier kastenweise. Ich hörte das Hackenschlagen und das schnalzende Geräusch beim Öffnen der Bierflaschen. „Flopp" und das Klicken des Metallbügels auf dem Flaschenhals. Man rauchte Zigaretten der Marke „Trommler" und „Sturm", die ich wegen der in den Packungen enthaltenen Zigarettenbilder „Regimenter der preußischen Armee" und „große Schlachten der Preußen" als Tauschobjekte aus der Schule kannte (man tauschte drei Generäle gegen einen Fußballspieler)!
Braun aller Orten; die folgenden Tage sah ich den SA-Truppführer Westenburger nur noch in Uniform, die Ordensspange, das EK I und das Baltikum-Kreuz an die linke Brust geheftet, Anordnungen lesend, Telefongespräche führend an seinem Schreibtisch. Die Familie war im Augenblick Nebensache. Ein Grund mehr, mich zu meinem Bundesfähnlein abzusetzen. Daran hatte sich nichts geändert, noch nicht. Die Älteren glaubten nicht an ein Verbot. Wenn Robert Oelbermann, dem wir als Bundesfähnlein direkt unterstanden, zurückkam, würde er schon die Richtung weisen. Wann dies sein würde, blieb offen und damit eine gewisse Unsicherheit.

Daß das Heim in der Löhergasse aufgelöst wurde, traf unsere Gruppe nicht, da wir seit langer Zeit ohnehin die Nestabende in privaten Räumen abhielten. Auf Fahrt gehen war zur Winterszeit auch nicht unsere Sache, wir wollten lieber für den Singewettstreit beim kommenden Bundeslager neue Lieder einstudieren, um diese dann auch gut vortragen zu können. So wurde die politische Wende in unserer Runde kaum wahrgenommen. Die Hitlerjugend war keine Alternative, und das erst neu gegründete Jungvolk zu popelig. Unsere Verbindungen zu den einzelnen Orden und Fähnlein blieben wie bisher locker und freundschaftlich. Man warnte uns zur Vorsicht und Zurückhaltung.

Das offizielle Aus, wenn auch nicht das endgültige, kam am Tag nach dem Reichstagsbrand (27. Februar 1933), durch die Verordnung des Reichspräsidenten zum Schutz für Volk und Staat (28. Februar 1933). Hiernach konnte jeder für alles, was

nicht staatskonform war, rücksichtslos und ohne ordentliches Gerichtsurteil inhaftiert, im damaligen Sprachgebrauch „in Schutzhaft" genommen werden. Deren Dauer wiederum hing von der angeblichen Schwere des Vergehens oder Verbrechens ab, konnte somit Monate oder Jahre dauern; oft mit tödlichem Ausgang.
Der SA-Sturm Nr. 63 hatte in Ginnheim das sogenannte „Westendheim" installiert, in dem unliebsame Mitbürger arrestiert wurden. Mein Stiefvater war SA-Truppführer in eben diesem Sturm.

Die allgemeine Entwicklung hinsichtlich des Nerother Bundes, seiner Burg, seiner Landwirtschaft und seiner Mitglieder schildert der Frankfurter Paul Leser, Mitbegründer des Bundes 1920/21, in seinen Briefen vom 14. März 1933 und 9. Juni 1933 an Robert Oelbermann, der sich mit acht weiteren Nerothern auf „Weltfahrt" befand und sich im Ausland keine Vorstellung der inzwischen eingetretenen Verhältnisse machen konnte (puls Nr. 20, Dokumentationsschrift der Jugendbewegung, Mai 1993, Südmarkverlag).

Hier kann nur aus meiner persönlichen Sicht berichtet werden und somit mein eigener Werdegang innerhalb der Gruppierungen, deren Mitglied ich war.

Die Entwicklung nahm ihren Lauf:
Die HJ-Führung beginnt mit einer Hetzkampagne gegen alle bündischen Gruppen, insbesondere gegen den Nerother Wandervogel und die deutsche jungenschaft 1929 (dj.1.11).

Im Mai 1933 gipfelte diese in einem Aufruf im HJ-Führerblatt „Junge Nation", Nr. 5: „Vernichtet die Bünde". Am 18. Juli 1933 wurde die Waldeck von SA und HJ regelrecht besetzt. Am 22. Juli 1933 dann der Bund aufgelöst. Freiwillig, um einer Zwangsauflösung und Überführung der verbliebenen Mitglieder in die Hitlerjugend zuvorzukommen. So waren Ende Mai ein letztes Mal „Ordenstag der Rabenklaue" und Pfingsten, eine Woche später, Bundestag in Remagen. An beiden Treffen hat unser Fähnlein nicht mehr teilgenommen.

Ein Unbekannter machte darauf einen Vers:
„Aus soll es sein mit den Klampfen und Liedern,
die wir gesungen auf Waldeck am Rhein.
Niemals sollen wir Freunde uns treffen,
Orden und Fähnlein im Bund nicht mehr sein!"

Im Oktober war Robert Oelbermann mit seinen Gefährten, darunter drei Frankfurter Nerothern, trotz der Warnungen der „Rabenklaue"-Freunde nach Deutschland

zurückgekehrt. Was hatten sie erwartet außer Schikanen und Verfolgung? Der Bund hatte sich aufgelöst, die Burg in Feindeshand.
Um so erstaunlicher war es, daß am 8. November 1933 der Film „Unter Gauchos und Indianern", den Karl Mohri, einer der Weltfahrer – als einer von zwei Kameramänner – gedreht hatte, der interessierten Öffentlichkeit (Initiator und Drehleiter war Robert Oelbermann) vorgeführt werden durfte. Zwei Gründe schienen ausschlaggebend:
1. Das Filmmaterial war von der UFA bereitgestellt worden, und Nerotherfilme liefen als Kulturfilmbeitrag schon in der Weimarer Republik im Vorspann großer Lichtspielhäuser. 2. Die Nerother hatten stets auf ihren Großfahrten rund um den Globus die deutschen Auslandssiedlungen besucht, waren dort willkommene Gäste aus der alten Heimat und erhielten Unterstützung für weitere Unternehmungen. Vermutlich konnte sich die HJ-Bannführung dieser Tatsache nicht entziehen und erteilte eine Genehmigung.
Die Partei benutzte jetzt diese Filme propagandistisch unter dem Titel „Deutschlands Jugend besucht Deutsche im Ausland". Der Vorspann war ideologisch durch einen deutschnationalen Hinweis auf das Deutschtum im ach so schlimmen Ausland aufbereitet. Diese Filme, noch vor 1933 gedreht, liefen jetzt verfälscht immer noch in den Kinos. Der jetzt gezeigte Film der Weltfahrer hatte jedoch keine Manipulation erfahren. Man hatte ihn bereits im Ausland entwickelt und Kopien erstellen lassen. So zu verfahren hatte der Frankfurter Nerother Paul Leser angeraten. Er wies mit Recht darauf hin, daß alle Bundeseinnahmen vermutlich beschlagnahmt würden. Es sollte aber ganz anders kommen.
Weder in der Presse noch an den Plakatsäulen waren irgendwelche Ankündigungen zu lesen. Mundpropaganda (bündische Buschtrommel!) und gelegentliche Anschläge an Schwarzen Brettern in den Schulen sorgten am Ende für ein ungeahntes Echo. Entgegen der Annahme der HJ-Führungsriege, es bliebe bei mäßigem Zuspruch, war die bündische Jugend gut informiert und erschien zahlreicher als erwartet.

Wir zogen los. Vier Jungen, der klägliche Rest unseres Fähnleins. Werner Freißlich, Fahrtenname „Schräubchen", hatte stets ein paar Schrauben oder Nägel in seinen Hosentaschen parat, nie jedoch einen Schraubenzieher, aber eine Schleuder.
„Adi" Trittler, ein schüchterner, blasser Typ, der sich bei schnellem Sprechen leicht verhedderte und den angefangenen Satz abrupt abbrach. Sein Vater war ein sogenannter „alter Kämpfer", was ihm in der Gruppe einen Vertrauensverlust einbrachte. Er hatte ohnehin Mühe, sich Gehör zu verschaffen, und litt darunter. Seine Teilnahme sollte uns beweisen, daß er immer noch unser Freund und Fahrtenkumpel war. Mein dritter Begleiter war Willi Hülswitt, kurz „Witte" genannt. Ein stämmiger, zum Raufen neigender Choleriker, der „Adis" körperliches Erscheinungsbild doppelt ausglich. Wir trugen unsere schwarz-rot-schwarzen Halstücher als Zeichen der Verbundenheit. Verbot hin, Verbot her.

Das neue „Haus der Jugend", heute Anne-Frank-Begegnungsstätte, in der Hansa-Allee 150, lag vor der Stadt am alten Grünhof im Dornbusch-Viertel. Der Grundstein war bereits 1926 gelegt, die Einweihung erfolgte erst 1930. Zeitgemäß natürlich mit Krawallen zwischen einzelnen politisch orientierten Jugendverbänden.

Wir hatten uns rechtzeitig auf den Weg gemacht und sahen schon von weitem einen bunten Haufen. Farbig waren nicht nur die Halstücher, auch einige Wimpel wehten im Novemberwind. Vor allem aber leuchteten die zahlreichen großkarierten „Verbotshemden", die seit Auflösung der bündischen Jugend aus Protest getragen wurden. Die schönsten konnte man im Rüsthaus „Blücher" in der Friedensstraße kaufen. Robert Bender besorgte auch nach dem Verbot seinen ehemaligen Kunden gewisse Dinge mit Seltenheitswert. Als ehemaliger Wandervogel wußte er genau, wo der „Bartel den Most" holt. Kordhose und buntes Hemd hatte ein Idol der damaligen Jugend, der Trenker Luis, populär gemacht, und wer wollte hier mit Verboten reagieren? Wir tauchten in die Menge ein, begrüßten alte Bekannte und schoben uns langsam dem Treppenaufgang am großen Portal entgegen. Hier wurde ein Beitrag von Rpf. 40 erhoben, und verärgert stellten wir fest, daß Angehörige der HJ und des Jungvolks weniger zahlen mußten als wir.

Mir fielen ohnehin die vielen Braunhemden auf, darunter der eine oder andere Ehemalige, der sich in der Parteijugend Aufstieg und beruflichen Vorteil versprach. Der Saal füllte sich, und es hätte mit dem Teufel zugehen müssen, wenn heute nicht auch gesungen worden wäre.
Es begann recht harmlos mit den allseits bekannten Fahrtenliedern, die auch die HJ mangels eigener Ideen und Quellen übernommen hatte, wie vieles an bündischem Stil. Nach dem dritten oder vierten Lied kam Unruhe auf, weil Robert noch nicht auf der Bühne erschienen, die Zeit immerhin bereits um zehn Minuten überschritten war.
Ich sah Paul Leser und Wolf Kaiser, beide fühlten sich für die Frankfurter Vorführung verantwortlich, unruhig hin und her laufen, ohne den ursächlichen Zusammenhang zu erkennen.
Hinter mir schrie einer „Wir wollen unseren Führer sehen", was natürlich lautes Gelächter hervorrief. Wie ernst dies die HJ nahm, konnte nicht mehr festgestellt werden. Denn inzwischen waren „Oelb" und Karl Mohri auf der Bühne erschienen und eröffneten dem erstaunten Publikum, daß die Gebietsführung nun doch eine Vorführung des Filmes verboten hätte.
Wütendes Geschrei, „Hitlerjugend aus dem Saal" und andere Drohrufe heizten die Stimmung auf. Und dann aus vielen Kehlen:

Wir traben in die Weite,
das Fähnlein steht im Spind,
viel tausend uns zur Seite
die auch verboten sind.
Für unsren Bund zu streiten,
dazu sind wir bereit,
und werden weiter reiten
in eine beßre Zeit!

Die ersten Rangeleien, Stühle rücken, Trillerpfeifen der HJ. Junge SA-Männer, die von draußen in den Saal drängten. Man hatte mit Reibereien gerechnet, wie es schien. Wir verdrückten uns an die Außenwand und versuchten auf Geheiß von „Witte", das nächste Fenster zu erreichen. Der Saal lag ebenerdig und die Fenster nicht allzu hoch. Irgendwo war es zu einer richtigen Schlägerei ausgeartet, in die „Schräubchen" munter seine Schleudergeschosse feuerte. Ob er immer den Richtigen traf, darf bezweifelt werden. „Witte" hielt uns den Rücken frei, und so konnten wir leicht ramponiert, doch unverletzt ins Freie springen.

Als „Adi" sich wegen der Schleuderattacke mächtig aufregte, meinte „Witte" beruhigend, die Geschosse seien doch nur Eicheln oder Hagebutten, vielleicht aber auch Murmeln oder Mottenkugeln. Dies wisse er aus alter Erfahrung. Aber das war auch mir neu.

Tags drauf kam das Gerücht auf, die HJ hätte die Kasse mit den Einnahmen geklaut. Man sprach von etwa 100,– bis 120,– RM. Oder hatte Paul Leser recht behalten und man hatte das Geld beschlagnahmt? Niemand konnte mir die Frage später plausibel beantworten.

Ende November. In Ehlhalden im Taunus, nicht unser angestammtes Fahrtengebiet, wurde von Paul Leser und Wolf Kaiser der „Orden der Pachanten" gegründet. Etwa 40 Jungen und einige ältere Nerother nahmen an dieser Feier teil. Eine neue Fahne wurde eingeweiht. Drei rote Flammen auf goldenem Grund. Darunter die dreizackige Nerotherkrone. Und auch ein neues Ordenslied, das bald weit über die Stadtgrenze bekannt wurde, weil es den Wunsch nach Unabhängigkeit treffend zum Ausdruck brachte. Im „Orden der Pachanten" fanden sich Ehemalige anderer Orden und anderer Bünde zusammen. Wir vier hielten uns bedeckt und gingen weiterhin auf Fahrt, blieben mit einzelnen Mitgliedern des neuen Ordens in Verbindung, um vor Überraschungen sicher zu sein, die vermutlich nicht lange auf sich warten ließen. Denn „Wer es unternimmt, den organisatorischen Zusammenhalt einer früheren bündischen Vereinigung aufrechtzuerhalten oder neue bündische Vereinigungen zu bilden, insbesondere, wer auf andere Personen durch Weitergeben von bündischemSchrifttum, Liederbüchern und dergleichen in diesem Sinne einwirkt, oder wer bündische Bestrebungen in anderer Weise unterstützt, wird nach § 4 der genannten Verordnung bestraft."

Gemeint ist die „Verordnung des Reichspräsidenten zum Schutz von Volk und Staat“ vom 28. Februar 1933. Angedroht werden Gefängnis- und Zuchthausstrafen.
Bei dem hier zitierten Hinweis handelt es sich um eine Zusatzverordnung, die in den folgenden Jahren mehrmals wiederholt wurde, da, wie man feststellen mußte, die einzelnen Freundeskreise bündischer Prägung per Federstrich nicht einfach aus der Welt zu schaffen waren. Einige Richter sahen in der jugendlichen Gesellung kein strafbares Delikt und urteilten daher nicht im Sinne der Partei. Als brauchbares Instrument empfahl sich jedoch der § 175, da man, und nicht immer zu Unrecht, da und dort Verfehlungen vermutete und nachweisen konnte. In den kommenden Jahren wurde bei der Verfolgung wegen bündischer Betätigung ausnahmslos versucht, über diesen Paragraphen die Gruppen zu zerschlagen.
Weder meine Freunde noch ich kannten die Verordnungen und Erlasse. Als Halbwüchsige hatten wir andere Interessen.

Die Wintermonate verliefen ruhig. Noch einmal konnten Nerother 1934 unter Leitung von Karl Oelbermann eine längere Auslandsfahrt in den Balkan antreten. Wie es gelang, die Hitlerjugendführung zu einer Genehmigung zu veranlassen, blieb mir ein Rätsel, war doch der Bund de facto aufgelöst.

Zwei Themen beherrschten 1934 den Familienalltag: Der Ausschluß des SA-Truppführers und Parteigenossen Westenburger aus allen Parteifunktionen wegen einer sogenannten Mischehe mit einer Angehörigen jüdischer Abstammung und der brutale Mord an dem Stabschef der SA, Ernst Röhm, und anderen hohen SA-Führern. Weitere mißliebige Gegner wie Kurt von Schleicher, Hitlers Vorgänger im Reichskanzleramt, und Gregor Strasser, alter Parteigenosse, der eine andere Richtung anstrebte, wurden Opfer dieser „Säuberungsaktion“.
Das erste Ereignis traf mich insofern, da seit Aufnahme des Ausschlußverfahrens meines Stiefvaters im März und der damit verbundenen Freistellung vom SA-Dienst und anderen Parteiarbeiten meine Aktivitäten erneut ins Blickfeld gerieten. Mit allen Mitteln versuchte ich die Verbindung zu unserem bündischen Quartett nicht abreißen zu lassen.

Der 30. Juni, im Parteijargon als „Röhm-Putsch“ apostrophiert, zeigte plötzlich auch alten Parteigenossen die Unberechenbarkeit und Rücksichtslosigkeit der bisher so geliebten Partei und ihres Führers. Hinzu kam nun noch dieser Rauswurf, der erst im September, nach Einspruch und mündlicher Anhörung, endgültig unabwendbar bestätigt wurde. Den Vorschlag, sich doch scheiden zu lassen, um weiterhin SA- und Parteimitgliedschaft zu erhalten, lehnte mein Vater ab. Er wäre mittellos und ohne Wohnsitz gewesen. Ein Zustand, auf den Onkel Frank vermutlich einige Gläser Schampus getrunken hätte.

Dieser lebte unbeeindruckt von den politischen Entwicklungen weiterhin sein Junggesellenleben. Er blieb Mitglied des Ruderclubs Germania und spielte bei den Wettkämpfen des Wasserball-Vereins im Schwimmbad Mosler. Die Jagdleidenschaft meines Großvaters, dessen Revier im Vogelsberg er übernommen hatte, teilte er nicht. Die schöne Jagdhütte, an einem kleinen Steinbruch gelegen, in dessen Mitte sich im grünen Grundwasser bei gutem Wetter die Sonne spiegelte, wurde kaum noch benutzt. Als kleiner Junge verbrachte ich dort gelegentlich das Wochenende. Heute, so dachte ich, wäre sie ein ideales Heim für unsere bündische Gruppe. Es sollte ein unerfüllter Wunsch bleiben, zumal die beidseitigen Familien-Attacken zunahmen und sogar das Grüßen für unnötig erachtet wurde.
Die Briefkästen füllten sich mit Beschwerdebriefen und Rückantworten, deren Inhalt kaum sichtbare Mängel an Haustür, Treppenhaus oder Flurfenstern übertrieben detailliert beschrieb und sofortige Abhilfe forderten. Anderenfalls zöge man eine Mietminderung in Betracht. Querelen wegen der Heizung kamen hinzu.

Kurz und gut: Am 1. November zogen wir aus. Auf die Körnerwiese, im Westend zwischen Eschersheimer Landstraße und Reuterweg. Die neue Wohnung, aus fünf Zimmern bestehend, lag auch wieder in der ersten Etage. Die dichtere Bebauung dieses Viertels brachte es mit sich, daß ein Blick aus den hinteren Fenstern mehr Rückansichten der Nachbarhäuser sowie deren Gärten und Höfe ermöglichte.
So war es eher Zufall, daß ich im Garten des zur Eschersheimer Landstraße gehörenden Hauses eine Gruppe junger Leute entdeckte, die in marineblauen Jungenschaftsblusen herumstanden. Das Grundstück – die Längsseite wurde durch die Gerviniusstraße begrenzt – war unübersichtlich und wirkte ein wenig verwildert. Ich nahm mir vor, Kontakt aufzunehmen, und wußte einige Tage später, daß es sich um einen zionistischen Jugendbund namens Habonim handelte. Ähnlich den christlichen, kirchlich gebundenen Jugendorganisationen gab es hier vermutlich ein stilles Übereinkommen. Die Jugendgruppen durften vorerst bestehen bleiben, solange nur Gemeindearbeit geleistet wurde.
Im vorliegenden Fall wußte man ohnehin, daß Zionisten nach Palästina auswandern würden, und war nachsichtiger. Zu diesem Zeitpunkt jedenfalls noch.
Ein wenig sehnte ich mich doch nach meinem alten, großräumigen Zimmer und dem Blick auf den von Großvater so umsichtig angelegten Garten mit seinen Rosenhecken, Fliedersträuchern, der Rasenfläche, die, eingesäumt von Kieswegen und einer Marmorstatue am hinteren Ende, ein romantisches Gefühl aufkommen ließen. Aber in diesen Zeiten war Romantik nicht mehr gefragt.
Der Hausherr, ein pensionierter Beamter einer mir unbekannten Behörde, lief mit Besen und Kehrschaufel in der Einfahrt herum, hantierte an irgendwelchen Schlössern, deren Vorhandensein mir, da verrostet und kaum benutzbar, nicht ganz klar war, oder kümmerte sich um die Mülltonnen oder schaute in die Briefkästen, die nicht

seinen Namen trugen. Auch hier waren die Schlösser eingerostet, so daß meine Mutter, sobald der Postbote sich durch Schellen bemerkbar gemacht hatte, der Neugier des Vermieters zuvorkam und die Briefe heraufholte. Für mich war selten eine Nachricht dabei, da das Mitteilungsblatt des Bundes „Der Herold" nicht mehr erschien und ich keine Freunde außerhalb Frankfurts hatte. Auch Verwandte gab es außer besagter Tante Martha aus Wien nicht, mit denen ich längere Briefwechsel hätte führen können.
Die Mieter der anderen Etagen kannte ich noch nicht, hatte mir aber vorgenommen, sie unter die Lupe zu nehmen.
Bald erkannte ich den Unterschied zwischen den Hausordnungen in der alten und der nun neuen Wohnung. Weder die Großeltern noch später Onkel Frank, schon gar nicht meine Mutter waren in der Auslegung kleinlich gewesen. Hier aber durfte man dies und jenes nicht, wie z. B. das Fahrrad keinesfalls außerhalb des Kellers abstellen. Das Licht im Treppenhaus wirklich nur bei Bedarf, also bei absoluter Finsternis, anschalten. Die Haustür mußte immer verschlossen sein und ab einer bestimmten Zeit unbedingt verrammelt und verriegelt werden.
Die Frau des Hausbesitzers, eigentlich eine ganz lustige Rheinländerin, lag tagsüber auf der Lauer. Durch einen Türspion hatte sie die Haustür und die ersten drei Stufen im Visier. Ihr unbekannte Besucher empfing sie je nach Aussehen und eventuellen Verdachtsmomenten, kaum daß diese drei Schritte getan hatten, in ihrer geöffneten Wohnungstür stehend, mit der Frage nach dem Wohin. Manchmal auch mit dem Hinweis, die Soundsos seien nicht zu Hause. Freunde, die mich gelegentlich besuchten, allen voran „Schräubchen" und „Witte", streckten ihr die Zunge heraus oder machten irgendwelche Grimassen. Sie hätte sich verraten, wenn sie die beiden zur Rede gestellt hätte. Nachdem die häufigsten Besucher alle bekannt waren, ließ das Ganze erheblich nach.

Aber nun zum Wesentlichen, bei dem Halstuch, Barett, Klampfe und Gesang wichtiger sind als spionierende Hausfrauen oder „Do it your self"-Mitbewohner.
Überraschend stellte ich fest, daß ich mitten in einem von Bündischen besiedelten Wohngebiet gelandet war. Auf der Körnerwiese, etwa 200 Meter entfernt, Ecke Böhmerstraße, tagten in der Wohnung von Paul Leser die Mitglieder des „Pachanten"-Ordens, einen Häuserblock weiter, in der mittleren Leerbachstraße, versammelten sich bei Rudi Sturdinski, „Quarta", Reste der Deutschen Freischar, und in der Sömmeringstraße, jenseits der Eschersheimer Landstraße, war das illegale Zentrum des „Piraten"-Ordens des Nerother Bundes. „Fips" Bohr und „Ulla" Schäfer waren dort tonangebend.
Noch in Kluft und mit zahlreichen Gitarren erschienen allwöchentlich Angehörige der katholischen Sturmschar und des „Quickborn" im Gemeindehaus der St. Ignatius-Kirche, einer von Jesuiten geleiteten Gemeinde. Sie waren durch das Konkordat geschützt. Die anderen riskierten Hausdurchsuchungen und Verhaftung. Dieses Gottes-

haus, Ecke Körnerwiese-Gerviniusstraße, war auch in späteren Jahren eine Anlaufstelle für Ausgegrenzte und Verfolgte. Zum Fronleichnamsfest zog alljährlich eine Prozession um das mit Sträuchern und alten Bäumen begrünte Oval der Körnerwiese, dessen Namensgeber am nördlichen Ende als nackter, mit einem Schwert bewaffneter Krieger auf einem meterhohen Basaltsockel saß.
Just vor diesem Denkmal für den Freiheitskämpfer gegen Napoleon pflegten die Jesuitenpatres einen Fronleichnamsaltar aufzubauen. Und jedes Jahr hatten sie Ärger mit der knallroten Nase und dem blau-rot bemalten Genital des steinernen Helden. Mit mannshohen Birkenstämmen und anderem Grünzeug versuchten sie, da andere Hilfe an einem Feiertagsmorgen nicht zu erwarten war, in aller Eile der Lage Herr zu werden. Ich wußte natürlich, wer für diese Missetat verantwortlich war, da Blau-Rot die Bundesfarben der Nerother waren. Vermutlich konnten sie aus Paul Lesers Erdgeschoßwohnung das hektische Treiben verfolgen. Die Täter wurden nie ermittelt. Heinrich Spoerls Roman „Der Maulkorb", 1919 veröffentlicht, der ebenfalls die Verunstaltung eines Denkmals zum Inhalt hatte, dazu noch die Gestalt des Landesherrn dem Spott aussetzte, verlief in seiner Abfolge doch etwas furioser.

Die Schule zu wechseln ist für einen 15-jährigen Pennäler nicht einfach. Mitschüler und Lehrer sind seit Jahren vertraute Wegbegleiter. Doch nach und nach verschwanden die jüdischen Lehrer. Nach der Wiedereinführung des Berufsbeamtentums hielt man sie für nicht mehr geeignet, deutsche Schüler zu unterrichten. Auch nichtarische Klassenkameraden verließen die Schule, wechselten in das „Philanthropin", eine stadtbekannte jüdische Lehranstalt. Einige emigrierten nach England, Schweden oder sofort in die USA.
Ich mußte einsehen, daß ein Studium unter den gegebenen Verhältnissen kaum Aussicht auf Erfolg bot. Ab Ostern 1935 sollte nun der Lehrstoff der Höheren Handelsschule meine Ausbildung vorbereiten. Anschließend war der Besuch einer Hotelfachschule geplant. Unter Umständen auch eine Lehre oder eine Volontärstelle. Insgeheim war der Blick auf das Ausland gerichtet. Vielleicht auf Großvaters Spuren. Dort allein konnten ohne politische Vorgaben die Erfahrungen gesammelt werden, die man im NS-Staat nicht mehr erlangen würde.

Der Unterschied zwischen den beiden Schulen war nicht zu übersehen. Das Lessing-Gymnasium lag in einer grünen Oase, grenzte an den Barthmannshof mit seinen Obst- und Gemüsegärten, und der nördliche Schulhof ging in den schuleigenen Sportplatz über. Dieser wiederum wurde von einem kleinen Wäldchen umsäumt, in dessen Schatten im Sommer Freilicht-Unterricht stattfand.
Das alles hatte sich grundlegend geändert.
Die Osterferien waren vorbei, und ich machte mich auf den langen Weg quer durch das Nordend. In einem langgestreckten Bau war die Handelsschule neben der

Wittelsbacher- und der Linnéschule als dritte im obersten Stockwerk untergebracht. Hier saß ich jetzt in dem kahlen Klassenraum einer Schule, in die ich eigentlich nicht wollte. Mitten in einem Wohngebiet in Bornheim, dessen Jahrhundertwende-Häuserblocks dicht gedrängt schmale Straßenzüge umschlossen und keinen Raum für Bäume und Sträucher boten. Auch die Hinterhöfe mit Werkstätten kleiner Handwerker lagen im Schatten. Arbeitsgeräusche drangen bis in den 5. Stock.
Auf dem Schulhof kämpften vier alte Platanen um Licht und Sonne.

Ach, wie vermißte ich das alte Gymnasium am Grüngürtel der Stadt. Und auch, man glaubt es kaum, die alten Lehrer. Die Studienräte, die man mit Herr Professor ansprach, und ein wenig das „Feuerzangenbowlen-Milieu", das Heinrich Spoerl so trefflich – wenn auch übertrieben – geschildert hat. Schrullige Käuze mit ihren treffenden Spitznamen und ihren Marotten, die wir Schüler weidlich auszunutzen trachteten. Alles dies beinhaltete noch bis vor ein paar Wochen meinen Schulalltag.
Die Herren Diplom-Handelslehrer, die mir jetzt Englisch, Buchhaltung, Maschinenschreiben (10 Finger/blind) Stenographie, kaufmännische Korrespondenz, Warenkunde und andere Papier ausfüllende Arbeiten beizubringen versuchten, leierten ihr Pensum ohne ersichtliche Emotionen herunter. Zugegeben, einer Horde Halbwüchsiger solch trockenes Wissen zu vermitteln, war keine leichte Aufgabe. Ich nahm mir vor, das kommende Schuljahr so gut ich konnte hinter mich zu bringen.
Die anfängliche Niedergeschlagenheit verflog, als „Schräubchen" auftauchte. Er hatte die Schule gewechselt. Zwei weitere Klassenkameraden, Angehörige des illegalen „Pachanten"-Ordens, verbesserten die Lage erheblich. „Pitt" Becker und Werner Siebenhühner, genannt „die Sieben", kamen von der Ziehen-Oberrealschule in Eschersheim. Unbeabsichtigt bekam ich so Verbindung zu einigen „Pachanten", die in Eschersheim eine größere Nerothergruppe aufrechterhielten. Und ein weiterer ehemaliger Klassenkamerad, Günther Fürstenheim, Sohn des inzwischen emigrierten jüdischen Vertrauensarztes der Stadt Frankfurt am Arbeitsamt, meldete sich einige Tage später aus den Ferien zurück. Er hatte seinen Vater in England besucht. So waren wir mit „Witte" und „Adi" sieben muntere Gesellen, die fortan vieles gemeinsam unternahmen.

Eine Ausnahme innerhalb der Lehrerschaft bildete unser Klassenlehrer Dr. Buss. Er unterrichtete Englisch, war Pfeifenraucher und legte Wert auf Tweedjackets und eine kleinkarierte Schildmütze nach Art der britischen Sportsmen. Zwei- bis dreimal jährlich stand eine Klassenfahrt an. Meist auf einen Freitag angesetzt, dauerte sie bis Montag vormittag. Er hatte eine Vorliebe für Badeseen in der näheren Umgebung. Es wurde gezeltet, richtig mit Lagerfeuer und Hordenpott. Wir lernten englische, schottische und irische Volkslieder. Unsere bündische Gruppierung sang bündische Lieder, was den zahlreichen HJ-Angehörigen nicht sonderlich gefiel. Dr. Buss untersagte notgedrungen unsere Aktivitäten. Er war gewiß kein Parteigänger der NS-Bewegung, hatte aber Einwände unserer karierten Hemden, weißen Socken und allzu kurzen Hosen wegen. Irgendwie paßten wir nicht in sein anglophiles Weltbild. Die HJ-Kluft lag ihm, vermutlich wegen der Ähnlichkeit mit der Uniform der Boy Scouts, näher. Daß er einen gewissen Drill pflegte, was sich im gelegentlichen Gebrauch eines Rohrstocks zeigte, war die unangenehme Seite seiner Erziehungsmethoden. Und das im Jahre 1935!

Doch sollte das Jahr 1935 noch einige Überraschungen bereithalten. Einige ältere Nerother organisierten in Kleingruppen von drei bis vier Mann Auslandsfahrten. Überraschend, daß es ihnen trickreich gelang, die zuständigen Behörden stets zu überzeugen, daß sie durchaus willens waren, nach Großdeutschland zurückzukehren. Hauptziel waren Frankreich und Schweden, wo bereits einige Freunde Zuflucht gefunden hatten. Im Juni brach unter Führung von Karl Oelbermann ein 11-köpfiges „Filmteam“ auf, um diesmal nicht zurückzukehren. Wie man es ohne ausreichende Reisepapiere wie Paß, Visum oder Aufenthaltsgenehmigung geschafft hatte, am Ende Südafrika zu erreichen, ist mir ein Rätsel geblieben. Robert Oelbermann konnte und wollte sich nicht für eine Emigration unbestimmter Dauer entschließen. Er glaubte immer noch an eine Möglichkeit, sich mit der Reichsjugendführung arrangieren zu können. Eine Fehlentscheidung, die schreckliche Folgen haben sollte.

Ende Juni kehrten Werner Siebenhühner, „die Sieben“, und Walter Vogels, bekannt unter dem Fahrtennamen „Tomy“, von einer Sommerfahrt zurück. Kurz nach Sonnenaufgang klingelte es Sturm. Die ganze Familie fuhr erschrocken aus den Federn. Als meine Mutter, halbverschlafen und im Morgenrock öffnete, standen zwei zerzauste, ungewaschene Burschen vor ihr. Auf meine neugierige Frage, was das bedeuten solle, baten sie, nach einer gemurmelten Entschuldigung, Paul Leser anrufen zu dürfen. Auf ihr Klingeln und Rufen habe er sich nicht gemeldet. Sie wollten dort baden und die Wäsche wechseln. Ihr Kleingeld sei für die Straßenbahnfahrt draufgegangen. So hatten sie auf den Parkbänken der Körnerwiese übernachtet in der Hoffnung, Paul wenigstens am Morgen zu erreichen.

Die Reaktion des Haushaltsvorstandes kann man sich vorstellen. Nach einem langatmigen Verhör über das Woher und Wohin und warum in diesem Aufzug willigte er ein, genehmigte das Telefongespräch und den Wäschewechsel. Das Badezimmer blieb tabu. Paul war auch gegen 9 Uhr noch nicht zu erreichen. Meine gutmütige Mutter spendierte dann ein Frühstück, jedoch in der Küche, um keinen Ärger heraufzubeschwören. Den bekam ich dann am Abend.

Noch waren Ferien.

Ich legte eine Zwangspause ein, nahm mir vor, Onkel Frank zu besuchen, vielleicht auch Tante Emmy Nagel in Sachsenhausen. Beide wollte ich überraschen. Im Café war Hochbetrieb, und es dauerte eine Weile, bis ich in das Allerheiligste gebeten wurde. Das Büro hatte sich seit Großvaters Tod nicht verändert. Der wuchtige Kassen-

schrank, der Mahagonischreibtisch, Meisterbrief und Medaillen einiger internationaler Kochkunstausstellungen sowie ein vergilbtes Familienfoto waren das einzige Mobiliar.
Die Begrüßung war herzlich wie immer. Für seine 40 Jahre sah Onkel Frank verdammt gut aus. Man sah ihm den Sportler an. Modisch korrekt gekleidet, nicht overdressed, eher konservativ, wie es sich für einen angesehenen Geschäftsmann geziemt. Nach den übliche Fragen nach Schule und Gesundheit wechselte das Gespräch zum Tagesgeschehen. Damit auch zur Politik. Fragen nach dem Befinden der Familie vermied er jedoch. Vermutlich wußte er um den Ärger mit SA- und Parteiführung, wollte mich aber nicht in Verlegenheit bringen. Beim Verabschieden erwähnte ich meine Absicht, Tante Emmy zu besuchen. Sie sei auf unbestimmte Zeit verreist, das Haus stünde zum Verkauf und die Einrichtung sei bereits verauktioniert, meinte er achselzuckend. Und weiter: Ich solle nach dem Abschluß der Handelsschule meine Ausbildung im Ausland vollenden. Das hatte ich schon einmal im Kreise der Familie gehört.
Kommt Zeit, kommt Rat – der Spruch, den meine Mutter häufig zitierte, half hier vermutlich wenig.
Auf dem Heimweg mußte ich an Tante Emmys Laubfrösche denken. Ob sie sie wohl im Garten in die Freiheit entlassen hatte, oder wurden sie samt der Topfpflanzen aus dem Wintergarten mitversteigert und vertrockneten nun in einer überheizten Wohnung?
Ein weiterer Gedanke peinigte mich. Was sollte ich ohne Fahrtenbetrieb und Freunde im Ausland? Kaum ein Jugendlicher meines Alters konnte ohne Sondergenehmigung oder Tricks, dazu nur mit 10 Reichsmark ausgestattet, ins Ausland reisen. Die Devisenbeschränkung war rigoros und wurde bei Verstoß geahndet.

Im Spätsommer war am Kirchberg in Eschersheim ein kleineres Treffen angesagt. Eine Geburtstagsfeier. Einige „Pachanten" und unser altes Quartett trafen sich in Robert Schneiders Dachbehausung. Robert, bekannt als „Spoy", hatte groß aufgetischt, und die Stimmung war außerordentlich nerothan.

In einem Beitrag zu Matthias von Hellfelds Taschenbuch „Davongekommen" (Fischer-Boot Verlag, Nr. 7616, 1990 Frankfurt/Main.) schilderte ich die Situation wie folgt:

„Im August 1935 feierten wir in ‚Spoys' Bude in Eschersheim seinen Geburtstag. Wir waren elf Mann hoch und allesamt sangesfreudig. Es war ein heißer Tag und wir hatten das Fenster, das zur Straße lag, weit geöffnet.
Plötzlich Getrampel auf der Treppe, lautes Klopfen an der Tür, vier unbekannte Männer stehen vor uns. Gestapobeamte in Zivil und zwei Uniformierte des HJ-Streifendienstes. Nach Feststellung

der Personalien wurde die Feier aufgelöst. Gitarren, Liederbücher und Fahrtenwimpel beschlagnahmt. Alle Beteiligten bekamen eine Vorladung zur ‚weiteren Erörterung, wie es so schön hieß. ... Wir standen dann zumindest in einer Kartei.“

Jetzt, fast 70 Jahre später, kenne ich diese Kartei. Sie lag jahrelang unentdeckt in einem Archiv in Arolsen. Heute befindet sie sich im Hessischen Staatsarchiv in Wiesbaden (Abtg. 486). Die Gestapo Frankfurt/Main konnte leider große Bestände ihrer Unterlagen rechtzeitig vernichten, so daß sowohl die wichtigen Personalakten als auch Verhörunterlagen fehlen. Auch die Kartei ist unvollständig. Neben „Witte“ und „Schräubchen“ entdeckte ich auch meinen Namen. Bei allen dreien fand sich der Vermerk:
„Steht im Verdacht, dem aufgelösten Nerotherbund anzugehören und sich in demselben zu betätigen. Vorgang wurde an die Staatsanwaltschaft Frankfurt übersandt.“

Hier war man vermutlich der Auffassung, daß eine Betätigung für eine verbotene Vereinigung nicht zutreffe, und ließ die Angelegenheit auf sich beruhen.
Unannehmlichkeiten drohten hingegen von anderer Seite. Die Gestapo hatte sich mit der Schulleitung in Verbindung gesetzt, und unser gemeinsamer Klassenlehrer verständigte die Eltern. Bei diesem Gespräch, so meine Mutter, soll man dringend angeraten haben, nach Abschluß der Schule eine Ausbildung möglichst in einer weiter entfernten Stadt ins Auge zu fassen. Bis Ostern 1936 hatte ich demnach eine Galgenfrist, falls man mich tatsächlich in die Verbannung schicken sollte.
Bis dahin ging alles seinen normalen Gang. Wir gingen auf Fahrt, im Winter zum Skilaufen in die nahen Mittelgebirge, den Taunus oder Vogelsberg.

Im Februar änderte sich die Lage dramatisch. Am 15. Februar 1936 wurde Robert Oelbermann verhaftet und gleichzeitig ein großangelegter Schlag gegen die gesamte bündische Jugend angeordnet. In einem Rundschreiben erteilte am 11. Februar 1936 die Preußische Geheime Staatspolizei, Staatspolizeistelle Frankfurt am Main (II R 963/36), einen Befehl folgenden Inhalts:
„... Es erscheint angebracht die Aktion schlagartig am Montag, den 24.02.36 vormittags 10 Uhr durchzuführen. Über das Ergebnis wird Bericht bis zum 01.03.36 entgegengesehen. Fehlanzeige erforderlich. Betr. Bündische Jugend.“

Im weiteren Verlauf werden alle bündischen Gruppierungen aufgezählt. Adressaten waren die 14 Landräte, der Regierungspräsident, die Außenstelle Wiesbaden der Gestapo, zwei Ablagen. In Frankfurt waren zahlreiche Hausdurchsuchungen, so bei „Heino“ Möller, Willi Wagner und anderen bekannten ehemaligen Angehörigen der „Rabenklaue“. Auch Wolf Kaiser in Bad Camberg wurde heimgesucht. Er war aber rechtzeitig nach Dänemark geflohen.

Drei wurden verhaftet, einer später nach Düsseldorf überstellt. Willi Knoob wurde in ein KZ eingeliefert, ohne Anklage oder eine Gerichtsverhandlung. Ende des Jahres – er war entlassen und zum Schweigen verdonnert – türmte er nach Schweden. Dort half ihm Paul Leser, inzwischen ebenfalls dort, weiter. Wolf Kaiser und Willi Knoob, „Knöbchen", stießen zu der „Kameradschaft Oelbermann" in Südafrika.

Zu anderen bündischen Gruppen hatte ich keine Verbindung, war daher nicht informiert. Viele ältere Jahrgänge waren ohnehin schon beim Reichsarbeitsdienst oder der Wehrmacht und damit nicht mehr erreichbar.

Das Schuljahr hatte geendet. In den Osterferien tippelte ich ein letztes Mal mit meinen Freunden durch Oberhessen. Wir hatten uns den Vogelsberg vorgenommen und waren eine Woche unterwegs. Dann kam die Trennung für alle Beteiligten. Vermutlich für lange Zeit.
„Schräubchen" ging nach Aschersleben, „Witte" nach Kiel. Nur „Adi" blieb in Frankfurt. Günther Fürstenheim, der mit uns unterwegs war, wanderte nach England aus. Die Familie lebte bereits dort. Sein älterer Bruder hatte ihm eine Stelle auf einem großen Gestüt vermitteln können. Endziel: Gutsverwalter.
Dabei fiel mir beim Verabschieden ein, daß der Nachfolger des alten Dr. Fürstenheim ausgerechnet ein Nerother war, Mitglied der aufgelösten „Rabenklaue": Dr. Hans Schneehage, genannt „Flocke".
Aber das war vermutlich bisher niemandem aufgefallen. Eine wunderbare Idee, die Nazis hatten aus bündischer Sicht ein wenig den Bock zum Gärtner gemacht. Da war jetzt einer, der sogar für die absurdesten Berufswünsche Verständnis aufbrachte. Als Jugendpsychologe bei der Berufsberatung als Fachmann gefragt, mußte er erkennen, warum ein Jugendlicher ausgerechnet Zirkusclown, Großwild- oder Orchideenjäger werden wollte. Um nur ein paar der harmlosesten Wünsche zu nennen.

Tags drauf packte ich ein paar Bücher ein, die mir am Herzen lagen. Ich wollte sie an den mir zugedachten Verbannungsort voraussenden, um wenigstens einige vertraute Dinge um mich zu haben. Ob aber ausgerechnet Jack London, B. Traven oder Ernst Löhndorff mich aufheitern könnten? Eher würden sie meine Wanderlust anregen. Mit absehbaren Folgen.

VERBANNUNG

Es waren nicht die Weite Ostpreußens oder die endlosen, dichten Wälder des Bayerischen Waldes, auch nicht die Moore im Emsland, in denen meine berufliche Zukunft ihren Anfang nehmen sollte. Es waren die märkischen Kiefernwälder, die mit Weiden und dichtem Schilf gesäumte Havel, die für einige Zeit meinen Erkundungsdrang voll und ganz in Anspruch nehmen würden. Keine größere Stadt, in der vielleicht noch bündische Restgruppen ein illegales Leben fristeten, sollte mir Gelegenheit bieten, mich an deren Aktivitäten zu beteiligen. So gesehen hatten die Planer ihr Ziel erreicht. Ich war in der vor 1000 Jahren gegründeten Kleinstadt Havelberg gelandet.

Die ehemalig Hansestadt war in früheren Zeiten auch Bischofssitz. Das ringförmig bebaute Altstadtgebiet um Marktplatz und St. Laurentius-Kirche lag auf einer Insel mitten im Fluß. Die Straßen liefen wie Radspeichen vom Stadtzentrum an die Flußufer. Drei Brücken verbanden die sogenannte Inselstadt mit dem Festland. Die südliche in Richtung Sandau, zwei nördliche zum höher gelegenen Dombezirk und die vorwiegend von Havelfischern bewohnte Weinbergstraße mit ihren reetgedeckten Fachwerkhäusern. Mit kaum 6000 Einwohnern (heute ca. 8000) ein überschaubares, kleines, lebendiges Universum, an das ich mich als Großstädter erst gewöhnen mußte. Den Ribbeckschen Birnbaum im Havelland, den Fontane beschreibt, suchte ich vergeblich, den roten Brandenburgischen Adler dagegen fand ich im Stadtwappen Havelbergs.

So schön das alles klingen mag, die Wirklichkeit sah weit weniger erfreulich aus. Meister Schneermann und seine Frau empfingen mich überaus freundlich. Er, um die vierzig, ein Mann von gewaltigem Umfang und blassen Gesichtszügen, Raucherasthma und Plattfüßen. Sie, etwas jünger, nicht gerade schlank, aber doch noch ansehnlich, bestätigte stets nickend seine Darlegungen den Geschäftsbetrieb und die Hausordnung betreffend. Dann begann die Besichtigung der Räumlichkeiten vom Keller bis zum Dachboden. Vor einer Rumpelkammer blieb er stehen und meinte, dies sei ab sofort mein ureigenes Reich. Über mir gurrten die Tauben, im Flur spielten Mäuse zwischen staubigen Regalen, Körben und alten Koffern. In den benachbarten Dachkammern waren die beiden Köche und der Konditorgehilfe, gelegentlich ein Aushilfskellner, untergebracht. Ein Zimmermädchen, eine Kellnerin und eine Putzfrau waren ortsansässig, somit keine Mitglieder der zusammengewürfelten Wohngemeinschaft.
Die eigentlichen Geschäftsräume im Erdgeschoß bestanden aus zwei unterschiedlichen Betrieben, einer Café-Konditorei mit einer Backstube und einem kleinen Restaurantbetrieb mit eigener Küche. Das Gebäude, ein großer Barockbau, war als Eckgebäude mit zwei Eingängen zu verschiedenen Straßen hin ausgestattet. Als letzten Teil der „Schloßbesichtigung“, wie das Vorzeigen der eigenen vier Wände im Volksmund

heißt, wurden mir die sechs Gästezimmer des Minihotels vorgeführt. Hinter einer verschlossenen Glastür verbarg sich die Dreizimmerwohnung der Hauseigentümer. Die Aufschrift „Privat“ machte dies deutlich.

Mein Einzug fand an einem Wochenende statt. Der Montag zeigte mir in aller Deutlichkeit, in was ich hineingeraten war. Lehrlinge oder auch Volontäre, die eine Ausbildung anstrebten, waren damals noch Handlanger, Botengänger oder Reinigungspersonal. Hol dies, mach das, kehr aus, Kohlen schaufeln in den riesigen, gemauerten Backofen. Daß unter diesen Voraussetzungen hier „kein Meister vom Himmel gefallen war“, leuchtete mir ein. Wenn dann gegen 4 Uhr nachmittags die letzte Tortenbestellung ausgetragen war, wurde ich im Restaurantbetrieb beschäftigt. Besser gesagt mit Bierkästen schleppen, Gläser spülen und anderen Tätigkeiten, die gewiß nicht mit meinen Eltern vereinbart waren.
Daß ich hier niemals die handwerklichen Kunstfertigkeiten meines Großvaters erreichen würde, war offensichtlich. Das hatte ich bereits am ersten Tag nach Besichtigung der Kuchentheke im Café bemerkt. Die feinen, filigranen Dekorationen auf Torten und Kleingebäck waren, wenn überhaupt, schludrig oder plump. Das gesamte Angebot war einer besseren Landbäckerei würdig, nicht aber der eines Cafés gehobenen Anspruchs.
Dutzende Male hatte ich in Frankfurt dem Backstubenleiter, Herrn Fischer, über die Schulter geschaut und konnte daher beurteilen, wo genau der krasse Unterschied lag. Allein die Zutaten gaben Aufschluß. Bei S. F. Jollasse wurde alles im Hause gefertigt. Ob Marzipan, Nougat, Fondant, Geleefrüchte oder Marmelade. Allein zwei Konditoren befaßten sich mit der Herstellung des reichhaltigen Pralinensortiments. Aber lassen wir das einstweilen. Ich versuchte, mit Fred, dem Konditorengehilfen, die Teigknet- und Rührmaschine in Gang zu halten, die Kuchenbleche und Formen aller Größen zu reinigen und dabei dem Meister zuzuhören. Weitschweifig erläuterte er die Zutaten, deren Menge und Backdauer. Das Gehörte notierte ich in einem kleinen Notizbuch und lernte so nach und nach, rein rhetorisch und theoretisch, die tägliche Abfolge seines Standardprogramms. Immerhin an sieben Tagen ein anderes Sortiment.

Trotz aller Widrigkeiten fand ich die Gelegenheit, die Stadt und ihre nähere Umgebung zu erkunden. Die Havel, naturbelassen, wie man es heutzutage kaum noch findet, erregte mein Interesse in besonderem Maße. Vor allem waren es die verschiedenen Uferbewohner, die meine Aufmerksamkeit auf sich zogen. Vogelarten, die ich am Ufer des regulierten Mains nie zu Gesicht bekam. Zugegeben, ich hatte mich auch nie sonderlich darum bemüht. Bei den einheimischen Singvogelarten kannte ich mich gut aus. Gut zwei Dutzend konnte ich ihrer Größe, ihres Gesangs und ihres Federkleides wegen unterscheiden. So stand ich am Flußufer und beobachtete Reiher, Möwen und Enten.

Das änderte sich, als eines Sonntags nachmittags ein junger Mann neben mir stehen blieb und mir sein Fernglas entgegenhielt. „Die Reiherhorste sind am anderen Ufer, dort ist es ruhiger. Hier fühlen die Vögel sich durch die Fischer gestört." Die Reiher seien es vor allem, die ihn interessierten. Er habe bereits zwei Jungvögel, die sich verletzt hatten, aufgezogen, bemerkte er beiläufig.
Im Laufe der Unterhaltung schlug er vor, am kommenden Wochenende das Leben und Treiben der Tiere von seinem Faltboot aus näher zu beobachten.

Es war gut zu wissen, einen Kumpel mit gleichen Interessen zu haben. So mußte ich die freien Stunden nicht alleine in der mir noch wenig bekannten Stadt vertrödeln. Günther Werk, Sohn des Bürgermeisters Werk in der Weinbergstraße, war wegen seiner Vorliebe für die Wasservögel stadtbekannt. „Reiher", so nannten ihn die Fischer, die Angler und seine Freunde im Wassersportverein.
Herrchen und Frauchen werden ihren lieben Haustierchen nach und nach ähnlicher, sagt man so leichthin. Wenn ich die Bewegungsabläufe meines Vogelfreundes beobachtete, wollte es mir scheinen, daß sein stelzender Gang, der vorgeneigte Oberkörper und das ruckartige Vorschnellen seines Kopfes eine gewisse Ähnlichkeit mit den Havelreihern hatte. Wenn er durch das hohe Schilf stakste, war es besonders auffällig. Bei unseren Stadtpromenaden am Spätnachmittag oder am Wochenende war seine Gangart unverändert; dabei hielt er seine Hände auf dem Rücken verschränkt, als seien es Flügel.
Das alles waren Äußerlichkeiten. Da wir auch die gleichen Interessen an Literatur, Musik und der augenblicklichen politischen Entwicklung hatten, wurde es nie langweilig. Er lieh mir Klabund, Manfred Hausmann und einige inzwischen verbotene Bücher. So hatten wir Themen, wie sie unter Umständen auch in einer bündischen Gruppe zur Diskussion hätten stehen können.

Inzwischen war es Sommer geworden, und ich hatte außer den Grundbegriffen der einzelnen Teigsorten und ihrer Verwendung nicht allzuviel gelernt. Im Restaurant wurde ich nach heftigem Protest nicht mehr beschäftigt. Waren Festlichkeiten angesagt, wurde eine Aushilfe eingestellt. Außer mit meiner Mutter hatte ich Briefkontakt mit „Schräubchen" in Aschersleben und „Spoy" in Halle. Er war dort inzwischen bei der Landespolizei gelandet. Von „Witte" in Kiel hörte ich nichts mehr. Er soll, so berichtete mir „Schräubchen" nach meiner Abreise, noch einmal in Verbindung mit den Nerothern festgenommen worden sein. „Adi" hatte in Frankfurt eine Dekorateurlehre begonnen. Ihn hoffte ich vielleicht an Weihnachten zu sehen.

Die kleine Düngemittelfabrik, die mit Hilfe des Erbes meiner Mutter in Niedereschbach vor drei Jahren erstellt worden war, schien einen aufnahmebereiten Markt gefunden zu haben. Hergestellt wurde ein Naturdünger namens „Biohum". Nach

Entzug des Methangases in den Faulkammern des dortigen Klärwerks wurde der getrocknete Klärschlamm mit Torf und anderen Ingredienzien versetzt. Man verkaufte in großen Papiersäcken oder lose Ware auf Lastwagen verladen an Gärtnereien, Weingüter oder Gestüte. Was heute eine Selbstverständlichkeit in Fragen der biologischen Düngung ist, war damals Neuland. Durch körperliche Arbeit voll in Anspruch genommen, schien mein Stiefvater am Abend friedfertiger zu sein als zu seiner SA-Zeit, so meine Mutter in einem ihrer Briefe.
Neu war auch die Nachricht, daß Tante Emmy Nagel tatsächlich in London bei Verwandten lebte und so einer etwaigen Verfolgung entkommen war. Onkel Frank hingegen war wieder einmal in die Schußlinie der Kritik meiner Mutter geraten. Seit Jahren mißbilligte sie seine Freundschaft mit einer tizianroten jungen Frau, deren Vater ein Bestattungsunternehmen betrieb. „Die Totengräberlies", wie sie sie nannte, als eventuelle Schwägerin zu akzeptieren, war undenkbar. Mir wäre sie als Tante Liesbeth durchaus willkommen gewesen. Vielleicht hatte Onkel Frank gerade aus diesem Grunde schon einmal ein Grundstück in Jugenheim/Bergstraße gekauft, um dort später ein Haus zu bauen.

In Havelberg hatte Meister Schneermann indes andere Sorgen. In Backstube und Küche hatten sich die Küchenschaben, bekannt als Kakerlaken, so massenhaft verbreitet, daß eine Vernichtungsstrategie entwickelt werden mußte. Das Insekt, das Millionen Jahre allen Umweltkatastrophen getrotzt hatte, findet seine stärkehaltige Nahrung in Küchen und Backstuben. Wärme und Luftfeuchtigkeit begünstigen seine Ausbreitung.
Zu Weltruhm gelangten die Kakerlaken durch das Spottlied auf den mexikanischen Präsidenten Venunziano Carranza (1914-1920), den die Revolutionäre Pancho Villa und Emiliano Zapata „La Cucaracha" nannten. In der ersten Strophe wird das unbeliebte Insekt scherzhaft besungen:
„Die Kakerlake kann nicht laufen, weil sie kein Marihuana zu rauchen hat. Die Kakerlake kann nicht mehr laufen, weil ihr ein Bein fehlt ..."
Im weiteren Text werden die Revolutionäre Pancho Villa und Zapata sowie die hübschen mexikanischen Mädchen gefeiert.

Die nachtaktiven Flitzer konnte man nur erwischen, wenn man blitzschnell zugriff. Die Treibjagd war eine tagelange Abendbeschäftigung. Mit nassen Tüchern fielen wir über sie her, und in einem Eimer mit heißem Wasser fanden sie ihr nasses Grab.
Daß mir bei dieser Tätigkeit die mexikanischen Revoluzzer piepegal waren, versteht sich von selbst. Lieber wäre ich durch die Stadt gebummelt und hätte vom Domberg aus dem Sonnenuntergang zugeschaut.
Weniger abstoßend waren die kleinen zirpenden Grillen, bekannt unter dem Namen „Heimchen", die ebenfalls Dunkelheit und Wärme suchen. Einige dieser Insekten saßen verborgen irgendwo unter oder hinter der Holzverkleidung im Café. Vor allem

die Kinder waren begeisterte Zuhörer und versuchten, ihrer ansichtig zu werden. Wie die Kakerlake reagieren Heimchen auf jede Schwingung des Bodens und verstummen sofort. Im Gegensatz zu den Dauergästen in Backstube und Küche waren die Heimchen nur während der Paarungszeit zirpende Hausbewohner. In China werden Grillen als Haustiere geschätzt. Es gibt regelrechte Zirpwettbewerbe ähnlich den der Kanarienvogelzüchter in Europa.

Nach diesem Ausflug in die Insektenkunde zurück zum normalen Tagesgeschehen. Alle Welt sprach von der Olympiade in Berlin. „Reiher" und mich interessierte es nicht sonderlich. Wir paddelten bei schönem Wetter fast täglich nach Feierabend auf der Havel, erkundeten die zahlreichen Schwemmlandinseln havelabwärts mit ihrem dichten Schilfbestand und verschwiegenen Buchten. Zur Ferienzeit waren viele Wassersportler, darunter Berliner, Brandenburger und Rathenower, auf dem idyllischen Fluß unterwegs. Gelegentlich zelteten sie auf den einsamen Sandbänken, eine kurze Unterbrechung auf dem Weg nach Wittenberge an der Elbe. Eines Abends – wir lagen auf der Lauer, um ein Haubentaucherpaar zu beobachten – hörten wir Gitarrenklänge und Gesang. Eigentlich nichts Ungewöhnliches, da auch die Kanuten und Kajakfahrer dann und wann ein Liedchen am Lagerfeuer anstimmten.
Irgendwann hatte ich das alles schon einmal erlebt. Klampfenklang, Mollakkorde, Stimmen im Unterholz und Holzfeuerrauch. Es mußte sich um die vier jungen Leute handeln, die wir auf dem Wochenmarkt beim Einkaufen beobachtet hatten. Zünftig gekleidet waren sie ja, wie meine Frankfurter Freunde und ich vor nicht allzu langer Zeit.
Wir drehten bei und gingen an Land. Beim Aussteigen holte ich mir nasse Füße. Fremde Boote waren weit und breit nicht zu entdecken. Demnach hatten sie auf der südlichen, der Sandauer Seite angelegt. Das sogenannte Mühlenholz war erst kürzlich durch den Bau eines Kanals und einer Schleuse zu einer Insel geworden. Durch dichtes Röhricht bahnten wir uns einen Weg auf eine Lichtung zu, auf der wir die Sänger vermuteten. „Reiher" vor mir in seiner vorsichtig stelzenden Art.
Nach etwa 200 Metern versperrten uns zwei Hauszelte den Blick auf die dahinter Sitzenden. „Ahoi", rief „Reiher" und machte auf unser Kommen aufmerksam. Die Angerufenen sprangen auf und winkten uns einladend zu.
Nach dem üblichen Wohin und Woher erfuhren wir, daß sie aus Berlin kamen, „Heia", „Hasch", „Maxe" und „Conny" hießen und nach Wittenberge an der Elbe wollten. Eine Woche waren sie unterwegs, mit Pausen, die zum Landgang genutzt wurden. So auch heute. Morgen wollten sie die Stadt besichtigen und einen Freund auf einer der zahlreichen Bootswerften besuchen. Wer das sei, wollte „Reiher" wissen. Vielleicht kenne man sich, und überhaupt könnten wir einen Stadtrundgang gemeinsam organisieren. Inzwischen war das Feuer neu entfacht, und bald darauf wurde uns Kaffee angeboten. Als Teetrinker eine neue Erfahrung, da wir auf Fahrt

stets Tee bevorzugten. Kaffeerunden überließen wir lieber dem Alpenverein oder den Naturfreunden, bei denen, so jedenfalls meine Beobachtung, mehr ältere Semester beiderlei Geschlechts aktiv waren.

Die nächsten Stunden entwickelten sich so, wie ich es schon erahnt hatte. Es wurde gesungen, zwei Gitarren gut gespielt. Die Lieder hatten auffallenden Bezug zu Flüssen und Wasser. So die Hymne an die Elbe:

> Strom der Schwere, über deinen Wassern
> kreist der Möwe feuerndweißes Spiel,
> ziehn die Schiffe vieler Hafenpforten
> über alle Meere ihren Kiel.
> Wildernd pocht die Flut an deinen Deichen,
> doch die Strande steigen burgenhaft,
> und die Wasser, schon gebändigt, tragen
> wimpelhoch die Banner deiner Kraft.
> Strom der Freiheit – unter deinen Fluten
> klingt das Lied von Schlachten und von Sieg,
> Bauernland wiegst du viel tausend Jahre,
> Bürger stehn, Seeadler ihr Fanal.

Friedrich Schnack, ein bei den NS-Machthabern nicht geschätzter Dichter, hatte diese Zeilen verfaßt. Ob Schnack, Bert Brecht oder der Jude Friedrich Gundolf Urheber der Texte oder Melodien waren, interessierte uns wenig. Waren sie gut, das heißt, entsprachen sie unseren jugendlichen Gefühlen, wurden sie gesungen.
Die Reihe der Seemanns- und Fischerlieder nahm kein Ende. Die Islandfischer, Hamburger Viermaster, Am unteren Hafen und auch die Piratenlieder wurden nicht ausgelassen.
Als die ersten Sterne am Himmel standen, brachen wir auf. Nicht ohne ein Sternenlied gesungen zu haben:

> „Über der weißen Nacht steht hell der große Bär,
> schaukelt die Dünung sacht das Schiff auf weitem Meer.
> Schneidend klingt der Möwe Schrei, Begleiterin zur Walfischjagd.
> Bald fährt das Schiff nach Süd im wehenden Passat.
> In der Kombüse blakt das Tranlicht trüb und schwer,
> Qualm, Dunst und Fischgestank und Schnaps und Schweiß und Teer,
> schwarze Fäuste, Kartenspiel, ein Fluch und dann ein Lied zur Nacht,
> bald fährt das Schiff nach Süd, im wehenden Passat."

Erich Scholz, besser bekannt als „Olka“, veröffentlichte Worte und Weise in einem Liederheft „Lieder der Rotte Brabant“ als eines der letzten bündischen Liederbücher im Günther Wolff Verlag, Plauen 1935.
Heute, in einer Zeit, in der die Ausrottung der Wale hartnäckig zu bekämpfen jedem Jugendlichen eine Herzensangelegenheit sein sollte, singe ich dieses Lied mit gemischten Gefühlen. 1936 konnte jedoch niemand ahnen, welche Ausmaße die Jagd auf der Welt größtes Meeressäugetier annehmen würde.
Eine Weile noch konnten wir den Gesang der Berliner hören, bevor flußaufwärts die starke Strömung unter der Sandauer Brücke unsere ganze Aufmerksamkeit in Anspruch nahm.
Beim Abschied gestand mir „Reiher“, daß er Fisch, in welcher Art auch immer zubereitet, eigentlich verabscheue. Und das ausgerechnet bei seiner Gangart und seinem Namen!

Die Berliner Freunde rüsteten zur Weiterfahrt. In der Hoffnung auf ein Wiedersehen hatten wir vorsorglich unsere Anschriften ausgetauscht. Irgendwo in der Nähe Berlins hatten sie ein illegales Heim in einem Bauerngehöft. Dort wollten wir uns in den Herbstferien treffen. Zu diesem Zeitpunkt hätte ich nie geglaubt, daß es viele Jahre dauern sollte, bevor ich sie wiedersehen würde.
Daß „Reiher“ ein ehemaliger Pfadfinder war, hatte das vergangene Wochenende offenbart. Vorsichtig sei er gewesen nach einigen schlechten Erfahrungen, so seine Antwort auf meine diesbezügliche Frage. Ich sei ja erst eine kurze Zeit in der Stadt, und Freundschaften schließe er nicht so schnell. Aber jetzt sei alles klar.

Wir sollten nicht lange allein bleiben.

Etwa nach einer Woche – es war einer jener heißen Sommertage – besuchten wir das Freibad. Unter einer schattenspendenden Baumgruppe fanden wir einen geeigneten Beobachtungsposten. In der Nähe kicherten einige Havelbergerinnen. Eine war mir schon lange aufgefallen, sie wohnte in der Marktstraße, genau gegenüber dem Schneermannschen Anwesen. Als „Reiher“ mein Interesse bemerkte, warnte er mich. Bitte nicht die BDM-Kuh! Na ja, es gab noch andere im Städtchen.
Ein dunkelhaariger, sportlich wirkender Bursche verdunkelte nicht nur die Sonne, sondern versperrte den Ausblick auf die Liegewiese, als er sich in Reichweite vor uns geräuschvoll niederließ. Zuerst breitete er eine Zeltbahn aus, danach eine graue Wolldecke, zuletzt einen undefinierbaren Klumpen Stoff. Letzteres stellte sich später als selbstgebastelter Schlafsack heraus.
„Reiher“ bat ihn freundlich, sein Lager doch etwas nach rechts oder links zu verlegen. „Hannó, woischt“, begann er, und dann erfuhren wir von seiner Radtour quer durch Deutschland, beginnend in Stuttgart Richtung Havelberg. Als Kunststudent besuche

er jährlich seinen Onkel, der als Bootsbauer in einer der Werften tätig sei. Gelegentlich arbeite er dort als technischer Zeichner, um seine Reisebörse aufzufüllen.
Die Mädels waren vorübergehend abgemeldet!
Der Reisebericht, immerhin zwei Wochen bergauf, bergab strampeln, war spannend anzuhören. Erinnerungen kamen auf, zumal ein paar Bemerkungen fielen, die auf Fahrtenerfahrung schließen ließen. Die Überraschung kam prompt nach der Eröffnung, er habe eigentlich einen Berliner Freund treffen wollen. Der sei aber schon vor einer Woche abgefahren. „Abgepaddelt", entfuhr es mir spontan. Es begann ein Frage- und Antwortspiel, das letztendlich die „Deutsche Freischar" betraf. In diesem Bund war auch „Maxe" aus Berlin lange Mitglied gewesen. Auf einem früheren Bundeslager hatten sie sich kennengelernt. Er hatte die Angewohnheit, viele seiner Sätze mit der Bemerkung „Hanno, woischt" einzuleiten. Ein echter Schwabe eben. Wir tauften ihn „Hannó" mit Betonung auf dem O. Vier lange Sommerwochen sollte er unser Gefährte auf der Havel, dem Fahrrad auf brandenburgischen Landstraßen und Wanderungen im Umland sein.

Meister Schneermann blieben diese Freizeitunternehmungen nicht lange verborgen. Er reagierte, indem er mich bis in die Abendstunden im Betrieb beschäftigte. Selbst versuchte er oft, dem heimischen Herd zu entfliehen. Er engagierte sich im Kegelclub und im örtlichen Schützenverein. Wo immer er eine Gelegenheit fand, nahm er an Treffen und Tagungen teil. Dies gab mir die Möglichkeit, meinen Drang nach Freiheit – wenn auch erheblich eingeschränkt – auszuleben. Nach und nach wurde mir klar, daß er gewisse Anweisungen aus Frankfurt erhalten haben mußte.
Das wurde mir kurz darauf bestätigt. Mir war aufgefallen, daß meine Post nur noch spärlich, wenn überhaupt, eintraf. Briefe meiner Mutter wurden unbeanstandet weitergereicht. Die Post meiner Freunde aber schien irgendwo im Nirgendwo hängenzubleiben, kam verspätet oder überhaupt nicht an. Um Gewißheit zu erhalten, beobachtete ich den Postboten, der zweimal am Tage kam. Oft gönnte er sich eine Tasse Kaffee oder ein Schnäpschen und nahm sich Zeit für einen Plausch. Dabei lieferte er dann die Post ab. Ihn abzufangen war nicht einfach, da sonst irgend etwas in der Backstube schieflaufen konnte. Eine ruinierte Torte oder ein verbrannter Kuchen hätten mir erheblichen Ärger eingebracht. So entschloß ich mich für den umgekehrten Weg. Per Postkarte bat ich die alten Freunde, mir postlagernd mitzuteilen, wann und was sie mir zuletzt geschrieben hätten. Am Ende stellte sich heraus, daß fünf oder sechs Schreiben mich nicht erreicht hatten.
„Reiher", den ich informierte, riet mir, die Angelegenheit frontal anzugehen. Ich nahm mir vor, meinen Meister bei der nächsten Gelegenheit darauf anzusprechen. Irgendwann würde er sich eine Blöße geben.
Sollte sich mein Verdacht bestätigen, wollte ich nicht länger bleiben. Vorsorglich lagerte ich meine kleine Bibliothek bei „Reiher" aus. Mitte September waren die all-

jährlichen Betriebsferien anberaumt. Eine günstige Gelegenheit, dies ungastliche Haus endgültig zu verlassen.
Schon lange hatte ich einen Besuch bei Tante Martha in Wien geplant. Angeblich war sie inzwischen geschieden und lebte jetzt bei ihren Eltern, meinem Großonkel und dessen Frau, und ihren beiden Töchtern in Wien. Havelberg – Wien war sicherlich eine aufregende Trampstrecke. Ohne ausreichende Reisepapiere ein Wagnis.
Dort eine Ausbildungsstelle zu bekommen war auch kaum denkbar.
In aller Ruhe plante ich mein Vorhaben, von meinen Freunden unterstützt und beraten. „Hannó" hatte halb Europa bereist und gab mir die notwendigen Hinweise.

Am 1. August eröffnete Hitler in Berlin die Olympiade. Ganz Havelberg stand Kopf. An allen Ecken plärrten die Volksempfänger die neuesten Sportnachrichten. Alois Schneermann war gewiß kein sportlicher Typ und sicherlich auch kein überzeugter Nazi, doch auch er klatschte begeistert in die Hände und schrie die Erfolgsmeldungen über die Medaillengewinne durch das ganze Haus. Die Angestellten nahmen es gelassen hin. Sie stammten aus dem bäuerlichen Umland und hatten andere Interessen. Für ihre Familien in den Dörfern waren gute Ernten und die dafür zu erzielenden Preise wichtiger. Außer einem Mutterkreuz für eifrig Gebärende gab es dort keine Auszeichnungen.

Am 31. August war die Olympiade beendet. Ähnlich wie die bombastische Eröffnungsfeier wurde auch die Schlußkundgebung gestaltet. Verglichen mit späteren Olympiaden – künstlerisch, folkloristisch und fröhlich dem Zuschauer dargeboten – prägten 1936 Uniformen aller Parteiorganisationen, der Wehrmacht, des Arbeitsdienstes und Dutzender dem Regime verpflichteter Verbände die Gesamtkulisse. Ganz Deutschland in Uniform.
Das erstarkte Deutschland wurde dem Ausland vorgeführt.
33 Gold-, 26 Silber- und 30 Bronzemedaillen errangen die deutschen Athleten in den Wochen der Winter- und Sommerolympiade (Garmisch-Partenkirchen und Berlin). Die NS-Sportfunktionäre lobten in hochtrabenden Worten, daß allein Askese, Aufopferung und eine straff organisierte staatliche, von der Volksgemeinschaft getragene Unterstützung zu diesen Erfolgen führen konnte.

Jahrzehnte später, 1972, erscheint im Frankfurter März-Verlag die Neuauflage eines Zigarettenbilderalbums (sammeln und einkleben) „Die olympischen Spiele 1936". Groß übertitelt „Die NAZI-OLYMPIADE", womit der Verlag seine politische Heimat dokumentiert. Gerhard Zwerenz analysiert in einem Nachwort dieses Ereignis kritisch und kommt dabei einigen, dem Leser von 1936 kaum wahrnehmbaren Propagandatricks auf die Spur. Nach außen wurde Friedfertigkeit, denn Sport einigt alle Völker, demonstriert. In Wahrheit ging es Hitler um eine Zurschaustellung der

Macht mit dem Anspruch, seinen Traum vom 1000-jährigen Reich, einem wehrhaften Großdeutschland, in den Grenzen von 1918 zu verwirklichen. Die sogenannten Leibesübungen wurden nach und nach Wehrertüchtigungen. Hierfür entstanden besondere Lager. Der Umgang mit der Waffe wurde Praxis.
Die Olympia-Glocke zierte das Motto „Ich rufe die Jugend der Welt". Den Handschlag zum Sieg und zur Goldmedaille verweigerte Hitler dem farbigen US-Amerikaner Jesse Owens. Aber – der Zweck heiligt bekanntlich die Mittel – die nicht rein arische Fechterin Helene Mayer wurde zur Ehrenarierin erklärt. Die deutsche Einheitspresse schwieg. Hier wurde Rassismus auf unterschiedliche Weise praktiziert. Und wie man im Falle Helene Mayer sieht, zum eigenen Vorteil umgedeutet.
Warum muß man eigentlich Raucher werden, um an Sammelbilder zu gelangen, die doch darlegen sollen, wie gesund Sport ist?

Noch einige Tage bis zum Beginn der Betriebsferien. Und immer noch hatte ich, trotz aller Anstrengungen, keinen schlüssigen Beweis für die Postüberwachung.
Der Zufall, wie so oft im Leben, kam mir zu Hilfe. Die wöchentliche Arbeitskleidung des Personals wurde eingesammelt, und das Hausmädchen prüfte Verschmutzungsgrad und Tascheninhalt. Zu oft waren schon Notizzettel und Zigarettenschachteln im Waschkessel ruiniert worden.
Sie fand zwei Briefe aus Frankfurt/Main und eine Ansichtskarte aus England, nicht ahnend, welche Lawine sie losgetreten hatte. Ungläubig hielt ich die Beweisstücke in Händen und wußte jetzt, daß mein Aufbruch in den nächsten Tagen bevorstand. Doch Alois Schneermann wollte ich zur Rede stellen.
Die Vorbereitungen für diesen Tag waren lange abgeschlossen. Bis auf meine Fahrtenklamotten, ergänzt durch Schenkungen von „Reiher" und „Hannó", hatte ich alles postfertig verpackt, und meine Freunde hatten sich bereit erklärt, für die Sendung zu sorgen.
Die Trennung fiel ohnehin in eine Zeit, in der „Hannós" Urlaub zu Ende ging und „Reiher", der einen Einberufungsbefehl nach Berlin erhalten hatte, dort zur Luftwaffe einrücken mußte. Die Verbindung wollten wir auf jeden Fall nicht abreißen lassen. Auch hier sollte es, wie bei den Berliner Havelpaddlern, Jahre dauern, bis wir uns unter recht eigenartigen Verhältnissen wieder gegenüberstanden.

Die Auseinandersetzung am Abend war kürzer, als ich es erwartet hatte. Zur Rede gestellt, wurde er erst leichenblaß, dann puterrot. Ehe ich mich versah und ausweichen konnte, landeten zwei schallende Ohrfeigen auf meinem Gesicht. Zugegeben, ich hatte ihn einen Denunzianten und kleinbürgerlichen Spießer genannt. Vielleicht auch noch mit einigen unflätigen Ausdrücken bedacht. Beim Hinaufstürmen in meine Kammer schrie er hinter mir her, den Briefwechsel mit einem Emigranten, dazu noch mit einem jüdischen, könne er nicht dulden.

Günther Fürstenheim hatte leichtsinnigerweise ganz offen über das Schicksal seiner Familie berichtet. Nicht ahnend, welche Folgen seine Äußerungen im neuen Deutschland für den Empfänger haben könnten. Und dies auf einer Postkarte! Ich wußte jetzt, daß der ältere Bruder in London in einer Anwaltskanzlei tätig war. Ein jüdischer Wohlfahrtsverband hatte den alten Dr. Fürstenheim aufgenommen. Er selbst absolvierte eine Praktikantenausbildung auf einem Gestüt in Kent. Seine Schwester lebte noch in Frankfurt am Main.

TRAMP NACH WIEN

Über der Havel lag leichter Frühnebel. Vom Dom und der Stadtkirche schlug es 5 Uhr, als ich über die Sandauer Brücke Richtung Süden marschierte. Gegen 6 Uhr wurde man im Schneermannschen Betrieb munter. Der mächtige gemauerte Backofen mußte angeheizt werden, und andere Vorbereitungen waren notwendig. Die Hotelgäste wollten ab 7 Uhr frühstücken. Wie würde die Belegschaft staunen, mich nicht mehr vorzufinden. Ohne eine Notiz zu hinterlassen, hatte ich mich verabschiedet. Die Schlafkammer war aufgeräumt, so als ob es mich dort nie gegeben hätte.
Knapp 100 RM, 30 von „Reiher" geliehen – ein Teil waren Trinkgelder, die ich beim Ausliefern der Bestellungen zugesteckt bekommen hatte, und das wöchentliche Taschengeld – mußten bis Wien ausreichen. Tante Martha würde schon für mein Weiterkommen sorgen, so hoffte ich.
In meinem Rucksack, ebenfalls eine Leihgabe, waren die für die Trampfahrt notwendigen Dinge, einschließlich einer Zeltbahn. Unterwäsche, Ersatzsocken, Hemden und all die Kleinigkeiten, die für unvorhergesehene Fälle wichtig waren, wie Bindfaden und Taschenlampe.
Noch lag eine weite Wegstrecke vor mir, dazu zwei Grenzübergänge, deren Bewältigung ich nicht annähernd abschätzen konnte. Außer meinem Jugendherbergsausweis und dem Fahrtenschwimmerpaß, letzteren allerdings mit Lichtbild, besaß ich keinerlei Papiere. Zum Überschreiten der deutschen Reichsgrenze daher untauglich.
Auch der mir verbliebene Geldbetrag von knapp 100 RM machte mir Sorgen. Es waren lediglich 10 RM als Devisenausfuhr gestattet. Trotzdem wollte ich es wagen und hoffte, mich im Falle des Erwischtwerdens durch Dummstellen und Ausreden durchzumogeln.
Weitgereiste Bündische berichteten zwar, Europas Grenzen seien durchlässig wie ein Sieb (Beweis Oelbermanns Aufbruch nach Südafrika ohne nennenswerte Papiere), aber jetzt wollte ich es selbst herausfinden.

Wer behauptet, er könne nach über 60 Jahren eine exakte Reisebeschreibung erstellen, dazu noch ohne schriftliche oder fotografische Dokumente, überschätzt sein Gedächtnis. Selbst Aufzeichnungen geben nur Höhepunkte an, die eine Reise erst erlebenswert machen. Die Fortbewegung wird ohnehin Routine, unterbrochen von Ärgernissen, die man als Tramper wegstecken muß: Das stundenlange Warten an Wegkreuzungen, Umsteigen von flotten Sportflitzern auf lahme, ratternde Lastwagen, das langweilige Tippeln durch endlose, staubige Straßendörfer, die Suche nach einem Bäckerladen oder einem geeigneten Nachtquartier.
Sehenswürdigkeiten, falls man sie zur Kenntnis nimmt, verblassen auch im Laufe der Zeit. Doch einiges ist noch in lebhafter Erinnerung geblieben, und davon will ich im folgenden berichten.

Drei Tage hatte ich benötigt, um Bad Schandau in der Sächsischen Schweiz zu erreichen. Für September war es brütend heiß, und ein schattiger Rastplatz unter alten Bäumen bot mir Gelegenheit, das quirlige Treiben zu beobachten. Kurgäste und Wandergruppen schoben sich vorbei, Familien mit Kindern, einige HJ-Angehörige, die mich nicht zur Kenntnis nahmen.
Die Jugendherberge war belegt, so daß ich mir, wenn ich nicht im Freien nächtigen wollte, eine geeignete Bleibe suchen mußte. Am Rande der Stadt fand ich ein preiswertes Nachtquartier. Ein Gasthaus, wie ich es aus meiner hessischen Heimat kannte: Hausmannskost zu erschwinglichen Preisen, eine gemütliche Gaststube und bezahlbare, saubere Zimmer. Ich hatte das letzte ergattert. Na ja, es war eigentlich nur eine Schlafkammer, aber ein Salon im Vergleich zu der Schneermannschen Bude in Havelberg.
Im Gasthaus herrschte Hochbetrieb. Auf der Speisekarte fand ich unter anderem ein Omelett mit einheimischen Pilzen, das ich bestellte. Mit der Bemerkung, es sei ein gutes Pilzjahr, man benötige nur noch etwas Regen, stellte der Wirt das Gewünschte vor mich auf den blank gescheuerten Tisch. Die Neugier war ihm anzusehen, und bevor er seine Frage nach Herkunftsort und Ziel loswerden konnte, erfand ich eine phantastische und traurige Geschichte. Ich wollte zu einer Beerdigung drüben im tschechischen Nachbarland, hätte aber keine ausreichende Legitimation zum Grenzübertritt. Obwohl er ahnte, daß ich log, gab er mir zwei Hinweise zur Auswahl: Entweder an der Grenzstation zu versuchen, mit einem Lichtbildausweis für 5 RM einen Tagespassierschein zu erhalten, oder aber als Beerensucher querfeldein auf die Grenze zuzumarschieren. Mit etwas Glück könne man diese nach 2-3 Stunden hinter sich gelassen haben. Viele seiner Gäste hätten sich schon da oben im Dickicht verlaufen und seien unbehelligt zurückgekehrt.

Ich entschied mich für die Beerensucher-Variante, erstand im Kramladen der Stadt ein kleines Blecheimerchen und zog los.
Selbst den mir vertrauten Personen wie meiner Mutter oder meinen alten bündischen Freunden hätte ich nicht erklären können, wie ich es geschafft hatte, am späten Nachmittag an einer Straßenkreuzung einen Hinweis auf die Stadt TETSCHEN (DECIN) und in einer anderen Richtung nach EULAU und weiter nach TEPLITZ (TEPLICE) zu entdecken.
Es war eine einsame Landstraße mitten in einer rein landwirtschaftlich geprägten Gegend. Hier auf eine Fahrgelegenheit zu warten, schien sinnlos. Ich tippelte, bis es dämmerte, und aß mangels anderer Verpflegung die gesammelten Heidelbeeren auf. Unter ihnen hatte ich meine Geldscheine versteckt, die jetzt leicht verfärbt zum Vorschein kamen. In der nächsten Ortschaft hängte ich mein Eimerchen an einen Gartenzaun. Den kleinen Weiler durchquerte ich im Geschwindschritt, da ich nicht wußte, ob vielleicht doch noch ein Grenzer hier Quartier bezogen hatte. Nach einigen

Kilometern mündete die Landstraße in eine breite Chaussee, und genau dort befand sich eine Postomnibus-Haltestelle. Jetzt war meine Taschenlampe von großem Nutzen. Der Fahrplan, obwohl hinter Glas, war vergilbt und kaum leserlich. Doch am Ende entdeckte ich eine Zeitangabe, die, wenn meine Armbanduhr richtig ging, mir etwa 10 Minuten Wartezeit abverlangte, bis dann tatsächlich ein ratternder Überlandbus fauchend hielt. Zwei Männer in Arbeitskleidung stiegen aus. Auf dem beleuchteten Zielschild über der Frontscheibe konnte ich TEPLITZ-SCHÖNAU (TEPLICE) erkennen. Der Fahrer blickte mich fragend an. Ein 10-RM-Schein, den ich ihm unter die Nase hielt, wirkte Wunder. Er mußte geahnt haben, daß ich bis zur Endstation fahren wollte, reichte mir wortlos den Fahrschein. Auf Wechselgeld wartete ich vergeblich.

Für die etwa 40 Kilometer benötigten wir eine Ewigkeit; Endpunkt war der Marktplatz, und ich fand gleich ein Hinweisschild zur örtlichen Jugendherberge. Gerade noch rechtzeitig, bevor der Herbergsvater, ein Sudetendeutscher, wie er sofort betonte, die Pforten schloß. Nach Papieren fragte er nicht. Das Anmeldeformular solle ich am kommenden Morgen ausfüllen. Die Übernachtungskosten mußte ich umgehend bezahlen. Mein letzter 10-RM-Schein ging dabei drauf, und wieder erhielt ich kein Wechselgeld. Darauf angesprochen – ich glaubte Tschechenkronen zu erhalten – deutete er auf ein Schild hinter dem Tresen. Dort war der Hinweis zu lesen: Kein Geldwechsel. Jetzt hatte ich noch 60 RM, die bis Wien reichen mußten.

Die Küche war schon längst geschlossen. Mit lediglich einem Frühstück und einem halben Eimerchen Heidelbeeren im Magen versuchte ich hungrig einzuschlafen.
Der Frühstücksraum, kahl und unpersönlich, war schwach besetzt.
Bei Pfefferminztee, vermutlich üblich in allen europäischen Jugendherbergen, und abgezählten, sparsam mit Käse belegten Margarinebrötchen begann der neue Tag. Am Nachbartisch saß eine Gruppe junger Ungarn, die die Olympiade besucht hatten und nun auf der Heimreise waren. Die übrigen Gäste schienen tschechische Jugendliche zu sein. Bei genauem Hinsehen entdeckte ich, schon im Hinausgehen, in einer Ecke zwei junge Männer in blauer Montur. Das war die größte Überraschung der Wien-Fahrt. Da sitzen zwei in vollem „Kriegsornat", so nannte Hugo Härtling, genannt „Knö", die Jungenschaftskluft, und frühstücken in aller Ruhe. Sie nicht anzusprechen, war ich außerstande. So erfuhr ich, daß sie aus Dresden stammten, ehemalige Angehörige der „deutschen jungenschaft" (vom 01.11.1929) waren und sich auf der Rückreise von Italien befanden. 1918 geboren, waren sie bereits gemustert und hatten es doch erreicht, eine Genehmigung für eine befristete Auslandsreise zu erhalten. Einen Tag warteten sie schon auf zwei weitere ehemalige Gruppenmitglieder, die einen Umweg über Prag machen wollten, aber noch nicht rechtzeitig eingetroffen waren. Am kommenden Tag wollten sie in jedem Fall die Heimreise fortsetzen, da der Semesterbeginn anstand.

Beide, Karl Heinz Hähnel und seinen Begleiter, dessen Namen ich vergessen habe, sollte ich Jahre später wiedertreffen. Als „Pony“ und „Pukko“ blieben sie mir in Erinnerung (Einige Fotos ihrer Südland-Fahrt, die sie mir zuschickten, sind leider verlorengegangen).

Meine stark geschrumpfte Fahrtenkasse erlaubte keine unnötigen Umwege. Einen Besuch der „goldenen Stadt“ Prag mußte ich mir daher versagen. Ende der zwanziger Jahre war ich zusammen mit meiner Mutter und Großmutter auf Verwandtenbesuch schon einmal dort. Als Kind interessiert man sich selten für den Verwandtschaftsgrad. So weiß ich leider bis heute nicht, wen wir eigentlich besuchten. Die Verstorbenen jedoch, deren Grab wir auf dem alten jüdischen Friedhof aufsuchten, müssen Großmutter viel bedeutet haben. Wahrscheinlich, so nehme ich heute an, handelte es sich um meine Urgroßeltern Winter. Auf Anfrage bei der jüdischen Gemeinde in Prag wurde mir mitgeteilt, eine Recherche sei unmöglich, da alle Unterlagen zerstört seien! Nicht ohne das Auflegen eines Steines auf den Grabstein, als Zeichen des Erinnerns und der Hochachtung vor dem Bestatteten, verließen wir den Friedhof.
Die Bedeutung dieser Steinzeremonie geht ursprünglich auf eine Zeit zurück, als die Juden die Wüsten durchquerten und ihre Verstorbenen zum Schutz gegen wilde Tiere unter Steinen beerdigten. Sie mußten ihre Toten alleine zurücklassen wie jetzt im umgekehrten Falle ihre trauernden Hinterbliebenen.

Nach diesem gedanklichen Prag-Besuch wieder zurück auf die Landstraße. Bis Brünn benötigte ich drei lange Tage und drei kurze Nächte. Ich postierte mich am frühen Morgen an den Stellen, die ich für Ausfahrtsstraßen hielt. Stets landete ich aber irgendwo in völliger Abgeschiedenheit und mußte lange Fußmärsche in Kauf nehmen. Zwei Mal schlief ich im Heu, eine Nacht in einer Jagdhütte, die eher eine Art Hochsitz zu sein schien. Dies bemerkte ich aber erst in der Frühdämmerung, als mich ein verärgerter Waidmann unsanft weckte. Nachdem sich seine Verstimmung gelegt hatte, teilten wir uns den Inhalt seiner Thermosflasche und die Frühstücksbrote. Dabei plauderten wir über die olympischen Spiele, die sudetendeutsche Henlein-Partei und den slowakischen Faschisten Tiso. Für mich war dieser Tscheche ein durchaus akzeptabler Mitmensch.
Die letzte Etappe war gut zu bewältigen. Mit nur zwei Fahrzeugen erreichte ich Preßburg (Bratislava). Ich hatte auf Dutzenden von Nebenstraßen viel Zeit eingebüßt, vermutlich aber mehr von Land und Leuten gesehen als der übliche Anhalter. Am späten Nachmittag nahm ich Quartier in der Jugendherberge, froh, endlich wieder in einem Bett schlafen zu können. Es herrschte reger Betrieb, und auch die Ungarn, die ich bereits in Teplitz-Schönau gesehen hatte, hatten sich hier eingefunden. Sie begrüßten mich wie einen alten Bekannten und luden mich an ihren Tisch. So löffelten wir gemeinsam unser dünnes Süppchen, in dem einige Fleischstückchen

schwammen. Auf Pfefferminztee verzichtete ich diesmal und trank, wie die meisten, ein Malzbier.
Tags darauf wollte ich die Donau überqueren. Es gab eine Fähre und einige Ausflugsdampfer, die auf der österreichischen Seite anlegten. Für Einheimische gab es Tageskarten für Hin- und Rückfahrt, Fremde benötigten die üblichen Reisepapiere und die Schiffspassage. Ich entschied mich für ein Hin- und Rückfahrticket als Beweis meiner Rückkehrbereitschaft. Aber ich hatte die Rechnung ohne den Wirt gemacht. Mein Fahrtenschwimmer-Paß wurde nicht akzeptiert.

Da stand ich nun an der Bootsanlegestelle und durfte nicht ausreisen. 200 Meter entfernt legte die Fähre ab. Stündlich, wie auf einem Schild zu lesen war.
In langer Reihe warteten die Fahrzeuge auf die Abfertigung, fuhren dann im Schritt-Tempo auf die eiserne Rampe, die Ufer und Fähre verband. Ich hatte mich auf eine Brüstung gesetzt und sah dem Treiben zu. Ein Lastwagen nach dem anderen, dazwischen Motorräder und einige Pferdegespanne, schoben sich in Doppelreihen auf die Fähre. Es rumpelte und schaukelte, Wellen schlugen an die Kaimauer, je mehr sich die Plattform füllte.
Ein Reisebus zuckelte heran. An den rot-weiß-grünen Fähnlein, die auf beiden Seiten sichtbar wurden, erkannte ich die ungarische Reisegruppe. Sie winkten mir aufgeregt zu. Dies faßte ich als Einladung auf, einzusteigen. Ruckzuck riß ich die hintere Tür auf, ein Satz, und helfende Hände drückten mich auf einen Sitz. Ich war im Bus, und dieser mittlerweile auf der Fähre. Nach 20 Minuten stampfenden Bemühens gegen den Strom war Österreich erreicht. Hier winkte man die Ungarn freundlich durch, nachdem der Fahrer einen Sammelpaß pro forma vorgelegt hatte, den der Grenzer vermutlich ohnehin nicht lesen konnte. Geschafft!
An der Landstraße nach Wolfsthal stieg ich aus. Die ungarischen Jungs wollten einen Abstecher an den Neusiedler See machen und dort 3-4 Tage die letzten Sonnentage genießen. Die Einladung, mitzukommen, mußte ich aus Zeitgründen ablehnen. Auch meine Barschaft, jetzt in wenigen Tschechenkronen, erlaubte mir keine außergewöhnlichen Ausgaben. Ein weiterer Umtausch in österreichische Schillinge verringerte mein Geld durch die Wechselgebühren nochmals.
Die Fährverbindung gibt es schon lange nicht mehr. Heute führen Autobahnen und moderne Landstraßen über den Fluß in alle Himmelsrichtungen.
Da saß ich nun unter einem alten Apfelbaum und wartete, daß jemand anhielt und mich mitnahm. Normalerweise sollte der Sprung Grenze – Wien schnell zu bewältigen sein. Dachte ich.
Stunde um Stunde verging. Die aufkommende Mittagshitze trocknete mir buchstäblich die Kehle aus. Die Äpfel über mir lachten mich zwar an, aber meinen Hunger stillten sie nicht, nur das Durstgefühl war erträglicher. Außer dem kargen Frühstück in der Jugendherberge hatte ich nichts im knurrenden Magen.

Im Geiste ließ ich meine Fahrt durch die Tschechoslowakei noch einmal Revue passieren und bedauerte, aus Zeitgründen nicht genug gesehen und erfahren zu haben.

Nach Frankreich und Schweden war dieses Land unter seinem Präsidenten Masaryk stets bereit, Flüchtlingen aus Nazi-Deutschland Asyl zu gewähren. Zwischen 8000 und 10000 sollen es, wie heute bekannt, etwa gewesen sein. Unter ihnen Egon Erwin Kisch, der „rasende Reporter", Franz Werfel und nicht zuletzt Thomas und Heinrich Mann, denen sofort die tschechoslowakische Staatsbürgerschaft zuerkannt wurde. Um nur einige zu nennen.
Emigrierte SPD-Genossen unterhielten in Prag neben der „Schwarzen Front" des Otto Strasser eine Anlaufstelle, um politisch weiter wirken zu können. Mit mäßigem Erfolg. Die Gestapo sah indes nicht untätig zu. Es wurden V-Leute eingeschleust, um die Aktivitäten zu beobachten und nach Berlin zu melden. Während ich zu dieser Zeit hinter den vorbeifahrenden Wagen herschimpfte und über die zunehmende Hitze klagte, ahnte ich nicht, daß sich in Prag das erschütternde Schicksal des ehemaligen Angehörigen der „deutschen jungenschaft", Helmut Hirsch, genannt „Helle", anbahnen sollte.
Der Sekretär Otto Strassers überredete „Helle", auf dem Nürnberger Parteitagsgelände einen Sprengsatz zu zünden. „Helle" sollte die Bombe auf dem Nürnberger Hauptbahnhof in Empfang nehmen, fuhr jedoch drei Tage zuvor, am 20. Dezember 1936, von Prag aus noch in seine Heimatstadt Stuttgart. Am nächsten Morgen wurde er im Gasthof, in dem er übernachtet hatte, verhaftet. Wer ihn verraten hat, liegt bis heute im dunkeln. Am 8. März 1937 wurde er vom Volksgerichtshof Berlin zum Tode verurteilt und am 4. Juni in Plötzensee hingerichtet. (S. Fritz Schmidt, Mord droht den Männern auf der andern Seite. Edermünde 2003, S. 59 ff.)

„Helle", deutsch-amerikanischer Staatsbürger jüdischen Glaubens, war für die NS-Justiz ein geeignetes Opfer. Hier konnte man der Welt zeigen, daß man willens war, weder auf die Jugend des Angeklagten noch auf dessen amerikanische Staatsbürgerschaft Rücksicht zu nehmen. Manches blieb bis heute ungeklärt und unbewiesen. Seine Hinterlassenschaft an Gedichten und Liedern, Essays und Theaterstücken wird jedoch weiterhin Generationen Jugendbewegter nahegehen.

Endlich, ich war einige Kilometer getippelt, hatte ich Glück. Ein wohlbeleibter, freundlicher älterer Herr rief mir zu, ich solle mich tummeln, ich könne mitfahren. Ein Weinhändler, wie sich herausstellte. Eine Kaskade von Fragen stürzte auf mich ein, die ich bereitwillig beantwortete. Und er traktierte mich und meinen leeren Magen mit den Vorzügen der einheimischen Küche, zählte die Wiener Spitzenlokale auf, die er von Berufs wegen kannte. Keine Speisenfolge ließ er aus. Weder die Marillenknödel noch den Kaiserschmarrn, die Palatschinken, die Salzburger Nockerln, die Sachertorte und zwei Dutzend Kaffee-Variationen und, wie sollte es anders sein, die Wiener Brathendeln. Dann, man mag es kaum glauben, folgten in epischer Breite die Sehenswürdigkeiten der alten Kaiserstadt. Das Sacher, das Burgtheater, Schönbrunn, die Kapuzinergruft, der Prater mit dem Riesenrad.

An das eine oder andere konnte ich mich vage erinnern. Auf der Reise nach Prag mit meiner Mutter und Großmutter wurde als Abschluß auch Wien besucht. Das war lange her, und damals als 7- oder 8-jährigen interessierte es mich kaum. Und jetzt war ich in Zeitdruck. In einigen Tagen wollte ich wieder in Frankfurt sein. Nach einer gut einstündigen Fahrt wurde ich mit vielen guten Ratschlägen am Stadtpark abgesetzt. Als Wegzehrung mit einer Flasche Wein aus der Wachau bedacht. Das ideale Gastgeschenk für Tante Martha. So sparte ich die Ausgaben für die Blumen.

Ohne Stadtplan und Kenntnis der Verkehrsverbindungen fragte ich mich zum Wohnviertel meines Großonkels Winter durch. Eine Straße ohne Gesicht, keine Vorgärten, vierstöckige Bauten der Jahrhundertwende. Schlicht und grau. Über den Schellenknöpfen rechts des Eingangs entdeckte ich eine Mesusa. In einem Behältnis, meist aus Holz, waren auf einem Pergamentstreifen Verhaltensregeln in Erinnerung an die Allmacht Gottes verwahrt. Fromme Juden berühren beim Eintreten die Mesusa und sprechen ein kurzes Gebet. Katholiken haben ihr Weihwasser.
Das Stiegenhaus roch nach Bohnerwachs. Noch nicht im dritten Stockwerk angekommen, halb auf der Treppe stehend, empfing mich Tante Martha mit den Worten: „Herbertchen, du bist doch nicht etwa in dieser Hitlerjugend?“ – Das lag vermutlich an den kurzen schwarzen Hosen und der Jungenschaftsbluse, ein Geschenk „Hannós“ aus seiner ehemaligen Freischarzeit. Meine Beteuerungen, das Gegenteil sei der Fall, beruhigten sie. Der mitgebrachte Wein half ein wenig. Großonkel Winter war in der Synagoge. Täglich, meist in den Abendstunden, besuchte er das jüdische Gotteshaus, das wenige Minuten entfernt lag. Tante Martha war allein in Wien. Ihre beiden Töchter, etwa in meinem Alter, verbrachten die Ferien in London bei guten Freunden. Ich hatte sie als kleine Mädchen, mit schwarzen Zöpfen und der üblichen Schleife im Haar, noch gut in Erinnerung. Sie sind mir nie mehr begegnet.
Als Onkel Winter kam, im dunklen Anzug, die „Kippa“ – ein rundes Käppchen – auf dem Scheitel, umarmte er mich und strich mir über die Wange. Familiengeschichten aus alter Zeit wurden erzählt. Auf diese Weise erfuhr ich von der sogenannten „Schlacht von Bad Ischl“. Dort war Großvater Jollasse zur Kur. Als die Kunde, er habe einen Kurschatten, durch eine Besucherin im Café ruchbar wurde, packte Großmutter die Koffer und fuhr hin. Dort soll sie ihn tags drauf mit ihrem Sonnenschirm auf der Kurpromenade vor aller Leute Augen verdroschen haben. Bis heute ist ungeklärt, ob an dem Gerücht etwas dran war. Natürlich nicht, behaupte ich als Mann und Enkel.

Zum Abendessen gab es lediglich ungesäuertes Brot, Obst und ein Glas Wein. Der Sabbat war angebrochen, es wurde nicht gekocht. Beim Schein der Kerzen las Großonkel Winter aus dem Alten Testament, nicht laut, eher leise murmelnd. Die Familie war nicht orthodox, ein wenig konservativ vielleicht. Tante Martha, inzwischen nach ihrer Heirat katholisch, respektierte ihren alten Vater. Für mich war dies alles neu, und insgeheim bewunderte ich die Beharrlichkeit, mit der Juden die einzige noch lebende antike vorchristliche Religion bewahrt haben.
In dem kleinen Hotel an der Ecke, in dem man mich einquartiert hatte, bekam ich dann doch noch ein reichhaltiges Abendessen. 15 Stunden hungern war schon eine Leistung!
Das Wochenende war für die Stadtbesichtigung vorgesehen. Abends Einladungen bei befreundeten Ehepaaren, die sich vor allem für die Zustände im „Reich" interessierten. Verständlich, daß ich seinerzeit nur aus meiner jugendlichen Perspektive berichten konnte. Die großen politischen Verwerfungen durch die Machtübernahme konnte ich nicht erkennen, schon gar nicht analysieren. Im Mittelpunkt standen für mich die Verfolgungen durch die Gestapo und der allgemeine Streit mit der HJ. Für die Zuhörer Nebensächlichkeiten. Nebenbei erfuhr ich jedoch, daß Tante Martha die Ausreise ihrer beiden Töchter vorbereitete. Sie sollten in London bleiben.

Montag war mein Abreisetag. Man hatte mir großzügig die Hotelübernachtung und eine Bahnfahrt Wien – Salzburg spendiert. Beim Abschied steckte mir Tante Martha noch einige RM-Scheine zu.
Um die Mittagszeit traf ich in Salzburg ein und nahm in der Jugendherberge Quartier. Dank des überraschenden Geldsegens konnte ich mir ein vernünftiges Abendessen leisten. Wenn die Information, die mir eine Reisegruppe gab, den Tatsachen entsprach, mußte ich in der Ortschaft Großgmain einfach ein paar Schritte weitermarschieren und landete unkontrolliert in Bayerisch Gmain. Ein Grenzort, wie man ihn bei genauem Studium der Wanderkarten häufig findet.

Mit dem Bus fuhr ich an die Grenze. Zwei Stunden später war ich in Deutschland. Servus felix Austria! – Heil Hitler Deutschland!
Frankfurt hat mich wieder. Besser, ich hatte mein Frankfurt wieder. Die altvertrauten Straßen und Plätze, die Altstadtkneipen im gotischen Fachwerkhäuser-Gewirr. Das Geläut der zwei Dutzend Kirchen in der Abenddämmerung. In den Monaten meiner Abwesenheit hatte sich wenig verändert. Lediglich ein paar Straßennamen. Der Schweizer Platz hieß Gustav-Adolf-Platz, die Wilhelm-Leuschner-Straße jetzt Bürgerstraße, auch die Hallgartenstraße, benannt nach einem jüdischen Mäzen, war in Hartmann-Ibach-Straße umbenannt worden. Die Heinestraße hingegen trug noch den altbekannten Namen. Vielleicht ein Verdienst der Loreley? – Friedrich Ebert und Walther Rathenau waren verfemt, die Namen aus dem Stadtbild verschwunden.

Der Empfang in der Familie war zweigeteilt. Meine Mutter, rührig wie immer, hatte mich vorübergehend im sogenannten „Dienstboten"-Zimmer im Dachgeschoß einquartiert. Mein Stiefvater tat mein Erscheinen mit der Bemerkung ab, ich solle nur so weitermachen und würde schon sehen, wo ich landete. Beim Militär würde man mir die Hammelbeine lang ziehen. Bis dahin war jedoch noch eine Weile hin, und ich nahm mir vor, dies ausgiebig auszunutzen. Man blieb auf Distanz und versuchte, das Beste daraus zu machen.

In der Schneckenhofstraße in Sachsenhausen wohnten eine Frau Günther und ihre verwitwete Schwester Wenz. Frau Günther war stadtbekannte „Hellseherin". Meine Mutter, so vermute ich heute, eine Kundin, an der sie viel Geld verdient hat. Wie dem auch sei, sie besorgten mir im Nachbarhaus ein möbliertes Zimmer. An beide Damen kann ich mich gut erinnern. Ihr Körperumfang war beachtenswert und die hochgesteckten Haare pechschwarz. Frau Wenz, ich durfte sie sogar „Tante Wenz" nennen, war die Empfangsdame und führte die Bücher. „Tante Günther" saß, nein, thronte hinter einem großen Schreibtisch und gab beim Betrachten eines mitgebrachten Fotos ihre Meinung kund. Karten oder gar Glaskugeln waren nicht im Spiel. Sie sollte angeblich Aufenthaltsort, Leben oder Tod und andere wichtige Hinweise bei Vermißten oder Entlaufenen beschreiben können. Rückblickend müßte sie selbst in eine gesicherte Zukunft gesehen haben bei all den vielen in Gefängnissen und Konzentrationslagern verschwundenen Personen oder in den nachfolgenden Jahren Verschleppten und Toten.
Meine neue Zimmervermieterin war ebenfalls verwitwet, katholisch, wie ich unschwer an einem Weihrauchgefäß und einem Kruzifix erkennen konnte, und streng in der Auslegung ihrer Hausordnung. Keine Haustiere, keine Musik, keinen Damenbesuch. Für Bettwäsche und Handtücher hatte der Mieter selbst zu sorgen. Der Mietpreis war mit RM 25 angemessen, jedoch ohne Frühstück oder sonstige Beköstigung. Baden oder Duschen mußte man in einer öffentlichen Badeanstalt oder, wie in meinem Falle, bei Muttern zu Hause. Das Fahrrad gehöre in den Keller und nicht in den Hausflur, meinte sie, und „Stets die Füße abtreten!" mahnte eine Kokosmatte vor der Haustür.
Das mir zugewiesene Zimmer lag in der 1. Etage mit Blick auf einen baumbestandenen Hinterhof. Seit Jahrzehnten schien hier nichts verändert. Das Mobiliar, wohl um die Jahrhundertwende gefertigt, erdrückte den Eintretenden durch seine Größe und dunkle Farbe. Aus vergoldeten Stuckrahmen blickten mich irgendwelche kirchlichen Würdenträger geradezu strafend an, als ob mein Einzug sie, die längst Dahingegangenen, in ihrer Ruhe stören würde. In diesen Raum, ursprünglich ein Wohnzimmer, hatte man ein Bett plaziert, um sich die Möglichkeit einer Vermietung zu schaffen. Offensichtlich mit wenig Erfolg, wie der Staub auf Vertiko, Kommode und Bilderrahmen verriet. Ich nahm es gelassen hin. Es gab schlimmere Schlafstellen,

wenn ich an die Dachkammer in Havelberg oder an andere feuchte, laute und zugige Plätze dachte, die ich auf Fahrten kennengelernt hatte.

Ich hatte eine Lehrstelle bei Konditormeister Otto Henke, der ein kleines intimes Café im Süden der Stadt betrieb. Sechs Monate Probezeit wurden vereinbart. Schon am ersten Tag fielen mir die gutbekannten Erzeugnisse in der Auslage auf. Vieles kannte ich aus meinen frühen Jugendjahren bei Besuchen in Großvaters Backstube. Ein typischer Familienbetrieb, den er, seine Frau und eine Bedienung im Café am laufen hielten. Mittwochs und freitags nachmittag half ein gewisser Herr Meier, ehemaliger Backstubenleiter im Café Wien (später Kranzler), der wegen seiner jüdischen Abstammung dort seinen Arbeitsplatz verloren hatte. Er war ein Meister seines Faches, und ihm verdanke ich viele Tricks bei der Herstellung raffinierter Erzeugnisse. Ein weiterer wöchentlicher Gast war ein weißhaariger älterer Herr, den alle „Charly“ nannten, den Familiennamen jedoch nie aussprachen. Man sah ihm seine Herkunft an. Auftreten, Wortwahl und die Art, sich zu bewegen, ließen mich auf eine Vergangenheit als Bankdirektor oder als höherer Beamter in der Finanzverwaltung schließen. Er kam stets durch die Hintertür durch die Backstube und verschwand in dem kleinen Büroraum nebenan. Hier erledigte er die Korrespondenz und kümmerte sich um die Buchführung. Lediglich zum Mittagessen saß er mit der Familie, der Bedienung und mir zusammen und plauderte über die Mühsal seines Lebens. Als Jude, dazu seit einiger Zeit Witwer, ohne finanziellen Rückhalt, waren die Zukunftsaussichten trostlos. Die Unterstützung, die er hier erhielt, half ein wenig, seine Lage zu erleichtern.

Am 1. Dezember 1936 war die Hitlerjugend zur Staatsjugend erklärt worden. Diese Maßnahme wirkte sich im Januar 1937 vor allem bei der Verfolgung derer aus, die das 18. Lebensjahr noch nicht vollendet hatten, sich aber dem Dienst in der neuen Staatsjugend entzogen. Mit Marine-, Reiter- und Flieger-HJ sollte den Jugendlichen der Dienst abwechslungsreicher und interessanter gestaltet werden. Daß das Ganze auf eine vormilitärische Ausbildung hinauslief, merkten die wenigsten.
Adolf-Hitler-Schulen, Ordensburgen und Nationalpolitische Erziehungsanstalten sollten eine Auslese an späteren Führungseliten für Partei und Staat auf ihre vielfältigen Aufgabenbereiche vorbereiten. Was damit bezweckt werden sollte, verkündete Hitler am 2. Dezember 1938 in Reichenberg in seiner Rede an die deutsche Jugend, die ich hier – des besseren Verständnisses wegen zeitlich vorgezogen – anführe:

„Diese Jugend, die lernt ja nichts anderes, als deutsch denken, deutsch handeln, und wenn diese Knaben mit zehn Jahren in unsere Organisationen hineinkommen, ... dann kommen sie vier Jahre später vom Jungvolk in die Hitlerjugend, und dort behalten wir sie wieder vier Jahre, und dann geben wir sie erst recht nicht zurück, ...

sondern dann nehmen wir sie sofort in die Partei, die Arbeitsfront, in die SA oder in die SS, in das NSKK und so weiter. Und wenn sie dort zwei Jahre oder anderthalb Jahre sind und noch nicht ganze Nationalsozialisten geworden sein sollten, dann kommen sie in den Arbeitsdienst und werden dort wieder sechs oder sieben Monate geschliffen, … dann die Wehrmacht zur weiteren Behandlung auf zwei Jahre, und dann nehmen wir sie, damit sie auf keinen Fall rückfällig werden, sofort wieder in die SA, SS und so weiter, und sie werden nicht mehr frei ihr ganzes Leben."

Die kleinen Gruppen, inzwischen zu einem Konglomerat aller bündischen Richtungen geschrumpft, hatten keinen Nachwuchs. Die Älteren waren längst im Reichsarbeitsdienst oder in der Wehrmacht. Auch mein Jahrgang stand bald zur Musterung an. Das bedeutete, nach Abschluß der Ausbildung für mindestens zwei Jahre in irgendeiner fernen Garnisonsstadt für den Dienst an der Waffe geschult zu werden. Etwa drei Jahre lagen noch vor mir, und ich setzte alles daran, so viele nächtliche Feuerrunden wie möglich zu erleben.
Daß diese Zeit die aufregendste und abenteuerlichste werden sollte, ahnte ich nicht.

Die Kosaken waren in der Stadt. Nicht Taras Bulbas wilder Haufen, wie sie Repin auf einem Gemälde so trefflich darstellt, auch nicht die im Zarendienst stehenden uniformierten Schwadronen, die in den jüdischen Schtetl die Einwohner tyrannisierten. Der weltbekannte Don- Kosaken-Chor unter Leitung von Serge Jaroff gab ein Konzert. In seinem bei Günther Wolff 1933 erschienenen Liederbuch „Lieder der Eisbrechermannschaft" schreibt Eberhard Koebel-tusk, Führer der „deutschen jungenschaft" (dj.1.11) über Serge Jaroff:
„Mit seinem Chor hat ein russischer Soldat, der Don-Kosak Serge Jaroff, ein unvergleichliches Werk geschaffen. Es hat sich auf viele Kreise, z. B. auch auf dj.1.11 geprägt. Jaroffs Chor ist das Bild verkörperter Disziplin. In seinem Chor kam keine eitle Entwicklung der individuellen Stimme auf. Alles ist vollendetes Zusammenwirken einer Gruppe. Der Dirigent begleitet die Lieder mit Leib und Seele. Seine Stimmsätze sind höchste musikalische Blüte. Mehr als der tändelnde Abendfrieden in deutschen Bauernliedern. Mehr als die derbe Marschunterstützung der Landsknechte. …
Serge Jaroff war schon als Knabe Mitglied eines kirchlichen Chors. Er studierte 11 Jahre Musik, war im Krieg (1914-18) Maschinengewehrschütze und trat dann in die weiße Armee ein. Nach ihrer Vernichtung wurde er mit Kosakenkameraden auf dem Balkan interniert. Zwischen Krankheit und Hunger schuf er dort seinen Chor, der seitdem heimatlos durch die Welt zieht und Millionen mit seiner Kunst beglückt. Ihm dankt dj.1.11"
Das im gleichen Verlag 1934 erschienene Liederbuch „Soldatenchöre der Eisbrechermannschaft" ist ganz auf den Chorgesang russischer Soldatenchöre abgestimmt. Solo- und Zweitstimme, Stimmlagen und Chor sind genau vorgegeben. In den Gruppen wird diszipliniertes Singen angemahnt. Neu war das nicht.

Schon 1928 brachten die Nerother von einer Rußland-Großfahrt russische Volkslieder mit. Außer der dj.1.11 war der Osten auch für die Trucht, die Südlegion und andere kleine, jungenschaftlich orientierte Gruppierungen zunehmend interessant geworden. Die Russenbluse, die Rubaschka, löste vielerorts das Fahrtenhemd ab. Namen wie Juri, Sascha, Kolja, Pjotr, Wanja u. a. kamen mehr und mehr in Mode. Kohte und Jurte, Balalaika, Domra, Flöte und Trommel standen schon äußerlich erkennbar in krassem Gegensatz zu den nordischen Idealen der NS-Kulturideologie. Bald war diese Richtung unseres jugendlichen Stilempfindens als „kulturbolschewistisch" angeprangert und verboten.
Daß ehemalige Angehörige der bündischen Jugend Veranstaltungen russischer Chöre in größerer Anzahl besuchten, hatten inzwischen auch die Parteioberen bemerkt. So stellte noch Jahre später ein Rundschreiben der Gestapoleitstelle Köln (II H 71/38) fest:

„Es ist beobachtet worden, daß Konzertveranstaltungen des Donkosaken-Chors und anderer russischer Emigrantenchöre vorwiegend von Angehörigen der verbotenen Bündischen Jugend besucht werden. ... Ich ersuche alle Veranstaltungen derartiger russischer Emigrantenchöre ... zu überwachen und alle Personen, die sich durch Abzeichen oder sonstiges Gebaren als Angehörige der verbotenen Bündischen Jugend kennzeichnen, unauffällig festzustellen und erforderlichenfalls dem Gericht zu übergeben. Darüber hinaus besteht bei sorgfältiger Überwachung dieser Veranstaltungen die Möglichkeit, etwa noch bestehende Gruppen ehemaliger bündischer Organisationen kennen zu lernen ... und durch vorsichtige Ermittlungen die verantwortlichen Führer herauszufinden. ... Die Überwachungen sind im Einvernehmen mit der zuständigen SD-Dienststelle durchzuführen."
(HStA Düsseldorf RW 18/3, Blatt 259)

Oder auch in der Folgezeit stellte der Oberreichsanwalt beim Volksgerichtshof Berlin (8 J 162/40) in einer Anklageschrift u. a. fest:
„... anlässlich eines Konzerts des Donkosakenchors wurde von den ehemaligen Bündischen stürmisch die Darbietung bündischer Lieder, insbesondere des Platoffliedes, gefordert."
Daß der Don-Kosaken-Chor im Grunde genommen ein Loblied auf einen hochdekorierten Soldaten, der gegen Napoleon an der Seite Preußens gekämpft hatte, und über seine Heimat am Don sang, hatten die Tugendwächter der NS-Regierung noch nicht bemerkt.
Dies alles hielt uns jedoch nicht davon ab, die Auftritte der Donkosaken zu besuchen. Als Emigrantenchor blieben sie bei ihren Darbietungen an strenge Vorgaben des jeweiligen Gastlandes gebunden. Diesmal war es eine Veranstaltung zugunsten des „Winterhilfswerks des deutschen Volkes 1937", wie auf Programmheft und Eintrittskarte zu lesen stand. Der Saal war bis zum letzten Platz besetzt. Viele bekannte Gesichter fielen uns auf. Aber auch die Vertreter der „Staatsjugend" waren zahlreich

erschienen. Am Eingang hatten sich zwei der bekannten HJ-Streifendienstführer postiert. Der Metzgergeselle Frank und sein Kumpel Fokkul. Beide kannte ich von rabiaten Razzien auf der Körnerwiese, wo vor Jahren die „Rabenklaue", später die „Pachanten" sich versammelten, bevor sie ihren Heimabend bei Paul Leser abhielten. Auch ich hatte einige Fußtritte und Fausthiebe abbekommen. So etwas vergißt man nicht!
„Adi" Trittler und „Pit" Becker, die mich begleiteten, hatten ähnliche Erfahrungen gemacht und drängten darauf, unsere Plätze einzunehmen.

Die Stimmung gibt Klaus Macher, bekannter Hortenführer der dj 1.11 Pößneck, in wenigen Zeilen wieder:

„Heller Saal wartet
Festlich geschmückt.
Instrumente klingen.
Stimmen jauchzen Platoff.
Ich begegne den Augen
meines Freundes."
(„Eisbrecher" 4, Januar 1933)

Doch noch war die Ballade des Donkosakenheeres nicht erklungen. Sie kam meist gegen Ende des Abends, und die Anspannung der Zuhörer wuchs von Minute zu Minute. Die Steigerung lag in der Darbietung selbst. Nach liturgischer Chormusik war die zweite Hälfte russischen Volks- und Kosakenliedern mit Tanzeinlagen vorbehalten.
Als endlich das Lied des Ataman Platoff erklang, gab es kein Halten mehr. Mit Pfiffen und „Ej"-Rufen begleitete das Publikum die Sänger. Ohne Zugaben war kein Konzert denkbar. Mit der „Kosakenpatrouille", bei der man glaubte, einen Reitertrupp in der Ferne entschwinden zu hören, klang der Abend aus.
Die HJ-Aufpasser konnten in dieser wogenden Menge die Verursacher der Beifallskundgebungen nicht ausmachen und zogen lautlos ab.
Meiner beruflichen Zukunft stand im Frühjahr 1937 nichts mehr im Wege. Meister Henke erklärte die Probezeit für beendet. Der Besuch des sechsmonatigen Abendkurses in einer privaten Hotelfachschule hatte mir zusätzliche Einblicke in den Ablauf eines großen Hotelbetriebs vermittelt.
Zuletzt fehlte nur noch eine brauchbare neue Fahrtengruppe. Die Freunde der frühen Jahre waren bis auf „Adi" und „Pit" Becker in alle Winde verweht. Ehemalige „Pachanten" trafen sich, wenn nicht im Reichsarbeitsdienst, der Wehrmacht oder gar in der Emigration, in Hinterzimmern einiger Altstadtkneipen. Als Stammtisch, fidel und munter, doch ohne Einfluß auf kommende Entwicklungen, den alten Bund betreffend.

Die mir bis dahin bekannten illegalen bündischen Kleingruppen wollte ich unbedingt kennenlernen. Hans, „Hami" Mielenhausen, ehemals Führer des Pfadfinderstammes „St. Georg" der Christlichen Pfadfinder in Hessen-Nassau, hatte in seiner Bude in der Frankenallee zu Heimabenden geladen. Auch Rudi „Quarta" Sturdinski blieb nicht untätig. Nach der Auflösung der örtlichen „Deutschen Freischar" gelang es auch ihm, lange Jahre seine alten Freunde im Westend in der elterlichen Wohnung zu versammeln. Beide Gruppen besaßen Kohten und trugen seit ihrer Einführung die tusksche Jungenschaftsbluse (Erst die Staatsjugend machte daraus eine Jungenschaftsjacke!).
Unabhängig von Wetter und Jugendherbergen konnten sie auch weiterhin ihre Fahrten durchführen, wenn der zuständige Forstmann mitspielte.
Kurz nach meiner Rückkehr aus Havelberg war ich zufällig auf einen weiteren Kreis gestoßen, der bündische Tradition lebte. Wenn ich mitmachen wolle, wurde mir bedeutet, solle ich an einem bestimmten Tag an einer bestimmten Stelle sein.

DIE NEUEN – ODER ABSCHIED VOM WANDERVOGEL

Das Haus Nr. 20 in der Gleimstraße war das Eckhaus zur Rotlintstraße im Nordend, in der Nähe des Hauptfriedhofs. Nur die nördliche Seite war mit mehrgeschossigen Häusern bebaut. Auf der gegenüberliegenden Seite, mit Ausnahme des Hauses Nr. 1, Ecke Friedberger Landstraße, stand ein Schulgebäude mit großem Hof. Vorteilhaft für alle Einwohner. Niemand konnte sie in ihrem Privatleben beobachten. So war es gewissen Behörden bisher nicht aufgefallen, daß sich hier in der Erdgeschoßwohnung seit Jahren junge Leute trafen. Unerlaubt, versteht sich.

Gastgeber war Norbert Pampel, Kurzname „Bert". Im bündischen Sprachgebrauch außerhalb der Gruppe war er der „Pampel". (Noch heute werde ich von älteren Ehemaligen gefragt: „Was macht der Pampel?", „Lebt der Pampel noch?"...) Mitbewohner der Vierzimmerwohnung waren seine Großmutter Anna Müller, deren Bruder und „Tante Gustel", eine Kusine.

Wer in dieser Wohngemeinschaft das Sagen hatte, wurde mir schon nach kurzer Zeit klar. So verliefen auch die wöchentlichen Gruppenabende nach seinen Vorstellungen ab. Als Wortführer bestimmte er die Liedfolge, gab Anweisungen zur Teebereitung auf dem Samowar und legte die Fahrtenziele am Wochenende fest. Beim Singen bemühte er sich, ein guter Tenor zu sein. Als leidenschaftlicher Koch, obwohl Fotograf in Ausbildung, bereitete er die absurdesten Speisefolgen zu. Gewürzt mit Kräutern und Pülverchen, deren Namen ich vorher nie gehört. Jeder Fahrtenteilnehmer hatte eine bestimmte Aufgabe hinsichtlich der Speisen, die uns am Wochenende aufgetischt werden sollten.

„Ferdi" Keip, Lehrling in Brönners Druckerei, besorgte den Spießbraten. Die Pferdemetzgerei Spahn in der Fahrgasse lag wenige Schritte von seiner Wohnung entfernt. Für den Restproviant waren die anderen zuständig. „Pit" Schmidt, „Ali" Altmann und jetzt auch ich. Eine Ausnahme bildete Heinz Pflug. Seine Eltern waren Pächter einer Speisegaststätte in der Nähe Frankfurts. Die Möglichkeit, hier kostenlos Mehl, Reis, Grieß und Puddingpulver zu organisieren, nutzte er schamlos aus. Der Geschmack leicht angebrannten Vanillepuddings liegt mir heute noch auf der Zunge.

Der Hausherr selbst kümmerte sich um Filmmaterial für seine Retina-Kleinbildkamera und Blitzlicht für die nächtlichen Lagerfeuerrunden.

Wir lebten im Ausnahmezustand, und alles mußte bedacht werden. Die Freundesrunde selbst war ein Ausnahmezustand in der damaligen Zeit. „Berts" Bude glich einer Kosakenherberge, einer Staniza. Ein guter Psychologe hätte unschwer erkannt, wohin unsere Träume gingen: Kosakensäbel, ein kaukasischer Kinschal in grüner Scheide und beinernem Griff, der obligatorische Samowar mit Kupferteekanne, hölzerne Teeschalen, die Zuckerdose aus Asien in schwarzem Lack. An der Wand eine Darstellung japanischer Schwertkämpfer in schwarzem Kimono in Plakatgröße, flankiert von zwei japanischen Schwertern in Haifischhautscheide und Ledergriff. Das russische Volksinstrument Balalaika, von „Bert“ gespielt, fehlte ebensowenig wie eine kleine Handtrommel. Wir saßen auf Felldecken, hinter uns die Bücherwand. Dort war alles zu finden, was junge Träumer begeistern konnte. Völkerkundliche Werke, die Lieder und Märchen der darin Beschriebenen, sozialkritische Abhandlungen über Stammesriten und Erklärungen der Kastensysteme in Indien. Vor allem aber Reisebeschreibungen und Expeditionsberichte aus allen Erdteilen. Jack London, B. Traven, Ernst Löhndorff und viele russische Literaten standen im Regal.

Nicht die Äußerlichkeiten waren es, die diese Freundesrunde für mich so interessant machten. Es war der Umgang miteinander, die langjährig eingespielten Rituale auf Fahrt und auf den wöchentlichen Singabenden. Ein Stil, der überzeugte und begeisterte. Die moderne Gestaltung ihrer Zeitschriften half der dj.1.11 bei der Verbreitung ihrer Ideen vom Großbund der deutschen Jungenschaft. Durch ihren Gründer und Führer Eberhard Köbel – tusk – wurden revolutionierende Impulse ausgelöst, die weit über den eigenen Bundesbetrieb in andere bündische Gruppen hineinwirkten. Die „Rotgraue Aktion“, ein Aufruf an alle Bündischen, im Sinne der dj.1.11 den Aufbruch zu wagen und alle verkrusteten Strukturen über Bord zu werfen, zeigte reichsweite Wirkung. Es traf daher vor allem die großen Bünde mit ihrer Verwaltung, den anonymen Führungskräften und Hunderten Karteileichen. Ganze Landesverbände traten aus. Man bildete auch einen Bund im Bunde, was dann zu Abspaltungen führte. Max Ursin, damals Gauführer der „Deutschen Freischar“, nannte tusk den Luther der Jugendbewegung. Er meinte den Spalter, nicht den Reformator.
Die dj.1.11 hatte keinen Kristallisierungspunkt wie die Burg Waldeck der Nerother. In Berlin wurde eine Wohngemeinschaft gegründet, in der sich die Berliner trafen und auswärtigen Freunden eine Heimstatt boten. Nach diesem Vorbild entstanden überall dort, wo die dj.1.11 Fuß gefaßt hatte, sogenannte „Garnisonen“.

Im April 1932 trat tusk in die KPD ein und schloß ein Bündnis mit den „roten Pfadfindern“. Dieser Schritt jedoch wurde von vielen Angehörigen seiner Horten, wie die Kleingruppen hießen, nicht mitvollzogen. Sie lehnten jede politische Bindung ab. Der Bund spaltete sich, viele Horten traten zur „Trucht“ über. Nur einige Getreue folgten ihm, wie Willi „Bill“ Claus, Berlin, und Hans Seidel, Stuttgart (Was später zu Verhaftung und KZ führte). In Pößneck versuchten Jochen Hene und Klaus Macher, die dj.1.11 als „Deutsche Jungenschaft e. V.“ weiterzuführen. Tusk selbst rief zum Widerstand auf, nicht ohne vorher versucht zu haben, mit der Reichsjugendführung einen Kompromiß zu erreichen. Eine aussichtslose Sache, da die Hitlerjugend auf ihrem Alleinanspruch bestand. Eine ähnliche Abfuhr wurde Robert Oelbermann zuteil, der ebenfalls versuchte, seinen Nerotherbund als selbständige Organisation in der HJ zu etablieren.

Im Januar 1934 wurde tusk verhaftet, konnte aber nach seiner Entlassung im Februar nach Schweden fliehen. Von dort nach England, wo er bis zum Kriegsende in bitterer Not mit seiner Familie lebte.
Doch dies war alles Vergangenheit.

Die Kleingruppen der Verbotszeit verband letztendlich das vermeintlich Beste ihres alten Bundes, aus dem sie sich ein ureigenes Gruppenleben zimmerten. Wir wählten die Jungenschaftsidee mit allem, was dazu gehörte, ohne je in diesem Bund gewesen zu sein oder tusk persönlich kennengelernt zu haben. Die literarische Hinterlassenschaft, der ästhetische Anspruch in Wort, Bild und Auftreten waren maßgebende Wegmarken.
Die alte dj.1.11 gab es nicht mehr. Die späteren illegalen Jungenschaften, wie immer sie auch hießen, übernahmen die sichtbaren Feldzeichen wie rot-graue Fahnen, die Jungenschaftsbluse und das schwarze Feuerzelt, die Kohte. Die Silhouette des Wanderfalken über den drei Wellen blieb weiterhin das bündische Symbol.

Ohne Nachwuchs war bündisches Leben ein „Auf-der-Stelle-Treten". Pimpfe zu keilen barg Risiken. Wir mußten nach Gleichaltrigen oder Jahrgängen ausschauen, die geringfügig jünger waren. Meist waren es aus dem Jungvolk Ausgeschlossene oder Jungen, deren Brüder vormals ein bündisches Gruppenleben führten. Unsere Bemühungen blieben erfolglos. Zuwachs erhielten wir eher durch zufällige Begegnungen, bei denen fast stets eine Gitarre im Spiel war.
Wäre ich nicht Erich Heines, einem ehemaligen Klassenkameraden aus der Handelsschule, begegnet, hätte ich Walter Reichert nie kennengelernt. Beide wohnten im Stadtteil Niederrad und nur wenige Schritte voneinander entfernt. Erich, er kannte meine bündische Vergangenheit, erzählte von einem jungen Gitarrenspieler, dessen Wochenendunternehmungen ihm in Verbindung mit mir irgendwie bekannt vorkamen. Ich reagierte prompt. Beim nächsten Treffen brachte ich Walter einfach mit. Kurze Hose, Jungenschaftsbluse, die Gitarre geschultert machte er den Eindruck, den wir erwarteten. Vormals bei der „Reichsschaft deutscher Pfadfinder", war er in letzter Zeit mit einigen Freunden auf Fahrt gegangen. Jahrgang 1919, Lehrling in einer Versicherungsgesellschaft.
Über ihn wuchs unsere Gruppe innerhalb weniger Wochen um vier neue Mitglieder. „Carli" Fischer, ein Meister auf seiner Mandoline, lustig und immer guter Laune, und Rolf Jung, ein stiller Kumpan, dessen nicht arische Abstammung ihm im beruflichen Leben erhebliche Schwierigkeiten verursachte, waren brauchbare Kerle und bewährten sich auf Fahrt. Zupackend und umsichtig.

Die nächsten standen schon bereit. Zwei junge Männer aus Langen, einer Kleinstadt südlich von Frankfurt, Schüler des dortigen Gymnasiums, seit kurzem Studenten.

Lang gediente Pfadfinder, beide in der „tusk-Bluse“ und Anhänger der ehemaligen Aufbruchsidee der dj.1.11 – Stille Zuhörer, belesen und ideenreich, waren sie die typischen Verfechter eines einmal für richtig erkannten Lebensideals. Keiner war jemals Mitglied im deutschen Jungvolk oder der Hitlerjugend.
„Allah“ und August. Letzterer war ein südländischer Typ. Seine schwarzen Haare fielen ihm über die Stirn, und dunkle Augen blickten neugierig, gespannt, Neues zu entdecken. Wir riefen ihn „Ojüste“ mit der Betonung auf der zweiten Silbe. „Allah“ hingegen hatte den Kurzhaarschnitt der damaligen Zeit. Kein Träumer wie sein Kumpan. Eher kurz angebunden, ein wenig zackig in seinen Bewegungen. Ihre Familiennamen sind mir entfallen.

Mit Hans Schablitzki, Goldschmied an der Offenbacher Meisterschule und früher im katholischen „Neu-Deutschland“-Bund, und Hugo Hartling, genannt „Knö“, waren wir jetzt 13 Mann. „Knö“, Schauspielschüler, gehörte ursprünglich zur Singgruppe des „Grünen Kreises“. Gemeinsam mit der „Rabenklaue“ traten sie 1933/34 als Gebietsspielschar der HJ auf. Als deren Aushängeschild gewissermaßen, was nicht lange gutgehen konnte. Zu bündisch, daher Auflösung!
Beide kannte „Bert“ seit geraumer Zeit. Sie wohnten in der Nachbarschaft. Hans, der Praktiker, war motorisiert. Sein ganzer Stolz war eines jener Vehikel mit einem Kleinmotor an der Lenkstange. „Knö“, der Komödiant, hatte in uns einen dankbaren Zuhörerkreis, wenn er gelegentlich Herrn Goebbels parodierte. „Klumpfüßchens Märchenstunde“ nannte er seine Sketche. Oder unter dem Titel „Wenn das der Führer wüßte“ den keifenden Hitler mimte, wobei er sich eine schwarz gefärbte Briefmarke unter die Nase klebte. Strammstehend, den rechten Arm steif in die Luft gestreckt, nahm er Paraden ab oder schritt die Front seiner Getreuen ab.
Ein gewisser Christel Wilhelm, Nähmaschinen-Mechaniker bei der Pfaff-Niederlassung in Frankfurt, erhielt den Auftrag, bei Frau Reichert, Walters Mutter, deren Nähmaschine zu überprüfen. Im sogenannten Näh- und Bügelzimmer, in dem meist weniger genutzte Hausgeräte oder überflüssige Möbelstücke untergebracht waren, entdeckte er (so sein späterer Bericht) Walters Gitarre an der Wand.
Was tat er wohl? Er nahm das Instrument von der Wand, spielte einige Akkorde, des Lobes voll ob der guten Resonanz und Bundreinheit. Die verdutzte Hausfrau erzählte dies natürlich ihrem Sohn.
Und Walter? Nun ja, er brachte ihn mit.
„Chrischan“, so sein Fahrtenname, war ein Volltreffer. Nicht nur sein Gitarrenspiel klang meisterhaft, auch sein Liederschatz mit vielen uns unbekannten Texten war ein Gewinn. Gelernt im Alt-Wandervogel. 1913 in Pirmasens geboren, war er der Älteste der Runde. Doch sieben Jahre mehr Lebenserfahrung wirkten sich auf gelegentlich auftretende Spannungen vorteilhaft aus. Sein Pfälzer Dialekt war gewöhnungsbedürftig und gab oft Anlaß zu Mißverständnissen. Laut und deftig wußte er sich Gehör zu

verschaffen. In seinem Trenchcoat, mit Hut und Zigarette glich er ein wenig Humphrey Bogart. Maria, seine Braut, lebte in Pirmasens und ahnte nicht, was er so trieb in der Großstadt Frankfurt. Er war der ewig Verlobte.

Da wäre ich also bei den Mädels, die uns mehr oder weniger Freude und Ärger bescherten. Letzteres eher mehr. Für Exoten, die am Wochenende lieber am Lagerfeuer saßen und in zugigen Zelten schliefen, um Tanzlokale und gesellige Veranstaltungen einen großen Bogen machten, hatten sie kein Verständnis.
Und doch hatten wir da und dort Erfolge, wenn auch von kurzer Dauer. Neue Eroberungen wurden in der Runde hochgelobt, Mißerfolge verschwiegen. Wer wollte sich schon als Versager dem Spott und obendrein sinnlosen Ratschlägen aussetzen?
Von einer Unternehmung soll hier jedoch erzählt werden, deren Verlauf ein geradezu verblüffendes Ende fand.

„Bert" und ich hatten zwei dunkelhaarige junge Damen kennengelernt, Italienerinnen. Artig und sittsam luden wir sie zu einem Eis ein. Sie kicherten und schäkerten mit uns und waren mit einem weiteren Treffen in der kommenden Woche einverstanden. Im Westend, vor dem italienischen Konsulat, sollten wir sie abholen. Oha, des Konsuls Töchter, dachten wir.
Drei Möglichkeiten boten sich an, ungestört und unbeobachtet zu bleiben. Meine eigene Bude in Sachsenhausen schied aus. Schon beim Betreten der ersten knarrenden Treppenstufen hätte meine ewig wachsame Vermieterin Verdacht geschöpft.
Großonkel Peters Gartenhütte war zu schäbig, dazu noch den neugierigen Blicken der benachbarten Freizeitgärtner ausgeliefert. So blieb nur noch „Berts" Bude, unsere ureigene Welt.
Hier bereiteten wir alles sorgfältig und – wie wir glaubten – umsichtig vor. Die Felldecken mußten gelüftet, die Kissenbezüge gebürstet werden. Dezente Beleuchtung, Räucherkerzen und eine Flasche Südwein sollten für eine intime Atmosphäre sorgen. Auf Oma Müllers Fragen gaben wir ausweichende Antworten. Sie ahnte wohl, was da kommen sollte.
Endlich war es soweit. Pünktlich waren wir zur Stelle und fuhren mit einem Taxi in die Gleimstraße. Dabei gingen unsere letzten Geldreserven drauf.
Kaum hatten wir es uns gemütlich gemacht, als Oma Müller in der Tür erschien. Ob wir etwas benötigten, wollte sie wissen. Nein, natürlich nicht. Doch sie bestand darauf und brachte belegte Brote. Nach einer weiteren Viertelstunde räumte sie das Geschirr ab. So ging es in einem fort. Unsere Stimmung sank auf den Nullpunkt. Auch die musikalische Untermalung half da nicht weiter. Außer ein paar 100mal abgespielten Don-Kosaken-Platten und mexikanischen Revoluzzerliedern konnten wir nichts bieten. „Berts" Solo-Geziepe auf der Balalaika war wahrlich auch kein Ohrenschmaus.

Der Wein war getrunken, die Räucherkerzen aufgebraucht, die Gespräche wurden einsilbiger.
Es sei schon spät, verkündete Oma Müller um 22 Uhr. Die Damen müßten doch sicher nach Hause. Im vorliegenden Falle Rettung aus einer vertrackten Situation. Auch in der Sommerzeit war das Westend eine ruhige Wohngegend. Um so lauter empfand ich das wütende Schimpfen am Eingangstor des Konsulats. Ein untersetzter, dunkelhaariger Mann in grüner Gärtnerschürze empfing uns wild fuchtelnd in unübersehbarer Drohgebärde. Ich bemühte mich, ihn zu beruhigen.
„Nix vogelen meine Tochter, maledetto tedesco", schrie er mich an, die Mädels durchs Tor zerrend. Ihr Weinen, sein Geschrei und das Zuschlagen einer Haustür waren das letzte, was wir zu hören bekamen. „Waren wohl nicht des Konsuls Töchter", meinte „Bert" achselzuckend.

Nach dieser Pleite war uns klargeworden, daß wir eine andere Richtung einschlagen mußten. Entweder tatsächlich die verpönte Tanzstunde zu akzeptieren und gelegentlich ein Tänzchen zu wagen oder sich in Wald und Flur nach sogenannten „Tippelschicksen", wie in Nerotherdeutsch wandernde Mädels betitelt wurden, umzusehen. Wir entschieden uns für die einfachere Lösung, bei der man nicht geschniegelt und gebügelt im alten Konfirmandenanzug auf frisch gebohnertem Parkett herumstolpern mußte. Tanzen ja, dann aber bitte nach unseren Melodien und unserem Rhythmus. Um ehrlich zu sein: Es dauerte eine Weile, bis alle ihre Streicheleinheiten melden konnten.

Im übrigen gab es wichtigere Dinge zu bedenken, bestimmt durch die politischen Ereignisse.
Im Sommer 1937 tobte der spanische Bürgerkrieg bereits ein Jahr. Die Fronten veränderten sich täglich. Hitler und Mussolini unterstützten die putschenden Generale. Moskau die republikanische Gegenseite.
Wir hielten es mit den Republikanern. Was eine allmächtige Diktatur bedeutete, erfuhren wir täglich. Presse, Wochenschauen und Radio, allen voran die Propagandaredner der Partei, wurden nicht müde, die republikanischen Verteidiger als Kommunisten und Anarchisten zu denunzieren.
Heute, fast 70 Jahre danach, singen junge Menschen die Lieder der Interbrigaden, in denen auch deutsche Freiwillige kämpften.

Die Herren Generale

Die Herren Generale
-mamita mia-
haben uns verraten.

Wer hat denn diese Herren
-mamita mia-
so schlecht beraten?

Madrid, dich wunderbare
-mamita mia-
dich wollten sie nehmen.

Doch deiner tapfren Söhne
-mamita mia-
brauchst dich nicht zu schämen

Und alle deine Tränen,
-mamita mia-
die werden wir rächen.

Und alle uns're Knechtschaft,
-mamita mia-
die werden wir brechen!

Auch zu diesem Thema erfand „Knö" ein privates Bühnenstück, in dem wir alle mitspielen sollten. „Pit" den Franzosen, Heinz den russischen und ich einen südamerikanischen Freiwilligen der internationalen Brigaden. Die hierzu notwendige Ausrüstung hatten wir ohnehin in der „Garnison" an den Wänden hängen oder in den Trödelläden der Altstadt preiswert eingehandelt.
Die Texte waren mehr oder weniger Feldgeschrei und Flüche aller Herren Länder. Es kam auf die Kostümierung an. Mit wilden Gesten setzten wir uns in Szene und tobten durch Großonkel Müllers verwilderten Schrebergarten. Die staunenden Nachbarn schauten belustigt zu. Den politischen Hintergrund hatten sie offensichtlich übersehen, wie ihr Beifallsgejohle bewies.
Immerhin waren wir in dieser Posse Republikaner! Am Abend hockten wir dann in der alten baufälligen Gartenhütte und sangen von Feuer und Freiheit.

DIE HÜTTE IN WÜSTEMS

Eine einschneidende Wende in unserem Fahrtenstil brachte die Ankündigung des Bauern Reuter in Wüstems, er könne uns in Zukunft kein Quartier mehr bieten. Als ehemaliger SPD-Mann sei er schon jetzt spürbaren Anfeindungen ausgesetzt. Wenn sechs, acht oder gar zehn junge Kerle in seiner Scheune übernachteten, sei dies inzwischen zu auffällig. Vorbei also die Abende in kleiner Runde in der behaglichen Wohnküche. Kein Kuchenduft am Samstagnachmittag, wenn Frau Reuter die großen Bleche im Wohnzimmer, der sogenannten „guten Stube“, auf Tisch und Fußboden abstellte. Doch ein paar anerkennende Worte, ihre Backkünste betreffend, konnten sie gelegentlich dazu bewegen, schon am Backtag ein Stück Streuselkuchen zu spendieren. Normalerweise war er für den Sonntag vorgesehen.
Der alte Reuter war auch der Dorfschneider. Noch heute sehe ich ihn im Schneidersitz auf einem langen Tisch hocken. Seine flinken Hände hantierten mit Nadel und Faden, hier einen Winkelriß flickend, dort einen Knopf befestigend. So manches Stück unserer Fahrtenklamotten ging durch seine Hände. Manchmal, es war die Ausnahme, wenn wir nur zu zweit oder zu dritt als Vorkommando erschienen, durften wir auf seinem Schneidertisch in unseren Wolldecken nächtigen.
Ein hartes Lager zwar, doch ohne den morgendlichen Juckreiz des Scheunenquartiers.
Aber unser Gastgeber wäre nicht der gewesen, der er nun einmal war, ein Spaßvogel und Schlitzohr mit einer Portion Weitblick, die Gemeinde und uns betreffend. Im Gemeinderat hatte er vorgeschlagen, die leerstehende Hütte des Turnvereins an uns zu verpachten. Wir seien eine Gruppe junger Taunus-Wanderer, die die Ruhe des Emstals wohl zu würdigen wüßten, so seine Einlassung auf Fragen der Gemeinderatsmitglieder.
Besagte Hütte stand auf einer kleinen Anhöhe am Ortsrand, etwa 350 Meter vom letzten Bauerngehöft entfernt, gegenüber des örtlichen Sägewerks. Da ohne eigenen Wasseranschluß und obendrein stark renovierungsbedürftig, erbaten wir Bedenkzeit.

Die Aufgabenstellung war klar und nicht von heute auf morgen zu bewältigen. Das Dach mußte ausgebessert werden, eine Lagerstatt erstellt, ein Ofen installiert und ein Fenster eingebaut werden. Dazu noch ein Klappladen mit einem Innenverschluß. Die große Doppeltür benötigte eine kleine Passantentür, wie man sie an Scheunentoren kennt. Um die Unterkunft winterfest zu machen, mußten die Innenwände mit Schalbrettern gedoppelt und die so entstandenen Hohlräume mit einer Wärmedämmung ausgefüllt werden. Stroh wollte uns Freund Reuter stiften. An einen Holzboden wagten wir noch nicht zu denken, wir mußten vermutlich den ersten Winter mit dem vorhandenen Betonfußboden zurechtkommen und auf mildes Wetter hoffen. Ein gutes Halbjahr lag noch vor uns, und wenn wir jedes Wochenende als Bauhüttenmannschaft im Einsatz waren, sollte dies alles zu bewerkstelligen sein.

In wechselnder Besetzung schufteten wir in jeder freien Minute. Langsam nahm die vorgesehene Arbeit sichtbare Gestalt an. Dabei zeigten sich bei einzelnen handwerkliche Fähigkeiten, die niemand vermutet hatte.

Nach endgültiger Fertigstellung sollte die Hütte zum Treffpunkt auch auswärtiger Freunde werden. In der Gleimstraße wäre dies unmöglich gewesen, da die Erdgeschoßwohnung vor unliebsamen Lauschern nicht abzusichern war.
Unser wöchentliches Zusammensein hatten wir deshalb in Stil und Umfang ein wenig gelockert. Wir wechselten Standort und Räumlichkeiten. Entweder durch gelegentliche Segeltörns an Bord der „Whisky", deren Eigner Rudi Lust den Nerothern verbunden war, oder als gerngesehene Gäste in Miguel Garcias „Alegria", einer spanischen Pinte in der Nähe des Doms. Mit der „Whisky" kreuzten wir auf dem Main und tuckerten mit Unterstützung eines ratternden Dieselmotors flußaufwärts Richtung Offenbach/Hanau.
In diesen Jahren war die Binnenschiffahrt noch ein kostensparendes Transportmittel. Vier bis fünf vollbeladene Lastkähne im Kielwasser eines Schleppers waren durchaus üblich. Dann sorgte der Wellengang für heftiges Schlingern, und mancher Unachtsame fand sich im Wasser wieder.
Klampfenklänge und unser Singen trug der Wind davon.

Die „Alegria" hingegen war ein Ort des Zuhörens. Hier spielte Dimitri Jewrenow, genannt „Dewre", auf seiner Ziehharmonika russische Volkslieder. Der ehemalige Zarenoffizier war als Emigrant vor Jahren in der Stadt am Main gestrandet und verdingte sich als Alleinunterhalter in den Altstadtkneipen.
Wir waren nicht die einzigen, die sich für diese Art Lieder interessierten. Die Gespräche gingen von Tisch zu Tisch, und manche Neuigkeit aus bündischen Gruppen machte die Runde.
Erschrocken mußten wir feststellen, daß unsere Aktivitäten in Wüstems schon da und dort umliefen.
Besuche einiger Neugieriger waren die Folge.
Doch nur einer blieb und half beim Ausbau unserer Bleibe. Als angehender Werkzeugmacher übernahm Hans „Grabbel" Banthin die Tüftelarbeiten und kümmerte sich um den Erhaltungszustand aller Werkzeuge.
„Grabbel" war kein Unbekannter. Sein Kanu „Bosambo" ankerte am selben Bootshaus wie die „Whisky". Als Fahrtenkumpane waren wir uns da und dort begegnet. Sein Vater, von Beruf Polizeibeamter, mußte manches Mal seinen Sohn und dessen älteren Bruder auf irgendeiner Wache abholen, wenn sie wieder einmal verbotenerweise gebadet hatten oder ein Fußball dort gelandet war, wo er nicht hingehörte, in einer Fensterscheibe. Eine Anerkennung der Glaserinnung wäre da schon längst fällig gewesen.

Vater Banthin wird die Mitteilung seiner beiden Söhne, sie wollten zur Handelsmarine, mit Erleichterung aufgenommen haben. Zuerst jedoch standen Musterung, Arbeitsdienst und der eigentliche Wehrdienst bevor. Und genau diesem wollten die beiden jungen Männer nicht ihre Jugend opfern.

Und wieder einmal waren Gitarrenklänge und unsere Lieder Anlaß einer Begegnung mit einem der, im nachhinein betrachtet, wichtigsten Mitglieder unserer illegalen Gruppe (Dieses Zufallstreffen beschrieb ich bereits in meinem Beitrag zu Matthias von Hellfelds Taschenbuch – Dokumentation „Davongekommen!“, Fischer Verlag, Frankfurt 1990, und zitiere diese Situation in einer Wiederholung).

Wir saßen im großen Saal, „Zur Post“ in Kronberg, einem wegen des guten, selbstgekelterten Apfelweins und deftigen Essens bekannten Anziehungspunkt für Wanderer und Spaziergänger. Am Wochenende war Tanz. Auf dem Podium im Hintergrund spielte die Dorfkapelle zeitgemäße Tanzmusik: langsame Walzer, Polka und den unvermeidlichen Tango.
Nach und nach waren die Freunde eingetroffen. Seit wir angefangen hatten, unsere Hütte in Wüstems auszubauen, mußten wir vorsichtig sein bei der An- und Abfahrt. Im Abstand von etwa 10 Minuten zogen wir los, zum Schluß kam noch eine Nachhut. Gleich hinter Königstein, wo sich die Landstraße gabelt und südwärts nach Bad Soden und ostwärts nach Oberursel führt, mußten wir durch einen kleinen Hohlweg, um Kronberg zu erreichen. Hier lag manchmal der HJ-Streifendienst auf der Lauer nach verdächtigen Jugendgruppen.
Heute war alles glattgegangen. Die Kapelle machte gerade eine Pause, und wir nutzten die Gelegenheit, eines unserer Lieder anzustimmen.
‚Gebt mir doch mal die Gitarre rüber‘, hörte ich plötzlich eine Stimme hinter mir. Ich drehte mich um. Am Nachbartisch erhob sich ein Mann, vielleicht 20 Jahre alt, und lachte. Er blieb vor uns stehen. Er trug einen langen Kleppermantel, rechts an einem breiten Lederkoppel einen Kupfertopf, links baumelte ein Fahrtenmesser herunter; er mochte wohl zwei Meter groß sein.
‚Darf ich?‘ – wir rückten näher zusammen. Er griff hinter sich, nahm sein Glas und stellte es auf unseren Tisch. Chrischan reichte ihm die Gitarre; wir merkten sofort, daß hier einer vor uns saß, der spielen konnte – und bei weitem nicht das Übliche, wie sich bald herausstellen sollte.
Wir hatten wohl einige hundert Lieder auf der Pfanne und waren ein eingesungenes Team. Aber was dieser Mann spielte, war ganz anderer Art: russische Originaltexte und dazu ahmte er das Tremolo einer Balalaika auf der Gitarre nach.
‚Kennt ihr dies? Oder dies?‘ Dabei intonierte er ein paar Lieder. ‚Die Melodie schon, aber nur mit deutschem Text‘, nickte Pit und zog sein selbstgeschriebenes Liederbuch aus der Gesäßtasche.

‚Na ja, Kosakenlieder in Deutsch. Ich weiß nicht.' Der Fremde schüttelte nachdenklich den Kopf und erzählte, zu Hause habe er ein Tenorbanjo und eine Altbalalaika. ‚Mensch, das wär' doch was. Du kannst mir das Tremolieren beibringen, so mit einem Hornplättchen, meine Fingerkuppen sind nämlich schon fast hin', rief Bert begeistert. Er hatte sich vor Monaten in der Altstadt bei einem Trödler eine Prim-Balalaika gekauft und war seitdem damit beschäftigt, sich die wichtigsten Griffe selbst beizubringen.
‚Warum eigentlich nicht? Wir können es ja mal versuchen. Falls ihr am nächsten Wochenende wieder hier aufkreuzt, machen wir das, einverstanden?' Dann stand er auf und drehte sich zur Tür. ‚Meine Frau erwartet mich, wir haben Nachwuchs bekommen. Übrigens, ich bin der Janek.' Er beugte sich noch einmal zu uns herab und flüsterte: ‚Aber nicht weitersagen.'
Ehe wir uns versahen, war er zwischen den Tischreihen in Richtung Tür verschwunden. Im Lichtschein der Bogenlampe, die mühsam versuchte, den Ausgang zu erhellen, konnte ich gerade noch erkennen, wie er sich die Enden seines langen Mantels um die Beine schlug und zuknöpfte. Das Geräusch eines Motorrads verlor sich in der Ferne."

Nach etwa drei Wochen trafen wir ihn wieder. Er hatte herausgefunden, wo und wer wir waren. Als Hans uns zurief, es nähere sich ein Motorrad auf dem Hohlweg, ließen wir alles stehen und liegen. 14 Mann blickten erwartungsvoll dem Ankömmling entgegen und wurden nicht müde, ihm ihre unverhohlene Freude über sein Kommen zu demonstrieren.
Bei kleiner Flamme saßen wir beim obligatorischen Tee und erläuterten unsere Pläne, die ihn sichtbar beeindruckten. Ein Wagnis, meinte er.

Seit diesem Augusttag war „Janek" ständiger Mitarbeiter und Teilnehmer an unseren Heimabenden, den Segelfahrten auf der „Whisky" oder als Gast in der „Alegria".
Die Bauhüttenmannschaft war jetzt mit dem Innenausbau stark beansprucht, nachdem das Dach wetterfest gemacht, eine Lagerstatt über die ganze Breite im hinteren Teil eingebaut und die große Doppeltür mit einem kleineren zusätzlichen Eingang ausgestattet wurde. Je höher die Verschalung und die dazugehörige Kälteabdichtung wuchs, desto hohler und dumpfer tönten die Hammerschläge. Außengeräusche waren kaum vernehmbar. Ob dies später im umgekehrten Falle auch so war, mußten wir abwarten.
Aus Großonkel Peters alter Gartenhütte hatten wir den sogenannten Seemannsofen abtransportiert und in der Hütte als Kochgelegenheit und Heizung installiert. Die Konstruktion dieser Öfen aus dem 19. Jahrhundert hatte den Vorteil, bei geöffneter Ofentür als kleiner offener Kamin für Wärme und gleichzeitig anheimelnde Beleuchtung zu sorgen.

„Janek“ Warczinski, ehemaliges Mitglied einer kommunistischen Jugendgruppe, war der jüngere Sohn eines Arbeiters beim städtischen Gartenamt. In einem alten Sandsteinhaus, das mitten zwischen den beiden Hasenpfaden in Sachsenhausen im Grünen vor sich hin schlummerte, war er aufgewachsen. Bekannt als der „lange Janek“ oder auch „der Pole“ in allen Kreisen singender Vaganten und fahrendem Volk. Befreundet mit dem Nerother „Klampfen-Will“ und einigen Sinti, an deren Lagerfeuern er ein gerngesehener Gast war. Als politisch Unzuverlässiger galt er seit Januar 1933, weil er auf dem Schlot der Heddernheimer Kupferwerke eine rote Fahne gehißt hatte. Seine Stelle als technischer Kaufmann verlor er und war seitdem als einfacher Arbeiter beschäftigt. Dies jedoch nur, weil er Freunde in der Führungsetage hatte, die seine musikalischen Talente schätzten.
Wir kannten zwar Bert Brechts „Hauspostille“ mit ihren sozialkritischen Gedichten, die Melodien lehrte uns unser neuer Freund. Und seine Kommentare zur politischen Lage in Nazi-Deutschland ließen nichts zu wünschen übrig. Überrascht waren wir, als er zum Singabend in einer schwarzen Rubaschka erschien, die aus feinem Wollstoff mit rotem Stehkragen gefertigt war. Auch befand sich die sonst rechts oder links verlaufende senkrechte Knopfleiste in der Mitte. Zwei aufgesetzte Brusttaschen erinnerten an die als Uniformbluse getragene Litewka der russischen Armee. Unsichtbare Druckknöpfe vermieden jeglichen glitzernden Schimmer, den „Knö“, wenn es sich um Ordensschnallen oder anderes goldenes oder silbernes Gepränge handelte, spöttisch als „Raddel-Daddel“ bezeichnete.

Seit „Janeks“ Teilnahme an unseren Treffen hatte sich der Themenkreis verändert, er wurde politischer. Die Nazi-Gesetzgebung und ihre Auswirkungen, der immer noch tobende Spanien-Krieg und die Zukunft der Freundesgruppe standen im Mittelpunkt. Dabei erfuhren wir so nebenbei, daß „Janek“ sich in Paris zu den Interbrigaden melden wollte, dort angekommen aber aus Rücksicht auf seine damalige Braut Ruth, die ihn begleitet hatte, darauf verzichtete. Sie drohte damit, ihn zu verlassen. Insgeheim waren wir Ruth dankbar. Ohne ihre Weigerung damals in Paris läge er vielleicht in einem Massengrab irgendwo im weiten Spanien. So aber blieb er uns erhalten und wurde ein vertrauter Freund.

Im Taunus färbten sich die Wälder. Auf den abgeernteten Feldern stolzierten die Saatkrähen, und der Singsang der Zugvögel kündete den Herbst.
Die Hütte stand immer noch im Mittelpunkt unserer Freizeitbeschäftigung. Wir hatten Fortschritte gemacht, und wenn die Kälte sich in Grenzen hielt und kein Schneesturm Dach und Wände davontrug, konnte der Winter kommen.
Und er kam. Ein früher Kälteeinbruch ließ uns jetzt das Fehlen eines isolierenden Holzfußbodens schmerzlich fühlen. Der Ofen glühte, doch wohlige Wärme war kaum zu erreichen. Erst nachdem wir alte, zerschlissene Zeltbahnen an Decke und

Wände genagelt hatten, stieg die Temperatur auf angenehme 20 Grad und darüber. „Ferdi“ sei Dank, er hatte die rettende Idee.

November 1937. Wir hatten Holzvorräte gestapelt, Spiritus und Petroleum für die Beleuchtung rechtzeitig nachgekauft und eine Notration an Dosennahrung angelegt. Freund Reuter sorgte auch hier für Stroh, so daß die breite Liegestatt ein behagliches Strohsacklager wurde, wie das Schnarchen der Gesellen lautstark bewies.
Ohne unsere Fahrräder war die Anreise beschwerlicher geworden. Entweder mußten wir ab Kronberg oder dem näher gelegenen Königstein, beide per Kleinbahnen zu erreichen, nach Wüstems tippeln oder den Postbus über Glashütten, Oberems, Esch benutzen. Nicht immer ein Vergnügen, wenn der Bummelzug Verspätung hatte und der Bus bereits abgefahren war, oder aber umgekehrt. Man stand frierend nutzlos herum, und mehr als einmal machte man sich per pedes auf den Weg, schimpfend, wenn einen der Bus dann unterwegs überholte.
Der heute so oft zitierte Sinnspruch „Der Weg ist das Ziel“ hätte mich damals nicht überzeugen können. Wir wollten zur Hütte und nicht auf der zugigen Landstraße frieren.

Schlimmer erging es ein paar befreundeten Nerothern. Sie hatten in einem der Hintertaunus-Dörfer einen Raum, einen sogenannten „Bunker“, gemietet und sollten ihn kurzfristig räumen.

UNTERMIETER

Und so kam es, daß die Heimatlosen eines Sonntag morgens vor unserer Hüttentür standen und um Hilfe baten. Mit anderen Worten: um eine Bleibe. Wir kannten die Bittsteller von Besuchen in der „Post" in Kronberg und den Donkosaken-Konzerten der vergangenen Jahre, die bekanntlich für ehemalige Angehörige der „Bündischen Jugend" ein Treffpunkt waren.
Erich Schutt, den Wortführer, und seine beiden Freunde Fritz und Kurt Hofmann hätte die Gruppe vermutlich verkraften können. Wie aber sollten wir die vierte Person, eine junge Frau, in unseren Männerhaufen integrieren, ohne daß es Ärger gab?
Lina Trautmann (heutige Lina Schwee) war seit dem Verbot ihrer sozialistischen Jugendgruppe im Umkreis des neugegründeten illegalen Ordens der „Pachanten" aufgenommen worden und blieb ihrer Linie auch nach dessen Zerschlagung 1937 treu. Sie ging weiterhin auf Fahrt und war an manchem bündischen Stammtisch oder illegalen Heimabend ein gern gesehener Gast. Man mußte schon genauer hinsehen, um an Fahrtenkluft und ihrem Kurzhaarschnitt eine weibliche Person zu erkennen. Alte Freunde nannten sie die „rote Lina". In die Annalen der bündischen Gruppen ging sie als die „Kai" ein. Vorbild war die Hauptfigur des Jugendbuches „Kai aus der Kiste", von Wolf Durian, erschienen im Franz Schneider Verlag.
Ein kecker, unternehmungslustiger Bursche besteht darin manches Abenteuer und sorgt für Überraschungen.
Ohne Zustimmung der Hüttenmannschaft gab es keine Zusage. Wir wollten die Meinung aller hören. Ein Dauerzustand durfte es nicht werden. Als Gäste für eine beschränkte Zeit, drei oder vier Wochen vielleicht, sollte dies möglich sein.
Als sich jedoch herausstellte, daß außer „Kai" noch drei andere Mädels mitkommen sollten, war das Ganze eine Frage von existenzieller Bedeutung. Zusätzlich noch sieben Personen in dem ohnehin beschränkten Raum nächtigen zu lassen, war keinem der Freunde zuzumuten. Schon jetzt reichte der Platz nur, weil die Mannschaft selten vollzählig versammelt war. So waren denn auch die Kommentare eindeutig. „Knö" warf der Runde vor, die Hütte zu einem rot-grauen Bordell verkommen zu lassen. „Wüstemser Rammler-Klause" war da noch eine harmlose Bezeichnung in seiner Namensliste.
Es dauerte eine geraume Zeit, bis sich die Gemüter beruhigt hatten. Den Schlußstrich unter die fruchtlosen Diskussionen zog „Chrischan". Er bestand darauf, daß die Älteren, die die Pacht und viele Rechnungen des Bauvorhabens finanzierten, bestimmen sollten, wer einziehen durfte. „Janeks" Bemerkung, das Kapital hätte wieder einmal gegen die allgemeine Stimmung entschieden, entsprach verständlicherweise seiner politischen Grundhaltung. Ab Januar 1938 durften die sieben Heimatlosen für einige Wochen als Gäste einziehen. Der Ruf nach Solidarität hatte Wirkung gezeigt. Ich war damit nicht einverstanden. Es entsprach nicht der jungenschaftlichen Idee,

die einen Jungenbund als bündisches Ideal vertrat. Ohne Wenn und Aber! So blieb meine einzige Hoffnung, daß bis zum Einzugstermin doch noch eine andere Unterkunft gefunden würde.

Weihnachten und der Jahreswechsel standen an, und wir hatten alle Hände voll zu tun. Meine Mutter schenkte der Gruppe einen großen Eimer Kartoffelsalat und einen weiteren mit Gulasch. „Bert" und ich verfrachteten die unförmigen Behälter per Bahn nach Königstein. Auf einem Rodelschlitten zogen und schoben wir die kulinarische Fracht das Billtal hinauf zur Hütte. Der frisch gefallene Neuschnee, der an den Schlittenkufen festklebte, mäßigte das Tempo ganz erheblich. Viele Stunden stapften wir durch den Schnee.
Bei unserer Ankunft umrundeten uns pelzvermummte Gestalten wie hungrige Wölfe. Wir waren von den Freunden sehnlichst erwartet worden. „Chrischan" hatte einen Weihnachtsbaum organisiert. Die Standortfrage endete in einer langen Debatte: Drinnen oder draußen? Da die Mannschaft sich vollzählig angesagt hatte, war es klar, der Baum blieb draußen. Wir verschwanden in der Hütte, ließen aber eine Laterne vor der Tür im Wind schaukeln. Sie sollte Hans und „Janek", die später kommen wollten, den Weg weisen.

Schneller als erwartet waren die Feiertage vergangen. Mit Musizieren, Wandern, nächtelangem Diskutieren, dem Ausbessern von Kohten- und Zeltbahnen hatten wir eine wundervolle Woche hinter uns. Das neue Jahr sollte uns Gelegenheit geben, manchen unserer Träume zu verwirklichen, so hofften wir.
Die Hütte als Standquartier bot sich für größere Treffen an. Gedacht war an Einladungen bekannter Gruppen und Einzelpersonen. Im Sommer wollte ich meinen Urlaub nutzen und da und dort um Teilnahme werben. Das Gelände um das alte Heftricher Silberbergwerk war für ein größeres Kohtenlager am besten geeignet. Vorräte konnten in der Hütte gelagert und bei Bedarf herangeschafft werden. Bis dahin standen nach langer Bauphase wieder Fahrten an Rhein und Kinzig sowie Segeln auf der „Whisky" auf dem Programm.

Und dann war es soweit! Mit einem Donnerschlag erwachte ich aus meinen Träumen. Die „Untermieter" zogen ein. Jetzt lernten wir auch die drei bis dahin unbekannten Mädels kennen. Friedel und ihre jüngere Schwester Hanni Schmitt und ein zierliches Geschöpf, dessen Familienname ich vergessen habe. Daß alle sie „Floh" riefen, ist mir noch in Erinnerung und auch, daß ich mich in sie verliebte. Eine höchst fragwürdige Situation, die mir manche schlaflose Nacht und ein schlechtes Gewissen dazu bescherte. Wer jedoch annimmt, in der Folge von einer romantischen Liebesaffäre zu hören, wird enttäuscht sein. Es war, und daran werden sich viele aus eigener Erfahrung erinnern, das typische Verhalten zweier schüchterner unerfahrener Jugendlicher bei heimlichen Treffen. Niemand sollte von ihren Verabredungen während der Woche Kenntnis erhalten.

Da unsere Gäste an den Wochenenden vor allem mit der Suche nach einer preiswerten Unterkunft beschäftigt waren, wir hingegen durch die Wälder streiften oder weiter an der Vervollkommnung der Hütte werkelten, waren alle erst zum Abendessen und der Nachtruhe beisammen. Das gemeinsame Singen mußte noch aufeinander abgestimmt werden, da nerothanes Singen und jungenschaftliche Lieder sich aus unterschiedlichen Quellen speisten.

Im großen und ganzen lief alles in geordneten Bahnen. Wenn aber eines der weiblichen Mitglieder unserem „Meisterkoch" „Bert" Ratschläge erteilen wollte, fuhr dieser aus der Haut. Entweder sollten sie sich an seine Speisefolgen gewöhnen und die Klappe halten oder in einer der Dorfkneipen die Wirtin mit ihren Sonderwünschen traktieren. Es war schon ohnehin für ihn eine Zumutung, wenn die einen Tee, die anderen aber lieber Kaffee trinken wollten. „Knö" nahm dies natürlich zum Anlaß, über ein „Kaffeekränzchen auf der Wanderschaft" einerseits und ein „Old Pampels Teahouse" andererseits zu spotten. Wegen des übermäßigen Gebrauchs von Paprika erhielt „Bert" den Namen dieses Gewürzes als weiteren Beinamen, den er bei späteren Veröffentlichungen als Pseudonym verwendete. Auch im Februar hatte sich im Hinblick auf eine neue Unterkunft nichts getan. Unsere Gäste blieben länger als geplant, was nicht gerade von allen freudig zur Kenntnis genommen wurde.

Der Wassersportler „Grabbel" zog es vor, sich um seinen „Bosambo"-Kahn zu kümmern und hatte sich tatsächlich inzwischen zur Handelsmarine gemeldet. Wir sahen ihn gelegentlich in der „Alegria".

Seit am 16. März 1935 die allgemeine Wehrpflicht wieder eingeführt worden war, mußten bereits „Gediente" in gewissen Abständen an Frühjahrs- oder Herbstmanövern teilnehmen. Im Frühjahr 1938 traf es „Knö" und „Janek". „Knö" mußte nach Erfurt zu einer Panzereinheit, „Janek" war Infanterist bei den Frankfurter 81ern. Eine schleichende Ausdünnung unseres Freundeskreises schien in Gang zu kommen. „Ferdi" befürchtete seine baldige Einberufung zu den Hanauer Pionieren. Auch weitere Ältere in unserer Freundesrunde mußten damit rechnen, in den kommenden Monaten statt durch die Taunuswälder zu streifen das berüchtigte „Sprung auf, marsch, marsch" auf einem öden, gepflasterten Kasernenhof zu üben. Jetzt machte sich das Fehlen Jüngerer bemerkbar, das wir bisher kaum zur Kenntnis genommen hatten, aber aus Sicherheitsgründen auch nicht verhindern konnten. Um so dringlicher wurde die Umsetzung unseres Vorhabens, im Laufe des Sommers ein Meeting mit Kameraden aus anderen Städten zu organisieren.

Es begann ein reger Briefwechsel, Pläne wurden geschmiedet und wieder verworfen. Dann endlich stand der Termin fest, er war für den Herbst vorgesehen. Wir rechneten mit einer etwa 30-köpfigen Teilnehmerzahl.

WAGEN ROLLEN AUF ENDLOSEN WEGEN

Meister Henke war so großzügig, mir reichlich Reisezeit zu lassen. So zum Beispiel den Gründonnerstag, der mir mit Karfreitag, dem Ostersamstag und den beiden Feiertagen fünf freie Tage bescherte. Mein Ziel war Freiburg, wo ich mich mit „Erno" Kunzelmann und einigen seiner ehemaligen Hortenmitglieder der dj.1.11 treffen wollte. Ich wußte, daß die Freiburger noch in kleiner Runde recht aktiv waren, sogar nach Schweden und Island fuhren.
Doch von allem, was so in anderen Regionen stattfand, hatten sie keine Ahnung. Verbindungen bestanden nur noch nach Köln und Neuwied. Daß in Stuttgart, jenseits der Schwarzwaldberge, sich Ungemach ankündigte, blieb ihnen verborgen. Dort hatte die Staatsmacht zugeschlagen. Sie glaubte wieder einmal an eine bündische Verschwörung. Vierzehn junge Männer, darunter die beiden Ulmer Hans Scholl, sein jüngerer Bruder Werner und zwei weitere Ulmer aus Hans Scholls ehemaligem Jungvolkfähnlein, hatten ihre Anklageschrift erhalten. Zuständig war das Sondergericht Stuttgart. Sie hatten, so das Juristendeutsch der Anklage, „zu Stuttgart und anderen Orten des Reichs in nicht verjährter Zeit fortgesetzt und gemeinschaftlich handelnd den von den obersten Landesbehörden zur Durchführung der Verordnung des Reichspräsidenten zum Schutz von Volk und Staat vom 28. Februar 1933 erlassenen Anordnungen zuwider gehandelt".
Rückblickend glaube ich, daß wir auch im Falle einer Warnung unseren Plan nicht so einfach aufgegeben hätten. Im Gegenteil, wir wollten neue Freunde und damit eine breitere Basis hinzugewinnen.
„Erno" und ein gewisser Roland (Nachname entfallen) waren begeistert und versprachen, uns rechtzeitig Bescheid zu geben. Schneller als erwartet gingen die Tage vorüber, und der Heimweg mußte angetreten werden. Dienstags stand ich wieder in der Backstube, zufrieden und übermüdet.

Berlin, Aschersleben, Dresden, Halle und Nürnberg mußten noch verständigt werden. Man hatte mir diese Aufgabe anvertraut, weil die meisten mir persönlich aus früheren Tagen bekannt waren. Das ganze Vorhaben lief als Aktion „Bündischer Selbstschutz", dessen Kernmannschaft aus etwa zehn bis zwölf Mitgliedern bestehen sollte. Um sicherzustellen, daß nur Eingeweihte um Quartier anfragten oder Nachrichten übermittelten, wurden Ausweiskarten gedruckt. Diese sollten dann alle erhalten, die bereit waren, aktiv mitzuwirken, die bündischen Ideale auch weiterhin zu vertreten. Und das sollten viele werden.

Im Juli wurde „Chrischan" von Frankfurt nach Hanau versetzt. Er übernahm die dortige Service-Abteilung der Firma Pfaff-Nähmaschinen. Ein Wohnungswechsel war unvermeidlich.

Nun war ein weiterer wichtiger Mann, vorübergehend, wie wir hofften, von uns getrennt worden. An den Heimabenden und den Wochenendfahrten wollte er unter allen Umständen auch weiterhin teilnehmen.

„Bert", das Schlitzohr, ließ sich ohne Wissen der anderen vorsorglich den sogenannten „Hüttenanteil", was immer auch darunter zu verstehen war, abtreten. Das Tauschgeschäft wurde durch eine Kleinbildkamera anstelle von Bargeld abgewickelt. Ein schlechtes Geschäft, wie sich bald herausstellen sollte. Durch dieses heimliche Abkommen glaubte er mehr Einfluß zu gewinnen, vor allem was eventuelle spätere Mitbewohner betraf. Auch er war ein strikter Gegner einer weiblichen Gruppenmitgliedschaft. Vermutlich veranlaßte ihn „Janeks" Einwand hinsichtlich des Einzugs unserer Gäste, das Kapital hätte hierzu den Ausschlag gegeben, zu diesem Schritt.

Das Anwerben neuer Mitglieder war in den Sommermonaten, der alten üblichen Fahrtenzeit, einfacher. An Montur und Ausrüstung konnte man geeignete Ansprechpartner leichter erkennen. Eine marineblaue Jungenschaftsbluse oder eine schwarze Kohtenbahn, fachgerecht auf dem Affen befestigt, waren damals ein treffsicheres Identitätsmerkmal für bündische Pfadfinder, Angehörige der „Trucht" und fast aller Jungenschaftsgruppierungen. Die „Rotgraue Aktion" hatte Wirkung gezeigt. Nur der Wandervogel blieb bei seinen Windjacken, Fahrtenkitteln und Soldatenröcken, dazu das bunte, großkarierte Hemd.

Und genau diese Art Wanderer hätte ich auf der alten Mainbrücke fast übersehen. An das Geländer gelehnt, die Tornister auf einen der Sandsteinpfeiler gelegt, studierten sie eine Landkarte.
Im Vorübergehen nahm ich die beiden jungen Männer erst in letzter Minute wahr, aus dem Augenwinkel gewissermaßen. Auf ihre Wegstrecke angesprochen und wie ihnen meine Heimatstadt gefiele, antworteten sie mit der Gegenfrage, ob es außer dem Obdachlosenasyl noch eine zweite Unterkunftsmöglichkeit für Wanderer gäbe. Die Jugendherberge sei in der Ferienzeit bereits bis auf den letzten Platz belegt. Sie suchten eine einfache, preiswerte Schlafstelle. Die gab es nicht, es sei denn in einem Privatquartier. Auf Sofas und Matratzen auf dem Fußboden.

Ich bot ihnen meine Hilfe an. Insgeheim erahnte ich eine günstige Gelegenheit, die beiden Rheinländer – an ihrer Sprache unschwer zu erkennen – für unsere Bestrebungen zu gewinnen. Fahrtenausrüstung, Kleidung und Auftreten ließen auf einige Routine schließen.
Nach einer Stadtbesichtigung – ihr Gepäck hatte ich vorübergehend in meiner Sachsenhäuser Bude deponiert – machten wir uns auf den Weg in die Gleimstraße. Hier stellte ich sie „Bert" und „Janek" vor. „Heino" Schlabbers und sein älterer

Begleiter Otto van Eesbeeck, Kurzname „Ött", waren in Mönchengladbach zu einer Österreich-Fahrt aufgebrochen. Seit März 1938 war Österreich Teil des „Großdeutschen Reichs" und hieß jetzt „Ostmark". Eine Volksabstimmung fand erst nach dem „Anschluß" statt; man stimmte dafür.

Seit einigen Wochen waren „Heino" und „Ött" arbeitslos, ein Zustand, den es nach Propagandaminister Goebbels offiziell nicht gab. Sie wollten ihr Glück im neuen Reichsgebiet versuchen.
Den lustigen, schlagfertigen „Heino" hatte Oma Müller sofort in ihr großes Herz geschlossen. So konnten sie Quartier beziehen und wurden obendrein beköstigt. Alle waren es zufrieden.

14. Juli 1938
Beim Abschied versprachen sie, auf der Rückreise wieder vorbeizukommen.
Mitte August waren sie ein zweites Mal unsere Gäste. „Ött" mußte zur Musterung nach Mönchengladbach.

25. August 1938
Wir trafen sie ein drittes Mal. Tags drauf segelten wir mit „Grabbel", „Adi", „Bert", „Pit", „Janek" und drei bis vier weiteren Jugendlichen mit der „Whisky" mainabwärts und zurück. Den Abschluß bildete ein Besuch in der „Alegria", wo „Knö" uns lautstark begrüßte.
Diesmal wollten sie als Erntehelfer nach Ostpreußen. Jetzt bot sich die Gelegenheit, unsere Freunde in Halle, Aschersleben, Dresden und Berlin als Helfer anzusprechen. Um sicherzugehen, übergab ich ihnen zusätzlich zwei visitenkartengroße Mitgliedskarten, die sie als vertrauenswürdig auswiesen. Wie heute bekannt, nahmen sie weder in Halle noch in Dresden Kontakt auf. Im ersten Fall hatten sie als Tramps ein weiterfahrendes Fahrzeug erwischt, im weiteren Verlauf sich zerstritten. „Heino" war nach einigen Tagen wieder auf der Rückreise mit Zwischenhalt in der Gleimstraße. Von „Ött" haben wir nie mehr etwas gehört!
Auch ich war nicht untätig geblieben. Am 3. August begab ich mich auf „Werbefahrt" für unser Herbstlager im Hintertaunus. Erstes Ziel war Aschersleben. Doch „Schräubchen" war irgendwo in Norddeutschland unterwegs, Verwandtenbesuch, wie seine Vermieterin mich wissen ließ. Eine kurze Notiz, die ich in seinem Briefkasten deponierte, gab die notwendigen Informationen mit der Bitte um sofortige Antwort.

Am 6. August stand ich in Halle vor dem ehemaligen Nerother der „Rabenklaue"- und illegalen „Pachanten"-Ordens. Robert Schneider, genannt „Spoy", in dessen Bude uns anläßlich seiner Geburtstagsfeier die Gestapo 1935 aufgestöbert hatte (s. S. 34).

Jetzt, genau drei Jahre später, hatte er Mühe, mich wiederzuerkennen. Ich sei erwachsen geworden, meinte er. Wenn er sich da nicht täusche, hielt ich dagegen. Seit März 1937 war er verheiratet. Seine Ehefrau hatte keine Ahnung von der Jugendbewegung vor ihrer Auflösung durch die NS-Regierung. Noch weniger vom Nerotherbund, seiner Struktur und seinen Zielen. Mein Besuch und das damit verbundene Anliegen blieben ihr ein Rätsel. In den zwei Tagen, die ich ihre Gastfreundschaft in Anspruch nahm, gelang es mir dann doch, unsere Pläne zu erläutern und ihm die Zusage abzuringen, gelegentliche Bittsteller nicht abzuweisen. Jedoch unter der Bedingung, daß sie keine „staatsfeindlichen" Aktivitäten ausübten.
Das gab mir zu denken! – Trotzdem händigte ich ihm eine Mitgliedskarte aus, die er an einem großformatigen Foto, die Nerotherhöhle in der Eifel darstellend, befestigte. Immerhin, so stellte ich beruhigt fest, waren doch noch alte Erinnerungen wach. Es gab auch schriftliche Verbindung zu einigen früheren Nerother-Freunden aus seiner ehemaligen Eschersheimer Gruppe. Beim Abschied griff er noch mal in die Saiten, und wir sangen das alte Werner-Helwig-Lied „Trampen wir durchs Land". Ein wenig wehmütig winkte er hinter mir her.

9. August 1938, Dresden-Neustadt. „Pony", bürgerlicher Name Karl Heinz Hähnel, umarmte mich und wollte sofort wissen, was wir angezettelt hätten. Bei Tee, belegten Brötchen und gelegentlichen Zwischentönen auf der Gitarre hockten wir bis spät in die Nacht zusammen. Seine Bude glich unserer „Garnison". Großformatige Fahrtenfotos, überquellende Bücherregale und alle die Utensilien, die bündisches Leben ausmachten.
Am Spätnachmittag waren sein jüngerer Bruder „Pukko" und ein weiterer Freund namens „Mischa" sowie „Pukkos" Freundin „Dodo" aufgekreuzt. Die beiden letzteren waren im Herbst 1936 in der Tschechoslowakei in Prag hängengeblieben. Auf sie hatten „Pony" und „Pukko" in der Jugendherberge von Teplitz-Schönau vergeblich gewartet (s. S. 50). Nochmals erklärte ich unser Vorhaben bis ins letzte Detail. Wir veranschlagten zwei Tramptage hin und eine Bahnfahrt zur Rückreise. Auf einen genauen Termin wollten wir uns erst verständigen, wenn die Nürnberger und die Berliner sich dazu geäußert hätten. Wichtig war die Bereitschaft, an der es hier nicht fehlte. Nach einer allumfassenden Stadtbesichtigung, einer weiteren sangesfrohen Nacht, zu der noch zwei jüngere Burschen mit ihren hellen Knabenstimmen den Liedern der „Eisbrechermannschaft" den Ausdruck verliehen, den ihr Schöpfer tusk gewollt hätte, lockte am frühen Morgen die Landstraße.
Daß Dresden ein guter und sicherer Anlaufplatz sein würde, stand außer Frage.

11. August 1938
Ankunft in Frankfurt. Ich hatte eine Fahrt auf Raten hinter mir. Nach einem Dutzend Umsteiger endlich ein Lastwagen, der mich die Nacht über durchrüttelte. Der

Fahrer ließ Witze am laufenden Band steigen, auch wenn ich sie nicht hören wollte. Aber am frühen Morgen hatten wir sein Ziel erreicht, und Fulda war ja auch nur noch ein Katzensprung von meiner Heimatstadt entfernt. Nachmittags schwammen meine Fahrtenklamotten bereits in Mutters Waschkessel. In der folgenden Nacht träumte ich von einer gigantischen Feuerrunde mit Chorgesang und Balalaikaklängen. Ich hatte die Zeit für diese Sachsen-Fahrt genutzt, als unsere neuen Freunde vom 13. Juli bis 16. August ihre Österreich-Fahrt unternahmen. Jetzt blieb mir nur noch, Berlin und Nürnberg zu umwerben. Die Berliner wollten auf Schweden-Fahrt. Eine mühevolle Überzeugungsarbeit, da die Paßbehörde eine Anzahl Unbedenklichkeitserklärungen verlangte, bevor der Grenzübertritt genehmigt wurde. So verzögerte sich der endgültige Aufbruch. Und die Rückkehr. Nur Günther Werk, besser bekannt als „Reiher" (s. S. 39), vormals in Havelberg, nach seiner Dienstzeit in der Wehrmacht in Berlin, nahm die Einladung an. Nach zwei Jahren sähen wir uns endlich wieder. „Fred" Hess, Führer einer kleinen illegalen Gruppe in Nürnberg, war bis Anfang September auf Italien-Fahrt. Demnach war alles noch offen.

Nach diesem Zwischenspiel blieb wieder Zeit für Fahrten in die nähere Umgebung und zu unserer vereinsamten Hütte. Auch meine Freundin „Floh" rückte wieder ins Blickfeld. Noch hatte ich Urlaub, den ich in zwei Teilen zu nehmen gedachte, um mich auch später noch den Vorbereitungen des Herbsttreffens widmen zu können.
Am 3. September wollten die Freiburger zu einem Kurzbesuch kommen. Daraus wurde nichts. Gesprächsweise hatten wir inzwischen erfahren, daß „Heino" und „Ött" am 12. Juni durch ihr bündisches Aussehen von der Landpolizei gestellt und vernommen wurden. Ein weiteres Mal am 28. Juni. Diesmal schaltete sich die Gestapo ein.
Ein Warnschuß, wie „Janek" bemerkte. Es mußte abgewartet werden, ob sich weitere Probleme ergaben. Das Ganze lag zwar über zwei Monate zurück, zeigte jedoch, daß die Behörden nicht untätig waren. Auch „Ötts" jüngerer Bruder war mit bündischen Freunden aufgefallen und in Düsseldorf von der Gestapo verhört worden. Die Beweislage reichte jedoch nicht für eine Weiterverfolgung aus. Uns Frankfurtern bestätigte diese Mitteilung, daß auch an anderen Orten noch bündische Freunde aktiv waren. Nicht aufgeben, weitermachen, so die Parole!

Am 14. September trampte ich nach Nürnberg. „Fred" Hess, vormals in der „Deutschen Freischar", hatte eine Möglichkeit gefunden, mit ehemaligen Bündischen im Schwimmverein Unterschlupf zu finden. Er war bereit, mit zwei bis drei Mann an unserem Treffen teilzunehmen. Wir einigten uns auf Ende September.
Jetzt fehlten nur noch die Berliner „Heia" Bauer, die Müller-Brüder „Hasch" und „Conny" und „Sascha" Negendank. Mit „Reiher" Werk wären es fünf. „Maxe" Bürger war leider nicht dabei.

INNENANSICHTEN

Im folgenden handelt es sich nicht um eine Schloßbesichtigung, eine Yogaübung zur Selbstfindung oder den zeichnerischen Entwurf eines Architekten, wie die Überschrift glauben machen könnte. Es ist die unprosaische Darstellung deutscher Amtsstuben und Gefängnisse der Nazizeit und deren darin handelnden Personen. Seit dem 23. September hatten wir Gelegenheit, diese allumfassend kennenzulernen. Und das kam so:

Nach seinem letzten Besuch, den „Heino" allein abstattete, wurde er auf seiner Heimreise ein drittes Mal wegen seiner Fahrtenkluft erwischt. Diesmal der Düsseldorfer Gestapo überstellt, die am 7. September eine vorläufige Inhaftierung veranlaßte. „Ött" van Eesbeeck, von Ostpreußen zurück, zur Vernehmung vorgeladen, stritt ab und gab bereits Bekanntes zu. Aus den mir heute zugänglichen Akten (HStA Df.) konnte man entnehmen, daß erst am 13. September die Gestapo Halle und Dresden angewiesen wurden, „Spoy" und „Pony" zu vernehmen bzw. festzunehmen. Frankfurt wurde am 23. September überrascht!
Man gestatte mir eine Zwischenbemerkung:
Obwohl in Düsseldorf ein Sonderdezernat „Bündische Jugend" geschaffen wurde, in dem, so mein Eindruck, die anstehenden Fälle erst einmal gerichtsverwertbar aufbereitet wurden, fehlt ein Großteil Akten. Dies verhindert eine genaue Detailbeschreibung der chronologischen Abläufe.

Erstaunlich ist, daß die Verfolgungsbehörde völlig falsche Vorstellungen vom Innenleben bündischer Gruppen, deren Bestrebungen und Organisation im allgemeinen und besonderen hatte. Dies geht in auffälliger Weise aus einer Schulungsunterlage des Reichssicherheitshauptamts Berlin hervor. (AZ. R 58/779 RSHA) Es handelt sich um eine Auflistung der „Gegner der Politischen Polizei".
Neben Kommunisten, Sozialdemokraten, Gewerkschaften, den christlichen Kirchen, den Freimaurern und den Bibelforschern wurde auch die Bündische Jugend genannt.
Bezeichnenderweise zielte die Bekämpfung vor allem auf Vergehen gegen den § 175, den die Nazis am liebsten, leider aber auch oft erfolgreich, gegen bündische Freundesgruppen anwenden konnten, wenn nichts anderes zu beweisen war.
Die tolldreiste Behauptung, Hans Blüher und nicht Karl Fischer sei der Vater des Wandervogels, die unsinnige Feststellung, die dj.1.11 sei am 1. Januar 1911 gegründet worden und der Falke sei eine Schwalbe oder auch Taube, zeigen deutlich, wie oberflächlich man sich mit Ursprung und Wesen der Genannten beschäftigt hatte.
Und noch etwas ist kein Zufall. Ein gewisser Dr. Kettner vertritt in vielen Fällen die Anklage gegen die Jugendbewegung. Sowohl im Falle gegen Angehörige der dj.1.11

in Stuttgart als auch in Verfahren gegen Frankfurter Nerother und nun gegen die Gruppe Gleimstraße und deren Freunde in anderen Städten.

Gut gelaunt und zufrieden mit meiner Mission, auch in Erwartung eines erfrischenden Bades in heimischer Wanne, klingelte ich an der elterlichen Wohnung, Körnerwiese 4. Anstelle freudiger Begrüßung stand meine Mutter aschfahl in der Wohnungstür, den Finger zum Zeichen des Schweigens auf die Lippen gelegt, und flüsterte mir zu, man suche mich. Alle Freunde seien bereits inhaftiert. Kein Bad, kein Ausschlafen. Ein heimliches Treffen im Café Laumer, damals Ecke Fichard/Eschersheimer Landstraße, als Schlußpunkt meiner Heimkehr war nicht in meinem Reiseplan vorgesehen.

Das Gartenlokal, im Sommer gut besucht, mied ich und verdrückte mich ins Innere. Aber einen Eisbecher genehmigte ich mir doch, in der Hoffnung, es würde vielleicht doch nicht so schlimm ausgehen, wie es sich am Anfang dargestellt hatte.
Nach einer Viertelstunde erschien meine Mutter. Ahnungslos, wie ich feststellen mußte. Sie wußte keine Details, auch nicht, wer noch frei war oder gesucht wurde. Sie berichtete von einer Durchsuchung der Wohnung und der Androhung einer empfindlichen Strafe, falls sie nicht sofort mein Auftauchen melden würde.
Doch dies hatte bereits jemand anders erledigt!
Die beiden sich unauffällig gebenden Herren schauten sich die Gäste an und steuerten zielbewußt auf unseren Tisch zu. Sie blieben stehen und forderten mich auf, die Hosentaschen zu leeren und die darin befindlichen Gegenstände auf den Tisch zu legen. Danach meine Hände. Meine Mutter, die still vor sich hinweinte, fuhren sie barsch an und schickten sie nach Hause. Sie solle sich gefälligst um ihre Kochtöpfe kümmern. Im übrigen gebe es noch ein Nachspiel.
Sie umarmte mich und ging wortlos.
Mein Fahrtenbuch, das selbstgeschriebene Liederbuch, Fahrtenmesser und eine Straßenkarte verschwanden in einer schwarzen Aktentasche. Den Tornister, unter dem Tisch versteckt, zerrten sie hervor.
Versuch nicht zu türmen, wurde ich gewarnt. Sie nahmen mich in ihre Mitte und verließen so unauffällig, wie sie gekommen waren, mit mir das Lokal. Wenig später saß ich in einer Einzelzelle des Frankfurter Polizeigefängnisses, im sogenannten „Klapperfeld".

Es war Freitag, der 23. September 1938.

Die nachfolgenden Ereignisse sind schon mehrmals ausführlich dokumentiert. So braucht nur wiederholt werden, was unter Umständen dem einen oder anderen Leser bereits bekannt ist. Einiges konnte ergänzt werden, da neuere Akten aufgetaucht sind, die bis dahin nicht bekannt waren.

Da saß ich nun und wußte nicht, wie mir geschah. Das „Klapperfeld" „genoß" einen schlechten Ruf. Die Gestapo hatte hier das Sagen. Gefangene würden hier manchmal Wochen oder Monate festgehalten, bis sie gestanden oder noch andere Beteiligte flüchtig waren. Rund um die Uhr würden Verhöre durchgeführt, oft auch geprügelt. „Sonderbehandlung" nannte man das. Da keine Eingangslisten geführt wurden, wußte kaum jemand, wie viele Menschen jemals im „Klapperfeld" festgehalten wurden. Hier saßen auch die Verdächtigen oder Angeklagten, die an andere, auswärtige Staatsanwaltschaften überstellt werden sollten.
Das konnte uns unter Umständen auch noch bevorstehen.
Das Wochenende verlief eintönig. Um so eingehender befaßte man sich am Montag mit mir und den anderen. Daß „Janek", „Bert", „Pit" und „Knö" sich in der gleichen mißlichen Lage befanden, hatte ich beim sogenannten halbstündigen Hofgang und abendlichen Zurufen von Zelle zu Zelle am Fenster mitbekommen. Unser Gruppenpfiff *„Gehe nicht, o Gregor..."* war die Anfangszeile eines ukrainischen Lieds. Und den hatte ich, auf Antwort hoffend, schon am ersten Abend in die Stimmen sich unterhaltender Mitgefangener hineingepfiffen. Immer und immer wieder. Und tatsächlich, einer der Freunde antwortete mit der Melodie der Folgezeile *„... gehe nicht zum Abendtanze"*.
Gejohle und Rufen, das wütende Schimpfen des Hofpostens und der Lärm einer Ju 52, die am nächtlichen Frankfurter Himmel auftauchte, machten eine Verständigung unmöglich. Man mußte einen Augenblick erwischen, an dem der Mitteilungsdrang der anderen Häftlinge sich ein wenig gelegt hatte. Und das konnte dauern. Um Haaresbreite hätte mich der wachhabende Beamte im Nachtdienst erwischt. Ich sprang gerade noch rechtzeitig von dem Hocker, den ich unter das vergitterte Fenster geschoben hatte. Er hatte es tatsächlich längst durch den Türspion mitbekommen, bevor er langsam aufschloß und unüberhörbar mit dem dicken Schlüsselbund klapperte und die Tür öffnete. Ein gutmütiger älterer Mann stand da erhobenen Zeigefingers und versuchte, ein drohendes Gesicht zu machen. Er müsse eine Meldung machen, falls ich ein weiteres Mal am Fenster erwischt würde. Ein mildes, verstehendes Lächeln um die Augen.
Fast ein wenig verlegen meinte er, seine Pflicht sei es, für Ordnung und Wohlverhalten zu sorgen. Die jungen Beamten seien strenger und meldeten jede Verfehlung umgehend ihren Vorgesetzten. Gelegentlich gäbe es Dunkelhaft.

Am Montagmorgen war es dann soweit. In aller Frühe wurde ich vom „Klapperfeld" in die Bürgerstraße, die bis 1933 Wilhelm-Leuschner-Straße hieß, verfrachtet. Dort befand sich ein Hintereingang der Gestapoleitstelle. Durch diesen konnten Festgenommene unauffällig in die eigentliche Zentrale, deren Haupteingang sich in der parallel verlaufenden Gutleutstraße befand, eingeschleust werden. Das ehemalige Verwaltungsgebäude der Siemens AG war hier für einige Jahre, bis zum Umzug in die

Lindenstraße, ein Ort des Schreckens. Im Keller gab es, so war aus informierten Kreisen zu hören, Eisenkäfige. Ohne Sitzgelegenheiten mußten die Hineingezwängten, oft auch im Dunkeln, bis zu ihrer Vernehmung ausharren. Brachte diese kein befriedigendes Ergebnis, folgten weitere Stunden.
Daran mußte ich denken, als wir durch die Innenstadt fuhren.
Das Büro lag in der 3. Etage. Zimmer 11, Referat II, Krim.Sek. Mondorf stand an der Tür. Das Verhör begann mit den üblichen Fragen den Personenstand, Familienangehörige usw. betreffend. „Mit dem Gegenstand der Vernehmung vertraut gemacht und zur Wahrheit ermahnt", ließ er einen Stapel Fragen auf mich niederprasseln. Mondorf ging von einer Organisation aus und wollte alles über Hintermänner, Befehlsstränge, Aufgabenteilung, Namen und immer wieder Namen hören.
Vor sich hinmurmelnd, gelegentlich in anderen Schriftstücken blätternd, wartete er lauernd auf meine Antworten. Aus den gestellten Fragen und dazu geäußerten Kommentaren konnte ich unschwer erkennen, daß ich der am stärksten belastete Verdächtige war. Vermutlich der örtliche Organisator.
Nach einigen Stunden eine kurze Unterbrechung, die ich im Keller verbrachte.
Am Nachmittag übernahm ein gewisser Gabbusch die Fortführung dieses nervenden Frage- und Antwortspiels. Er war rücksichtsloser, drohender. Schreiend forderte er mich auf, endlich auszupacken. Man käme ohnedies hinter unsere Schliche. Was sie bereits wußten, bestätigte ich. Wandern, singen in einer Freundesrunde.
Wütend griff er zum Fernsprecher und befahl meinen Rücktransport.

Wieder in der Zelle überdachte ich die Lage. Wer außer den Frankfurter Freunden inhaftiert war, konnte ich nur ahnen. Irgendwo hatte es eine Panne gegeben, die in ihren Ausmaßen und Folgen noch nicht abzuschätzen war. Unser Kohtenlager fiel ins Wasser, und die anfänglichen Versuche, eine gut funktionierende, wenn auch illegale bündische Gruppierung aufzubauen, schienen gescheitert.
Wenn selbst, und das stand jedes Mal groß aufgemacht in allen Tageszeitungen, gut organisierte, besser geschulte und weit aktivere politische Gruppen enttarnt wurden, wie sollten wir es besser können? Und doch versuchte die Staatsmacht, uns gehörig in die Mangel zu nehmen, wie wir in den kommenden Tagen weiterhin spüren sollten.
Viele unbeantwortete Fragen ließen mich nicht schlafen. Was wurde aus meiner Lehrstelle? Meister Henke war kein Parteigenosse, aber durfte er mich weiter ausbilden? Niemand wußte, wie lange die augenblickliche Situation andauerte und ob eine Zwangspause den Lehrvertrag nicht ungültig werden ließ.
Auch die Mädchenfrage hatte sich jetzt wohl von selbst gelöst. Irgendwann einmal würde ich das Ganze ausführlich erklären müssen. Dann mußte man weitersehen.
Die Gleimstraßenwohnung war auch durchsucht worden. Vermutlich hatten wir alles verloren, was uns wichtig war. Liederbücher, bündische Literatur, Fahrtenberichte und Fotos. Unersetzlich für eine Gruppe.

Die Dämmerung ließ nur noch die Umrisse des spärlichen Zellenmobiliars erahnen. Tisch, Hocker, Wandregal und einen Eisenkübel mit Deckel. Aus letzterem roch es in der Septemberwärme übel. Auf den Ruf „Kübeln!“ mußten die Inhaftierten dieses Ungetüm vor die Zellentür hieven. Eine Wasserkanne, deren Inhalt dem Waschen und Spülen diente, wurde später dazugestellt. Das Bett, wenn man es überhaupt so bezeichnen konnte, war eine Holzpritsche. Schwere Scharniere an der Wandseite ermöglichten ein Hochklappen. An Kopf- und Fußende befanden sich je eine dicke Kette, die das freischwebende Brettergestell in der Waagerechten hielten. Hochgeklappt rastete ein Schnappverschluß, ähnlich dem an Kofferschlössern, hörbar ein. Von 7.00 bis 19.00 Uhr durfte das Bettgestell nicht herabgelassen werden. Man saß tatsächlich seine Zeit ab. Sprüche und Kalendarien, eingeritzt in die dunkelgrüne Wand, konnte man nach dreimaligem Lesen auswendig daherbeten. Zoten und Unschuldsbeteuerungen – bei einigen wenigen mußte ich schmunzeln.
„Otto M. war auch hier.“ – „Na, und?“ meinte ein anderer dazu. Doch das half bewußtem Otto recht wenig.
Der eine singt, der andere pfeift, ein dritter übt sich in Kniebeugen, Liegestützen und Atemübungen, um die Eintönigkeit des Zellendaseins zu überbrücken.

Ich versuchte es mit einem Rückblick auf einige Ereignisse, die mir jetzt, obwohl nicht dramatisch, erwähnenswert scheinen. Der Anfang liegt in den Jahren, als sich die Freundesgruppe noch „Fahrtenbummler“ nannte, etwa 1934-36. Onkel Peters Gartenhütte, damals unser Treffpunkt, hatten wir an diesem Wochenende für einen Leseabend vorgesehen. Bei Kerzenschein hockten wir um den wärmenden Ofen, dessen geöffnete Vorderseite den Blick auf das flackernde Feuer zuließ. Die seinerzeit üblichen Räucherstäbchen glimmten langsam vor sich hin.
„Pit“ hatte Leonhard Franks „Räuberbande“, schon 1914 erschienen, antiquarisch erstehen können. Die Geschichte beschreibt eine Jungenfreundschaft im Frankenland und deren Entwicklung bis ins Erwachsenenalter. Franks Bücher fielen, da er Jude war, auch dem Scheiterhaufen zum Opfer.
Mit fortschreitendem Abend – die mitgebrachten Vorräte waren längst verzehrt – plünderten wir die hinter uns in Regalen aufgereihten Äpfel. Renetten und Goldparmänen, Apfelsorten, die heute, da nicht sonderlich ansehnlich, kaum mehr im Handel zu sehen sind. Wir nutzten sie als Bratäpfel. In der Kohte hielten wir sie an Holzstäbchen über die Glut, hier legten wir sie auf die Ofenplatte. Ein aromatischer Duft hing in der Luft.
Während wir wie gebannt an „Pits“ Lippen hingen, verbrannten die Äpfel. Aus Duft wurde Qualm, der den kleinen Raum füllte und uns ins Freie trieb. Hustend und schimpfend.
Doch Hans wußte Rat. Er kramte aus seinem Gepäck ein kleines Blechdöschen hervor und warf eine Handvoll für uns unsichtbare Körner auf die Ofenplatte. Ein

einschmeichelnder, ein wenig nach Tannenharz riechender Duft ließ alle anderen Gerüche kaum mehr wahrnehmbar werden.
Nach einer Weile – „Pit“ hatte die Lesung fortgesetzt – folgte eine zweite Prise, die sich sofort in Rauch auflöste. Irgendwann, mir schienen Stunden vergangen, hörte ich „Ferdi“ fragen, ob wir auch so müde seien. Schläfrig schon, auch ein wenig benommen, war die allgemeine Meinung. Danach hörte ich weder „Pit“ noch irgendein anderes Geräusch.

Um 6 Uhr in der Frühe erwachte ich fröstelnd. Ich fand mich an das hintere Apfelregal gelehnt. Und war etwas verwirrt. Die Freunde hockten, hingen umgesunken oder flach liegend um mich herum. Der Ofen war erkaltet, und der Oktoberwind blies durch das alte Holzgebälk. In Bornheim riefen die Kirchenglocken zur Frühmesse. „Frühmesse“ – aber klar: Hans, der als Goldschmied viele Arbeiten für die katholische Kirche fertigte, hatte eine Portion „Weihrauch“ zur Luftverbesserung verwandt. Mit unbeabsichtigten Folgen! – Ob er auch „Meßwein“ im Gepäck hatte, wagte ich nicht zu fragen.
„Die Räuberbande“ haben wir dann in einer anderen, geruchfreien Umgebung doch noch zu Ende lesen können.
Den Dunst aus dem Fäkalienkübel in der Zellenecke jedenfalls hätte ich lieber gegen Bratäpfelaroma, Weihrauch oder meinetwegen auch den süßlichen Duft von Räucherstäbchen eingetauscht.

In den folgenden Tagen wurden die Vernehmungen fortgesetzt. Mein Fahrtenbuch wurde zur Quelle neuer Erkenntnisse und daraus resultierenden bohrenden Fragen. Wir hatten uns angewöhnt, bei Trampfahrten zu wetteifern, wer als erster am Zielort ankäme. Gab es einen besseren Beweis als einen Poststempel, der Tag und Uhrzeit dokumentierte?
Die mißtrauischen Frager vermuteten in mir einen Kurier, der hier für seine Auftraggeber Tag und Stunde festhalten sollte. Vielleicht Weisungen entgegennahm oder Mitteilungen deponierte. Meine Darlegungen, die Stempel betreffend, schienen ihnen unglaubhaft.

Aus bestimmten Fragen mußte ich erkennen, daß man den Pachtvertrag der Wüstemser Hütte gefunden hatte. Der arme Reuter hatte sich jetzt auch noch vor dem Gemeinderat zu verteidigen. Alle wurden hochnotpeinlich vernommen, der Wasserlieferant des benachbarten Grundstücks, der Betreiber des Sägewerks, der uns die Bretter und Balken geliefert hatte. Sogar die Forstbehörde wurde bemüht. Sie hatte uns einen Holzsammelschein ausgestellt. – Reine Zeitverschwendung. Wir galten bei allen Befragten als ruhige, wohlgesittete Wanderfreunde mit einem hörbaren Hang zum Volksliedsingen, oder was sie dafür hielten.

Eine ganz neue Variante der Verdächtigungen ergab sich aus „Ötts“ Vernehmung, in der er die Übernachtung bei „Bert“ und in meiner Sachsenhäuser Bude beschrieb. Im ersten Fall standen ausreichend Matratzen zur Verfügung, im zweiten ein breites Bettgestell und ein wackeliges, dazu noch zu kurzes Sofa. Zwei Mann in einem Bett, der dritte zusammengekrümmt mit angezogenen Beinen auf dem roten Plüschgestell. Klar, daß hier der § 175 unter Umständen angewandt werden konnte. Man mußte nur ein Geständnis erpressen.
Der Verdacht fiel in sich zusammen, als die Ermittler bei ihren Nachforschungen in Wüstems auch von der Anwesenheit einiger weiblicher Personen erfuhren. – Und welche Lehren zogen wir daraus? Nicht immer ist die Mitwirkung der Mädels von Nachteil!

Trotz dieser Erkenntnis blieb die Gruppe auch in Zukunft eine Jungmännerrunde, wie die kommenden Jahre zeigen werden.

Meine Mutter hatte einen Rechtsanwalt aufgetrieben. Herrn Bastians Erscheinungsbild entsprach nicht dem eines resolut auftretenden Verteidigers. Spindeldürr, mit dünnem Stimmchen, klein und abgemagert in einem Anzug, der einige Nummern zu groß war. Er hatte Haftbeschwerde eingelegt, die am 4. Oktober 1938 wegen Flucht- und Verdunkelungsgefahr abgelehnt wurde. Diese Mitteilung erging einige Tage nach der Bekanntgabe des Untersuchungsrichters, daß aus gleichem Grund die Untersuchungshaft bis auf weiteres angeordnet sei, und galt für alle im „Klapperfeld“ inhaftierten Freunde. In Handschellen marschierten wir die wenigen hundert Meter vom Klapperfeld in die Untersuchungshaftanstalt Hammelsgasse. – Einzeln, ohne Verständigungsmöglichkeit. Der Beamte an der Pforte nahm uns in Empfang. Nach Eintrag in ein Eingangsjournal rief er in den Zellenbau, er habe fünf Politische. Man nahm die Handschellen ab und verteilte uns auf verschiedene Stockwerke. Ich bezog die Zelle 134, 1. Stock, Hofseite. Das war für die nächste Zeit mein Zuhause.

Inzwischen hatte das 6. Sondergericht beim Landgericht Frankfurt die umfangreichen Ermittlungsunterlagen an das 4. Sondergericht in Berlin abgegeben. Eine Verschlechterung der Lage, wie Rechtsanwalt Bastian meinte. Es wurde weiter ermittelt. Noch hatte man nicht den ausreichenden Beweis für „staatsfeindliche Bestrebungen“. Die hätte man nur allzu gerne ins Feld geführt, die Wichtigtuerei von Mondorf und Gabbusch zeigten es deutlich.

Auch in Halle und Dresden wurde ermittelt. Dabei kamen, wie jetzt hier vorliegende Akten beweisen, teilweise Unbeteiligte durch Namensgleichheit in Bedrängnis. „Pit“ Becker hatte nichts mit „Pit“ Schmidt, beide Frankfurt, zu tun. Auch „Heino“ Möller, Frankfurt, war nicht identisch mit unserem „Heino“ aus Mönchengladbach. Die

Gestapo fand dort Namen und Anschriften ehemaliger Gruppenmitglieder in dem Schriftverkehr, den einige auch weiterhin unterhielten. Daraus konstruierte die Staatsanwaltschaft einen fortbestehenden Zusammenhalt und den Willen, auch trotz Verbots bündisches Ideengut zu verbreiten. Dies kam später in dem Urteil gegen „Spoy“ eindeutig zum Ausdruck:

> *„Der Angeklagte kannte das Verbot der bündischen Jugend, ihm war auch die Gefährlichkeit seines Handelns zum Bewußtsein gekommen, das läßt seine Mahnung, in Briefen vorsichtig zu sein und manches zu umschreiben, deutlich erkennen. ...*
> *Es kommt die Gefährlichkeit der bündischen Jugend an sich hinzu. Durch den Zusammenschluß Gleichgesinnter in Geheimorganisationen besteht die große Gefahr, daß diese zum Sammelbecken staatsfeindlicher Elemente werden, die sich dadurch nach außen tarnen wollen. Darüber hinaus ist die Einstellung der gesamten bündischen Jugend grundsätzlich gegen jede staatliche Ordnung gerichtet, kann also geradezu als anarchistisch angesehen werden. ... Aus diesen Gründen muß gegen jeden Versuch, derartige verbotene Bewegungen fortzuführen, mit besonderer Strenge vorgegangen werden.“*
> *(Urteil des Sondergerichts für den Bezirk des Oberlandesgerichts Naumburg/S. in Halle vom 28. 1. 1939).*

Hinweise auf unsere Verbindung nach Freiburg fanden die Ermittler in einem Brief „Erno“ Kunzelmanns, dessen Inhalt hier auszugsweise wiedergegeben wird:
„Wir kommen vielleicht am 3. September nach Frankfurt und erwarten einen Pfundsbetrieb. Wenn alles klappt, kommen wir drei Mann hoch. Meine beiden Kumpels sind zuverlässige dichte Burschen. Sei bitte so gut und schicke mir noch zwei B. S. Karten mit Nummern, damit die beiden keine Schwierigkeiten haben. Bei uns würde alles klappen, wir könnten gut 5-6 Mitglieder keilen.“

Und nicht nur dieses Schreiben machte mich zum Hauptbelasteten. Mondorf las mir „Ötts“ Aussage vor, in der dieser behauptete:
„Hinsichtlich der Person des Berry möchte ich bemerken, daß ich von ihm den Eindruck gewann, daß er intelligent und bezüglich der bündischen Bestrebungen, die von ihm zweifelsohne verfolgt wurden, sehr fanatisch ist. Ich möchte überhaupt erklären, daß Berry der eigentliche Macher ist.“

Deshalb also wurde ich immer wieder zum Verhör in die Gestapozentrale gebracht und verschärften Verhörmethoden ausgesetzt. Die Vernehmungen wurden auf eine

direkte politische Schiene geschoben. TUSK sei Kommunist gewesen und sein Einfluß noch heute in interessierten Kreisen hoch, wurde mir entgegengehalten, nachdem ich jede Verbindung vor und nach 1933 bestritten hatte. Meine Sorge galt in dieser Hinsicht vor allem „Janek", der unter Umständen bereits aus früherer Zeit in einer Kartei registriert war. Nicht auszumalen, wenn man herausfand, daß er sich 1937 freiwillig zu den Interbrigaden melden wollte. Weitere Beweise glaubte man in der beschlagnahmten Literatur gefunden zu haben.
Ein Beamter schleppte Bücherstapel und Liederhefte herbei, die er vor Mondorf auftürmte. Der blätterte wahllos, doch scheinbar nach etwas Bestimmtem suchend darin herum. Ich erkannte einige Exemplare aus „Berts" Bücherbestand: Egon Erwin Kisch, Kurt Tucholsky, Franz Werfel, Walter Mehring, B. Traven, und selbstgeschriebene Liederbücher.
Alles sei Emigranten- und Judenliteratur, tobte Mondorf los, warf die Bücher in die Ecke. Allein diese Tatsache sei Grund genug, mich in den Knast zu bringen. Er schnaubte eine Weile und schien nach einem neuen Verhörtrick zu suchen. Nach einer endlosen Pause vernahm ich aber nur: „Abführen!"
In jenen Tagen herrschte im Knast große Aufregung. Hitlers Soldaten waren am 1. Oktober 1938 ins Sudetenland einmarschiert. Gerüchte tauchten auf, nun gäbe es Krieg.
Die Möglichkeiten, Kontakt aufzunehmen, waren in der Hammelsgasse besser. Die Justizbeamten schätzten uns als Romantiker und Weltverbesserer ein. Der Kalfaktor, der das Essen ausgab und den wöchentlichen Büchertausch durchführte, sorgte bei entsprechender Bestechung mit Tabak für die Nachrichtenübermittlung. So erfuhr ich von „Pit", daß „Chrischan" kurz vor unserer Verhaftung nach Pirmasens getrampt sei. „Ferdi" hatte inzwischen seinen Stellungsbefehl zu den Hanauer Pionieren bekommen. „Walli" war beim „Reichsarbeitsdienst".

Der Gedanke an „Janek" ließ mich nicht los. Ich stellte mir den fast Zwei-Meter-Mann auf dem unbequemen Bürostuhl vor. Auf den mickrigen Mondorf oder den bulligen Gabbusch spöttisch herabblickend. Und die mußten zu ihm aufschauen. Ein Gedanke, der mich schmunzeln ließ.

Wie war das doch vor Monaten, als wir fast in die Falle des Streifendienstes geradelt wären? Ich sah die Situation deutlich vor mir. Auch damals spielte seine Größe eine Rolle.
Sonntag, auf der Heimfahrt von der Hütte über Königstein nach Kronberg. Wir hatten uns angewöhnt, in kleineren Gruppen zu fahren. So konnten die jeweils Nachfolgenden schon von weitem erkennen, ob irgendein Hindernis im Wege stand. In unserem Fall, der hier erwähnt wird, war es ein Streifendienstkommando, das sich am rechten Straßenrand postiert hatte, um wandernde Jugendliche zu kontrollieren. Ein

Tisch, dahinter zwei Uniformierte, die mit Papierstapeln hantierten und herumstehenden Untergebenen Anweisungen zu erteilen schienen.

„Janek" fuhr voraus. „Chrischan" und ich folgten als nächste. Kaum hatten wir die Ausfallstraße nach Kronberg erreicht, als „Janek" uns entgegenkam. Im Hohlweg sei eine Kontrolle, rief er uns zu.
Auch die Sodener Straße wurde durch einen Kontrollposten überwacht. Bis zum Einbruch der Dunkelheit wollten wir nicht warten. Nach einer kurzen Beratung – der Rest der Mannschaft war inzwischen eingetroffen – entschlossen wir uns, weiterzufahren. „Janek" hatte einen guten Plan, den die Kontrolleure nicht so schnell vergessen sollten, wenn er gelang.
Mit dem Motorrad als Blockadebrecher hatten wir einen nicht zu unterschätzenden Vorteil. „Janek" fuhr an die Spitze. „Bert", „Ferdi", „Carli", „Pit", „Knö", „Walli" und ich fuhren hinterher. Langsam setzte sich die Karawane in Bewegung. Noch waren wir unsichtbar hinter der Kurve. „Chrischan" und Hans, die älter waren und daher keiner Kontrolle unterlagen, blieben etwas zurück, um das Spektakel aus der Ferne zu beobachten. Mit Luftpumpen und Ledergürteln in der Hand radelten wir gemütlich auf den Straßenposten zu. Dann preschten wir plötzlich los, wie von Hunden gehetzt. Wir strampelten wie von Sinnen. Immer schneller. Nur nicht anhalten. 20 Meter, 10 Meter ... dann passierte es.
„Janek" fuhr geradewegs auf die beiden Posten zu, die erschrocken zur Seite sprangen. Ein kurzer Rechtsruck seiner Maschine, das Bein fuhr fast waagerecht unter den Tisch. Die Dahintersitzenden flogen in hohem Bogen in den Graben. Ich sah noch, wie „Janek" sich kurz umschaute, ob sein Fahrstil auch die beabsichtigte Wirkung hatte. Dann drehte er auf, brauste davon und wir hinterher.
Hans und „Chrischan" berichteten später, wie die HJ-ler ihre Siebensachen zusammengesucht und laut auf uns geschimpft hätten. Ja, der lange „Janek", das war schon einer. Die „Post" in Kronberg mußte an diesem Wochenende auf uns als Gäste verzichten. Als Treffpunkt illegaler Gruppen bekannt, war nach diesem Reinfall der „Staatsjugend" mit einer Suchaktion zu rechnen.

Die Zeit verstrich, die Langeweile blieb erdrückend. Die Zellen im Untersuchungsgefängnis Hammelsgasse waren sauber, mit einem richtigen Bettgestell und einer besseren Matratze, einem Waschbecken und einer Toilette. Das Essen kann man sich vorstellen, genau nach Tagesplan, der sich ständig wiederholte. Jeden Montag dies, jeden Mittwoch das – und so wochenlang. Die Bücherei bestand aus Uraltschmökern, teils von vor der Jahrhundertwende. Schenkungen, wie ich erfuhr, als ich mich beschwerte. Man hätte auch das Frankfurter Adreßbuch oder ein Tapetenalbum studieren können, beides vermutlich gedankenanregender als der angebotene Bücherbestand. Wöchentlich standen drei Bücher zur Auswahl. Aber auch in dieser Situation hatte „Knö" seinen

Auftritt. Aus der Büchereiliste, die Untersuchungsgefangene in der Zelle hatten, konnte man die gewünschte Literatur bestellen. „Knö“, der Hortenclown, verlangte Hitlers „Mein Kampf“. Ein geradezu frivoles Begehren. Seine Begründung, so der Kalfaktor, auch der Führer hätte eine geraume Weile in Landsberg hinter Gittern verbracht. Da er dieses Lebenswerk noch nicht kenne, hier jetzt aber die Zeit und Muße fände, es zu studieren, beharre er auf der Beschaffung. Und das ging gründlich schief. Jeder Gefangene konnte auf eigene Kosten Bücher bestellen, die dann behördlicherseits, nach genauer Prüfung, gegen Rechnung auch gekauft wurden. So erhielt „Knö“ in der darauffolgenden Woche Hitlers „Mein Kampf“ mit beiliegender Rechnung, die an der Gerichtskasse zu begleichen war. Dieses Ereignis machte in Windeseile von Zelle zu Zelle und Stockwerk zu Stockwerk seine Runde. Monate später bekamen wir das Corpus delicti zu Gesicht. Wir stellten erstaunt fest, daß die zensurwütigen Beamten sogar hierin ihren Stempel „unbedenklich“ hinterlassen hatten. Keiner der Freunde hatte jemals eine einzige Zeile gelesen!

Es gab aber auch andere Abwechslungen im Gefängnistrott. Da war das Duschbad am Samstag nachmittag. Die einzelnen Stockwerke wurden getrennt jeweils in Gruppen von etwa 20 Mann zum gemeinsamen Reinigungsbad ins Kellergeschoß geführt. Fünf Minuten heiß, fünf Minuten kalt. Einseifen, abduschen, trocknen – so das Kommando des Aufsichthabenden. Im Umkleideraum wechselten Groschenromane, geheime Mitteilungen und Fotos nackter Weiber in eindeutigen Stellungen blitzschnell den Besitzer.
Eine weitere Tauschbörse war der sonntägliche Kirchgang. Selbst die entschiedensten Atheisten nützten die Gelegenheit, ihre kleinen Tauschgeschäfte zu tätigen. Die Beamten, rechts und links an der Tür postiert, konnten weder die Gespräche belauschen noch während des Gottesdienstes eingreifen. Dies vollzog sich bei überraschenden Zellenkontrollen, meist erfolglos. Putzkolonnen, tagsüber mit Reinigungsarbeiten im Treppenhaus beschäftigt, sorgten für rechtzeitige Warnung. Die letzte Möglichkeit, Neuigkeiten zu erfahren, war der Besuch des Anwalts, nahestehender Verwandter oder – wie in meinem Falle – auch des Lehrmeisters. Der Anwalt übermittelte den Stand der Dinge, meine Mutter berichtete über allgemeine Tagesereignisse. Meister Henke tröstete mich und versprach, den Lehrvertrag einzuhalten, ihn auch um eine gewisse Zeit zu verlängern, falls dies erforderlich sei.
Mein Stiefvater ließ sich nicht blicken. Für ihn waren wir alle Anarchosyndikalisten. Was hätten wir uns auch schon sagen können, bei dieser Einstellung?

Anstelle des Kalfaktors, der überraschend entlassen worden war, schaukelte ein Italiener die riesigen Essenskübel durch die Gänge, dabei die großen Schöpflöffel schwingend. In den Dämmerstunden konnte man ihn singen hören. Stets die gleichen Lieder von Sonne, Meer und natürlich Liebe. Ich lag auf meiner Bettstelle und dachte an die

„Lattria bianca“, eines unserer gern gesungenen Lieder. Da liebten wir noch den sonnigen Süden mit seinen farbigen Märkten, den schattigen Arkaden und den Eisdielen mit ihren aromatischen Eiskompositionen, gekühltem Campari und Espressodüften. Das hatte sich alles geändert. Nicht nur die Blamage im Westend vor dem italienischen Konsulat, nein, auch noch ein wesentlich teureres Erlebnis in eben einer solchen Eis- und Espressodiele trugen dazu bei.

Wir, und wieder waren „Bert“ und ich die Akteure, hatten in der „Alegria“ einen über den Durst getrunken. Froh, schwankend und untergehakt das „Café Roma“ – gegenüber dem Schauspielhaus – erreicht zu haben, bestellten wir je einen Mokka. Nur wenige Gäste waren zu dieser vorgerückten Stunde anwesend. Der italienische Wirt begann hinter dem Tresen bereits mit Aufräumarbeiten. Wenig später waren wir die letzten Gäste und wagten es, noch einen Mokka zu bestellen. Leider, ja es täte ihm unendlich leid, so der kleine, quirlige schwarzgelockte Südländer, sei das heiße Wasser bereits aufgebraucht. Es habe wenig Sinn, für zwei Gäste nochmals die gesamte Maschinerie in Gang zu setzen. Er müsse jetzt das Lokal schließen. Basta!

Ganz so nüchtern, wie wir glaubten, waren wir jedoch nicht. Und nur deshalb, so meine heutige Erklärung, schrien wir den Wirt an, und ich schlug mit der Faust auf das kleine Marmortischchen, an dem wir saßen. Entsetzt sah ich auf die Tischplatte, aus der ein tortengroßes Stück herausbrach und zu Boden polterte.
„Mama mia“, jammerte der Wirt, rang die Hände, fuhr dabei über seine pomadestrotzenden Haare und vergrub das Gesicht schluchzend in seiner weißen Schürze. Wie auf Kommando erschien hinter dem Tresen, aus dem Hinterzimmer kommend, eine imposante Frauengestalt. So breit wie hoch, nahm sie den Türrahmen ein. Und ehe wir es uns versahen, stand sie neben unserem Tisch, ergriff in Windeseile meine Tweedjacke, die über der Stuhllehne hing, und drohte mit der Faust. „Du bezahlen den schönen Tisch aus Italia!“, fuhr sie mich an. Zuerst die Jacke, dann bezahlen unser Angebot. Wir stritten. Mal laut, mal leise bittend. Drohend und schimpfend auf den verdammten Saftladen, in dem offensichtlich die Tische schon bei der geringsten Berührung zusammenbrachen. Alle Versuche scheiterten. Die Jacke blieb als Pfand zurück und ich versprach, die 50 RM in den kommenden Tagen zu bezahlen, nachdem wir die erst geforderten 100 RM heruntergehandelt hatten. Südländer bestehen eben auf dieser Prozedur.

Wochen später erzählte ich diese Geschichte bei einer Geburtstagsfeier in Anwesenheit einiger Nerotherfreunde. Man schmunzelte, nur „Pit“ Becker fragte ungläubig in die Runde schauend:
„Du doch nicht etwa auch, Berry?“ – Da hatte uns der geldgierige Ganove doch tatsächlich an einen Tisch manövriert, in der Hoffnung, daß wir die vermutlich schon

dutzendmal geflickte Tischecke demolierten und er so kassieren könnte. Ab sofort waren wir Gäste im „Eissalon Venezia" in der Schillerstraße.

Was nützte der Rückblick in meiner jetzigen Situation? Erinnerungen, ein Trost mit wenig Aussicht auf eine Änderung.

Noch ein weiteres Mal wurde mir unsere mißliche Lage vorgeführt. In Mondorfs Büro lagen säuberlich aufgereiht unsere Fahrtenausrüstungen. Affen, Zeltplanen, Musikinstrumente, Liederbücher, Hordenpötte und anderes Kochgeschirr. Viele Dinge gehörten zum Bestand der Hütte. Man hatte demnach gründlich auf- und ausgeräumt. Jeder einzelne sollte an diesem Vormittag sein Eigentum benennen und eine Beschlagnahme schriftlich bestätigen. Die Hitlerjugend kam auf diese Art und Weise in den Besitz brauchbarer Ausrüstung. Liederbücher, Kohtenbahnen und bündische Literatur wurden als Beweismaterial asserviert. (AZ. 6 S Js 435/38)
Als ich zögerte zu unterschreiben, fauchte mich Mondorf herrisch an und meinte, er habe Zeit. Mehr als mir lieb sei.
Über ihm hing an der Wand das obligatorische Hitlerbild, verblichen und von Fliegenkot befleckt. Niemand hatte sich hier die Mühe gemacht, dem großen „Führer" angemessene Aufmerksamkeit zu widmen. Recht geschah ihm.
Mit der Bemerkung, jetzt habe die Staatsanwaltschaft das letzte Wort, wurde ich dem Transportbeamten überlassen.

Irgendwann würde ich jetzt vermutlich den Termin des Prozeßbeginns erfahren. Ob noch 1938 oder erst im kommenden Jahr war offensichtlich noch nicht endgültig entschieden. Also weiter warten. Wochen oder Monate?

5. November 1938
Nochmals wurden wir in das Polizeigefängnis Klapperfeld überstellt. Auf „Schub", um in der kommenden Hauptverhandlung als Angeklagte oder Zeugen verfügbar zu sein. Es bestand immer noch Flucht- und Verdunkelungsgefahr. Obwohl Gabbusch in der Haftakte vermerkte, „ohne weiteres Interesse", entschied sich die Staatsanwaltschaft zu dieser Maßnahme.

Der 9. November ist mir allzu deutlich in Erinnerung geblieben. Es kam Bewegung in den Zellenbau. Feuerwehrsirenen und Geschrei auf den Straßen. Die Beamten brachten Juden, kommentarlos, sie hätten „Anweisungen" zu befolgen.

12. Januar 1939
Unser Freund „Spoy" aus Halle wurde vom 4. Sondergericht beim Landgericht Berlin (AZ 4 S K. Ms 118/38), das in Naumburg diesen Fall aburteilen sollte, zu sechs

Monaten Gefängnis verurteilt. Dr. Kettner, als Beamter der Staatsanwaltschaft, war hierzu aus der „Reichshauptstadt" angereist. „Spoys" Verfahren war abgetrennt worden. Gegen die restlichen Tatverdächtigen sollte zu einem späteren Zeitpunkt unter dem neuen Aktenzeichen 4 S Js 123/39 in Berlin verhandelt werden.
Daß ausgerechnet gegen den Harmlosesten und kaum Eingeweihten eine Gefängnisstrafe verhängt wurde, wunderte mich. Vielleicht war seine Parteimitgliedschaft verantwortlich für das Strafmaß. Er wurde daher auch sofort aus der NSDAP ausgeschlossen.

Ohne große Formalitäten erfolgte an einem sonnigen Frühlingstag die Entlassung. (Laut Mitteilung des Hessischen Hauptstaatsarchivs vom 4. 11. 2005, des Instituts für Stadtgeschichte vom 21. 11. 2005 und des im Jahre 1939 zuständigen Polizeipräsidiums vom 29. 11. 2005 wurden alle Unterlagen noch vor dem Einmarsch der US-Armee restlos vernichtet.) Einige Hinweise in meinem Aktenbestand deuten auf den April hin: Eine Vorladung der Gestapo vom Montag, dem 24. April 1939, zwecks „Erörterung" und ein Strafmandat des Landratsamts Hanau vom 23. April 1939.
Die angekündigte „Erörterung" ergab, daß wir Frankfurt bis zur Hauptverhandlung nicht ohne triftigen Grund verlassen durften. Überraschend dann jedoch die Rückgabe einiger Kleidungsstücke und etlicher Bücher, wie Sven Hedin, Mark Twain, Gerstäcker, Stevenson u. a. Alles wurde genau protokolliert.
Das Strafmandat hatte ich genau einen Tag vor dieser Auflage erhalten. Ich wurde beschuldigt, in der Ortschaft Rückingen mit meinem Fahrrad auf der Reichsstraße 40 gefahren zu sein und nicht auf dem hierzu vorgesehenen Fahrweg. Dazu noch ohne Rückstrahler. – Die Landpolizei, die kleinkarierten Aufpasser.
Hätte das Mondorf gewußt, die Folgen konnte ich mir ausmalen.

Rechtsanwalt Bastian konnte sich den Sinneswandel der Justizbehörden nur dahingehend erklären, daß eine Amnestie geplant sei. Bei nur geringfügig zu erwartenden Strafen ließ man die Inhaftierten oft vorzeitig frei. Vielleicht waren aber auch andere Überlegungen im Spiel. Die Aufforderung, mich zur Musterung zu stellen, zum Beispiel. Nach dem Einmarsch deutscher Truppen in die Tschechoslowakei war mit weiteren Ereignissen zu rechnen. Es wurde massiv aufgerüstet und mit dem Säbel gerasselt. In Spanien war im März Madrid gefallen. Franco erklärte den Bürgerkrieg für beendet. Die Interventionstruppe der deutschen „Legion Condor" hatte mit ihrem zerstörerischen Bombenkrieg auf spanische Städte in schrecklicher Weise dazu beigetragen.
Die Musterung fiel so aus, wie ich es erwartet hatte. Man fand mich kerngesund und damit „kriegsverwendungsfähig" (kv). Klingt wie „schlachtreif", meinte „Knö", als er den Befund erfuhr. Keiner der Freunde ahnte, wie unbarmherzig und rücksichtslos die Zukunft mit jedem einzelnen umgehen würde. Auf die Frage des Stabsarztes, welche Truppengattung mir wohl zusagen würde, auch im Hinblick darauf, vielleicht

Berufssoldat zu werden, wählte ich die Luftabwehr (FLAK). Wohl wissend, daß hier vermutlich das 29. Flak-Regiment in Frankfurt-Hausen in Frage käme.
Man wäre auch weiterhin mit Freunden verbunden, die Gleimstraße war per Straßenbahn zu erreichen, und meine neue Freundin Fernande, genannt „Maus“ (ohne i!) wäre auch glücklich. Sie war Luxemburgerin, ehemaliges Mitglied einer linken politischen Jugendgruppe zusammen mit „Janek“ und Valentin Senger, dessen Lebensgeschichte in „Kaiserhofstraße 12“ ausführlich beschrieben wird.

Der Sommer ging ins Land. Keine Anklage störte unsere gute Laune. „Janek“ hatte eine neue Freundin. Ein hübsches jüdisches Mädchen. Eine verteufelt heikle Situation für das Liebespaar. Nach den berüchtigten „Nürnberger Gesetzen“ galten solche Verbindungen als „Rassenschande“ und wurden zu einer unkalkulierbaren Gefahr. Und eines Tages war sie verschwunden. Niemand konnte Auskunft geben über ihren Verbleib. Oder schwieg aus Angst.

„Pit“ hatte seine Stelle als Reprofotograf verloren. In Nürnberg konnte er das letzte Jahr vor seiner Militärzeit arbeiten. Die bündische „Hess“-Gruppe wurde seine Ersatzmannschaft. Dort lernte er auch seine spätere Ehefrau Christine kennen. Der Zufall wollte es, daß „Freds“ Verlobte Leni ihre beste Jugendfreundin war.
„Chrischan“ war schon einen Schritt weiter. Er hatte sich endlich dazu durchgerungen, die endlose Verlobungszeit zu beenden. Aber heiraten, nicht ohne uns! Wir machten uns auf den Weg nach Pirmasens. „Janek“ mit seiner „Victoria“-Maschine, „Bert“ auf dem Rücksitz, die anderen trampten. Pirmasens war eine typische „Boom-Town“. Bauarbeiter, Lastwagenfahrer, Vermessungsspezialisten, bayerische Holzfäller belebten das Straßenbild und sorgten für laute, unruhige Nächte. Klondike-Stimmung im 20. Jahrhundert. Der Bau des Westwalls veränderte Stadt und Landschaft in erschreckender Weise.

Ich hatte keine Minute geschlafen. Die Kneipen barsten aus allen Nähten. Die Zecher standen gestikulierend und schreiend auf den Bürgersteigen. Glas splitterte, mit Polizeisirene und grellem Scheinwerfer bahnten sich die Ordnungshüter ihren Weg durch die Menge. Erst in den Morgenstunden, es war Sonntag, wurde es still. Da und dort ein Vogelschrei. Hundegebell in der Ferne.

Die spröde Zeremonie im Standesamt am Samstag vormittag war nicht allein der Grund unseres Hierseins. Wir wollten in die weiten Wälder des Wasgaus, in die Ruhe eines sonnenbeschienenen Wiesentals.
Die Burgruine „Neu-Dahn“ hatte es uns angetan. Der Blick ins Tal und auf die alte ehemalige Sägemühle, erbaut 1756 auf Geheiß des Erzbischofs von Speyer, Franz Christoph von Hutten, entschädigte für alle Mühsal des Tages. Und diese Nacht

gehörte uns, uns ganz allein. Weit entfernt von Kneipenlärm, Fluchen und Schreien angetrunkener Arbeiterhorden. Und unseren Verfolgern wünschten wir die Pest an den Hals.
Eine einzige Gitarre war uns geblieben. Die Lieder kannten wir auswendig und das Singen hatten wir noch nicht verlernt. So hatte das Gedicht von „Helle" Hirsch, dem Stuttgarter dj.1.11er, seinen Zweck erfüllt: Mut machen, Hoffnung verbreiten.

„Einmal wieder, Kameraden,
werden unsre Lieder klingen,
und wir werden singen, singen,
bis der letzte Stern erlischt."

Zurück in Frankfurt, fielen wir aus allen Wolken, als Oma Müller uns die Blechbüchse mit fast allen Rollfilmen, „Berts" Fotoalbum und einige Liederbücher übergab. Sie hatte die Sachen rechtzeitig unter sich in ihrem alten Ohrensessel vergraben, und niemand hatte sie, eine alte Frau mit beachtlicher Leibesfülle, dazu veranlaßt, aufzustehen. So saß sie auf wichtigen Dokumenten und jammerte schwer atmend darüber, noch in ihrem Alter die Polizei im Hause zu haben. Um sicherzugehen, daß kein Unbefugter ihr die geretteten Dinge im nachhinein streitig machen könnte, übergab sie alles an Tante Gustel, ihre Kusine. Hier lagen sie irgendwo unbeachtet viele Monate zwischen Büchern und alten Briefen bis zum Tag des großen Sommerreinemachens, das sie wieder zutage förderte.

(Ein Teil der hier veröffentlichten Fotos stammen aus diesem Bestand.)

„… SIE GLAUBTEN DIE GRUPPE SEI TOT. WIE, WENN SIE NUR SCHLIEFE?“

„Hasch“ Müller, Libyen 1942

Teil II | 1939–1945

FLATTERNDES HUHN UND FLÜCHTENDE GANS

1. September 1939 – Hitler hatte den Einmarsch deutscher Truppen in das Nachbarland Polen befohlen. Der 2. Weltkrieg hatte begonnen, ohne Kriegserklärung. Das Volk jubelte.
2. September 1939 – Fast ein Jahr nach unserer Verhaftung rückte ich als Kanonier der 2. Batterie der I. Flak-Ersatzabteilung 29 in die Flak-Kaserne Frankfurt-Hausen ein.
3. September 1939 – Britisch-französische Kriegserklärung an Deutschland. Diese wurde automatisch wirksam wegen der Garantieerklärung vom 31. März 1939 nach der Besetzung der Tschechoslowakei am 15./16. März 1939 und der Errichtung des „Reichsprotektorats Böhmen und Mähren".

9. September 1939
Auf Grund eines Gnadenerlasses gleichen Datums stellte der Generalstaatsanwalt Berlin das Strafverfahren gegen die Mitglieder des „Bündischen Selbstschutzes" am 9. Oktober 1939 endgültig ein.
Gestapo und Staatsanwalt Dr. Kettner hatten das Nachsehen, wenn man von der Verurteilung „Spoys" absieht. Die militärischen Einberufungen gaben den Ausschlag und ließen die Gruppe zu einem Rumpf schrumpfen, ohne Glieder. Alle Verbindungen waren abgebrochen. Die Staatsmacht hatte gesiegt. Einstweilen jedenfalls.

„Bert", „Ferdi" und „Chrischan" waren die letzten Zivilisten. Vorläufig zurückgestellt, ihre Arbeitgeber hatten sie als dringend benötigte Fachkräfte angefordert. Der eine oder andere kam, wenn er Wochenendurlaub erhielt, zu den spärlichen Treffen in die wiedererstandene „Garnison" oder in unsere spanische Pinte „Alegria".

Dieses Glück war mir während der achtwöchigen Grundausbildung nicht beschieden. Geländeübungen, Strafexerzieren und andere, einem Neuling bisher unbekannte Maßnahmen sollten Körper und Geist stählen. Wir sollten todesmutige Kämpfer werden. Die Ausbilder beschimpften uns als Drückeberger, Arschgeigen und Hungerhaken. Ob damit Helden erzeugt wurden, wage ich zu bezweifeln.
Der Ersatzhaufen wurde auf verschiedene andere, bereits im Einsatz befindliche Flakabteilungen aufgeteilt. Als ausgebildeter Kanonier an der gefürchteten 8,8-Kanone landete ich bei der Flakabteilung 49 in Ludwigshafen-Mundenheim. Doch nicht in einer Batterie, sondern im Abteilungsstab als Flugauswerter auf einem alten Wasserturm, der zu dem dortigen Eiswerk gehörte. Es stank mörderisch nach Ammoniak, das man zur Herstellung von Eisbarren benötigte. Diese wurden vor allem in Brauereien, Gaststätten und Lebensmittelbetrieben zur Kühlung benötigt. Der heute bekannte Kühlschrank war noch nicht erfunden.

Das Ganze war eine überaus langweilige Beschäftigung. Wacheschieben, Kartoffelschälen, vier Stunden mindestens täglich auf der Plattform des Turms den Himmel mit einem Fernglas absuchen. Jede Flugbewegung in den darunter liegenden Auswertungsraum melden. Auch die deutschen Maschinen, die in der Nähe starteten und landeten. Zweimaliges wöchentliches Exerzieren. Einmal ein Geländemarsch, davon einer während einer Nachtübung. Und immer noch war man ein Nichts. „Bitte Herrn Unteroffizier vorbeigehen zu dürfen", eine Frage, die viele Male am Tag gestellt werden mußte. Und nie hat einer der Gefragten „nein" gesagt.
Sechs Mann auf einer Stube. Achtzehn Rekruten insgesamt. Ein Gefreiter oder gar Obergefreiter war da schon ein höher einzuschätzender Dienstgrad. (Im Laufe der Jahre sollte sich das ändern!) Ein Oberwachtmeister, der „Spieß", ohne den nichts lief, war ein gemütlicher Artillerist, der schon zu Zeiten der ehemaligen Reichswehr gedient hatte. Er hatte für alle ein Ohr, nicht umsonst die „Mutter der Kompanie" genannt.
Doch dann half ein Zufall, meine Lage enorm zu verbessern. Man fand heraus, daß ich aus dem Hotelfach kam (das hatte ich bei meiner Musterung angegeben), und so wurde ich kurz vor Weihnachten zur Kasino-Ordonanz bestimmt.
Genau besehen, war ich nichts weiter als ein uniformierter Oberkellner, der die Wünsche erfüllen und den Anordnungen der zu bedienenden Herren Folge leisten mußte. Geht nicht – gab's nicht. Einige Annehmlichkeiten, kaum erwähnenswert, waren die Freistellung vom Frühsport, da die Herren Vorgesetzten pünktlich ihren Kaffee erwarteten, und vom Wachdienst am großen Eingangstor des Fabrikgeländes. Von einer unausgeschlafenen Bedienung konnte man kaum eine zufriedenstellende Arbeit verlangen. Frischer Kaffee, frische Brötchen und all die privaten Tafelfreuden, die man von zu Hause geschickt bekam, mußten – appetitlich hergerichtet – aufgetragen werden. Ein nörgelnder Zahlmeister, im Truppenjargon „Schmalspur"-Offizier tituliert, achtete peinlich darauf, daß nichts, aber auch keine Brotkruste, irgendwo verschwand. Er forschte jedem Wurstzipfel nach, stets der Meinung, ein Untergebener hätte sich daran vergriffen. Weine und Schnäpse wurden eingeschlossen. Er allein hatte den Schlüssel. Ich erwartete sehnlichst den Tag, an dem er ihn verlor. In meiner Phantasie hörte ich dann, wie Major Höhne, der Kommandeur, wutentbrannt ein Donnerwetter losließ und nach einem Schlosser rief. Er pflegte nach jeder Mahlzeit einen Cognac einzunehmen, niemand sollte ihn davon abhalten.
Leider erlebte ich diese Szene nie. Sie blieb ein Traum. Aber ich revanchierte mich auf meine Weise für die Spitzfindigkeiten und Mißtrauensbekundungen.

Und dieser Tag kam schneller als erwartet. Zum Mittagessen gab es Kartoffelsalat mit irgendeiner Fleischbeilage. Reichlich, so daß noch eine halbe Schüssel übrigblieb, die ich einem anderen Zweck zuführte. Im Hühnerstall des Hausmeisters stand eine verbeulte Emailleschüssel, in der Essensreste aus der Werkskantine der Eisfabrik zur Verfütterung

an die Haustiere gesammelt wurden. Dort landete auch der restliche Kartoffelsalat. Zum Abendessen verlangte der Zahlmeister den Rest des Kartoffelsalats zu sehen. Es sei noch reichlich übriggeblieben. Dabei ging er vor mir auf und ab, in beiden Händen zwei Eier balancierend. Die wolle er dazu gebacken haben, aber bitte mit seiner eigenen Butter, die im Kühlschrank der Fabrikkantine aufbewahrt wurde. Ich beeilte mich, das Gewünschte herbeizuschaffen. Nicht nur die Butter, auch den Kartoffelsalat, wenn er noch nicht an das Federvieh oder die beiden Ferkel verfüttert war. Mit einer Porzellanschüssel ausgerüstet, rannte ich in das Stallgebäude, einem kleinen Ausbau mit einem umzäunten Freigehege für Huhn und Schwein. Von beiden war noch nichts zu sehen, der Zugang wurde erst später mittels eines verstellbaren Bretts geöffnet, so daß die Tiere den Stall betreten konnten.
Die weiße Schüssel leuchtete mir im Dämmerlicht des Raumes entgegen. Doch irgendwie hatte ich plötzlich eine gackernde Henne am Hals, die aufgeregt herumflatterte, dabei Federn, Sand und Spreu aufwirbelnd. Das Huhn zu beruhigen gelang mir nicht, und ich stürmte augenreibend zurück ins Treppenhaus. In der Küche die Butter ergreifend, weiter in die oberen Räume. Der Zahlmeister hatte schon Platz genommen und wartete auf die noch zuzubereitenden Spiegeleier: „Wo bleiben Sie denn?“ rief er in den Nebenraum, in dem das Essen hergerichtet wurde. Die Eier bereits auf dem Teller, entdeckte ich drei kleine weiße Federn, einige Haferkörner und sonstigen Schmutz, der auf gerade diesem Salat nichts zu suchen hatte. Aber er wollte es ja nicht anders. Mit spitzen Fingern pickte ich hühnergleich die zu beanstandenden Unreinheiten heraus und servierte, „einen guten Appetit“ wünschend, dem hocherfreuten Nimmersatt Eier und Salat.

Die anderen Herren hatten inzwischen auch Platz genommen. Leutnant Hasemann, der spindeldürre Adjutant, meinte spitzbübisch lächelnd: „Wo haben Sie denn den noch aufgetrieben?“ – Wenn der Fragesteller und der Esser das wüßten, dann wäre meine Rache eigentlich erst richtig gelungen. Aber so blieb es mein Geheimnis. Er wäre zwar lächerlich gemacht, ich aber hingegen säße im Bau und wäre diese schöne Beschäftigung los.

Aber ein anderes Mal hätte es mich fast doch erwischt. Am 1. Weihnachtsfeiertag gab es Gänsebraten. Der Batteriechef der I. Batterie, Hauptmann Koch, ein Pfälzer aus Bad Dürkheim, dortiger Apotheker, hatte eine Gans gestiftet. Offiziere und Mannschaften waren auf den notwendigsten Bestand reduziert, der Rest auf Heimaturlaub. Auch der Abteilungsstab und damit ein Teil der Kasinobenutzer. Man rechnete nicht mit Angriffen der französischen oder gar britischen Luftstreitkräfte.

Major Höhne, der Chef, hatte den Spender und zwei weitere Herren zum Festessen eingeladen. Ich hatte alles vorbereitet, der Wein war gekühlt, die Tischdekoration

durch brennende Kerzen illuminiert, und im Vorzimmer lag das Tranchierbesteck bereit.
Eine einfache Küche war am Ende des großen Frachthofs aufgebaut. Speisen und Getränke mußten, um eine Abkühlung zu vermeiden, in Windeseile über eine Distanz von etwa 200 Meter herangeschafft werden. Bei mehreren Gängen erfolgte das Ganze dementsprechend oft.
So auch an diesem 1. Weihnachtsfeiertag. Die Vorsuppe, eine Geflügelconsommé mit Reiseinlage, war bereits verzehrt, und man wartete auf den Hauptgang, die Gans.
Ein weiterer Mann war mir zugeteilt worden, um Gans, Kartoffeln, Rotkohl und Sauce zeitgleich servieren zu können.
Der mich unterstützende Kamerad machte sich mit den Kartoffeln und dem Gemüse auf den Weg. Ich selbst balancierte rechts auf einer angewärmten Platte das knusprige Federvieh und links eine Terrine Sauce, da eine Sauciere häufiges Nachfüllen erfordert hätte und mehrere Laufereien. Das gute Stück war erst kürzlich angeschafft und mir mit eindringlichen Ermahnungen übergeben worden.
Der Hof, gepflastert mit vielen Unebenheiten, dazu an diesem Abend feucht und glitschig, barg manchen Stolperstein. Und einer hätte mich beinahe zu Fall gebracht. Die teure Terrine links hochhaltend, vergaß ich die Gans in meiner Rechten. Sie flutschte davon, irgendwo ins Dunkel. Auf meinen Schreckensschrei hin eilte der Torposten mit aufgeblendeter Stabtaschenlampe auf mich zu. Wir suchten da und dort und fanden das gute Stück stark ramponiert unter dem Kübelwagen des Chefs. Mit dem Karabinerkolben des Wachpostens angelten wir gemeinsam den wenig ansehnlichen Corpus hervor. Das Ganze hatte nur wenige Minuten gedauert. Die abgestellte Sauce wieder aufnehmend, packte ich die geflüchtete Abendmahlzeit auf das noch warme Tablett und schlich schuldbewußt in den Nebenraum, wo bereits die Beilagen, auf einem Rechaud warmgehalten, auf weitere Verwendung warteten.
Die Gans war fast schon tranchiert, wie ich bei näherer Überprüfung feststellen konnte. Schenkel und Flügel waren abgerissen und hingen lose herum. Den Rest erledigte dann die Geflügelschere. Jetzt noch die kleinen Unebenheiten der Haut in Form bringen und da und dort ein Steinchen entfernen, das eigentlich zum Belag des Hofs gehörte, und aufgetragen.
Mit „Ah“ und „Oh“ wurde das gute Stück bewundert. Und schon so kunstvoll tranchiert, stellte der Zahlmeister fest. Dabei noch darauf achtend, ob die Knochen nach dem Abnagen für ihn noch interessant sein könnten. Es müsse doch auch Gänseschmalz geben, war das letzte Wort die Gans betreffend, das er mir nachrief.

In der Woche nach den Festtagen hatte ich drei Tage Urlaub. „Janek“ hatte sich angesagt, der irgendwo im Schwarzwald im Quartier lag. Wir trafen uns in Mannheim und fuhren gemeinsam nach Frankfurt. Fünf Freunde waren anwesend, Zivilisten auf Abruf und zwei Urlauber. Meine Mutter, Freundin „Maus“, Meister Henke und natürlich Onkel Frank, alle wollten wissen, wie mir das Soldatenleben gefiel. Die meiste Zeit, vor allem die Nächte über, tagten wir in der Gleimstraße.

Seit Oktober war nun Polen besetzt. „Janek", „Knö" und die anderen rechneten mit einem baldigen Angriff auf Frankreich. Vielleicht mußten sie aber auch in den Osten, was schlimmer wäre. Von dort hörte man schreckliche Dinge. In den Feldpostbriefen wurde manches umschrieben. Doch wer zwischen den Zeilen lesen konnte, war halbwegs informiert. Nach der Besetzung Dänemarks und dem Überfall auf Norwegen im April begann am 10. Mai 1940 die Offensive auf die Niederlande, Belgien und Frankreich. Auch hier hatte Hitlers Blitzkriegstaktik Erfolg.

22. Juni 1940 – Waffenstillstand mit Frankreich. General Pétain wurde Staatspräsident von Deutschlands Gnaden, Regierungssitz Vichy.

FRONTBERICHTE, BÜNDISCH GESEHEN

Anmerkung:
Die folgenden Berichte basieren auf dem Studium von etwa 150 Feldpostbriefen der Freunde (von ca. 800 in 5 1/2 Jahren) und zwei Kriegstagebüchern „Berts". Die daraus zitierten Stellen sollen den Zusammenhalt, aber auch die schmerzlichen Verluste aufzeigen. Viele Lücken konnten jedoch nicht geschlossen werden. Sowohl in den Kriegsjahren als auch in den nun bereits verflossenen 60 Jahren sind wichtige Erinnerungsstücke unwiederbringlich verlorengegangen. Als einzigem Überlebenden steht mir kein weiterer Zeitzeuge zur Verfügung, mit dessen Hilfe ich diese oder jene Gedächtnislücke schließen könnte.

30. Juli 1940

„Janek" meldet sich aus Hanau. Teilt mit, etwa um den 15. August herum Urlaub zu erhalten. Anfrage, wer noch da sei und ob ich ihn treffen könnte. Und weiter:
„Lag bis zum Schluß vor der Maginotlinie, trage jetzt EK II. Mit einigen Kameraden zur Parade abkommandiert. Parade fiel ins Wasser und statt Entlassung fand man die Kompanie wieder."
Wir waren sprachlos. Noch vor kurzem der staatsfeindlichen Betätigung angeklagt, und jetzt einen Orden. Aber „Janek" war immer bestrebt, Begonnenes auch zu Ende zu führen. Das hatte seine Fahnenaktion 1933 gezeigt. Die Motorradattacke im Sommer 1938, bei der die HJ-Aufpasser im Straßengraben landeten, war ein weiterer Beweis. Er liebte das Abenteuer, und der Krieg erschien ihm vermutlich als ein solches. Aber sein ganzes Verhalten bewies, wie sehr er an dem Weiterbestehen dieser bündischen Freundesrunde interessiert war. Ohne auf die Ordensverleihung einzugehen, bestätigte ich sein Schreiben, benachrichtigte die restlichen Frankfurter und überließ es ihnen, Datum und Treffpunkt auszumachen. Mein Kommen war noch ungewiß.
Und so endete die Verabredung außerplanmäßig in einer Enttäuschung für alle Beteiligten. An einem der letzten Augusttage fanden sie eine Mitteilung folgenden Inhalts im „El Dorado", dem ehemaligen Silberbergwerk bei Heftrich:

> *„Achtung, wer diesen Brief findet, wird gebeten, ihn liegen zu lassen, unversehrt. Ein Soldat. An Berry, 11. 8. 1940."*

Der Text erklärte die Situation: *„Erschien gestern Nacht hier. Aber kein Lagerfeuer, keine Kameraden! Gehe heute (Sonntag morgens) um 7.00 Uhr Richtung Oberrod-Glashütten. Bin bis Mittag in Glashütten gegenüber Kirche. Warum ist keiner da? Gruß an alle. JANEK. JABONAH."*
Es lag am Datum. Er hatte den 15. August ins Auge gefaßt, war aber bereits viel früher, am 11. August, erschienen.

3. Oktober 1940

„Bert" lag in Butzbach, später in Bad Hersfeld. Hier machte er seinen Militärführerschein. Wir hatten lange nichts voneinander gehört. Auch „Pit" war inzwischen wieder in Frankfurt. Er hatte seine Christine geheiratet. Die Verbindungen waren spärlich, und oft dauerte es Wochen, bis Briefkontakt zustande kam. Es ging sogar Post verloren.

29. November 1940

Inzwischen war „Janek" in Oberursel, so seine Mitteilung.

„Wagen rollen auf endlosen Wegen. Auch wir machten vor einigen Tagen einen Treck. Sind in der Nähe der berühmten ‚Post'. Solltest Du jedoch Zweifel haben, so seien sie behoben mit der Erklärung, daß wir jetzt Quartier eingangs der ‚El Dorado'-Berge haben und sogar per Tram mühelos zu erreichen sind. In Kürze werde ich Chrischan aufsuchen. Ich gebe Dir Bescheid. Bald ist Frühling und dann sind wir einer Entscheidung näher. Do Swidanja! JANEK."

1. Dezember 1940

Bereits zwei Tage später berichtete nicht er, sondern „Ferdi":

„Gestern Abend tagten wir nach alter Überlieferung bei wüstem Geklampfe und toller Singerei. Ganz nach unserer Sitte bei fahlem Kerzenschein. Janek, Chrischan und Caramba waren vertreten. Bis 1.30 Uhr tagten wir. Schreibe mir nur, wann Du kommst, damit ich allen Bescheid geben kann. Bert hat sehr ausführlich und toll geschrieben, weißt ja, mit dem Leben auf Messers Schneide. Na ja, wir kennen das ja. Ich pilgere viel mit unserem Hund im Taunus herum. Werde morgen auch mal wieder unseren alten Spaßvogel Reuter besuchen. Eben fängt gerade das Wunschkonzert an, da muß ich türmen. Dein Ferdi."

„Bert" lag an der Kanalküste.

Liesel Lang, Kurzname „Gerry", „Berts" Freundin und spätere Ehefrau, hütete die Gleimstraßen-Unterkunft gewissenhaft und umsichtig. Wir organisierten eine Kontaktstelle, an die unsere Feldpost ging, wenn die neuen Einheiten noch nicht allen Freunden bekannt waren.

Sie erhielt bei Verlegungen als erste die neue Feldpostnummer, konnte die eingegangenen Nachrichten weitersenden und gelegentlich Urlaubspläne abstimmen. Mit zunehmender Dauer des Krieges und der damit verbundenen Entfernungen verschwanden zahlreiche Sendungen auf Nimmerwiedersehen. Wir kennzeichneten die Briefe von A bis Z, meist mit Liedanfängen neben dem Datum. Sobald eine Lücke im Alphabet entstand, die nicht innerhalb einer bestimmten Frist geschlossen wurde, erfuhr dies sofort „Gerry" und durch sie der Absender und Adressat. Notwendig vor allem, nachdem sich nach und nach die alten Berliner Freunde wieder meldeten, inzwischen ebenfalls Landser in einem der besetzten Länder.

„Heino", der trotz aller Aufregung weiterhin mit uns in Verbindung geblieben war, mußte auf dem Seefliegerhorst Pillau Wache schieben. „Ferdi" hatte von heute auf morgen den Gestellungsbefehl zu den Hanauer Pionieren erhalten. Er berichtete jetzt aus der Masurischen Taiga über ihm bisher unbekannte Pflanzen und Tiere, wie den Schwarzstorch. Streunende Wölfe versetzten die Einheit gelegentlich in Jagdstimmung. Und Elche trotteten mitten durch biwakierende Truppenteile, wobei Zelte und Feuerstellen keine Hindernisse waren. Ein zukünftiges Fahrtengebiet besonderer Art.

10. Januar 1941

Feldlazarett 35296, Bretagne. Bei „Bert“ wird eine schwere Diphtherie diagnostiziert. Verschlechterung mit hohem Fieber, Herzbeschwerden und vorübergehender Gaumensegellähmung. Nach langer Lazarettzeit ab 11. März 1941 auf Genesungsurlaub im Roten-Kreuz-Krankenhaus Frankfurt. Hier spielte, wohl zum letzten Mal, nochmals eine Gitarre die entscheidende Rolle. Sein Bettnachbar, ein ehemaliger Bonner Nerother, klimperte vertraute Weisen. Das versprach einen tollen Genesungsurlaub. Heinz Bialkowski, auch „Mauki“, jetzt in Düsseldorf wohnhaft, war nach Auflösung des alten Bundes in dem ebenfalls verbotenen, illegal tätigen „Stromkreis“ aktiv. „Bert“ nahm ihn mit in die Gleimstraßen-Garnison. Bei gelegentlichen Treffen mit den Urlaubern und noch Freigestellten lernte er einen Teil unserer Mannschaft kennen. Ein Gewinn, so ihre einhellige Meinung.

28. Mai 1941

„Berts“ Frankfurt-Aufenthalt beendet. Wieder bei seinem alten Ersatzhaufen in Bad Hersfeld. Eine weitere Verlegung stand jetzt an.

Am 8. August 1941 fiel „Janek“ vor Kiew. „Bert“ und ich erfuhren diese bestürzende Nachricht während unseres gemeinsamen Urlaubs in Frankfurt. Die anderen Freunde wurden informiert. In Berlin fand ich nach meiner Rückkehr einen an ihn gerichteten Brief vor mit dem Stempelaufdruck „Gefallen für Führer und Vaterland“. Warum gerade er und nicht ein verbissener Nazi? Ich weinte in mich hinein, und es war mir egal, was die Kameraden dachten.

19. Dezember 1941

„Bert“ war nach Kassel abgestellt. Aber dann, genau am Heiligen Abend, Abmarschbefehl nach Mlawa, Polen. Kurzbericht aus Berts Kriegstagebuch vom 31. Dezember 1941:

„Glück im Unglück. Mauki war ebenfalls seit einiger Zeit in Kassel. Ihn noch am 23. 12. bis 2.00 Uhr nachts bei Brandwache aufgesucht. Am Heiligen Abend brachte mich Mauki an die Bahn. Um 12.00 Uhr Mittag setzte sich der Transport in Bewegung. Weihnachten lagen wir auf rollenden Achsen.“ Und weiter: *„Post von Berry. Er ist einsam in Frankfurt. Heia konnte nicht mitkommen. Chrischan zum Gebirgsjäger-Skikursus in Quedlinburg und Knö als einziger*

auf Urlaub aus dem Osten. Ferdi ließ uns lange ohne Nachricht. Aber er lebt! Schreibt vom Wahnsinn. 32° Kälte, Dauerfrost. Hat sich die beiden großen Zehen erfroren. Mauki wieder in Frankfurt. Am 10. und 11. 1. 42 Berry getroffen. Waren zusammen auf Fahrt in unsere alten Jagdgründe."
Soweit der Bericht Ende 1941, Anfang 1942 über das Befinden der alten Freunde.

Ich traf es besser. Die Abteilung wurde aufgelöst. Am 10. Juni 1941 wurde ich zu einer neu aufgestellten Flak-Einheit nach Berlin versetzt. Der Frankreich-Feldzug war beendet. An der Westgrenze stehende Truppen in den Osten verlegt. Jetzt sollte ich die „Reichshauptstadt" schützen. Auf einem alten Wasserturm im Stadtteil Hohenschönhausen/Weißensee bezog ich Quartier. Einen Steinwurf entfernt vom Orankesee.

13. Juni 1941
Feldpostbrief an die Gleimstraße:
„Der Sand rieselt aus allen Mauerfugen. Die morschen Fußbodenbretter und die alte Holztreppe schwanken und ächzen bei jedem Schritt. Wir, die sechsköpfige Belegschaft hausen hier wie in einer Burgruine. Ich denke da an die Dahner Schlösser oder den Fleckenstein. Strom und Wasser sind uns fremd. Es wird sicher noch eine Weile dauern, bis die Strippenzieher und Pioniere den Laden einsatzbereit zusammengeschustert haben. Bis dahin fingern wir nachts mit unseren Taschenlampen durch dunkle Flure und Treppen."

Der Abteilungsstab 326 selbst, Schreibstube, Kasino, Küche, Kantine, Offiziers- und Mannschaftsunterkünfte, das Chefbüro und andere Räume der Verwaltung waren in einem Strandgasthof direkt am Seeufer untergebracht. Eine wundervolle Grünanlage mit Rasenflächen, alten Bäumen und einem Bootsanlegeplatz diente uns in der Freizeit als Ausgleich für den häufigen Nachtdienst.
Am 22. Juni 1941 wurde uns klar, warum wir jetzt in Berlin als weitere Flak-Abteilung eingesetzt wurden. Hitler hatte ohne Kriegserklärung und trotz eines Nichtangriffspaktes (1939) und eines Wirtschaftsabkommens (1940) die Sowjetunion überfallen. Einige Monate vorher waren deutsche Truppen in Jugoslawien und Griechenland einmarschiert. Kurz darauf hatten sie gut ausgerüstete und straff organisierte Partisanen als erbitterte Gegner am Hals. In Rußland war dies ebenfalls zu erwarten. Die Nachschubwege waren lang, und einen Gegner im Rücken, der jeden Weg und Steg kannte, abzuwehren, band ganze Truppenteile, die an der Front dringend benötigt wurden.

Genau besehen war meine Situation gar nicht so übel. Hauptmann Kirch, inzwischen zum Major befördert, war jetzt mein Abteilungskommandeur. Ich hatte bei ihm „einen Stein im Brett", wie man so sagt, wenn ein Vorgesetzter einem Untergebenen

auch mal etwas nachsieht. Und dann die Berliner Freunde. „Heia“ Bauer und Max Bürger, auch „Maxe“ oder „Prinz Max“, waren die letzten Zivilisten. „Heia“, gelernter Bankkaufmann, arbeitete bei einem Unternehmen, das sich vor allem mit Devisengeschäften befaßte. Sprich Beutegeld, das in Banken und Firmen besetzter Gebiete konfisziert und jüdischen Einwohnern geraubt wurde. Für „Heia“ stand ein Berufswechsel in Richtung Bildjournalist an erster Stelle. Und er schaffte es tatsächlich, mitten im Krieg eine zweite Ausbildung als Fotograf durchzuhalten. „Maxe“ war als Drogist in einem wehrwirtschaftlich wichtigen Betrieb bis auf weiteres freigestellt. Mit ihnen und einigen mir bis dahin noch unbekannten bündischen Freunden konnten jetzt Kanufahrten auf einem der vielen Seen und Wanderfahrten geplant werden. Eine Kohte gab es auch noch!
Daß die Berliner noch alle bündischen Veröffentlichungen der Vornazizeit besaßen, war ein weiterer Lichtblick. Ich hatte nun die Gelegenheit, ein großes, vollständiges Liederbuch zusammenzustellen. Im Nachtdienst fand ich vermutlich genügend Zeit dazu. Noch verliefen die Nächte in und um Berlin ohne wesentliche Alarmmeldungen.

Seit 1937 schrieben wir unter der Bezeichnung „WIR“ eine Gruppenchronik. Sie hatte bis jetzt alle Stürme der Zeit überlebt. Die Berliner wollten daran mitarbeiten, was über die Entfernung kaum machbar war. Alle, auch andere befreundete Gruppen, waren mit einbezogen wie Dresden oder Nürnberg.
„Hasch“, den eigentlichen Macher und Vordenker der Neuköllner Gruppe, hatte ich noch einige Male sehen und sprechen können, bevor seine Einheit nach Nordafrika verlegt wurde. Er schickte uns dann und wann kleinere Beiträge wie Buchbesprechungen, Fahrtenberichte oder Gedankensplitter.
Seit Kriegsausbruch bestand die Gefahr des Erlahmens oder gar Einschlafens teils mangels Papier an der Front, Verlust der Manuskripte oder aus Zeitmangel wegen anhaltender Kampfhandlungen.
So lasen wir nur die an „Heia“ gerichteten Berichte und einige weitere aus den Steppen und Sümpfen der UdSSR.

5. Januar 1942 – „Hasch“:
„Schade, daß es mit der Post immer so lange dauert. Jetzt habe ich endlich eine neue Feldpostnummer und hoffe, daß ihr nun ausgiebig davon Gebrauch macht. Vor allen Dingen haltet gegenseitig die Verbindung aufrecht. Im Geiste sehe ich uns alle einmal in Frankfurt wieder. Deswegen bleibe stets mit Berry in Verbindung. Anliegend ein Artikel für unsere Chronik „Wir“.

12. Februar 1942 – „Hasch“ weiter an „Heia“:
„Augenblicklich sitze ich hier in der Libyschen Wüste und lasse mir die Sonne auf das Fell brennen. Rings um mich herum trostlose Einöde. Am Tage ist es heiß wie bei uns im Hochsommer, nachts dagegen empfindlich kalt. Vor allem muß ich mich erst einmal an diese Lange-

weile hier gewöhnen. Wie sieht es in Berlin aus und was machen unsere Frankfurter Freunde? Haltet auf jeden Fall die Verbindung aufrecht. Spart euch nie! Ich denke oft an euch, obgleich wir durch ein Meer getrennt sind. Unsinn, uns kann niemand trennen, dafür haben wir zu viel Gemeinsames erlebt. Vor kurzem las ich ein Buch von einem, der 5 Jahre in Guayana verbannt war. Allmonatlich erhielt er einen Brief von einem Freund, der ihn wieder aufrichtete. Mir geht es ähnlich. Bitte umgehend schreiben! Besten Gruß an Berry, wenn er noch in Berlin ist."

31. März 1942 – „Gunnar"

(Günther Machoy), ein Angehöriger der Berliner Freundesgruppe. Bericht aus Polen: *„Von Läusen ist hier nichts zu merken, aber Wanzen. Vor kurzem sind wir entwanzt worden, ob es viel Zweck hat, weiß man nicht. Wasser muß vor dem Trinken abgekocht werden. Zähneputzen ist bei uns Luxus. Essen schmackhaft, könnte mehr sein! – Wir liegen hier mitten in den Pripjet-Sümpfen, kannst Dir vorstellen, was das für eine Gegend ist. Laß mal bald einen Bericht von Frankfurt folgen."*

Vor Monaten waren wir noch gemeinsam in der Mark Brandenburg, acht Mann hoch.

22. Mai 1942

„Die Stunde kommt, da man dich braucht. Dann sei du ganz bereit. Und in das Feuer, das verraucht, wirf dich als letztes Scheit."

So die Eingangszeilen von „Haschs" Schreiben:

„Mein lieber Berry ... Mit der Anfertigung des ‚Wir' bin ich vollkommen einverstanden. Ich werde bei aller ‚Bescheidenheit' die Schriftleitung der Berliner übernehmen (nach „Janek", d. Vf.). Im übrigen hat das noch alles Zeit, denn die Sichtung aller Beiträge nimmt ja doch nur kurze Zeit in Anspruch. Wir brauchen aber in der Zwischenzeit nicht untätig zu sein. Ich werde, sobald sich eine Gelegenheit bietet, weiterarbeiten. Zuerst will ich versuchen, so gut es geht, alle Fahrtenerlebnisse der Vergangenheit zu entreißen. Leider existieren von den Großfahrten keine Bilder, so daß wir unsere Berichte nicht illustrieren können. In Kürze erscheint ein Bericht über unsere Österreichfahrt, von der ja einige Bilder in meinem Fotoalbum zu finden sind. Trotzdem ich nur einige lustige Episoden herausgreifen werde, fürchte ich, daß er sehr umfangreich sein wird. Er geht daher zweckmäßig in einigen Fortsetzungen an euch.

Der Stil richtet sich ganz nach dem Stoff, Allgemeines, Gruppenfragen schonungslos und ohne Kompromisse objektiv, Fahrtenberichte und ähnliches dagegen im ‚Wir_-Stil. In Form von Briefen zu schreiben, ist auch sehr reizvoll. Ich denke da an die ‚Briefe aus Fjeldgaard'. Wir wollen uns da also an kein Schema binden. Und jetzt was anderes, lieber Berry! Es liegt vielleicht im Bereich der Möglichkeiten, daß mir etwas Unvorhergesehenes zustößt. Inschallah! Meine kurzen Hosen, Juscha und alles, was mit der Gruppe zusammenhängt, vermache ich euch. Vergeßt aber nicht einen Subrowka auf mein Wohl zu trinken! ... Unsere alten Lieder, die brauchen wir oben wieder! Besten Dank für Berts Adresse. Werde nächstens an ihn schreiben. Für euch bereit! Hasch"

14. Juni 1942
Rußland. Kriegstagebuch „Bert“:
„Heute früh Brief von Hasch. Er schreibt: Aus Freundschaft entstanden wir, und ist Freundschaft nicht etwas Herrlicheres als Kameradschaft? – Wie berechtigt klingt heute noch Nietzsches Wort: ‚Es gibt Kameradschaft, es möge Freundschaft geben.‘ Aber wir gehen noch weiter und sagen: Möge es Bruderschaft geben. Eine Bruderschaft, die fortbesteht in Gedanken, über Kontinente, Meere und Kriege! Und er hat recht mit seinen Worten. Wir wollen Brüder sein.“

28. Juni 1942
Alle Pläne verflogen im Wüstenwind. Bei Marsa-Matruk fiel unser „Hasch“ im feindlichen Feuer. Mit 21 Jahren. So die Todesanzeige der Familie, die uns „Heia“ nach Frankfurt übermittelte.
„Bert“ vermerkt hierzu in seinem Kriegstagebuch:
„26. 7. 42 Jetzt ist auch noch unser Hasch gefallen. In Libyens Wüstensand ruht er nun, der unser Bruder werden wollte. Doch er lebt weiter in unserem Kreis. Und wenn dieser Krieg vorüber ist, werden wir für unsere Gefallenen Flammen unzähliger Feuer mit unseren Gedanken in nächtliche Himmel senden.
3. 8. 42 Nun beginnt der tollste Rummel am Mittelabschnitt. Der Russe greift pausenlos an, zu Land und auch nachts mit Fliegern. Und Ferdi, unser alter Taigabär liegt mitten drin. Er gehört zu meiner Division, wie ich heute aus seinem Brief erfuhr. Nun werde ich bei jeder Latrinenparole um ihn bangen müssen. Zweieinhalb Jahre haben wir uns nun nicht mehr gesehen. Aus seinem Brief spricht immer noch die gleiche Einstellung wie in unseren schönsten Jungenschaftstagen, der Emstalperiode.
23. 8. 42 Ferdi meldet sich, hat den Rschewer Rummel gut überstanden, der alte Emstalbär. Aber Chrischan liegt mit Unterarmdurchschuß im Lazarett.
7. 9. 42 Wir werden jetzt am Ufer der Wolga als Infanterie eingesetzt. Der Russe greift noch immer pausenlos an. Heute sah ich zum ersten Mal ‚Mütterchen Wolga‘.
Und wie man erfährt, ist Heinz Pflug, Freund und alter ‚Fahrtenbummler‘ der ersten Stunde, Mitarbeiter in der Bauhüttenmannschaft, auch gefallen. Unser Untermieter aus diesen Hüttentagen, Fritz Hofmann, liegt ebenfalls irgendwo in russischer Erde. Wenn dieser Krieg noch lange dauert, haben sie uns alle ausgerottet.“

Soweit die Frontberichte. Es ist hier nicht mein Anliegen, fünfeinhalb Jahre Kriegsgeschehen zu beschreiben. Dies haben inzwischen viele namhafte Fachwissenschaftler getan. Meine Darstellung soll vor allem den rückhaltlosen Zusammenhalt junger Männer aufzeigen, deren einziges Bestreben es war, diese schreckliche Zeit zu überleben. In vielen Briefen gaben sie sich Hoffnung und glaubten an eine Zukunft, irgendwo und irgendwann ein freies Leben nach ihren Vorstellungen führen zu können. Allein dafür lohnte es sich durchzuhalten.

„GENIESST DEN KRIEG, DER FRIEDE WIRD SCHRECKLICH SEIN“

Ein Wortspiel, das sowohl bei Landsern als auch bei der Zivilbevölkerung an Breite gewann. Und kein Deutscher, schon gar nicht die lebenslustigen Berliner ahnten, wie viel Wahrheit darin steckte. Noch war die „Reichshauptstadt“ quirlig und laut wie im tiefsten Frieden. Die Besatzung des Orankesee-Wasserturms war in ihrer Freizeit tagsüber am Seeufer zu finden, bei Urlaub bis zum Wecken in den Lokalen am Kudamm oder in etwas weniger eleganten in Neukölln, am Alex und anderen Stadtteilen mit sogenannten „Nahkampfdielen“ mit schräger Beleuchtung und Tischtelefon.

Ich bevorzugte die um die Tauentzienstraße und Gedächtniskirche herum liegenden russischen Lokale „Troika“, „Orient“ und „Don“, in der Balalaikaorchester gastierten. Bündische kannten sich da natürlich bestens aus. Die dienstfreien Wochenenden waren wir auf Fahrt mit Paddel oder Wanderschuh. Im Laufe der Zeit lernte ich die weiteren illegal aktiven Gruppen kennen. Meist kleine Freundeskreise, die aber untereinander Verbindung hielten. Etwa vierzig Mitglieder, von denen sechs bis acht noch zusätzlich zur Stammgruppe „Hasch“, „Heia“, „Sascha“, „Conny“ und „Maxe“ gehörten. Sie waren 1938 auch zu unserem Kohtenlager eingeladen, das dann die Staatsmacht verhinderte.

Über ein Jahr war ich nun schon in Berlin. Der alte Wasserturm jetzt ein wenig komfortabler ausgebaut. Wir sechs Flakartilleristen waren durch zwei Luftnachrichten-Männer zusätzlich verstärkt worden. Sie bedienten Fernschreiber und die Fernsprechanlage des Stabes der 326. Flakabteilung, bei Bedarf das Funkgerät. Wenn die Luft rein war, hörten wir nachts die Feindpropaganda der Briten und der Russen ab. Manch lustige Episode blieb mir in Erinnerung. Wenn Propagandaminister Goebbels seine Hetzparolen in den Reichssendern gegen die Plutokraten in den USA, die roten Untermenschen in der UdSSR und den Rest der Welt, der nach Meinung der Nazis jüdisch verseucht war, losließ, hörte man in den Atempausen eine laute Stimme: „Alles Lüge! – Der Krieg ist schon verloren. – Wieder Hunderte deutsche Soldaten gefallen!“ und ähnliche Zwischenrufe. Ganze Frontberichte, mit Nennung der betroffenen Einheiten, die aufgerieben wurden, konnte man über Radio Moskau hören.

Der Raum, in dem die Luftüberwachung stattfand, war im obersten Stockwerk – von dreien – und dazu speziell ausgestattet. Große Luftaufnahmen West- und Norddeutschlands waren an der einen, Süden und Osten an der anderen Seite aufgebaut, erleuchtet hinter Glas. Einflüge über die Stadt Berlin konnte man auf einem Tisch, der mitten im Raum stand, beobachten. Und im Ernstfall sofort Entscheidungen treffen. Feindliche Flugbewegungen wurden mittels Kreide auf der Glasplatte eingezeichnet und konnten, wie auf einer Schultafel, bei Bedarf abgewischt werden. Für die Einflüge in deutschen Luftraum galt die Windrose, d.h. drei für Ost-, sechs für Süd-, neun für Westdeutschland, und die Zwölf für den Norden.

Große Bomberverbände habe ich zu dieser Zeit nie erlebt, gelegentlich den einen oder anderen Aufklärer. So waren die Nächte verhältnismäßig ruhig, was mir Gelegenheit bot, an der Gruppenchronik oder der Erstellung meines großen Liederbuchs zu arbeiten. Hierzu hatten mir die Berliner ihren umfassenden Bestand an Liederbüchern des ehemaligen, alten Günther Wolff Verlags zur Verfügung gestellt.
„Haschs" Tod hatte in Berlin für große Verwirrung gesorgt. Wir, das waren „Heia", „Haschs" Bruder „Conny" und „Sascha", der zufällig auf Genesungsurlaub war, trafen uns zu einer „Hasch"-Gedächtnisfahrt. Ein stiller Ort, draußen in der Mark Brandenburg. Ein kleiner Bach, von alten Kopfweiden umsäumt, mündete in einen schilfumstandenen Weiher. Es war sein Lieblingskohtenplatz in all den Jahren seiner Jungenschaftszeit. Hier verbrachten wir den Abend und die Nacht an einem niedriggehaltenen, rauchlosen Feuer und erzählten von ehemals gemeinsam unternommenen Fahrten oder auch den vielen geplanten, aber durch die Kriegsereignisse nie verwirklichten Träumen.

An dieser Stelle ein Lied, das ich Jahrzehnte später hörte und das mich, da etwa die gleiche Situation zu seiner Entstehungszeit beschreibend, tief bewegte. „Paljon" (ab 1945 „Old Hein"), ein altgedienter Jungenschaftler aus Köln, hatte es seinen Hortenkameraden gewidmet, die ebenfalls, wenn auf der Durchreise, in Berlin Station machten und sich an einem baumbestandenen Seeufer in nächtlicher Runde trafen. „Old Hein" hat das amerikanische Volkslied „The last Roundup" der Comedian Harmonists, entstanden in den 1920er Jahren, mit einem deutschen Text versehen und teilweise vertont.

Hurry up!
Hurry up, alter Junge, hurry up, hurry up,
werd' nicht weich, alter Junge, werd' nicht weich!
Glaub' mir nur, schöne Mädchen gibt's genug über'm Teich,
werd' nicht weich, alter Junge, werd' nicht weich!

Verklungen sind die alten Lieder,
schöne Zeit, du bist für immer entschwunden!
Wo sind die Freunde, die wir einst gefunden?
Ich glaube, sie kommen nie mehr wieder.
Hurry up …

Am Abend unter alten Bäumen,
da sangen wir und tranken zusammen,

die Tabakwolken stiegen, und in Flammen
erglänzte der Himmel wie in Träumen.
Hurry up ...

Noch einmal trifft sich heut die Runde
beim Wein, den die Vaganten lieben,
und bei uns sind, die vor dem Feind geblieben,
ein „Skaal" für sie in unserm Bunde!
Hurry up ...

In meiner Erinnerung waren das Frühjahr und der Sommer 1942 überwiegend der Jahreszeit angemessen freundlich und warm. Wir gingen auf Fahrt, in wechselnder Besetzung, einmal mit „Sascha" und „Maxe", ein anderes Mal mit „Strupp", einem ehemaligen Pfadfinder und Kletterfreund, oder mit „Gunnar" und „Krischa", zwei Jungenschaftlern. „Heino" kam als Durchreisender auf Heimaturlaub für drei bis vier Tage als Gast in „Heias" Obhut. Sie segelten gemeinsam mit Gruppen aus anderen Stadtteilen. Ein Singeabend in einer Laubenkolonie am Rande der Stadt beschloß seine Urlaubswoche.

Ich beschreibe hier die Berliner Zeit. Doch auch in meiner Heimatstadt Frankfurt ging das Leben weiter. Leider auch hier nicht ohne Schmerz und Abschied. Am 13. April 1942 war Onkel Frank ganz unverhofft im Alter von nur 47 Jahren gestorben. Sein plötzlicher Tod wurde mir telefonisch von meiner Mutter und telegraphisch von einem Herrn Dr. Wagner mitgeteilt. Er war Onkel Franks Steuerberater und Generalbevollmächtigter. Wir trafen uns in einem der bekanntesten Berliner Hotels, dem „Adlon". Mir wurde eröffnet, daß meine Mutter als einzige lebende Verwandte Alleinerbin sei. Ein Testament war nicht vorhanden. In Anbetracht der, so vermute ich heute, irgendwie bekanntgewordenen Ariernachweisprobleme hatte meine Mutter die Erbschaft zu meinen Gunsten ausgeschlagen. Als Soldat glaubte man vor den inzwischen aufkeimenden Begehrlichkeiten seitens einiger Innungsmitglieder sicher zu sein. Auch im vorliegenden Fall hätte man allzu gerne die Gunst der Stunde genutzt und „arisiert".
Es gab aber auch Begehrlichkeiten von anderer Seite. Major Koch entließ mich in den anstehenden Sonderurlaub mit der Frage nach dem Bestand der Alkoholika im Café-Betrieb. Als Pfälzer aus Bad Dürkheim, schon zu Mundenheimer Zeiten als wackerer Zecher bekannt, verstand er es, mir sein eigentliches Anliegen dezent zu unterbreiten.
Die Beerdigung fand in kleinem Kreis statt. Einige enge Freunde, die Belegschaft, Hausbewohner und die Mieter des Geschäftshauses Roßmarkt 6 (jetzt Hauptwache 3). Wer je einen Nachlaß abzuwickeln hatte, weiß, wovon ich spreche. Behördengänge,

Nachweise erbringen, Steuerunterlagen und Vermögensaufstellungen bereithalten und ähnliche zeitraubende Tätigkeiten. Der zweiwöchige Sonderurlaub war ohnehin knapp bemessen. Ein besonderes Problem war die Erbschaftssteuer. Für mich als Neffen war sie wesentlich höher, als sie bei meiner Mutter als Schwester des Verstorbenen gewesen wäre. Rund 70000 RM verlangte der Fiskus. Langjährige Angestellte wurden zusätzlich noch mit einem beachtlichen Geldbetrag bedacht. Steuerberater und Notar waren auch nicht gerade kleinlich mit ihren Forderungen. Geschäftsverpflichtungen mußten eingehalten werden. Das Finanzamt zeigte sich nicht bereit, einer Stundung oder Ratenzahlung zuzustimmen. Die Folge war ein erheblicher Verlust an altem Familienbesitz, der zum Teil noch aus den Vereinigten Staaten mitgebracht worden war. Auch die so liebevoll und mit Sachverstand zusammengetragene Gemäldesammlung Frankfurter Maler und Graphiker landete schließlich über einen bekannten Kunst- und Antiquitätenhändler bei dem damaligen Gauleiter Sprenger. Im Laufe der Kriegsereignisse fielen sie jedoch später bei einem Brand den Flammen zum Opfer. Ausdauer und Verhandlungsgeschick brachten am Ende dann doch eine für alle Beteiligten annehmbare Lösung. Die Mieter waren bereit, Mietvorauszahlungen für einige Jahre zu leisten. Ebenso ein bekannter Schweizer Schokoladenhersteller, der auf dem Dach des Geschäftshauses eine weit sichtbare Leuchtreklame installiert hatte.

Noch vor einem Monat, es war Ostern, hatte ich Onkel Frank anläßlich eines Urlaubs besucht. Er beklagte die zunehmende Rationierung aller wichtigen Zutaten. Nicht nur Importware wie Mandeln, Pistazien, Gewürze und Südfrüchte, auch Mehl, Zucker, Butter und Öl wurden knapp. Kaffee, Tee und Kakao, für einen Konditorei- und Caféhausbetrieb einige der wichtigsten Umsatzträger, fielen ebenso darunter wie Auslands-Spirituosen. Mit Ersatzstoffen war da kaum die bisherige Qualität zu erreichen, daher auch kein befriedigendes Geschäft zu machen.

10. März 1942

Aufbruch. In diesem Urlaub hatte mich damals „Heia“ begleitet. „Heia“ in meiner Ausgehuniform, die seine Schwester notdürftig auf seine Maße kleiner genäht hatte. Für Zivilfahrten benötigte man bei der Reichsbahn eine Sondergenehmigung, da alle Kapazitäten für Truppen- und Nachschubtransporte gebraucht wurden. Soldaten auf Urlaub benutzten Fronturlauberzüge. Bei einer günstigen Gelegenheit entwendete ich in der Mittagszeit – der Spieß und sein Schreiber waren Essen fassen – in der Schreibstube ein neutrales Soldbuch und einen Urlaubsschein. Die Stempel lagen auf der Schreibtischplatte, verführerisch einladend. Schnell gestempelt, das restliche Ausfüllen geschah später in „Heias“ Bude. So gerüstet, erreichten wir ohne Aufsehen Frankfurt. Beim Grüßen eines Offiziers fiel „Heias“ Gruß nicht vorschriftsmäßig aus. Nach einem lautstarken Anschiß und genauer Prüfung der Papiere konnten wir dann eine halbe Stunde später „Gerry“ und „Mauki“ begrüßen.

Zehn Tage hatten wir vor uns. „Heia" sollte unsere Taunustäler und Wälder kennenlernen. Da mußten wir Proviant organisieren. Urlauber erhielten doppelte Zuteilungen, so daß wir Oma Müller und „Gerry" mitverpflegen konnten. Als Dank für die Fürsorge, die sie uns angedeihen ließen.

Die ganze Unternehmung war in den Augen der Justiz ein Staatsverbrechen gegen die „Volksgemeinschaft"! Erst Jahre später wurde mir bewußt, in welche Gefahr wir uns gebracht hatten. Es waren schon Menschen wegen kleinerer Vergehen in einem Konzentrationslager gelandet und oft dort umgekommen. Wäre diese Urlaubsfahrt gescheitert, ein Fronteinsatz in einer Strafkompanie wäre das kleinste Übel gewesen. „Heias" Berufsträume hätten sich in Luft aufgelöst, das mindeste, was ihn erwartet hätte. – Kaum glaubhaft, daß dies sich erst vor vier Wochen abgespielt hatte.

6. April 1942
„Bert" vermerkt diese Tage in seinem Kriegstagebuch:
6. April 1942 Rußland: *„Berry schreibt, er war in der Gleimstraße. 10 Tage auf Urlaub (Ostern) und brachte Heia mit. So sahen sich Mauki und Heia zum ersten Mal. Es muß ein schöner Tag gewesen sein. Doch nur einer war ihnen zusammen vergönnt, dann wanderte Mauki in den Bau, in Schweigen gehüllt!"*

Meine Mutter war inzwischen von Frankfurt nach Jugenheim an der Bergstraße umgezogen. Das kleine Landhaus mit großem Garten war ein Platz der Ruhe, den sich Onkel Frank als Alterssitz, fern vom Großstadtgetriebe, geschaffen hatte. In Kriegszeiten sicher vor unliebsamen Überraschungen.
Der Sonderurlaub ging zu Ende, und ich mußte alle weiteren Entscheidungen Herrn Dr. Wagner überlassen, der auch mein zukünftiger Steuerberater und Generalbevollmächtigter blieb. Für Major Koch nahm ich diverse Flaschen guter Spirituosen mit. Vielleicht benötigte ich später noch einmal sein Wohlwollen.

Wieder in Berlin, fand ich meine Turmkameraden in großer Unruhe vor. Gerüchte ließen die Vermutung zu, daß Teile unserer Flakabteilung in den Osten verlegt werden sollten. Nach Warschau oder noch weiter ostwärts. Eine erneute Musterung auf Tropentauglichkeit brachte dann eine glückhafte Entwicklung. Von den acht Turmbesatzern hatte außer meinem Freund und Kameraden Willi Schürmann, einem blonden Draufgängertyp aus Münster in Westfalen, und mir keiner den geforderten Gesundheitszustand vorzuweisen. Sollten wir tatsächlich in die Wüste versetzt werden, so war die Gefahr, dort umzukommen, ebenso groß wie in den Steppen Rußlands. Bei Gefangennahme hatte man allerdings einen fairen Gegner vor sich, der die Genfer Konvention strikt einhielt. So gesehen jedenfalls das bessere Los. Ob und wann eine Entscheidung fiel, mußte abgewartet werden.

Lustig, lustig, ihr lieben Brüder! war weiterhin angesagt. Die Mädchen, die wir tagsüber im Badeanzug am Orankeseeufer bewunderten, waren nach Schließung des Bades mit dem einen oder anderen in dem dämmrigen, weiträumigen Parkgelände verschwunden. Für ein geschultes Ohr aber war da und dort ein Frauenlachen und das Quäken eines Koffergrammophons zu hören.

Am 18. Mai 1942, einen Monat nach meinem Sonderurlaub in Frankfurt, berichtete ich von einem Besuch in der Propaganda-Ausstellung „Das Sowjetparadies" nach Frankfurt. „Heia" hatte mich begleitet. Ich erwähne dieses Vorkommnis im Hinblick auf spätere Ereignisse, in die ehemalige Mitschüler „Saschas" und „Haschs" verhängnisvoll verwickelt waren.
Einer von ihnen, Friedrich Rehmer, genannt „Remus", aus „Haschs" alter bündischer Gruppe, lud zu einem Diskussions- und Singeabend ein. Treffpunkt war die elterliche Wohnung der beiden Müller-Brüder „Hasch" und „Conny". Anstelle seines Bruders, der in Nordafrika das „Großdeutsche Reich" verteidigen sollte, hatte „Conny" die Gastgeberrolle übernommen. „Remus" hatte eine Verwundung in einem Berliner Lazarett ausgeheilt und verbrachte den Genesungsurlaub in seiner Heimatstadt. Mit ihm waren seine Verlobte Liane und einige andere junge Leute erschienen. „Sascha", „Heia" und ich wurden ihnen vorgestellt. Es blieb bei den Fahrtennamen. Von den Mädchen – sie waren zudem in der Überzahl – sind mir nur Sonja und Annemarie in Erinnerung geblieben. „Remus", der einzige Uniformierte, wetterte lautstark gegen den Krieg. Berichtete über Massenerschießungen im Osten, die barbarische Behandlung der feindlichen Kriegsgefangenen und der Zivilbevölkerung. Man müsse etwas unternehmen, forderte er. Die jetzt gezeigte Ausstellung über die Sowjetunion sei Kriegspropaganda und daher unglaubwürdig. Das „Großdeutsche Reich" Hitlers sei in mancher Hinsicht genauso rücksichtslos seinen „Volksgenossen" gegenüber. Und genau das müsse man anprangern. Und sabotieren, wo immer es möglich sei. Das galt mir. Sollte ich vielleicht den alten Wasserturm in die Luft sprengen, die Kantine anzünden oder das Zwei-cm-Flakgeschütz auf der Turmplattform funktionsunfähig machen? Dann müsse man eben die Bevölkerung informieren, so die Mädels, die einsahen, dass Sabotage hier wohl kaum angebracht sei. Nach einem fahrtenreichen Sommer folgte ein Herbst vielseitiger Änderungen und beklemmender Entwicklungen.

Am 26. September 1942 wird Liane Berkowitz, 19 Jahre, die Verlobte von „Remus", enttarnt und inhaftiert. Sie hatte an nächtlichen Klebeaktionen von Flugblättern, ihrer Herstellung und Verbreitung durch Weitergabe an Gleichgesinnte mitgewirkt. „Ständige Ausstellung – Das Naziparadies – Krieg – Hunger – Lüge – Gestapo – Wie lange noch?" so der Text.
Während wir unverdrossen kleine Treffen organisierten, geschah unbemerkt von der Öffentlichkeit, auf Befehl Hitlers streng geheim gehalten, der größte Schlag gegen

Hitler- und Kriegsgegner in Berlin. Die Machthaber waren überrascht und erschrocken über den Umfang der gegnerischen Kräfte. Nicht nur, wie meist behauptet, Kommunisten und Sozialdemokraten hatten sich zusammengefunden. Es waren alle Schichten der Bevölkerung vertreten. Arbeiter, Beamte, Künstler, Schriftsteller, Handwerker, Angehörige der Wehrmacht, Studenten und Wissenschaftler der verschiedensten politischen Richtungen.

Ein einziger unverschlüsselter Funkspruch aus Moskau nach Brüssel deckte die Pläne der von der Gestapo als „Rote Kapelle" bezeichneten Widerstandsgruppe auf. Mehr als 100 Verdächtige wurden festgenommen und inhaftiert. Die Moskauer Absender waren gewillt, die Berliner zu unterstützen, und hatten ihren in Belgien zuständigen Geheimdienstchef angewiesen, mit der Schulze-Boysen/Harnack-Gruppe Kontakt aufzunehmen. Allein die Tatsache, daß der Funkverkehr aus Moskau entdeckt wurde, nahmen die Gestapo und die NS-Propaganda zum Anlaß, die Verhafteten als Kommunisten zu diffamieren. In Wirklichkeit waren es sowohl konservative als auch linke Intellektuelle und Kommunisten.
„Bemerkenswert ist die Tatsache, daß sich unter den Festgenommenen über 20 % Berufssoldaten, Beamte und Staatsangestellte, 21 % Künstler, Schriftsteller und Journalisten befanden, während andererseits nur 13 % Arbeiter und Handwerker festgenommen wurden. Von der Gesamtzahl der Festgenommenen (118) sind 26 Personen, d. h. 29 % Akademiker und Studenten." – So der Gestapo-Abschlußbericht.

18. Oktober 1942
„Bert" wird nach dem Westen versetzt. Auf der Durchreise macht er in Berlin 3-4 Tage Zwischenstation. Ich sehe ihn nach langen Monaten endlich wieder. Wir fallen uns in die Arme, befreit von der ständigen Angst, einander zu verlieren. Bei „Heia", dessen Eltern ihn bereitwillig aufgenommen haben, feiern wir das Wiedersehen mit „Strupp", „Krischa" und „Maxe". Alle drei noch reklamiert als wichtige Mitarbeiter ihrer Betriebe. Ich brachte „Robby" mit, einen jungen Holländer, dessen Vater die niederländische Staatsbürgerschaft hatte. Seine Mutter war eine waschechte Berlinerin. Er lebte seit Kriegsbeginn in Weißensee bei seiner Großmutter. Wir hatten uns im Schwimmbad Orankesee kennengelernt. Einige Male hatte er schon an unseren Wochenendfahrten teilgenommen und sich gut in der Fahrtengemeinschaft eingelebt. – Und dann kam der Tag des Abschieds. „Berts" Resturlaub gehörte Familie und Freunden in Frankfurt.

13. November 1942
Auch ich erhielt einen Marschbefehl. Meine neue Einheit war die 20. Flakdivision, aufgestellt in Leipzig für den Einsatz in Tunesien. Zur gleichen Zeit tagten in der Gleimstraße sechs Unentwegte.

12. November 1942

Frankfurt. „Mauki" an „Heia":

„Nach Deiner und Heinos Abreise haben Chrischan, Pit, Bert und ich noch oft getagt und wir haben noch tolle Dinge steigen lassen. Aber der Höhepunkt war doch überschritten. Wir haben noch sehr stark unsere Bindungen zueinander durch manche Gespräche gefestigt. Am vergangenen Sonntag mußte uns Bert wieder verlassen. Toll war auch noch der vorherige Tag, der Samstag bei Chrischan. Bert ist fertig gepackt und wir haben immer noch gesungen. Und der Schlußakkord klang mächtig auf im Bild der gesammelten Erlebnisse.

Murki-Raswitaly!"

Feiert das Fest, Kameraden ...

Wo seid ihr Nächte am Feuer,
Wo seid ihr Männer vom Moor?
Der Zeiten gedenk ich euer,
Hol' ich die Gitarre hervor.
Und dann klingen die alten Lieder
Von der Kneipe dort hinten am Moor.
Und über schwarzen Wäldern steigt wieder
Roter Mond aus dem Nebel hervor.
Feiert das Fest, Kameraden!
Kurz ist das Leben auf dieser Erde,
Feiert das Fest, Kameraden!
Wo seid ihr Nächte geblieben,
Die wir durchzecht und durchlacht?
Wir hätten's so weiter getrieben,
Doch der Orlog, der kam über Nacht.
Und es riefen uns die Kanonen,
Der Himmel stand wieder in Brand,
In Bunkern und Schiffen wir wohnen,
Und fern ist das Heimatland.
Feiert das Fest, Kameraden ...

16. November 1942

Berlin. „Heia" an „Conny", der in Sizilien liegt:

„Es gab ein Treffen in Frankfurt, bei dem ich Heino, Pit, Mauki, Chrischan und natürlich Bert traf und alle näher kennenlernte. Daß dies mitten im Krieg möglich ist, grenzt an ein Wunder. Am 5. 1. 43 beginnt die Fotoschule hier in Berlin. Und meine Musterung steht an."

Von allem erfuhr ich erst viele Monate später, manches erst durch Feldpostbriefe, die jetzt vor mir liegen. So wußte ich auch nicht, daß „Remus", der in einem Berliner Lazarett zur weiteren Behandlung seiner Verwundung lag, am 29. November 1942 ebenfalls verhaftet worden war.
Die spätere Anklage „Vorbereitung zum Hochverrat und Feindbegünstigung" galt für alle 70 Angeklagten, von denen 39 zum Tode durch das Fallbeil und Aberkennung der Ehrenrechte verurteilt wurden. 20 Männer und 19 Frauen, die jüngste unter ihnen die 19 Jahre alte Liane Berkowitz, mußten dieses grausame und unmenschliche Schicksal erleiden. Hitler lehnte alle Gnadengesuche ab. Nur die beiden Angeklagten Hilde Coppi und Liane Berkowitz erhielten einen kurzen Aufschub. Sie waren Mütter geworden in einem der schrecklichsten aller deutschen Polizeigefängnisse. Beide durften ihre Neugeborenen noch abstillen, doch dann wurden auch sie unbarmherzig in Plötzensee hingerichtet. Liane am 5. August 1943; ihren Verlobten „Remus", Freund von „Heia", „Sascha" und „Hasch", hatte dieses Schicksal schon am 13. Mai 1943 ereilt.

Hilde Coppis Sohn Hans wurde von der Großmutter aufgezogen und ist heute ein namhafter Historiker und Autor bekannter Veröffentlichungen über den deutschen Widerstand. Lianes Tochter Irene hingegen verstarb in einem Kinderheim und blieb verschwunden. Hitler hatte befohlen, daß kein Angehöriger die Leichname der Hingerichteten bestatten durfte!

Erst nach der Wiedervereinigung rückten die damaligen Ereignisse aus dem Dunstkreis der von beiden Seiten betriebenen Falschinformationen ins Blickfeld der Öffentlichkeit. Der Osten hatte die „Rote Kapelle" als rein kommunistischen Widerstand dargestellt, im Westen galten sie als Vaterlandsverräter, weil Moskau am Rande des Geschehens auftauchte.

Urteile der Volksgerichte wurden nach 1945 annulliert und die Verurteilten rehabilitiert. Nicht jedoch die Urteile der Kriegsgerichtsbarkeit. Vor einem solchen aber, dem Reichskriegsgericht, fanden die Prozesse gegen die „Rote Kapelle" statt. Anklage und Richter blieben bis heute unbehelligt, einige sogar weiterhin nachweislich in Amt und Würden.

Am 25. November 1993 wurde auf Betreiben der Schöneberger Jusos, die 1988 den Antrag gestellt hatten, zur Erinnerung an Liane Berkowitz an ihrem ehemaligen Wohnhaus am Königin-Luise-Platz eine Gedenktafel angebracht. Die Einweihungsansprache von Dr. Hans Coppi befindet sich im Anhang.

EIN TUNESIEN-ABENTEUER, KURZ UND SCHMERZHAFT

Die Idee, Onkel Franks Hängematte aus meinem letzten Heimaturlaub mit nach Berlin zu nehmen, erwies sich jetzt als eine gute und vorausschauende Entscheidung. Über 36 Stunden benötigte der Zug von Berlin nach Leipzig. Es wurde nur nachts gefahren, tagsüber mußte die Bahnstrecke für wichtigere Transporte freigehalten werden. Auf irgendwelchen Güterbahnhöfen standen wir auf Nebengleisen herum. Das Bahngelände durfte nicht verlassen werden. Neue Wagen wurden angehängt, andere abgekoppelt oder umrangiert. Acht Mann in einem Abteil. Neue Gesichter, neue Lebensläufe, neue Frontberichte. Und die waren nicht immer die erfreulichsten.

Schlafen im Sitzen war nicht nach meinem Geschmack. Wir räumten die Gepäcknetze, verstauten Rucksäcke, Gasmasken und all den Kleinkram, den ein Landser so mit sich führt, auf dem Fußboden. Zwei Mann verzogen sich in die oberen Etagen. So entstand für die Verbleibenden mehr Raum. Ich zurrte meine Hängematte über das Ganze und sah auf die schlafenden, in sich gesunkenen, um Raum kämpfenden Kameraden nieder. Wenn einer sich erhob und sein Kopf mich anstieß, geriet mein Schwebebett ins Schwanken. Hellwach mußte ich versuchen, das Gleichgewicht zu halten.

In der Dämmerung des neuen Tages erreichten wir Leipzig. Nach einem nochmaligen Verträglichkeitstest für Chinin und Atebrin ging es nach zwei weiteren Tagen weiter Richtung Süden. Jetzt in einem weniger besetzten Abteil. Zwei im Gepäcknetz, zwei auf den Sitzbänken, ein Mann auf dem Gepäck, das wir auf dem Abteilboden verteilt hatten, und ich in luftiger Höhe.
Entsprechend dem Propagandaschlagwort „Räder rollen für den Sieg“ setzte sich der Transport erneut in Bewegung. Tage und Nächte rollten wir einem uns noch unbekannten Ziel entgegen. Auf zwei offenen Waggons dampften drei Feldküchen vor sich hin. An kleinen Bahnhöfen wurde Wasser getankt. Die Bevölkerung winkte uns freundlich zu. Straßenhändler versuchten ihre überteuerten Waren loszuwerden. Da wir keine italienischen Devisen besaßen, vermutlich kein großes Geschäft.
Und endlich, nach vier weiteren Tagen und Nächten – es wurde jetzt auch ab und zu tagsüber gefahren – erreichten wir Neapel. Mit Militärfahrzeugen ging es weiter in das Provinzstädtchen Caserta, nicht weit von Neapel entfernt.
Nach insgesamt zehn Tagen glaubten wir nun eine Ruhepause verdient zu haben. Statt dessen wurde ich mit einigen Kameraden zu einem Maschinengewehr-Ausbildungslehrgang abkommandiert. Man mußte diese Waffe in Windeseile auseinandernehmen und genauso schnell wieder funktionsfähig machen. Einzelfeuer, Dauerfeuer, Nachladen. Sprung auf, Deckung, an den vermeintlichen Feind heranrobben, samt Waffe und Munition. War dies alles endlich nach vielen Stunden in das Gedächtnis

eingehämmert, kam die Ausbildung im Handgranatenwerfen. Zu kurz ein Strafpunkt, zu weit vom Ziel entfernt ein weiterer. So lange, bis die Abschätzung der richtigen Entfernung zur Zufriedenheit des Ausbilders ausfiel. Doch der Höhepunkt war eine Kurzeinweisung in die Kunst des Strippenziehens, d. h. geschickt Bäume, Gebäudevorsprünge, Bretterzäune und ähnliches zum Verlegen und Befestigen der Fernsprechleitungen im Gelände auszunutzen. Dabei hatte man meist eine Kabeltrommel auf den Rücken geschnallt. Ein anderer zog die Telefonkabel ab, um sie zu verlegen. Das Ganze sollte auch unter feindlichem Beschuß funktionieren. Die Antwort, wie dies im Ernstfall geschehen sollte, blieb man uns schuldig. Nach diesem Kapitel begann eine Einweisung in den sogenannten „Klappenschrank", in anderen Worten die Telefonvermittlung. Stöpsel rein, Stöpsel raus. „Wird noch gesprochen? – Sprechen Sie noch? – Ich trenne." Stöpsel raus. Dazu die Decknamen der einzelnen Teilnehmer auswendig lernen. Die 20. Flakdivision hatte einen Blumenreigen zur Auswahl. Der Divisionsstab z. B. hieß Sonnenblume, die einzelnen Abteilungen und deren Batterien folgten mit Alpenveilchen, Butterblume, Schneeglöckchen, Vergißmeinnicht und vielen anderen.

Am 30. November 1942 war es endlich soweit. In der Morgendämmerung startete die Ju 52 von Neapel nach Tunis mit Zwischenstop in Trapani. Als MG-Schütze hatte ich meine Waffe aus einem der Seitenfenster in Anschlag gebracht und suchte den Himmel nach möglichen Angreifern ab. Wir waren an vier Fenstern postiert. Um den Briten und Amerikanern – sie beherrschten inzwischen den Luftraum – keine Angriffsfläche zu bieten, mußte die Flughöhe nur wenige Meter über der Wasseroberfläche gehalten werden. Für damalige Flugzeuge eine bemerkenswerte Leistung der Piloten.

Das Mittelmeer lag hinter uns. Doch kaum war die Landebahn erreicht, prasselte ein Bombenregen auf uns nieder. Raus aus der Kiste und im Zickzacklauf in Richtung der am Rande des Feldes ausgehobenen Splittergräben. Neben mir brachen Gebäude zusammen. Man hörte Sirenen, Schreie und Hilferufe. Sanitätsfahrzeuge rasten vorbei. In der Ferne waren weitere Detonationen zu hören. Nach wenigen Minuten war der Spuk vorüber. Aufgewirbelter Staub, Rauch und der noch vom Meer ins Land ziehende Morgennebel nahmen die Sicht. Doch dann sah ich den ersten Toten. Ein Beinstumpf, noch im Stiefel steckend, stand einige Meter von mir entfernt. Eine geradezu unheimliche Silhouette gegen das aufkommende Morgenlicht. Ein tunesischer Flughafenarbeiter war, wie so oft, als Zivilist sinnlos gestorben.

Dezember in Nordafrika. Eine Woche biwakierten wir jetzt schon irgendwo draußen vor der Stadt. Zwischen Dornengestrüpp und Feigenkakteen-Hecken hatten wir ein kleines Zeltdorf von etwa 30 Hauszelten, unter Tarnnetzen versteckt, aufgebaut. Einige der zahlreichen Küstenforts, deren französische Marinesoldaten die bedeutungslos gewordenen Geschütze instand hielten und auf einen Einsatz warteten, sollten zur Übergabe veranlaßt werden. Und unsere Division, noch nicht im regulären Einsatz, aber vor Ort, hatte die Übergabeverhandlungen zu führen.

Es war wieder die Stunde der MG-Schützen. Im großen Kommandeurszelt, ausgestattet mit Klapptischen und Stühlen, erwarteten unser Divisionskommandeur, Generalmajor Neuffer, der I a, Major Britze, Oberleutnant Hotsch als Kommandant des Stabsquartiers und Oberleutnant Ruppert als Protokoll-Offizier die Abgeordneten der französischen Admiralität in Nordafrika. In einiger Entfernung zwar, aber Respekt einflößend, hatten wir die vier MGs in Stellung gebracht. Pünktlich erschien eine Abordnung hochrangiger Marineoffiziere. Goldbetreßt, weiße Handschuhe tragend, die Kopfbedeckung unter dem linken Arm. Das Gesamtbild ein Theaterauftritt. Die Begrüßung blieb ein wenig kühl, aber nicht unfreundlich oder gar feindselig.
Nach zwei Stunden ging man auseinander. Zwei Küstenbefestigungsanlagen wurden von der Stabskompanie übernommen. In den kommenden Tagen mußten sie auf ihre Tauglichkeit als Unterkünfte, Ersatzteillager oder Fourierräume (Küche und Kantine) überprüft werden.

Für uns, die wir mit dieser Aufgabe betraut wurden, ein Abenteuer eigener Art. Die Kasematten dieser weitverzweigten Anlagen erforderten unsere ganze Aufmerksamkeit. Kein Winkel durfte übersehen werden.
In den Dünen, zwischen Strandhafer, meterhohem Dornendickicht, wuchtigen verwitterten Baumstümpfen und Steinen lagen die oberirdischen Gebäude. Fenster und Türen landeinwärts, in normaler Größe. Ein weites Rund war für Fahrzeuge vorgesehen, bevor man über fünf bis sechs Stufen die Eingangstür aus schwerem Eisen erreichte. Drinnen empfing einen erfrischende Kühle. Ein langer Gang mit etwa zehn Räumen an beiden Seiten, wovon nur die landeinwärts liegenden Tageslicht erhielten, lag im Dämmerlicht. Die Seeseite blieb durch meterdicke Betonwände, die außen durch das aufsteigende Gelände, unter dem auch die Dachkonstruktion verborgen blieb, unsichtbar.
Gemeinsam nahmen wir uns Raum für Raum vor. Es gab keinen Strom, ob abgeschaltet oder defekt konnten wir nicht herausfinden. Taschenlampen und Petroleumfunzeln kamen zum Einsatz. Ein Minensuchtrupp hatte am Tag vorher das Gelände abgesichert und auf das lichtlose Gebäude hingewiesen.

Insgesamt fanden wir ein Sammelsurium der unterschiedlichsten Art, vermutlich seit Monaten unbeachtet oder gar vergessen, in einem beachtlich guten Zustand erhalten. Etwa 500 Stück Kernseife in Goldbarrengröße, um die 200 Tellerminen sauber in Regalen gestapelt. In weiteren Räumen Marine-Bekleidungsstücke, Blusen, Hosen, Seesäcke und vieles weitere Zubehör bis zur Decke aufgeschichtet. Zwei weitere

Kellergelasse bargen Tausende sandfarbener oder olivgrüner Ein-kg-Dosen. Nachdem auch die zehnte Dose geöffnet vor uns stand, wußten wir, daß dieses Orangenmarmelade-Vorkommen die 20. Flakdivision für einige Monate versorgen würde. Ein kleiner Vorrat Blockschokolade und etwa 1000 Liter Olivenöl in handlichen Blechkanistern, 5000 Dosen Ölsardinen und 1000 Dosen Fleischkonserven fanden sich in den letzten Räumen. Nachdem der Gesamtbestand nach langem Zählen peinlich genau protokolliert war, mußte im Stab entschieden werden, ob die Marine oder die Division darüber verfügen sollte.

Die tiefer gelegenen Kasematten dienten als Geschützstellungen. Insgesamt handelte es sich um acht Kanonen großen Kalibers mit einer beachtlichen Reichweite. Munition fanden wir nicht vor. Durch die Sehschlitze wehte ein kühler, erfrischender Seewind. In den nebenan liegenden Schlaf- bzw. Aufenthaltsräumen roch es muffig und nach lange abgestandener Luft. Die Entlüftungsanlage ins Freie war vermutlich inzwischen zugewachsen oder durch Treibsand funktionsunfähig geworden. An beiden Enden der Gesamtanlage befanden sich Lastenaufzüge, in welchen die Geschützmunition und alle vorgefundenen Vorräte transportiert werden konnten.
Oberleutnant Orth, ein Mannheimer, mir aus meiner Mundenheimer Zeit bekannt, war als Quartiermacher eingesetzt. Er hielt dieses Gebäude nicht für verwendungsfähig. Der eigentliche Divisionsstab sollte in der Stadt Tunis Quartier beziehen und nicht irgendwo in der Umgebung.

Die Stadtkommandantur hatte eine Villa in einem parkähnlichen Anwesen requiriert. Die Eigentümer, ein ehemaliger englischer Kolonialoffizier und seine Familie, erhielten in dem großzügig ausgestatteten Gebäude einige Zimmer zugewiesen. Dem Kommandeur und den wichtigsten Stabsoffizieren standen alle weiteren Räumlichkeiten zur Verfügung. Ein Pförtnerhaus am schmiedeeisernen Eingangstor diente als Wachlokal. Ein Teil der Stabskompanie lag in einem Zeltlager im hinteren Teil des Gemüsegartens. Hier bewohnte eine italienische Familie ein kleines Gärtnerhaus. Frau und zwei heranwachsende Töchter waren in Küche und Haus, der Ehemann als „Mädchen für alles" beschäftigt. Ihm oblagen Arbeiten wie Auto waschen, Straßen kehren, Müll entsorgen usw. Auch für private Botengänge in die Stadt wurde er gerne in Anspruch genommen.

Die Truppenstärke der 20. Flakdivision betrug um die 12500 Mann. Die Flak-Regimenter 102 und 135, bestehend aus sechs Flak-Abteilungen, die Flak-Gruppe SOUSSE mit dem Flak-Regiment 78, bestehend aus vier Abteilungen, der Flak-Gruppe Tunis, bestehend aus zwei Abteilungen, einer Gebirgsflak-Abteilung und der Untergruppe Hermann Göring. Im Westen Tunesiens stand die Flak-Gruppe Biserta mit drei Abteilungen und einigen Spezialeinheiten, wie einer Eisenbahnflak mit acht Zwei-cm-Abwehrkanonen bei Bahntransporten.

Als Angehöriger der Stabskompanie war ich ein Soldat z. b.V., wie Torwache, Fernsprechvermittler am Klappenschrank, Melder (per Fahrrad) innerhalb der Stadt Tunis, als Strippenzieher im Gelände bei Verlegung einer Einheit und ähnlicher Tätigkeiten. In ganz besonderen Fällen war ich wieder als Ordonanz im Offizierskasino gefragt. Nebensache, ob ein Biwak im Gemüsegarten oder eine Einquartierung in einer Küstenbefestigung, wichtiger war die wiederhergestellte Verbindung zu den Freunden. Unsere „Postleitstelle“ Gleimstraße in Frankfurt war ein tragfähiger Beweis. „Gerry“ hatte allen erreichbaren Freunden meine neue Feldpostnummer mitgeteilt, und so konnte der Gedankenaustausch wieder aufgenommen werden. „Conny“ war inzwischen von Sizilien nach Nordafrika versetzt worden. Meinen Brief vom 21. Oktober 1942 hatte man ihm nachgeschickt, und seine Antwort erreichte mich in Tunis. Er schreibt:

19. 11. 42. ...

„Unsere Ablösung traf vor zwei Wochen hier ein. Aber dann wurde ich verwundet und kam ins Lazarett. Was ich inzwischen alles erlebt habe, läßt sich gar nicht schildern. Hatte jedenfalls immer großes Glück. Stecke jetzt zwischen Tripolis und Bengasi. Meinen Wagen mit allen meinen Sachen mußte ich verbrennen. Waren leider allerhand Dinge dabei, die ich gerne für uns gerettet hätte.
Haschs Grab habe ich nicht gefunden. Jetzt ist es nicht mehr möglich, da dort der Tommy steht. Meine einzige Hoffnung bleibt, es später mit euch zu finden. Werde eben so lange warten müssen.
... Wünsche mir Zajagan zum Rüberkommen, alter Gringo! Dein Conny“

Das Wort „Zajagan“, ein in Zentralasien benutzter Gruß, hat eine doppelte Bedeutung. Beim Aufbruch der Karawanen riefen es sich die Karawanenführer zu: *„Gute Reise – guten Weg!“* Im übertragenen Sinne auch *„Alles Gute für deinen Lebensweg“*.

Die Frankfurter, Berliner und andere sehr gute Freunde hatten es seit vielen Jahren in ihren Sprachschatz aufgenommen, anstelle der alten bündischen Grußworte Horrido, für dich bereit oder gut Pfad. Noch weitere Worte tarnten den eigentlichen Sinn wie z. B. „Ordu“ = Lagerplatz, Heimstatt, Garnison. „Wolki“ = Verfolger, Gestapo. Ein Zensor konnte damit recht wenig anfangen. Er mußte schon Mongole sein.

„Conny“ an „Heia“:
30./31. 12. 1942 und 01. 01. 1943 in Lazarett Kaufbeuren:

„Jetzt bin ich hier gelandet. Es wird lange dauern, bis ich nach Berlin in Urlaub komme. Daß Berry jetzt nach Tunis gekommen ist, ist verdammt beschissen. Als ich es las (Brief vom 16. 12. 1942) war ich wieder mal bedient. Hat er Dir schon geschrieben. Wenn ja – bitte ich um baldige Zusendung seiner Feldpostnummer. ...
Und Sascha schon wieder im Osten. Es kotzt mich alles verdammt an. Das sind ja alles so erfreuliche Nachrichten, daß mir schon der halbe Urlaub vermiest ist.“

Doch der so bedauerte Freund schien bei guter Laune, wie er am 14. Januar 1943 an „Heia“ schreibt:

„Nachts
ne kalte Bude,
auf dem Ofen sitz' ich,
die Füße im Kamin
kaue Sonnenblumenkerne
aus Verzweiflung
und spucke s'e
in die Stube rin.
Die andern schlafen, schnarchen,
träum' vielleicht von Braut,
Frau oder Haus.
Ich träum' auch. Im Wachen,
aber meine Gedanken geh'n
in die Welt hinaus.
Man ist zwar
weit von der Heimat,
doch wünscht man sich
woanders hin.
Das ist bei mir
schon immer so gewesen.
Nach wärmeren Ländern
Steht mein Sinn.“

„Sascha“ hockt frierend auf einem russischen Ofen, wir aber heben inzwischen Splittergräben aus. Die Luftangriffe nehmen von Tag zu Tag zu. Ebenfalls die Erdkampfhandlungen mit Nahkampf, Einbrüchen in feindliche Stellungen, Erstürmen der vom Feind besetzten Höhen. Die schweren Batterien unterstützen die Infanterie bei Rückzugsgefechten. Und der tägliche Wehrmachtsbericht, wie immer geschönt, läßt alle Zukunftsfragen offen. Wie lange noch? –
Da helfen auch keine echten deutschen Tannenbäume, die erstaunlicherweise den Transport als Seefracht überstanden haben. So verbringen wir die Abende zwar nicht an einem Lagerfeuer, aber um eine Petroleumfunzel versammelt, und singen die Lieder, die jedem auch aus HJ-Zeiten bekannt sind. „Hohe Tannen“, „Jenseits des Tales“, „Die Glocken stürmten vom Bernwardsturm“, „Wir alten Landsknechte“ ... und ähnliche.
Ackermann, Kradmelder und Reparaturgenie für alles, was schmutzige Hände macht, klimperte mehr oder weniger gekonnt die Melodie. Seine schwarzen Fingerkuppen

und abgebrochenen Nägel mußte man dabei übersehen. Die Gitarre hatten wir dem Gärtner abgeschwätzt.
Und ehe man es sich versah, war das Jahr 1943 angebrochen. Die Luftangriffe, während der Festwoche eingestellt, nahmen wieder zu, und der Geschützdonner der schweren Flak hallte über die Stadt.

Im November 1942 waren die Amerikaner in Nordafrika gelandet. Jetzt saßen die Tunesien-Truppen in der Falle. Ein Zweifrontenkrieg war bei der augenblicklichen Nachschublage nicht durchzuhalten. Der schon lange vorbereitete Plan, den Divisionsstab nach Westen, Richtung Algerien, zu verlegen, wurde jetzt in Angriff genommen. Ich wurde mit einem Vorkommando nach Biserta in Marsch gesetzt. Neben Sousse und Tunis der dritte Seehafen Tunesiens. Aber auch gleichzeitig der größte Marinestützpunkt der Franzosen auf nordafrikanischem Boden. Daß der Gegner hier ein vorrangiges Interesse daran hatte, die Anlandung militärischen Nachschubs zu unterbinden, versprach kaum mehr Sicherheit für den Divisionsstab als in Tunis.
Wir überprüften eine Kaserne, in der bis vor einigen Monaten ein Senegalesen-Bataillon lag. Die Eisenbetten waren verwanzt, aus dem hölzernen Fußboden sprangen uns die Flöhe an. Es fehlten nur noch die Läuse in dem Heer der Plagegeister. Gegen die Stechmücken halfen die Moskitonetze, Atebrin und Chinin.
Und hier mußten wir übernachten! Mit Lötlampen aus der Werkstatt einer in der Nähe stationierten Fahrzeuginstandsetzungs-Kompanie bekämpften wir die Wanzen. Jede Ritze mußte unter Feuer genommen werden. Die Bettpfosten stellten wir in mit Petroleum gefüllte Blechdosen. Das über das Bett gespannte Moskitonetz half nicht nur gegen die stechenden Störenfriede, sondern verhinderte auch ein Eindringen der Wanzen. Sie kamen oft über die Stubendecke und ließen sich auf ihr ungeschütztes Opfer fallen. Trotz aller Vorsorge hatte mich irgendein Blutsauger erwischt und große, juckende Stellen hinterlassen, als hätte ich die Beulenpest.
Als klar wurde, daß dieses Gebäude unmöglich ungezieferfrei gemacht werden konnte, blieb nur noch eine mittlere Küstenbefestigung als mögliches Stabsquartier übrig. Und davon nur die oberirdischen, aber großräumigen Baracken. Teile waren unterkellert und hatten einen unterirdischen Zugang zu der eigentlichen Strandfestung.
Der Quartieroffizier, Oberleutnant Orth, entschied nach längerer Beratung mit dem deutschen Stadtkommandanten und den Kommandeuren der beiden Flakabteilungen 503 und 511, das Ergebnis seiner Erkundungen dem Divisionsstab als brauchbar und ausbaufähig zu unterbreiten.
Zurück in Tunis, nutzte ich wieder meine Freizeit, um zahlreiche Filme entwickeln zu lassen und weiter nach ausgefallenen, völkerkundlich interessanten Stücken zu suchen. Da nur ein Päckchen von 1 kg im Monat in die Heimat geschickt werden konnte, mußten großformatige Stücke, wie z. B. Macheten, Säbel und Dolche, aber auch Satteltaschen, Gazellenlederschuhe, Handtrommeln und vieles mehr einem

Urlauber anvertraut werden. Hoffend, daß er selbst heil und unversehrt Italien erreichte und obendrein eine ehrliche Haut war. In einem separaten Brief erhielt „Gerry" in Frankfurt eine Liste aller Päckchen und der einem Kameraden mitgegebenen Funde. Vieles ging verloren, wie und wann blieb unbeantwortet. So ist von einem Dutzend Filmen und Fotos lediglich ein einziges Bild übriggeblieben. Es war in einen Brief als Gruß aus Tunis eingeklebt, leider ein schlechtes Bild und im Laufe der Jahre verblaßt.

Der große Umzug stand bevor. Die Transportkompanie war pausenlos im Einsatz, um den ganzen Bürokram zu verpacken, abzutransportieren und die neuen Schreibstuben in Biserta einzurichten. Ich war im Gelände unterwegs als Strippenzieher und Aushilfskraft in der Fernsprechzentrale, die, neu installiert, noch ihre Tücken hatte. Unser Kommando war auf die Kantine der Stadtkommandantur angewiesen. Zusätzlich handelten wir bei benachbarten Einheimischen frische Eier und Fladenbrot ein.
In dem Divisionstagesbefehl Nr. 7/43 vom 10. Januar 1943 an die Einheiten wurde darauf hingewiesen, daß das Requirieren von Lebensmitteln, insbesondere von lebendem Geflügel, Ziegen oder Schafen nicht als Mundraub betrachtet werden könne. Dies sei Plündern und unter Strafe gestellt. Das gelte auch im Falle der Flucht der Einwohner, die sonst bei Rückkehr ihrer Lebensgrundlage beraubt seien. Ausnahmen gäbe es nur im äußersten Notfall, und das entscheide der verantwortliche Offizier bzw. sein Stellvertreter, ob ein solcher vorliege.
Dies galt vor allem für die zurückrollenden, von der Versorgung abgeschnittenen, versprengten oder eingekesselten Truppenteile.

Die Ostfront brach langsam, aber sicher ein. Am 31. Januar 1943 fiel Stalingrad nach monatelangem Häuserkampf und ohne jeden Nachschub. Die armen Kerle konnten nichts requirieren, ob mit oder ohne Bezahlung. Und wie man hörte, soll Adolf GRÖFAZ, der „größte Feldherr aller Zeiten", die 6. Armee als Feiglinge und Verräter bezeichnet haben.
Wie wird er dann in wenigen Wochen die Soldaten des Afrikakorps beschimpfen, die rettungslos in Gefangenschaft geraten sein werden?

Frankfurt, Februar 1943
Hier hatten sich unerwartete Dinge abgespielt. Per Gesetz mußten alle sogenannten Luxusbetriebe ihre Tätigkeit einstellen. Auch das Geschäft an der Hauptwache fiel darunter. Die Firma S. F. Jollasse, Conditorei und Café, Brentenfabrik und ehemaliger Hoflieferant, gab es nicht mehr. Die Pächter mußten die noch vorhandenen Warenvorräte inklusive aller Spirituosen an die Innung abgeben. Mir persönlich fehlte, außer den Mieten, ab sofort jede Einnahme. Und auch meine Mutter erhielt nur das Allernötigste an Geldzuweisungen, konnte aber mietfrei in Jugenheim wohnen. Mitte

Februar erreichte mich eine Kurznachricht meiner Freundin Fernande, die inzwischen in der Schweiz vorübergehend eine Stellung angenommen hatte. Sie fühlte sich als Luxemburgerin dort sicherer.
„Mutti W. am 11. II. 43 verhaftet. Gerry weiß auch nicht mehr. Weitere Nachricht abwarten. Maus"

Eigenartig, denn „Gerry" hatte einige Wochen bei meiner Mutter in Jugenheim gewohnt. Wer in die Fänge der Gestapo geriet, hinterließ in den meisten Fällen keine Nachricht und schon gar keine nachprüfbaren Spuren.
Brauchbare, dokumentarisch gesicherte Informationen zu erhalten war unter den augenblicklichen Umständen unmöglich. Auch nach Wochen blieben sie unklar. Ich entschloß mich, meinem nächsten Vorgesetzten, Oberleutnant Hotsch, Meldung zu machen, und bat um Sonderurlaub. Er war im Zivilleben Jurist, jetzt Divisions-Gerichtsoffizier und in dieser Funktion sofort bereit, sich meiner Angelegenheit anzunehmen.

Da der afrikanische Kriegsschauplatz keinen Urlaub zuließ, blieb nur der Versuch, in Deutschland bei Partei- und Justizbehörden Aufklärung über den Verbleib meiner Mutter zu erhalten. Die Anfrage bei dem NSDAP-Ortsgruppenleiter von Jugenheim a. d. Bergstraße, dem letzten Wohnsitz der Gesuchten, wurde am 9. April 1943 dahingehend beantwortet, daß die zuständige Gestapo-Außenstelle Darmstadt den besagten Vorfall nicht kenne. Hiermit befasse sich die Gestapoleitstelle Frankfurt. Diese sei federführend und habe auf eine dortige Anfrage mitgeteilt, es handele sich um eine „begangene strafbare Handlung" mit nachfolgender Festnahme und Inhaftierung.
Am 19. April 1943, zehn Tage später, forschte meine Dienststelle bei der Frankfurter Gestapoleitstelle nach der Art der strafbaren Handlung und deren eventuellen Folgen.

Diese Anfrage blieb unbeantwortet.

Bis zum heutigen Tag sind die damaligen Ereignisse nicht eindeutig und lückenlos geklärt. Hätte es sich um eine strafbare Handlung im Sinne des deutschen Strafgesetzbuchs gehandelt, wären die Staatsanwaltschaft und der Untersuchungsrichter die Ansprechpartner gewesen. War aber die Gestapo im Spiel, konnte man in vielen Fällen davon ausgehen, daß die Sache als politischer Fall behandelt worden war. Und die bot alle Möglichkeiten und war ellenlang. Vom Abhören der sogenannten Feindsender, Verunglimpfung der Reichsregierung (Witze, Karikaturen u. a.), für Juden verbotene Besuche von Kino, Theater- und Konzertveranstaltungen, der Besuch in einem arischen Friseursalon, Fahrten in Straßenbahnen und Bussen, Besuche arischer Gaststätten bis hin zur Benutzung öffentlicher Bäder und Toiletten. Ganze Volksgruppen lebten somit in einem Niemandsland.

Und die Denunziation blühte. Im Falle meiner Mutter schien hier eine solche vorzuliegen. Entweder war sie irgend jemandem im Wege, wobei die nicht ganz arische Abstammung ein willkommener Anlaß war, oder sie hatte sich in der Öffentlichkeit kritisch zu den herrschenden Verhältnissen geäußert.
Post aus der Heimat oder der Front im Osten, wenn sie Afrika überhaupt noch erreichte, war nicht gerade aufmunternd. Wer vom Schicksal meiner Mutter erfahren hatte, glaubte mir durch wohlmeinende Ratschläge helfen zu können.

19. März 1943 – Rußland.
„Mauki" schreibt:
„Deinen Brief vom 14.1.43 habe ich soeben erhalten. Ich habe mich mächtig gefreut, daß es Dir in Tunesien gefällt. Ganz anders hier im Osten. Eintönigkeit, immer gleichbleibende Landschaftsbilder, dann die Landplage, die Läuse dazu, ganz zu schweigen von dem unmenschlichen Vernichtungskampf, das ist mein Leben! – Ich gehöre der am weitesten ostwärts befindlichen Infanterie-Division an. Also Kommentar überflüssig. Die großen Rückzüge von Stalingrad bis zum Donez leben in meiner Erinnerung ewig fort! Wann, Kamerad, sehen wir uns wieder? Aber dann. ... Wenn es oft lange dauern wird, bis Du ein Zeichen von mir erhältst, denke daran, welchen Weg dieser Brief machen muß, von der weitesten Bastion im Osten zur gleichen Stelle im Süden, der ach so lächerlich kleinen Welt. Mit Zajagan auf allen Deinen Wegen bleibe ich Dein Mauki."

So „Bert" am **27. März 1943** aus Marseille:
„Die Sache mit Deiner Mutter ist bedauerlich. Helfen kannst Du ihr doch nicht. Wenn Du es aber versuchst, wird man auf Dich aufmerksam und näher beschäftigen. Zajagan Bert."

28. März 1943 – Bremen.
„Heino" läßt von sich hören:
„Endlich, nach langer Zeit wieder ein Lebenszeichen von Dir. Ich habe mich sehr gewundert, aber noch mehr gefreut. Am 9. 3. 43 bin ich endgültig vom Barras entlassen worden. Auf der Reise nach und von Ostpreußen blieb ich natürlich wieder einen Tag in Berlin. Auf der Rückfahrt traf ich Chrischan bei Heia. Du wirst Dir ja denken können, welche Freude dies für mich war. Leider nur wenige Stunden. Die Zeit war kurz, zu kurz. Die Sache mit Deiner Mutter erfuhr ich dann auch in Berlin. Dir bleibt aber auch nichts erspart ... Ab 1.4. bin ich als fliegender Bildberichter, Laborant und Fotograf bei Focke Wulf Flugzeugbau GmbH in Bremen.
Zajagan Dein Heino."

3. April 1943 – Quedlinburg.
„Chrischan" meldet sich:
„Mein alter Berry, lange hast Du nichts von mir gehört. Deine Post vom 24. 2. habe ich erhalten. Hoffentlich kannst Du Dich an Apfelsinen mal richtig voll fressen. Bei uns gibt es doch so gut

wie keine. Morgen ist hier der Tag der Wehrmacht, genau so billig wie alles im Heer. Inzwischen war ich auch einmal in Berlin. Der Tag war schön, zumal auch noch Heino dazukam. Heia hat noch mal saumäßig Glück gehabt, muß nicht zum Kommis. Bei Pit liegt die ganze Familie im Krankenhaus, hat man Dir sicher schon mitgeteilt. Das wär's für heute, lieber Berry. Der alte Glaube ist unerschütterlich und hält einen immer hoch. Schreibe bald wieder, damit der Kontakt bleibt! Und alles im Zeichen des Zajagan. Dein Chrischan."

19. April 1943 – „Conny".
Bericht von seinem Berlin-Urlaub. „Gerry" war für einige Tage dort. Wichtig ein Hinweis auf „Hasch":
„Solltest Du irgendwann einmal etwas von der Blutnacht am 21.6.42 hören, dann erkundige Dich bitte. Ich erfuhr im Urlaub von einem Kameraden Haschs, der ihn mit fast weiteren 40 Mann beerdigt hat, daß er im Nahkampf gefallen ist. Genaues wußte er leider nicht. Aber den Ort, an dem er begraben ist, konnte er mir einigermaßen beschreiben. Daß ich ihn jetzt finden werde, steht für mich fest. Ich hoffe auf ein baldiges Wiedersehen, egal wo und bleibe mit Zajagan. Dein Conny."

25. April 1943
„Bert" aus Marseille:
„... Heute ist Ostern. Was bedeutete das einmal früher für uns. 4 Tage Fahrt, Lagerfeuer, Klampfen. Heute Wüstensand vom Winde verweht, schäumende Brandung aus tückischem Riff, Araberviertel, Nachtbars, Häfen, Kähne, Hitze und ewige Sonne. Damals geträumt, heute Erleben. Gesehen haben wir nun schon ein schönes Stück der alten Mammutschka Erde. Wo ich nicht war, bist Du oder einer von uns gewesen. Unsere Erlebnisse ergänzen sich im ganzen Europa ... Ich hänge tagtäglich am Radio und höre alle Nachrichten über Tunis. Immer hoffend, daß die Ruhe noch einige Zeit dauert und Du noch nicht im dicksten Dreck steckst. Alle meine guten Wünsche begleiten Dich und fernerhin ein Zajagan bis zu unserem Wiedersehen an der Côte d'Azur. Sei umarmt in Treue Dein Bert."

Und genau das hatte ich mir vorgenommen. Ich wollte in keinem Fall in monatelanger Gefangenschaft dem Verbleib meiner Mutter nachsinnen. Was in der Heimat wirklich geschah, wurde durch die Postzensur unleserlich geschwärzt.
(Eine Erläuterung zur damaligen Staatsgewalt befindet sich im Anhang)
In mehreren Briefen hatte ich „Bert" gegenüber angedeutet, wenn möglich einer Gefangennahme zuvorzukommen oder später einen Fluchtversuch zu unternehmen. Postwendend bekam ich eine Anschrift in Marseille, die über seinen Aufenthaltsort Bescheid wisse: ein gewisser Wenzel, Nachbar in der Gleimstraße in Frankfurt, saß im Feldpostamt und stünde als Helfer bereit. Jeder in unserer Gruppe kannte die abenteuerliche Flucht seines Onkels Lulu Müller, Bruder seiner verstorbenen Mutter und sein Vormund. Er war als Soldat des 1. Weltkriegs in russische Kriegsgefangenschaft

geraten. Rotarmisten befreiten ihn, weiße Konterrevolutionäre fingen ihn wieder ein. In der Grenzregion der Mongolei wurde er von Gefolgsleuten des baltischen Barons Ungern-Sternberg erneut aufgegriffen und interniert. Der Balte lehnte sowohl die Zarenherrschaft als auch die Diktatur des Proletariats ab. Er begrüßte den Deutschen als vermeintlich brauchbares Mitglied einer Regierung, die er in dieser Region, unabhängig von Weiß oder Rot, zu etablieren gedachte. Erst 30 Monate später erreichte der Flüchtling über China via Panamakanal die Heimat.
Er kannte unsere Vorliebe für das freie Leben der Kosaken, deren Heldentaten und wundervolle Chöre. An manchem Heimabend erzählte er uns von den Strapazen dieser endlosen Heimreise durch Revolutionswirren und deren Folgen.
Wenn ich mich jetzt, für Fremde unverständlich, auf bestimmte Geschichten berief, konnte der Empfänger sie richtig deuten. („Ich glaube, ich erlebe in Kürze die gleichen Abenteuer wie Onkel Lulu." – „Habe mir einen schwarzen Vollbart wachsen lassen, vielleicht brauche ich ihn demnächst." – „Meinen Sold spare ich, kaufe keine Paketsendungen mehr zusammen. Ich benötige unter Umständen jeden Franc" u.ä.)

Briefe an „Bert" vom 11. April 1943, Tunis:
„Post kommt fast keine mehr über den Luftweg. In wenigen Tagen haben die Tommies und Amerikaner über zwei Dutzend JU 52 in den Meeresfluten versenkt. Waren bestimmt auch Briefe von Dir dabei. Nur noch dreimal wöchentlich wird Post befördert, Päckchen werden keine mehr angenommen. Der Feind steht bereits in der Nähe von SFAX und die letzten Riegelstellungen werden besetzt. Dann kommt ein flaches, geeignetes Gelände für Panzerangriffe und der Tommy hat genug davon, um uns alle in die Hölle zu jagen. Wer weiß, was wir noch alles erleben werden. Dauernd Alarm, es ist ja auch nur noch ein winziger Zipfel Afrika, der uns verblieben ist."

Tunis, 16. April 1943
„Biserta mußten wir räumen, das Stabsgebäude ist abgebrannt. Der dortige Hafen ist ein tägliches Angriffsziel. Vor ein paar Tagen traf es ein Versorgungsschiff direkt am Kai. Wir wurden in Marsch gesetzt, um körbeweise Orden und Medaillen einzusammeln, die neben Verpflegung, Munition, Lazarettbedarf auch noch angelandet werden sollten und dann am Straßenrand, auf Dächern und Bäumen hingen. Die Straßenjungen waren schneller und verschwanden mit einem Großteil Eiserner Kreuze, Erdkampf- und Nahkampforden, Verwundetenabzeichen und den deutsch-italienischen Gedenkmedaillen auf Nimmerwiedersehen."

Tunis, 24. April 1943
„Wir sind wieder im alten Stadtquartier bei der englischen Familie. Die war natürlich wenig erfreut, hätte lieber ihre Landsleute im Haus. Täglich Luftkämpfe über der Stadt, es prasselten dicke Eier in rauhen Mengen. Das Wasserwerk wurde zerstört und wir hockten auf dem Trockenen."

Tunis, 30. April 1943

„Es wird täglich heißer, und die Front kommt immer näher. Bald ist es soweit. Conny muß irgendwo in der Nähe liegen, falls er noch oder wieder hier im Einsatz ist. Wenn ich ihn treffen sollte, wird es großartig. Dann habe ich einen unserer Jungs dabei in diesem verfluchten Land. Und wir haben einen langen Weg vor uns.

Meine Mutter ist wieder frei, liegt aber mit Galle und Körperflechte im Städtischen Krankenhaus. Völlig fertig mit den Nerven und muß in Erholung irgendwohin. Ich kann Dir sagen, lieber Freund, wenn dieser Rummel nicht bald zu Ende geht, sind wir alle nervenkrank und haben graue Haare! Wann sehen wir uns wieder? … aber dann! Bis dahin lebe wohl und sei gegrüßt.

Berry"

Es war der letzte Brief an einen Freund, den ich als aktiver Soldat der deutschen Wehrmacht aus Nordafrika geschrieben habe. Meine Mutter wurde nach ihrer Entlassung aus dem Krankenhaus wieder inhaftiert. Dies erfuhr ich erst Monate später.

Ohne Wasserversorgung blieb das Stabsquartier keinen Tag länger in der Stadt. Im Osten stand der Feind, so blieb nur der Westen. Doch wohin? Irgendwo zwischen Tunis und Biserta, in einem Olivenhain, biwakierten wir jetzt am Ende wie vor einem halben Jahr am Anfang.

Nach und nach hatte sich der Divisionsstab ausgedünnt. Die jüngeren Offiziere waren an die Front abkommandiert, das Schreibstubenpersonal rigoros reduziert. Wer benötigte in diesen letzten Tagen noch einen Wehrbetreuungs-Offizier, einen Schirrmeister mit einem zerschossenen Fuhrpark oder einen Zahlmeister ohne Moneten für den Nachschub in Küche, Kantine und Kasino?

Die Bombentreffer, die das Stabsquartier in Flammen aufgehen ließen, hatten Möbel, Feldbetten, Akten und Büromaterial vernichtet, das nicht mehr beschafft werden konnte. Die Fernsprechverbindungen liefen noch einigermaßen reibungslos, teilweise auch über örtliche Netze. Immer häufiger hatten wir jedoch französische Teilnehmer in der Leitung. Ob unbeabsichtigt oder durch eine angezapfte Stelle mußte geklärt werden.

6. Mai 1943

Mit zwei Kameraden war ich zur Überprüfung dieses ungeklärten Sachverhalts im Gelände unterwegs. Der Sinn dieser Suchaktion blieb mir verborgen, da die Kapitulation ohnehin in Kürze bevorstand. Aber Ordnung mußte sein. Das verlangte soldatisches Pflichtbewußtsein. Meines endete in einem Bombenhagel britischer Jäger. Wir befanden uns gerade in einem Hohlweg in Richtung Westen. Es bestand der Verdacht, daß die im Grenzgebiet Algerien/Tunesien aktiven Gegner der Vichy-Regierung hier als Mithörer in Frage kamen.

Irgendwo bellten Zwei-cm-Flakgeschütze. Die Angreifer hörten wir zwar, konnten aber nicht schnell genug in Deckung springen. Vor und hinter uns krepierten die Geschosse. Steine, Sand und Teile zerfetzter Olivenbäume, die oberhalb des Wegs das Land weitläufig bedeckten, flogen uns um die Ohren.
Gerade hatte ich mich über den oberen Rand gehangelt und hinter einem dicken Stamm eines jener teilweise über hundert Jahre alten Baum-Methusaleme in Deckung geworfen, als ein weiterer Angriff uns mit Sprengbomben eindeckte. Sie hatten gewendet und kamen ein drittes Mal im Tiefflug und beharkten uns mit Maschinengewehrfeuer.
Ich fühlte keinen Schmerz, etwas lief warm über Rücken und Oberschenkel und ließ Hose und Hemd feucht werden. Das linke Ellenbogengelenk war blutverschmiert. Der Unterarm war unbeweglich. Ein Splitter hatte den Gelenkknochen verletzt. Mühsam, auf den unverletzten Arm gestützt, versuchte ich mich aufzurichten. Stechender Schmerz im rechten Oberschenkel und unter dem linken Schulterblatt deuteten auf weitere Verletzungen hin.

Meine zwei Kameraden hatten nur einige Schrammen abbekommen und suchten das Gelände nach mir ab. Unterstützt von Ackermann, dem Kradmelder und Klampfenspieler, der in Biserta die vermutlich letzte Postsendung geholt hatte und auf dem Rückweg zum Divisionsstab war. Er war rechtzeitig durch Fluglärm und Abwehrfeuer der leichten Flakbatterien in der Nähe gewarnt worden und hatte seine Fahrt nach dem Abdrehen der Jagdbomber fortgesetzt. Kurzerhand luden sie mich in den Beiwagen. Die darin gestapelten Postsäcke ließ man am Wegrand zurück. Sie sollten später abgeholt werden. Einer blieb als Wache dort.
Über Stock und Stein holperten wir in das in der Nähe gelegene Feldlazarett Methine. Welcher Knochen am meisten schmerzte, wußte ich, so durchgerüttelt, dann nicht mehr. Als Leichtverletzter mußte ich die Versorgung Schwerverletzter, die jammernd und stöhnend um mich herum aufgebahrt lagen, abwarten. Der Luftangriff hatte noch einmal viele Opfer gefordert.

Das Lazarett selbst, ein großes Zeltgebäude, durch das international vorgeschriebene Rote Kreuz deutlich sichtbar gekennzeichnet, wurde für zwei bis drei Tage mein letztes Quartier in Tunesien. Die leicht zu entfernenden, meist einige Zentimeter unter der Haut liegenden Metallteile wurden sofort herausoperiert. Einige tiefer in der Oberschenkel- und Rückenmuskulatur steckende größere Splitter blieben vorerst, wo sie waren (bis heute!). Auch das Steckgeschoß im Ellenbogengelenk, da es im weiteren Verlauf keine Behinderung darstellte.
Buchstäblich in letzter Minute, im Hinblick auf das Kommende, hatte Kamerad Ackermann meinen Rucksack samt Ersatzhemd, Hose, Socken und Unterwäsche, die privaten Dinge wie Post, Fotos, Taschenmesser und Hängematte noch im Lazarett

abgeben können. Und einen Brief von „Heia" mit einer kurzen Notiz meine Mutter betreffend, der sich im letzten Postsack befand. Er war lange unterwegs.

12. März 1943 – „Gerry" Frankfurt an „Heia" Berlin:
„… Die Sache mit Mutti W. wundert mich nicht. Ich hatte so etwas schon immer erwartet. Ein Mensch in ihrer Situation muß doppelt vorsichtig sein, was er tut und spricht. Und sie hat sich in dieser Beziehung ein bißchen zu viel Freiheit genommen."

Das war wenig. Aber sie sollte ja inzwischen im Städtischen Krankenhaus liegen. Als freier Mensch. Es war doch nicht so schlimm, wie es am Anfang schien (s. Anhang).

Am **9. Mai 1943** übernahm eine britische Einheit das Lazarett. Angehörige meines Haufens habe ich nie wieder getroffen. Nach zwei oder drei Tagen wurden die Leichtverwundeten per Shuttle-Bus auf algerisches Staatsgebiet in das Durchgangslager Constantine überstellt. Auf der stundenlangen Fahrt in glühender Hitze wurde offensichtlich, daß wir hier verlieren mußten. Einige hundert gepanzerte Fahrzeuge, riesige Munitions- und Treibstofflager säumten den Straßenrand, tief ins Gelände gestaffelt. Es mußten US-Bestände sein, da hier und dort die Stars und Stripes neben dem Union-Jack in der baumlosen, felsigen Landschaft als einziger Farbfleck ins Auge fielen.
Constantine, ein Durchgangslager, an einem Hang gelegen. Einige Dutzend Acht-Mann-Zelte, umzäunt mit Stacheldrahtrollen, vier Wachtürmen und einer Wache am Eingang. Auch hier englische Einheiten. Sanitäter versorgten die Wunden, täglicher Verbandswechsel und, wenn erforderlich, eine Schmerztablette. Die Verpflegung aus der Feldküche war, wie jeder sich denken kann, für Mitteleuropäer eine Zumutung. Die süßen Muffins und die drei Zigaretten, made in Great Britain, dazu ein Eistee versöhnten mit der mißlichen Lage. Die kommenden Tage stellten allerdings Körper und Geist auf eine harte Probe.

ES FÄHRT EIN ZUG NACH NIRGENDWO

Drei lange Tage in brütender Hitze. Gelber Staub und der rußgeschwängerte schwarze Rauch der alten Dampflok drangen durch jede Ritze der Güterwagen. Es roch nach Schweiß, Urin und ungewaschenen menschlichen Körpern, die eng gedrängt auf den rissigen Bodenplanken hockten. Durch die beiden vergitterten, mit Stacheldraht zusätzlich verstärkten kleinen Fensterluken wehte tagsüber ein warmer Luftstrom, der nachts empfindlich abkühlte. Die einzige Erfrischung außer der spärlichen Wasserration, die uns alle drei bis vier Stunden in Eimern und einem Dutzend Blechbechern durch die großen Schiebetüren hereingereicht wurde. Im Gedränge um die ersehnte Flüssigkeit kam mancher zu kurz oder, noch schlimmer, der Eimer fiel um, und alle rauften sich um die nassen Kleidungsstücke, um auf diese Weise etwas Abkühlung zu erreichen.
Die Begleitmannschaft bestand aus etwa zwanzig Soldaten der französischen Indochina-Armee, die Jahre später (1946-1954) den Kolonialherren einen mörderischen Befreiungskrieg aufzwangen. Die entscheidende Schlacht um Dien Bien Phu am 7. Mai 1954 wurde von den Freiheitskämpfern gewonnen. Die französische Kolonialzeit war beendet.
Die amerikanische Interventionsarmee sollte dann den zunehmenden Einfluß des kommunistischen Chinas unterbinden und konnte nach fast zehn Jahren Krieg keinen Sieg erringen. Trotz Einsatzes modernster Waffentechnik, wie die international geächteten Napalmbomben, einer rücksichtslosen Vernichtung ganzer bewaldeter Landstriche und hoher eigener Verluste. Der Vietnamkrieg ging in die Geschichte ein. Er brachte dem Sieger die Freiheit.
Doch das ahnten 1943 weder die Gefangenen noch deren Bewacher. Vielleicht wurden einige später Kämpfer des Vietkong.

Noch waren sie Soldaten Frankreichs, Gegner der Vichy-Regierung Pétains. Mit militärischer Unnachsichtigkeit erfüllten sie die an sie gestellten Forderungen uns gegenüber. Selbst das Wasserlassen und das Verrichten der Notdurft wurde aufmerksam beobachtet. Letzteres ohne Papier, was mich einige meiner Leinentaschentücher kostete.
Auch die Ausgabe der täglichen Verpflegung spielte sich unter wachsamen Augen ab. In wenigen Minuten war alles vorbei. Man warf Dosennahrung und Weißbrot, beides made in USA, einfach unter die Eingesperrten und lachte über das Gedränge um die ohnehin spärliche Kost. Was macht ein Landser ohne Dosenöffner? – Er flucht und hungert weiter, in der Hoffnung , bei der nächsten Zuteilung wenigstens ein Stück Brot zu ergattern. Irgendeiner aber hatte ein Taschenmesser oder eine Nagelfeile, die der „Abtaster" übersehen hatte. Bis 20 Mann ihre Dosen geöffnet hatten, vergingen Stunden. Wer in den Ecken der Wagen saß und dort keine eigene Zuteilung erwischt

hatte, war auf die Großzügigkeit der anderen angewiesen. Diese jedoch ließ häufig zu wünschen übrig. Die oft gepriesene Kameradschaft war irgendwo verlorengegangen.

„Erst kommt das Fressen, dann kommt die Moral", meinte Bert Brecht in der Drei-Groschen-Oper, zu der Kurt Weill die kongeniale Musik komponierte.
Die Gespräche wurden, wenn sie die Heimat und die dortige Entwicklung betrafen, hitzig und aggressiv. Jetzt konnte jeder seine Meinung äußern, ohne eine Disziplinarstrafe oder gar eine Anklage vor einem Kriegsgericht wegen Zersetzung der Wehrkraft befürchten zu müssen. Die leisesten Zweifel am Endsieg hatten bisher auch eine Versetzung in eine sogenannte „Bewährungseinheit", ein Himmelfahrtskommando in den vordersten Frontlinien, zur Folge. Wenige kamen dort mit heiler Haut davon.

Die Kampfhandlungen der letzten Monate hatten wenig Zeit gelassen, um sich neben privaten Problemen auch noch mit der Politik zu befassen. Verluste in der eigenen Familie oder ein Bombenschaden waren da wichtiger gewesen. Das hatte sich geändert.
Man diskutierte über die Niederlage in Stalingrad (31. Januar 1943), die Hetzrede des Propagandaministers Goebbels und die Ausrufung des „totalen Krieges" (18. Februar 1943), die Zerschlagung der Münchner Widerstandsgruppe „Weiße Rose" (Feb./ März 1943) und die lächerliche Ankündigung des „Reichsmarschalls" Hermann Göring: „Ich will Hermann Meier heißen, wenn ein feindliches Flugzeug deutsches Reichsgebiet überfliegt."
Für uns Landser war von diesem Zeitpunkt an ein Herr Meier Oberbefehlshaber der deutschen Luftwaffe.

Die uneinsichtigen, unbelehrbaren Anhänger Hitlers beschimpften die Andersdenkenden als Verräter am deutschen Volk. Nur die Enge des Raums ließ keine Tätlichkeiten zu. Wie sich dieses Verhalten aber am Ende der Reise weiterentwickeln würde, blieb abzuwarten.
Während in Deutschland die Züge immer noch für den „Endsieg" rollten, kroch unser Transport über eingleisige Strecken „durchs Gebirge – durch die Steppe", wie es in einem Lied der Roten Armee hieß. Von der Landschaft des Maghrebs sahen wir wenig. Flucht schien unmöglich. An meinen Uniformteilen würde mich selbst der kleinste Araberjunge erkennen. Ich hatte durch meine Einkäufe im Basar von Tunis und Biserta Bekanntschaften gemacht, die bei einem längeren Aufenthalt in den jeweiligen Städten unter Umständen zu Hilfeleistungen zu überreden gewesen wären. Deutsche waren stets beliebter als Italiener oder Franzosen. Die Briten wurden geradezu verabscheut. Der überstürzte Rückzug hatte jede Planung vereitelt.
Vor einer Kapitulation sich irgendwo von irgend jemandem Zivilkleidung einhandeln, sich verstecken und abwarten, bis die Kriegsmaschinerie über einen hinwegrollt, war

Fahnenflucht. Und wäre dies doch gelungen, wie hätte mich bei einer Entdeckung der Feind behandelt? Als Spion oder Kriegsgefangenen? Jetzt war ich vorerst letzterer.

Wie würden die vielen kleinen Metallsplitter in Rücken und Oberschenkel bei Anstrengungen, wie langen Fußmärschen, reagieren? Durchs Gewebe wandern, Nervenstränge beschädigen oder herauseitern?

Woher die Nahrung nehmen, ohne zu stehlen oder zu betteln? Mit den tunesischen Francscheinen, die ich beim „Filzen" durchschmuggeln konnte, käme ich in Algerien vermutlich nicht weit. Wo und bei wem könnte ich sie in die Landeswährung umtauschen? Als Fremden würde man mich betrügen oder sogar die Polizei informieren, während man mich warten ließ. Für die englischen Sprachkenntnisse hatte die Handelsschule gesorgt und mein Französisch war ausreichend, um mich einigermaßen geordnet durch den Tagesablauf bewegen zu können. Auf lange Diskussionen durfte ich mich auf keinen Fall einlassen. Um einen Taubstummen zu mimen, fehlte mir jedes Talent. Das ganze Vorhaben, allein, ohne einen Gesprächspartner, durchstehen zu müssen, war das Bedrückendste. Trotzdem mußte ich es wagen. Urlauber, die noch in allerletzter Minute den Sprung Europa – Nordafrika zu ihrer Einheit geschafft hatten, berichteten von Bombenschäden in unvorstellbarem Ausmaß. Auch Frankfurt sollte darunter leiden. Neben der Sorge um das Schicksal meiner Mutter plagte mich die Ungewißheit über den Zustand meines Freundeskreises.

Aber auch diese Bahnfahrt fand ihr Ende. Aus dem unbekannten Nirgendwo wurde ein Irgendwo in der Steppenregion südlich der Stadt Algier.
Das Lager 210 war eines der größten der britischen Streitkräfte. Hier sollte sich das Schicksal der deutschen Kriegsgefangenen entscheiden. Beim Anblick des Lagers dachte ich sofort an einen Lagebericht „Berts" aus Rußland. Er beschreibt einen Ort, in dem er für einige Wochen russische Blindgänger und Tellerminen sprengen sollte: *„20. 5. 42 Nikitje, ein kleines Dorf bei einem noch kleineren Nest, das etwa 1 km entfernt liegt. Man kann es nur ahnen. Beide sind irgendwann in der Steppe entstanden und später vergessen worden. Es sind, wie fast überall in Rußland, Straßendörfer, und sie liegen wie vom Himmel gefallen in einer horizontlos flachen Ebene der weiten russischen Steppe."*

Aber die trostlose Einöde hier war auch nicht einladender.
Statt Holzhäuser lange Reihen Militärzelte an einer endlosen, breiten Lagerstraße. In der Mitte das Lagerhospital, daneben eine Küchenbaracke als einziges Holzgebäude. Die spärlich rundum mit Kakteen und Stechginster bewachsene Sandfläche war trocken und staubig. Der leichteste Luftzug wirbelte den Sand auf, der in Augen, Nase und Mund drang. Wir hatten zwar Halstücher, sie gehörten zur Truppenausrüstung, um Mund und Nase zu schützen, doch sie wurden meist kokett um den Hals

geschlungen, um der Uniform einen zivilen Anstrich zu geben. In dieser Gegend jedoch wenig ratsam.

Die Anlage selbst nahm eine Fläche von etwa drei Fußballfeldern ein. Ein hoher Maschendrahtzaun, beidseitig durch Stacheldrahtrollen doppelt verstärkt, sollte jeden Fluchtversuch verhindern. Acht Wachtürme, maschinengewehrbestückt, garantierten eine lückenlose Beobachtung des gesamten Lagerbezirks. Ab Einbruch der Dunkelheit tauchten die Lichtkegel der Scheinwerfer sporadisch mal hier, mal dort die Zäune und ihre nähere Umgebung in grelles Licht. Diesen Ort unbeobachtet zu verlassen schien unmöglich, schon gar nicht ohne fremde Hilfe.

Das dürftige Unterholz war auf eine doppelte Fahrbahnbreite gerodet worden. Im Vierstundentakt brachten Jeeps die Wachablösung zu den Beobachtungsposten in luftiger Höhe. Dabei umrundeten sie das ganze Gelände, genau prüfend, ob nicht irgendwo eine Beschädigung des Zaunes zu entdecken war.
Das Quartier der Briten lag einige hundert Meter entfernt. Sie verfügten über alles, was ein Steppen-Biwak zuließ. Wasser- und Treibstofftanks, ein Feldlazarett, Küche und Kantine und sogar ein Offizierskasino.
Diese Informationen stammten von deutschem Sanitätspersonal, das im Bedarfsfall jenseits des Zaunes als Helfer freiwillig Dienst tat. Für die Engländer kein Risiko, da ein Großteil der in Gefangenschaft geratenen Ärzte und Sanitäter ausgetauscht werden sollten. Sie wurden dann unter Mitwirkung des Internationalen Roten Kreuzes in Marsch gesetzt.

Die Kenntnis der näheren Umgebung war wichtig, um nicht in der Dunkelheit eine falsche Richtung einzuschlagen. Die Wachablösung mußte beobachtet werden, um die Zeitspanne festzustellen, die ein Posten benötigte, um zu Fuß von einem Wachturm zum nächsten zu patrouillieren. Gelegentlich unterhielten sich die Turmbeobachter mit dem unten Ankommenden eine Weile. Ob kürzer oder länger war nicht einkalkulierbar. Eine Zigarettenpause konnte bis zu zehn Minuten dauern. Gelegentliches Hundegebell in den britischen Unterkünften ließ im schlimmsten Fall auf abgerichtete Suchhunde schließen. Das erfolgreiche Mittel, die eigene Fährte vor Hundenasen zu schützen, wären in Petroleum getränkte Lappen, die man über Sohle und Schaft der Schuhe binden müßte. Oder Pfeffer vielleicht! Doch wo gab es diese Hilfsmittel? Blieb noch die Frage, mit welchem Werkzeug der Drahtzaun zu knacken wäre und an welcher Stelle? Wie überhaupt unbemerkt herankommen?

Und doch gab es eine Schwachstelle, vage zwar, aber eine längere Beobachtungszeit könnte dies in wenigen Nächten klären. Genau in der Mitte zwischen zwei Wachtürmen war in etwa sechs Meter Zaunabstand eine Doppellatrine installiert. Man

stelle sich eine 8-10 Meter lange Sitzbank mit Rückenlehne, unter dem Sitz beidseitig Hinter- und Vorderseite verschlossen, über einem ebenso langen Graben vor. Dieses „Riesenplumpsklo" hatte zusätzlich, der Geruchsbelästigung wegen, runde hölzerne Verschlußdeckel. Deren Betätigung erzeugte laute Geräusche, die in der nächtlichen Stille weithin vernehmbar waren. Für Schlafende ein störendes Geräusch, trotzdem hilfreich, wie sich später herausstellte. Nach einiger Zeit hatte man sich daran gewöhnt. Und auch die Turmposten maßen dem Deckelklappen keine Bedeutung zu und ließen, da sie wußten, um welchen sehr privaten Vorgang es sich hier handelte, ihre grellen Lichtkegel schamhaft über diesen ansonsten stillen Ort hinweggleiten.
Diesen Umstand und die Möglichkeit, hinter dem hölzernen Prachtstück Deckung zu finden, mußte man positiv in Betracht ziehen. Die wenigen Meter Abstand bis zur ersten Stacheldrahtrolle sollten herangerobbt werden, kurz nachdem die Patrouille diese Stelle passiert hatte. Bei deren Herannahen hatte ein auf der Latrine sitzender Helfer mit einem der Holzdeckel Alarm zu klappern. Soweit, so gut. Jetzt mußten Helfer gesucht werden. Entweder auch fluchtwillig oder nur helfende Hände bei der Überwindung der Hindernisse. Vier oder sechs Augen und Ohren wären vermutlich besser gerüstet. Jetzt fehlte mir „Conny" an allen Ecken und Enden.

Und ich fand sie. Zwei clevere Burschen waren bereit, den Versuch zu wagen, die Freiheit zu erlangen. Wir mußten uns beeilen. Erste Verlegungen in andere Lager standen bevor. Camp 210 war für etwa 3000 Kriegsgefangene geplant. Inzwischen waren es weit über 5000. Das Wasser wurde knapp, die Sommerhitze unerträglich. Die Zelte boten kaum Schutz. Sonnenbrand, Husten, hervorgerufen durch den staubigen Sand, der bei jedem Schritt aufgewirbelt wurde, und Malaria nahmen zu. Auch unsere Bewacher litten darunter, trotz besserer Bedingungen. Dann kam die Nacht, in der die endgültige Generalprobe durchgespielt werden sollte.
Ein ständiges Kommen und Gehen vor dem Schlafengehen zwang uns, unsere Nachtposten erst lange nach Mitternacht zu beziehen. Die Hitze ließ die Gefangenen in den aufgeheizten Zelten nicht zur Ruhe kommen. Den Zapfenstreich um 22 Uhr nahm niemand zur Kenntnis.
Langsam war Ruhe im Lager eingekehrt. Abwartend hockten wir auf der Latrine und zählten die Minuten, die der Wachhabende für die Distanz von Turm zu Turm benötigte. Wir befanden uns in der Mitte und konnten so Hin- und Rückweg abschätzen. 20 Minuten, je nach Marschtempo und ohne Unterbrechung am jeweiligen Endpunkt, waren die Regel. So blieb eine Zeitspanne von etwa 10 Minuten für das Heranrobben, die Stacheldrahtrollen beiderseits des Zaunes und den Zaun selbst zu überwinden. Und weitere Zeit, um die 50 Meter breite strauchlose Fahrspur hinter sich zu lassen, um das freie Gelände zu erreichen. Dies müßte möglich sein, wenn nicht gerade dann der Scheinwerfer aufleuchtete. Aber daran mochte keiner von uns denken.

Den Anfang machte ich. Vorsichtig robbte ich aus der Deckung an die Innendrahtrolle. Ohne eine geeignete Zange war das Ganze nicht zu bewerkstelligen. Ich versuchte, die einzelnen Drahtwindungen auseinanderzubiegen. Erstaunt stellte ich fest, daß dies bei einigem Kraftaufwand durchaus möglich war. Man benötigte lediglich einige Holzstäbe, um ein Zurückschnellen des Drahtes zu verhindern. Mit diesem vorläufigen Wissen machten wir uns tags drauf auf die Suche nach brauchbarem Material. Es gab kein Holz, es sei denn, wir konnten ein Bretterstück aus der Küchenbaracke herauslösen oder eine der kleinen Holzpaletten, auf denen Obst, Brot und andere Lebensmittel geliefert wurden, organisieren. Gekocht wurde auf Propangasherden, Holz war ein rarer Artikel.
Nach zweimaligem Versuch hatten wir eine 40 x 50 cm große Holzpalette ergattert und zerlegten sie in ihre Bestandteile. An den Enden der Stabteile wurden Kerben eingeritzt, in die der Draht eingehakt werden sollte. Ob dies überhaupt möglich war, wollten wir in der kommenden Nacht überprüfen.
Und es war erfolgreich. Ich konnte jetzt auch den hohen Maschendraht erreichen und einige Zentimeter hochhieven, jedoch nicht hoch genug, um Platz für einen Durchschlupf zu schaffen. Ich hatte aber durchaus den Eindruck, daß die Gesamtanlage in der Eile, wohl aus Zeitmangel, schlampig in die Landschaft gestellt worden war. Durchgangslager wie das Camp 210 waren nicht auf längere Zeit geplant. Weitertransporte erfolgten meist im Zwei-Wochen-Rhythmus. Das Camp bestand nur wenige Sommermonate, und die mußte die Umzäunung überstehen.

Nach gut zwei Wochen Nachtschicht hatten wir die Vorarbeiten abgeschlossen. Für beide Drahtrollen lagen die passenden Holzstützen bereit. Den Maschendrahtzaun hatten wir so lange ruckartig bewegt, bis sich an dem Stützpfosten nach und nach die Nägel lösten. Dies alles geschah natürlich mit größter Vorsicht. Stets nach jedem Zerren oder Rütteln einige Minuten abwartend, bangend, ob sich im Verhalten unserer Bewacher etwas verändert hatte.
Mit Minimalgepäck wollten wir an einem der nächsten Tage aufbrechen. Ich hatte dem Koch einen jener kleinen Leinenbeutel abgeschwatzt, in denen die Armee Zucker, Reis und ähnliches in ihren Vorratszelten lagerte. Geeignet für Obst, Brot und andere Lebensmittel. Ein in Biserta eingehandelter Tragesack zum Umhängen, wie ihn die einheimische Landbevölkerung beim Schafe- oder Ziegenhüten mit sich führte, barg den Rest meiner Habe. Die geliebte Hängematte mußte ich zurücklassen.
Doch so einfach, wie sich dies hier darstellt, war die Sache nicht. Inzwischen hatten wir Mitwisser. Unangenehm, aber nicht zu ändern. Der eine oder andere wollte die Gelegenheit nutzen, sich ungefragt und von uns natürlich nicht geplant ebenfalls auf die Socken zu machen. Man hatte unser nächtliches Ausbleiben im Gemeinschaftszelt bemerkt und uns beobachtet. Die Trittbrettfahrer kannten die Zeiteinteilung nicht, und wohl oder übel mußten sie eingeweiht werden, um nicht durch eine Unvor-

sichtigkeit das ganze Unternehmen zu gefährden. Ein Massenausbruch hätte fatale Folgen. Großräumige Suchaktionen unter Beteiligung aller zur Verfügung stehenden Truppenteile und der örtlichen Polizeibehörde. Die Presseberichte konnte ich mir ausmalen.

Aus mehreren Gründen wählten wir als Fluchttag einen Samstag. Häufig war die Zaunpatrouille durch Wochenendurlaube ausgedünnt; es waren stets dieselben Soldaten, die diesen wahrlich langweiligen Dienst taten. Dies betraf vermutlich auch die Turmbesatzung. Weniger Aufpasser, weniger Möglichkeiten, erwischt zu werden. Vielleicht hatten sie sich auch verbotenerweise ihren Eistee durch einen Schuß Whisky schmackhafter gemacht. Bei Hitze nicht gerade gesundheitsfördernd. Weiterhin hofften wir, daß das ewige Starren in die Dunkelheit in den Stunden vor Sonnenaufgang langsam erlahmte und ein Schläfchen eine erholsame Abwechslung war. Risikolos, da dieser Verstoß gegen die Wachvorschriften von unten nicht bemerkt werden konnte. Viele große Unbekannte, die den Verlauf mitbestimmen oder entscheiden konnten.

Und dann war es endlich soweit. Zu fünft saßen wir auf dem hölzernen „Donnerbalken" und warteten den geeigneten Zeitpunkt ab. Drei Uhr früh. Ich wagte es als erster. Heranrobben, Holzstützen einhaken, den Maschendraht vorsichtig lösen, rechts war das Gitter am Holzpfosten etwa 50 cm vom Erdboden entfernt noch gut verankert, links ein weiterer Holzpflock, die gegenüberliegende Drahtrolle auseinander wuchten, die Holzstützen einhaken und langsam in Richtung freies Gelände robben. Eine einzige ungeschickte Bewegung, zu hastig oder nicht zu flach am Boden, und die Verstrebung brach in sich zusammen.

Zurückblickend sah ich, wie meine zwei Kumpane ebenfalls das Hindernis ungefährdet überwanden. Der vierte Mann war, obwohl eingehend auf alle Gefahren hingewiesen, zu hastig durch die zweite Stacheldrahtrolle gekrochen. Dabei fielen die Stützhölzer um, und mit surrendem, vibrierendem Geräusch schnurrte der Draht hörbar wieder zusammen. Ein Lichtkegel, das Aufheulen einer Sirene und Kommandolaute ließen mich wie einen afrikanischen Springbock der südlichen Savannen in der Dunkelheit das Weite suchen. Meine beiden Begleiter hatte ich aus den Augen verloren.
Hundegebell und Motorengeräusche der Jeeps hinter mir. Außer Atem und schweißgebadet sprang ich kopfüber in ein großes, weitausladendes Gestrüpp. Ich landete zwar mittendrin, da es jedoch in sich so dicht war, lag ich obendrauf und versuchte, durch heftiges Strampeln ins Innere zu gelangen und damit außer Sichtweite. In letzter Minute, die Hunde waren nur noch einige hundert Meter entfernt, plumpste ich nach unten. Die Dornenhecke über mir war wie ein gewaltiger Schirm. Ich hockte schweratmend am Boden. Zerstochen und zerschunden. Die Moskitos fanden, durch Schweiß und Blut angelockt, eine reich gedeckte Tafel. Ich wagte nicht, mich dagegen

zu wehren, da die leiseste Erschütterung die kläffenden Hunde angelockt hätte. So tobten sie wütend bellend und knurrend mehrere Minuten um mein Versteck, ehe sie von ihren Hundeführern zurückgepfiffen wurden. In dieses Dickicht wagten sich weder Mensch noch Tier, es sei denn jemand in einer Lebenslage wie meine augenblickliche.

Bei Tagesanbruch, es mochten zwei bis drei Stunden vergangen sein, wagte ich mich aus meinem Zwangsquartier. Ein Winkelriß im Hemd, das durchgeschwitzt war und an manchen Stellen kleine Blutflecken davongetragen hatte, machte ich für Fremde vermutlich den Eindruck eines Bettlers. Welche Freiheit hatte ich eigentlich gewonnen? Ohne Nachtquartier, keine Nahrung und vor allem kein Wasser. Nach Überprüfung meiner Habseligkeiten, die im zugeschnürten Tragesack alles gut überstanden hatten, machte ich mich auf den Weg ins Ungewisse. Mais- und Melonenfelder am Rande kleiner Siedlungen in einem hügeligen Gelände, gut zu überschauen, mußten durchwandert werden. Wobei die Maisstauden in der Mittagshitze für eine Ruhepause den notwendigen Schatten spendeten. Die Melonen waren auch nicht zu verachten. Ohne Messer mußte ich sie zertreten, wobei viel Flüssigkeit verlorenging.

Den ersten Tag überstand ich auf diese Weise gut. Für zwei bis drei Tage hatte ich noch Zwieback und trockenes Weißbrot. Meine Feldflasche benötigte dringend eine neue Füllung. Diesem Umstand mußte meine ganze Aufmerksamkeit in den nächsten Tagen gelten. Nicht einfach, da ich nur in den frühen Morgenstunden und in der Abenddämmerung marschieren konnte.

Am Morgen des zweiten Tages hatte sich weder eine Gelegenheit zum Auffüllen meiner Wasserflasche ergeben noch die, eine Melone zu ernten. Ich hatte nicht bedacht, daß Montag war. Auf den Feldern herrschte Betrieb. Sie gehörten zu einer jener Farmen, die in Algerien überwiegend von französischen Siedlern bewirtschaftet wurden. Für ihre Produkte stand ihnen das Mutterland als dankbarer Abnehmer zur Verfügung. Jetzt, in Kriegszeiten, hatte sich das geändert, und ganze Landflächen waren verödet und versandeten langsam. Daher ein Mangel an Feldfrüchten wie Tomaten und Karotten, auf die ich angewiesen war. Große Kochorgien durfte ich mir nicht erlauben. Ein Feuer hätte mich verraten und wäre bei der ausgetrockneten Vegetation sträflicher Leichtsinn gewesen. Zudem wollte ich die Handvoll Zündhölzer und mein Feuerzeug nicht unnötig strapazieren. Beides hatte ich von Kameraden eingetauscht. Das Rauchen hatte ich aufgegeben, und so besaß ich einen kleinen Vorrat an Zigaretten, der für viele begehrenswert war.

Mit zunehmender Hitze mußte ein schattiges Plätzchen gefunden werden. Mein Ersatzhemd hatte ich turbanähnlich um den Kopf gebunden und ich sah vermutlich von der Ferne wie ein Einheimischer aus. Ein Olivenhain bot Schatten, einige trockene Weißbrotscheiben und ein Apfel, noch aus Camp 210, als Wegzehrung

waren mein Mittagsmahl. Erschöpft, doch guten Mutes träumte ich vor mich hin, bedauernd, keinen weiteren Begleiter als Gesprächspartner zu haben. Wo mochten sie wohl sein?
Kindergeschrei und ein in einiger Entfernung weidender Esel waren der einzige Beweis menschlicher Ansiedlungen. Und über mir azurblauer, wolkenloser Himmel. Ein kleiner Hügel, auf dem ich glaubte, einen Weinberg erspäht zu haben, war mein nächstes Ziel. Ich hatte mich nicht getäuscht. Einer jener tiefdunklen, roten Landweine, heute auch in Supermärkten erhältlich, reifte hier. Überwiegend jedoch wurde er für den Eigenverbrauch angebaut. Noch waren die dicken Trauben in langen heißen Sommertagen nicht ausgereift. Bedauerlich, doch der Tag war noch nicht zu Ende. Jenseits des Hügels erstreckte sich ein Sonnenblumenfeld riesigen Ausmaßes, an dessen Ende ein kleines, baufälliges Holzhaus stand. Eine Feldscheune, wie man sie aus gebirgigen Gegenden Europas kennt. Eine Sense und eine Sichel waren die einzigen Geräte, für mich ohne Gebrauchswert. Ein Messer wäre weit wünschenswerter. Solange es hell war, mußte ich dem Sonnenuntergang folgen, und setzte meinen Weg fort. Bei Einbruch der Dunkelheit entdeckte ich ein Tomatenfeld, abgeerntet. Da und dort lag eine vergessene Frucht zwischen den Stauden. Ich klaubte sie zusammen und stolperte dabei über einen roten Gummischlauch. Wo die liegen, gibt es auch Wasser. Irgendwo mußte hierzu ein Anschluß vorhanden sein. Etwa 500 Meter fingerte ich mich über mehrere Verlängerungsstücke hinweg zum Ende des Feldes und zum Anfang des Schlauches. Es war ein Hydrant von beachtlicher Größe, in dem gottlob auch noch der Schlüssel steckte. Eines dieser T-förmigen eisernen Werkzeuge, deren Betätigung nur mit einem gehörigen Kraftaufwand am Ende zum Erfolg führte. Ich erlebte ein barockes Wasserspiel. Weit über tausend Löcher mußten es sein, aus denen kühles Naß gen Himmel sprühte. Und ich mitten drin. Eine Wohltat nach heißen Tagen, ungewaschen, verschwitzt und durstig. Ich riß mir die Kleider vom Leib und zelebrierte splitternackt eine Duschorgie. Seit Tunis die erste erholsame Freizeitgestaltung.
Jetzt noch den Wasservorrat ergänzen und dann den Platz meines Wasserfrevels in Richtung Westen verlassen. Nach einem zweistündigen Marsch, soweit dies in diesem Gelände möglich war, suchte ich einen geeigneten Schlafplatz. Auf abgeernteten Feldern standen kohtenähnliche Gebilde, die sich bei näherem Betrachten als Holzkonstruktionen entpuppten, auf denen Heu oder Stroh zum Trocknen aufgebracht war. Heute bei uns nur noch dort zu finden, wo das jetzt übliche Aufrollen wegen des ungünstigen Geländes nicht möglich ist. In eine solche Heumiete schlüpfte ich hinein, und der Innenraum war geräumig genug, um eine ruhige, störungsfreie Übernachtung zu gewährleisten. Trotz einer Reihe störender Krabbeltiere wie Käfer, Spinnen und Asseln schlummerte ich traumlos dem kommenden Tag entgegen.
„Hey, Kraut! Let's go, let's go! Come on, boy!" Mit dieser barschen Anrede, das Gewehr auf meine Brust gerichtet und an den Füßen zerrend, weckte mich eine britische

Patrouille. Noch schlaftrunken, das Heu von Scheitel und Arm klopfend, blinzelte ich in die aufgehende Morgensonne. Zwei englische Soldaten standen mir grinsend gegenüber. *„Why did you escape? Homesick?"* – Schweigend trottete ich vor ihnen her. Nach etwa 500 Meter, in einer Talsenke, stand gut getarnt ein Munitionslager, stacheldrahtumzäunt, mit einigen Zelten für die Wachmannschaften. Das hatte ich am Abend nicht wahrgenommen und war durch die das Lager absichernden Wachen durch einen dummen Zufall entdeckt worden. Ich hatte mich vermutlich im Kampf mit den nächtlichen Plagegeistern mit den Füßen nach außen gearbeitet und so mein Versteck preisgegeben.

Am Nachmittag desselben, des dritten Tages saß ich mit meinen zwei Kumpanen und den beiden nicht erwünschten Anhängseln in einem „cage", einem im Lager selbst zusätzlich errichteten „Käfig". Fünf Mann auf einer Fläche von der Größe einer deutschen Garage. Ein Zelt und ein Kübel für die täglich notwendigen Verrichtungen waren die einzigen Einrichtungen. Tagsüber mußten wir zur Strafe in der Küche helfen. Nach drei Tagen wurden wir in einer typisch britischen Zeremonie zu 30 Tagen Bau, sprich „cage", und harter Arbeit verurteilt. Das lief fast parademäßig ab: Wir fünf Ausbrecher wurden, flankiert von sechs Soldaten, in das große Kommandeurszelt außerhalb des eigentlichen Lagers geleitet. Ein Leutnant, mit dem in der englischen Armee gebräuchlichen Stöckchen unter dem Arm, empfing die Abordnung am Eingang des Zeltes. Im Innenraum, uns gegenüber, stand ein langer Tisch, hinter dem neben dem Kommandeur ein Oberst, zwei weitere Offiziere als Beisitzer und ein Schreiber als Protokollführer saßen.
Aus vielen Fernsehübertragungen kennen wir alle die Abläufe bei Wachablösungen, Fahnenübergaben und jährlichen Paraden zu Ehren der Queen an deren Geburtstag. Im „Stechschritt", das Stöckchen schwingend, bewegte sich die ganze Formation in Richtung des hohen Gerichts. Wir trotteten mit, ohne eine andere Gangart einzulegen. Der Leutnant machte Meldung, dabei die Knie fast an das Kinn reißend, und der Vorsitzende verlas das Urteil: „30 Tage Arrest und harte Arbeit." Kehrt marsch, und vorbei der Traum von einer Heimkehr. 30 Tage schaufelten wir in gebührender Entfernung eine zehn Meter lange Latrinengrube aus dem sandigen und steinreichen Steppenboden. Täglich von 9.00 bis 17.00 Uhr am Spätnachmittag. Eine Mittagspause von einer Stunde und die normale offizielle Verpflegung waren ein besonderes Entgegenkommen. Die uns bewachenden Soldaten verhehlten nicht ihre Bewunderung für diesen Fluchtversuch, der nach internationalem Recht jedem Kriegsgefangenen durchaus zustand.

EINE NOTWENDIGE ERLÄUTERUNG

Am **22. Juni 1943**, 19 Uhr abends schrieb ich einen Brief an „Heia“ in Berlin:
„Mein lieber alter Heia! Auch Du sollst einige Zeilen von mir erhalten. An Bert ging eine Karte ab und an meine Eltern habe ich aus dem Lazarett, in dem ich mit Bombensplittern lag, zweimal geschrieben. Im allgemeinen geht es mir gut. Dies hoffe ich auch von Dir und den anderen Jungs. Bert hoffe ich noch bei seinem alten Haufen und auch Du bist wohl noch in Berlin auf der Schule. Man macht sich oft so seine Gedanken über alles. – Ich bin mittlerweile schon zum 2. Mal gefangengenommen worden. ... Hoffentlich kommen alle unsere Jungs heil aus diesem Schlachtengetümmel heraus. Bis zu einem baldigen Wiedersehen verbleibe ich mit besten Grüßen an alle Kameraden und auch an Deine Eltern, immer noch der alte
Dein Berry“
Abs.: Ogefr. H.W. CAMP 210, L.
Noch ohne Kriegsgefangenennummer, mit amerikanischem Zensurvermerk.

Bis heute ist dieser Freundesbrief der einzige Hinweis auf einen gescheiterten Fluchtversuch. Und die Freunde waren informiert. Alle Nachfragen, sowohl bei den nationalen Archiven (Militärarchiv Freiburg am 12. und 24. September 1999, dem Public Record Office, National Archives, United Kingdom, am 5. Oktober 1999, der Deutschen Dienststelle (WAST) Berlin am 21. Dezember 1999, den National Archives & Record Administration, Maryland, USA, am 15. Februar. 2000) als auch beim Internationalen Roten Kreuz (IRK), Genf/Schweiz vom 7. Februar 2006 blieben erfolglos.
Niemand war in der Lage oder willens, präzise Auskünfte zu erteilen. Die Doppelfunktion der US- und britischen Truppenteile in der Lagerverwaltung des Camps 210 schien die Ursache hierfür zu sein. Niemand war zuständig. Das IRK Genf hatte, da es sich um ein Durchgangslager handelte, keine Kenntnis von dessen Existenz.
Eine Suchanzeige vom 22. Januar 2006, deren Ergebnis noch aussteht, läuft in der Informationszeitschrift „Oase“ des „Verbandes Deutsches Afrikakorps“ e.V.

Am 24. Juli 2001 erschien in der „Frankfurter Rundschau“ ein Artikel über die Arbeit einiger amerikanischer Wissenschaftler an der Texas A & M University und deren Forschungsarbeit: Thema:
Die „Nazi-Prisoners Of War In America“. Die Untersuchungen umfaßten alle Lebensbereiche wie z. B. politische Einstellung nach der Niederlage, die kulturellen Ansprüche, Demokratisierungsversuche in bestimmten Re-Education-Camps u. a. Am 20. August 2001 führte ich ein Ferngespräch mit Herrn Professor Arnold Krammer, auf dessen Arbeit ich durch einen Freund hingewiesen worden war, und bat um Hinweise, wie und wo ich Unterlagen über das Camp 210 erhalten könne. Er sagte mir sofort seine Unterstützung zu.

Am 7. Februar 2002 erhielt ich den Brief eines jungen Historikers namens Rafael Zagovec, dessen Dissertation sich mit eben diesem Thema befaßte. Jedoch diesmal aus der Sicht des Kriegsgefangenen. Er war von Professor Krammer, den er anläßlich einer Konferenz der German Studies Association in Houston/Texas kennengelernt hatte, an mich verwiesen worden. Seither stehen wir in regem Briefkontakt. Durch seine hervorragenden Verbindungen konnte er mir viele unbekannte Quellen aufzeigen, die ich mir nie hätte erschließen können. Aber am Ausbruchsnachweis Afrika scheiterten unsere gemeinsamen Bemühungen.

„FAREWELL AFRICA"

Hinter der militärischen Code-Nummer SPMGA-47-US verbarg sich der Transport von 10.146 deutschen Kriegsgefangenen des ehemaligen Afrikakorps nach USA. Ohne Zwischenfälle eine Reisedauer von etwa drei Wochen. Die Transportschiffe waren in der Mehrzahl sogenannte „Liberty"-Frachter, die für den Nachschub nach Europa in größeren Konvois eingesetzt wurden. Auf der Rückfahrt übernahmen sie jetzt nicht nur eigene Verletzte, sondern auch die über 120.000 deutschen Afrika-Kämpfer, deren Versorgung nur dort gewährleistet werden konnte. Ein kleiner Teil verblieb in England und Ägypten.

Die Vorzüge dieses Schiffstyps waren die sehr kurze Bauzeit, geringe Kosten, fünf große Laderäume und der robuste Aufbau. Die ölbefeuerten Schiffe erreichten eine Geschwindigkeit von bis zu elf Knoten. Mit einer Länge von etwa 135 Meter und einer Breite von 18 Meter waren sie mit ihren 7180 BRT relativ wendig und konnten so auch kleinere Häfen anlaufen.
Hohe Verluste durch feindliche U-Boote zwangen die US-Regierung, einen rationell zu fertigenden Schiffstyp zu entwickeln. Anstelle der bisherigen Niettechnik führten sie die zeitsparende Schweißtechnik ein. Insgesamt waren in der Zeit von 1941 bis 1945 insgesamt 189 bereits vorhandene und neue Werften am Bau beteiligt. In einer Bauzeit von durchschnittlich 40 Tagen wurden 2751 Frachter diese EC-2-Typs gebaut. 196 „Liberty"-Schiffe gingen während des Kriegs durch Feindeinwirkung verloren.

8. August 1943
Oran. Gut zwei Dutzend „Liberty"-Schiffe lichteten die Anker, Ziel USA. Auf einem saßen 651 Kriegsgefangene, in vier Laderäumen unter Deck, und kämpften gegen die aufkommende Seekrankheit an. Vergeblich! Solange Gibraltar nicht hinter uns lag, durfte niemand an Deck. Es sollen schon bei vorherigen Transporten einige über Bord gesprungen sein. Versuche, die rettende spanische Küste zu erreichen, scheiterten in den meisten Fällen. Entweder ertranken die Flüchtlinge oder sie wurden von den Patrouillebooten der algerisch-französischen Küstenwache wieder aufgefischt. Einige Male jedoch sollen spanische oder portugiesische Fischer die Schwimmer an Bord genommen haben, die dann in die jeweiligen Hoheitsgewässer entkommen konnten. Wir hausten in vier Laderäumen, der fünfte war für Vorräte vorgesehen, wie etwa Hunderte von amerikanischen Fertiggerichten, ähnlich den „eisernen Rationen" der Wehrmacht. Kartoffeln – bereits geschält – Bohnen in Tomatensauce, Karotten, Speisemais, eine Art Hackbraten – Hasch genannt – und andere lang haltbare Lebensmittel. Hartkäse, Salami, Dosenmilch, Nescafé und Schokolade. Eine tolle Auswahl. Doch alles mußte kalt, direkt aus der Dose gegessen werden. Kaffee und Milchpulver konnte man mit heißem Wasser zu einem genießbaren Getränk zubereiten. Täglich frisches

Obst wie Äpfel, Orangen und Bananen sorgten für die Vitamine. Dreimal wöchentlich gab es warme Suppen, ausreichend und wohlschmeckend. Auf die Versorgung solch großer Menschenmassen, dazu noch auf engem Raum, waren die Kombüsen nicht eingerichtet. Dies galt auch für alle Sanitäranlagen. „Plumpsklos" an der Reling sorgten für notwendige Abhilfe. Waschwasser holten wir in Eimern aus dem Meer. Davon gab es ja wirklich genug, wenn auch salzig.

Täglich durften wir einige Stunden an Deck. Strahlend blauer Augusthimmel über uns und eine ruhige See, über die da und dort fliegende Fische sprangen. Und Delphine natürlich. Die Größe des Geleitzuges überraschte mich. Es mußten so an die hundert Frachtschiffe sein, begleitet von mehreren hochgerüsteten Kriegsschiffen. Einige Male erlebten wir U-Boot-Alarm. Dann konnte man die Wasserbomben der Schnellboote, die den Konvoi begleiteten, hören. Alle Gefangenen mußten an Deck. Den Angreifern sollte sichtbar begreiflich gemacht werden, daß bei einem Angriff auch ihre eigenen Landsleute Schaden erleiden würden.

25. August 1943
Norfolk – Newport News, Virginia.
Der größte Marinestützpunkt der USA an der Ostküste kam im Morgendunst in Sicht.

Kaum waren wir auf dem Hafenkai angetreten, als auch schon wieder ein „Filzkommando" anrückte. Viele Dinge mußten zurückbleiben, die mich seit Anbeginn des Tunesien-Einsatzes begleitet hatten. Auch meine Hängematte – nach Rückkehr in das Camp 210 hatte ich sie ja wiederbekommen – fand in den USA einen Liebhaber. Der GI hielt sie vermutlich für eine Strickleiter, die man womöglich zur Flucht benutzen könnte. Alle Erklärungsversuche waren vergeblich. Mit „Let's go", – „hurry up, son of a bitch!", oder schneller "you fucking german" trieb man uns weiter in ein Zelt, das sich als Entlausungsraum entpuppte. Nackt, die Klamotten in einem Sack verstaut, fuhren uns große Sprühdosen mit DDT zwischen die Beine, unter die Arme und in den Haarschopf. „In Amerika ist alles besser" – mit diesen Worten erhielt jeder Kriegsgefangene eine Jeanshose, Bluse und Hemd, zwei Unterhemden, zwei Unterhosen, Socken, zwei Handtücher, Seife, Rasierseife, Zahnbürste und Zahnpasta. Dann wurde geduscht, geimpft, und eine kurze oberflächliche Untersuchung durch Militärärzte beendete die Begrüßungszeremonie.
„Welcome in the United States of America" stand über dem Ausgang. Natürlich hatte ich keine Blaskapelle erwartet, war aber angenehm überrascht, als uns auf dem Weg vom Hafen bis zu dem in der Nähe wartenden Zug eine Menschenmenge freundlich zuwinkte. Ohne Haß, Pfeifen oder Schmährufe.

Mit einem normalen Personenzug, jedoch in Pullmanwagen fuhren wir über Land. Alle Achtung, so elegant hatte ich mir diesen Transport nicht vorgestellt nach all den schlechten Erfahrungen in Nordafrika. Auch die Wachmannschaften, zwar sichtbar mit Maschinenpistolen bewaffnet, waren freundlich und in Notfällen hilfsbereit. Das Mittagessen, ähnlich der bereits bekannten Schiffsverpflegung, war reichlicher und wurde auf Tellern serviert. Dies oblag livrierten Stewards, meist Farbigen, die Angestellte der jeweiligen privaten Eisenbahngesellschaft waren. Ohne eine Miene zu verziehen, ein Augenzwinkern vielleicht, erledigten sie ihren Job.

Die Landschaft, soweit ich sie in ihrer Weite erfassen konnte, wechselte ständig. Eben noch große Waldgebiete und Berge, dann grasbedeckte Flächen, die in Sumpfgebiete übergingen. Reißende Flüsse, die unser Zug auf Holzbrücken im Schritt-Tempo überqueren mußte. Verlassene Minenorte, in denen noch Reste alter ehemaliger Holzhäuser, langsam vor sich hinrostende eiserne Fördertürme und Bergwerksloren auf ebenso rostigen Gleisen ihrem endgültigen Verfall entgegensahen. Die Appalachen, deren Bevölkerung als selten rückständig beschrieben wurde, ein an Kohle und Eisenerz reiches Gebiet, ließen wir hinter uns. Kleinstädte, die unser Zug auf der Hauptstraße durchquerte, wie bei uns die Straßenbahn, boten den Autonarren reichlichen Gesprächsstoff. Sie drückten sich förmlich die Nasen an den Glasscheiben platt und bestaunten die großen Modelle der benzinfressenden Straßenkreuzer mit ihrem Haifischflossenheck. Die GIs wunderten sich, ich mich auch. Drei Jahre später konnten wir sie auch auf Deutschlands Straßen leibhaftig sehen.

So verging Stunde um Stunde. In der Zwischenzeit wurden wir nach und nach einzeln in ein besonderes Abteil gebeten. Zwei Uniformierte forderten den Eintretenden freundlich auf, Platz zu nehmen, schoben ihm einen zweiseitigen Fragebogen zu und baten um Beantwortung aller Fragen. Wahrheitsgemäß. Neben bereits Bekanntem, wie Familie, Beruf des Vaters, ob Parteimitglied, in der SA, SS oder anderer NS-Gruppierungen, wollte man Antworten auf die Fragen: „Wie schätzen Sie die Stimmung der Heimat ein? – Wie nehmen Ihre Kameraden die Niederlage in Nordafrika auf? – Halten Sie die SS für eine kriminelle Formation? – Was wissen Sie über die Konzentrationslager? – Kennen Sie Bewacher oder Befürworter dieser Einrichtungen? – Finden Sie die Judenverfolgung richtig? – Haben Sie Freunde oder Bekannte im Ausland?“ – um nur einige zu nennen.

Auf diese Art und Weise konnten die US-Behörden unter Umständen Informationen erlangen, die, als Puzzle zusammengefügt, am Ende ein klareres Bild der Lage ergaben.

Das Tagesziel, Fort Jackson, South Virginia, erreichten wir in der Dämmerung. Eines der etwa 150 Basis-Camps neben einigen hundert Außenstellen. Letztere wurden eingerichtet, wenn Kriegsgefangene als Arbeitskräfte benötigt wurden, z. B. in der Landwirtschaft, in Handwerksbetrieben, Fabriken, im Baugewerbe oder Straßenbau. Nach einigen Wochen oder Monaten, je nach Umfang der zu erledigenden Arbeit,

kehrten sie in das eigentliche Basislager zurück, um bei Bedarf an anderer Stelle eingesetzt zu werden. Dies würde ich vermutlich auch noch erleben.
Im Speisesaal, einer großen Holzbaracke, erwartete uns ein Abendessen, wie ich es seit Monaten nicht mehr erlebt hatte. An blank gescheuerten Tischen, je vier Sitzplätze auf beiden Seiten, nahmen wir Platz und bestaunten die aufgetragenen Speisen. Eine Kartoffelsuppe, dazu pro Person zwei Frankfurter Würstchen, bekannt als „Hot dogs", Weißbrot, Butter, Käse, hartgekochte Eier, Tomaten und Äpfel, dazu Kaffee oder Tee und die übliche Kondensmilch. Eintopf und Würstchen konnten in der Küche auf Wunsch als Nachschlag empfangen werden. Dies verleitete einige Ausgehungerte, ein Wettfressen zu veranstalten. Dreißig Würstchen soll der Sieger vertilgt haben. Die Folgen ließen nicht lange auf sich warten.

Tags drauf Wecken um 6 Uhr, Frühstück gegen 7 Uhr. Auch hier zeitigte unvernünftiges, maßloses Insichhineinfressen vorhersehbare Nachwirkungen. Neben Weißbrot, Butter und Marmelade konnten zusätzlich Porridge, Cornflakes und Rührei gewählt werden. Der Hit war Peanut-Butter, ein in Deutschland bislang unbekannter Brotaufstrich, den die Landser sich fingerdick auf das weiche Weißbrot strichen. Die süße und zähe Masse blieb am Gaumen kleben. Atemnot und Schluckbeschwerden verschlugen dem Esser buchstäblich die Sprache. So machte jeder seine Erfahrungen.

Angesichts dieser Fülle an Lebensmitteln dachte ich an die spärliche, eintönige Verpflegung während der Schiffspassage. Es hätte besser sein können, wenn die Matrosen nicht alle drei bis vier Tage Kisten mit Lebensmitteln, einschließlich Obst und Gemüse, im Atlantik versenkt hätten. Darauf angesprochen, lautete die lapidare Antwort, man dürfe nie einen Restvorrat am Zielhafen übrig haben, da sonst bei zukünftigen Reisen die Rationen gekürzt würden. Eines Vorteils wegen lieber vernichten anstatt zu verteilen. Aber das war ja genau besehen überall auf der Welt das gleiche. Auch Bertolt Brecht hatte die Vernichtung von Lebensmitteln in seiner Ballade von den „Kaffeesackschmeißern" angeprangert:

„Sie verbrennen den Weizen im Feuer, sie schmeißen den Kaffee ins Meer,
doch wann werfen die Säckeschmeißer die fetten Räuber hinterher?"

Die Schiffsbesatzungen wollten in jedem Fall stets einen vollen Magen haben, die Spekulanten auch weiterhin einen hohen Preis für ihre Ware und eine bessere Rendite an der Börse. Doch davon hatten weder die Mannschaften der Frachtschiffe noch die Schauerleute etwas.

28. August 1943

Zurück zur augenblicklichen Lage. Mais-, Melonen- und Baumwollfelder, farbige Landarbeiter, Frauen mit bunten Kopftüchern, einen Schwarm lachender Kinder im Gefolge, zeigten das typische Bild des amerikanischen Südens an. Heiterkeit und

Frieden. Nichts von Großstadt-Hektik oder Kriegsstimmung, die von der Presse täglich in großer Aufmachung unter das Volk gebracht wurde.
Wir hatten eine gute Strecke Wegs hinter uns gebracht und kamen, nach einigen Unterbrechungen wegen Personal- und Lokwechsels und einer schlecht durchschlafenen Nacht, in Camp Opelika/Alabama an. Hier sollte ich den Rest meines POW-Daseins (Prisoner of war) verbringen.
Auch dieses Kriegsgefangenenlager war nach dem einheitlichen Entwurf der US-Armee, ähnlich den eigenen Kasernenanlagen, angelegt. Wir hatten dies bereits in Fort Jackson kennengelernt. Die großen Hauptlager hatten drei Unterabteilungen, sogenannte Compounds. Die Belegungsstärke betrug jeweils zwischen 1200 und 1500 Mann, so daß die Gesamtstärke um etwa 3600 und 4500 liegen konnte. Kompanieweise waren die Bewohner in Holzbaracken untergebracht. Je Gebäude 48 POWs. Die Inneneinrichtung war spartanisch. 24 Doppelstockbetten auf jeder Seite, ein Spind, ein Hocker und ein an der Wand befestigter Klapptisch. An beiden Enden des Mittelgangs befanden sich zwei große Kanonenöfen, bevor eine Tür ins Freie führte. Das ganze Gebäude stand auf gemauerten Pfeilern, etwa einen Meter über dem Erdboden. Tageslicht fiel durch Seitenfenster ein. Nach Einbruch der Dunkelheit erhellten sechs große elektrische Hängelampen den Raum. Es gab Speisesäle, eine Kantine, eine Bibliothek, Wasch- und Duschräume – alle die Einrichtungen, die das IRK in Genf vorschrieb und auch 2-3mal jährlich überprüfte.

Ich war in der L-Kompanie. Unser Transport umfaßte 351 Mannschaften, Unteroffiziere und Feldwebel bzw. Wachtmeister. Offiziere waren gesondert transportiert und in Offizierslagern untergebracht worden. Privilegiert zwar, aber ohne Arbeit.
Bevor wir die Unterkünfte bezogen, erhielt jeder noch die erforderliche Arbeitskleidung wie Stiefel, Handschuhe, einen Overall und eine Mütze. Ich belegte ein Bett der oberen Etage, und wir fanden außer einer echten Matratze und einem Kopfkissen auch die dazugehörige Bettwäsche vor. Drei Decken, zwei davon sollten eingezogen werden, die dritte für kühle Nächte.
Nachdem der Lagerkommandant auf dem großen Sportplatz auf Vorschriften und die Lagerordnung hingewiesen hatte, wurden uns die neuen Kriegsgefangenennummern mitgeteilt. Wir bekamen Briefpapier, so daß jeder seinen Angehörigen jetzt den Aufenthaltsort mitteilen konnte.
Die ersten Wochen sollten, so der Lagerkommandant, der Eingewöhnung dienen. Es wurde eine Musik- und eine Theatergruppe gegründet. Da vom Hochschulprofessor bis zum Stahlkocher alle Berufssparten vertreten waren, gab es neben einer Abendschule eine Buchbinderwerkstatt, die der Lagerbibliothek angeschlossen war. Sportartikel, Fußbälle, Theaterkostüme, Musikinstrumente, Handwerksgeräte für die Buchbinderei und ähnliches wurden vom IRK bereitgestellt, Englischkurse durch Schulbücher gefördert. Zweimal wöchentlich fanden sie bei gutem Zuspruch statt.

Dann begannen nach und nach die stationären Arbeitseinsätze in kleineren Arbeitslagern oder am Ort. Ich landete in einer Lumpensortieranstalt. Wir sollten Wolle von Leinen, saubere von schmutzigen Lumpen trennen. Eine übelriechende Tätigkeit unter einem Wellblechdach. Nach einigen Wochen wechselte das Kommando auf die Baumwollfelder. In einen Umhängesack wurde die Baumwolle gepflückt. Am Ende des zwei Kilometer langen Feldes auf einer Waage gewogen und in Säcken verpackt auf einen Lkw geladen. Auch nicht gerade eine erstrebenswerte Beschäftigung in Hitze und Staub. Man holte sich nebenbei auch noch zerstochene Fingerkuppen, da die Baumwolle in einer Art stacheliger Kralle festsaß. Arbeitshandschuhe boten geringen Schutz, weil unhandlich und steif.
Eine schattige Arbeit in den ausgedehnten Waldungen der näheren Umgebung war dann eine wohltuende Erholung. Meist waren es lichte Fichtenwälder mit wenig Unterholz. Oft Ufergestrüpp an kleinen Bachläufen, die irgendwo in einem Sumpfgelände endeten. Die Mückenplage war quälend, und mancher landete nach wenigen Tagen im Krankenrevier. Aber auch diese Zeit ging zu Ende, da nicht allzu oft Aufträge an das Lager vergeben wurden. Die überwiegend farbigen Einwohner der kleinen Ansiedlungen beschwerten sich. Durch unseren Arbeitseinsatz, der sicherlich preiswerter war, nahmen wir ihnen die Existenzgrundlage.
So vertrieben wir uns im Lager die Zeit mit allen erdenklichen Tätigkeiten. Der Fußballplatz wurde ausgebaut, die Musiker übten jetzt auch tagsüber, man fing bisher unbekannte Schmetterlinge, baute kleine Gartenanlagen um die einzelnen Baracken, organisierte Skatrunden und ähnliches.

Ich hatte inzwischen – wie, wo und wann ist mir entfallen – einen gleichaltrigen jungen Mann kennengelernt, der eine Gitarre besaß. Es stellte sich heraus, daß er in seinen Jugendjahren in dem katholischen Jugendbund „Neu-Deutschland" war und viele bündische Lieder kannte. So hockten wir zusammen, bemühten unser Gedächtnis und sangen. Er lehrte mich das Lied der „gefangenen Reiter". Es soll, so glaubt man heute, in der illegalen Zeit in der dj.1.11 entstanden sein und wurde erstmals in Text und Melodie im „Eisbrecher" 8, November 1934 veröffentlicht. Hier der Text:

Turm um uns sich türmt,
Tod dem, der dich schuf!
Helden hält dein Tor,
Helden kampfgewohnt.
Wiehernde Pferde,
stampfen die Erde,
warten auf Reiter,
warten auf Sieg!

Turm um uns sich türmt,
Turm mit Eisentor,
besser wäre Glas,
helles, klares Glas.
Wiehernde Pferde
stampfen die Erde,
warten auf Reiter,
warten auf Sieg!

Turm, du wirst gesprengt,
für die Flucht gesprengt.
Flucht zum großen Wald,
der uns alle birgt.
Wiehernde Pferde
stampfen die Erde,
warten auf Reiter,
warten auf Sieg!

Ob und inwieweit diese Textzeilen in uns den Wunsch bestärkt haben, auch im großen Wald zu verschwinden, bleibt dahingestellt. Für alle Fälle wollte Willi seine englischen Sprachkenntnisse auffrischen, und ich nahm mir vor, den nächsten Spanischkurs zu belegen. Quien sabe? – Mexiko und die angrenzenden Staaten waren ja so weit auch nicht. – Dieses Mal mußte alles besser vorbereitet werden. Zivilkleidung, einige US-Dollars für die ersten Tage, Nahrungsmittel. Wenn möglich eine Karte, auf der Straßen und Ansiedlungen verzeichnet waren. Wir hatten das kommende Frühjahr eingeplant. Nach der Regenzeit.

3. September 1943
Waffenstillstand Italiens mit den Alliierten. Der ehemalige Bundesgenosse kämpfte jetzt gegen Hitler-Deutschland. Seit Wochen keine Post aus Europa. Und wenn, dann stets die bekannten Nachrichten, die wir hier in USA täglich detailliert über Rundfunk und Presse erfuhren, vor allem wahrheitsgemäß. Wenn „Conny", „Gunnar" und andere Freunde noch in Italien steckten, hatten sie alle Hände voll zu tun, sich ihrer Haut zu wehren. Rückzugsgefechte, Partisanen im Rücken, waren verlustreicher als mancher Einsatz an der vorderen Front.
Die Tage, Wochen und vielleicht Monate unseres Lagerdaseins zu beschreiben erübrigt sich, da keine erwähnenswerten Ereignisse die Eintönigkeit dieser Zeit unterbrachen.

24. Dezember 1943
Große Freude brachte ein Brief von „Heia", der immer noch in Berlin war, genau am Heiligen Abend. So erfuhr ich endlich, wo die einzelnen Freunde im Einsatz waren. Leider ohne ihre genaue Anschrift, sprich Feldpostnummer. „Sascha", „Bert", „Mauki", „Pit" und „Knö" im Osten. „Mauki" inzwischen Unteroffizier, „Knö", der Witzbold und Pazifist, erhielt das EK I. Er hatte mehrere russische Panzer abgeschossen und sich aus einem Kessel freigekämpft. „Walli" lag irgendwo auf dem Balkan. „Ferdi" hatte geheiratet und war für einige Tage auf Heimaturlaub. „Heino" noch als Fotograf bei Focke-Wulf in Norddeutschland. Er hatte bei einem Angriff russischer Jäger Ende 1942 in Ostpreußen eine schwere Lungenverletzung davongetragen und den Soldatenrock im April 1943 endgültig an den Nagel gehängt. Ein seltener Fall von Rückkehr ins Zivilleben. „Grabbel" war bei der Kriegsmarine. Seit 1939 stationiert in Lehr/Friesland. Nach der Grundausbildung auf dem Kreuzer „Admiral Hipper", einem Schwesterschiff der „Blücher" und „Prinz Eugen".

Wo es unsere Nürnberger und Dresdner Freunde hinverschlagen hatte, wußten wir nicht. Auch von der übrigen Bauhütten-Mannschaft „Allah", „Ojüste" und „Ali" waren die Standorte nicht bekannt. Die ehemaligen Frankfurter Nerother hatte es in drei Fällen hart getroffen. Willi Wagner wurde in ein Strafbataillon versetzt, Walter Vogels, „Tomy" genannt, als Deserteur erschossen. Auch Günther „Käppi" Palm wegen des gleichen Delikts 1942 zum Tode verurteilt. Später wurde die Strafe in 15 Jahre Zuchthaus umgewandelt.
Diese Nachrichten trafen in den kommenden Wochen nach und nach ein. Und ich konnte endlich alle Briefe beantworten. Immer der gleiche Text. „Es geht mir gut usw. ..." Viele Zeilen waren geschwärzt, und man konnte nur ahnen, was der Schreiber andeuten wollte. Auch meine Antwortschreiben, die jetzt vor mir liegen, hatten erhebliche Unkenntlichmachungen erfahren. Wer hierfür verantwortlich war, ist bei zweimaliger Zensur kaum festzustellen. Trotz dieser bedauerlichen Mißstände schrieb ich weiter wöchentlich einen Brief an diejenigen, deren Anschriften mir durch „Gerry" mitgeteilt wurden, oder aber auf Verdacht an die alten Feldpostnummern. Ob die Adressaten meine Grüße je erhielten oder ob sie irgendwo im Bombenhagel verbrannten, habe ich nie erfahren. Unser Postkontrollsystem war in der jetzigen Kriegsphase zusammengebrochen.
Die Weihnachtsfeiertage mit Christbaum, Gebäck, Kerzenschein, Truthahn und Bratäpfeln ließen bei den meisten, vor allem bei den älteren Familienvätern, keine frohe Feststimmung aufkommen. Anstelle heimischen Schneetreibens hatte die viermonatige Regenzeit begonnen. Es sollte Wochen dauern, in denen kein Außenkommando das Lager verließ. Ausgenommen einige Handwerker, die bei der US-Armee als Autoschlosser, Schreiner oder Köche beschäftigt waren. Um diese Zeit des Wartens sinnvoll auszufüllen, wurden Theaterstücke einstudiert. Die hierzu benötigten

Texte schrieben einige begabte Köpfe. Meist Klamauk, der deftig auch das Landserleben einbezog. Die Frauenrollen, in denen die behaarten Waden der Darsteller neben Superbusen endlose Lachsalven bewirkten, in die selbst der Lagerkommandant und seine Begleitoffiziere einstimmten, waren besonders beliebt. Ach ja, die Mädels blieben Träume.
Kostüme hatte das American Red Cross gestiftet, darunter viele zivile Kleidungsstücke. Mein besonderes Interesse galt der Herrengarderobe. Da ich eine Rolle übernommen hatte, konnte ich in die Schneiderei, in der neben Ausbesserungen an beschädigter Arbeitskleidung gegen kleine Geschenke auch private Wünsche erledigt wurden. Ich sollte einen Dandy spielen, und so fiel es nicht weiter auf, daß ich aus dem gestreiften Inlett der Armeematratze und dem dazugehörigen Kopfkissen einen Sakko geschneidert haben wollte. Man kennt diese Art der gestreiften Jacken aus den 1920er Jahren. Jetzt wiederbelebt durch Sammy Davis jr. und andere bekannte Sänger. Diesen Stoff zu beschaffen war denkbar einfach. Die eigentliche Sollstärke des Lagers war noch nicht erreicht, daher nicht alle Unterkünfte belegt. So stiegen wir nachts in eines dieser unbewohnten Gebäude ein. Inlett, für Laien möglicherweise unbekannt, ist ein reißfester Stoff, aus dem auch die bei uns heute verwendeten Überzüge der Matratzen und vieler Kopfkissen hergestellt werden. Da steifer als Leinen, konnte man daraus durchaus ein brauchbares Herrenjackett schneidern. Bettuch, den Bezug für Schlafdecken und Kopfkissen, legten wir zusammengefaltet auf das nun leere Bettgestell. Den Rest der enthäuteten Matratze verbuddelten wir unter der Baracke. Die störrischen Gänsefedern des Kopfkissens stopften wir in die beiden großen runden Kanonenöfen. So konnten sie endgültig verschwinden, falls die Öfen irgendwann einmal beheizt werden sollten.

Zwei Wochen später kam ein neuer Gefangenentransport aus Europa. Mit ihm ein guter Bekannter. Hans Masten, unser Divisionsdolmetscher. Außer Deutsch, Italienisch und Englisch sprach er auch Spanisch. Er war Südtiroler mit italienischer Staatsangehörigkeit und in Meran beheimatet. Ich zog ihn ins Vertrauen, und er war sofort bereit, bei dem geplanten Unternehmen mitzumachen. Mexiko und die daran angrenzenden Mittelamerika-Staaten waren unser Ziel. Deren Landessprache war Spanisch, und dort wollten wir, mit etwas Glück, in Freiheit das Kriegsende abwarten. Daß fast alle diese Staaten mit Deutschland im Kriegszustand lagen, ahnten wir nicht. Der Berliner Peter Fuhrmann, ein Nerother, war seit einiger Zeit einer unserer Mitsänger. Willis Klampfenklänge hatten ihn auf uns aufmerksam gemacht. Er wurde der vierte Fluchtwillige. Wie wir den Ausbruch durchführen wollten, war noch nicht eindeutig geklärt. Aber die möglichen Fluchtwege hatten wir schon ausgemacht.

Das Lager war in drei Unterlager aufgeteilt, in die man ohne Kontrolle zu jeder Tageszeit gehen konnte. Die dort stationierten Kameraden lebten schon einige

Monate in Opelika. Außer einigen Italienern gab es auch eine Handvoll Araber, die als Hilfswillige (Hiwis) im Afrikakorps Arbeit gefunden hatten. Die Amerikaner kassierten sie ebenso wie später uniformierte Postbeamte, meist Briefträger, aber auch Bus- und Straßenbahnschaffner der Stadt Aachen. Uniformen mit Adler galten als verdächtig. Ob Posthorn, ein geflügeltes Rad der Reichsbahn oder ähnliche Embleme, niemand kam davon. Diese Fehlgriffe klärten sich erst bei eingehenden Verhören in den USA auf. Doch jetzt war es zu spät, auch sie landeten in den Kriegsgefangenenlagern.

Zwei neue Kompanien wurden in unser Teillager eingewiesen. Auch die von uns geplünderte Unterkunft wurde belegt. Und schon gab es einen Riesenwirbel. Am Abend hatten sich die neuen Bewohner entschlossen, die ausgekühlten Schlafstätten ein wenig gemütlicher zu machen, und zündeten ihre dafür vorgesehenen Öfen an. Papier und Brennholz gab es genug. Doch statt wohltuender Wärme verpufften im Minutentakt die kokelnden, nach verbrennendem Horn stinkenden Federn. Aus allen Ritzen der beiden Wärmespender quoll beißender Qualm, und, im Raum selbst nicht sichtbar, aus den beiden Kaminen ein Gemisch aus weißen Federn und roten Funken. Wir standen alle vier mucksmäuschenstill unter den johlenden Zuschauern. Viele dachten, es sei Schnee, weil die benachbarten Häuser weiße Dächer hatten.
Die Lagerfeuerwehr rückte an und brachte das Ganze zu einem guten Ende. Weder die hölzerne Baracke noch einer ihrer Insassen hatte Schaden genommen. Noch Wochen später rätselten die US-Bewacher an diesem Ereignis herum.
Silvester 1943 und mein Geburtstag im Januar 1944 lagen hinter uns. Noch immer regnete es, mal stark, mal weniger. Wir prüften jede Möglichkeit und fanden ein Schlupfloch, an das auch die Aufpasser gedacht hatten, aber nicht an den deutschen Hang, Vorgenommenes auch durchzuführen.

Ein kleiner Bach, eher ein Rinnsal in der Sommerzeit, jetzt angeschwollen bis zum Rand, schlängelte sich durch drei Teillager. An einer Seite floß er durch eine große Röhre unter dem Doppeldrahtzaun in das Lager und einige hundert Meter weiter durch die gleiche Konstruktion wieder ins Freie. Das wollten wir auch. Man mußte nur warten, bis der Wasserstand auf ein erträgliches Maß gefallen war. Inzwischen liefen die Vorbereitungen an. Es gab ein Unmenge zu bedenken, obwohl die Situation weniger problematisch war als im algerischen Camp 210.
Die Garderobenfrage hatten wir geklärt. Wir behielten einfach unsere Jeanshosen an, unser kakifarbenes Militärhemd, darüber ein Jackett von zivilem Zuschnitt. Die Freizeitmützen der Armee, einen Hut oder eine Schirmmütze in unauffälliger Farbe. Das konnte uns alles der Theaterfundus liefern.
Zum Durchtrennen der dicken Eisenstangen, die in dem Abfluß des Baches am Eingang und am Ausgang des etwa einen Meter im Durchschnitt messenden Kanalrohrs ein Entkommen verhindern sollten, benötigte man eine Eisensäge. Die Baumeister

des Lagers Opelika hatten gegen Ausbruchsversuche eine erstaunlich gut durchdachte Vorsorge getroffen, daher auch die Rohrsperren im Lagerbach. An die Möglichkeit, daß Ausbruchswillige irgendwann und irgendwo auf ihrer Arbeitsstelle eine Eisensäge organisieren könnten, hatten sie natürlich gedacht. Die heimkehrenden Arbeitskommandos wurden eingehend gefilzt, und bis jetzt gab es keinen Grund, eine schärfere Überprüfung durchzuführen.

Um diese Sicherheitskontrolle zu umgehen, entwickelten wir einen kaum durchschaubaren Plan. Nach und nach verstopften wir einige Toilettenabflüsse in den drei Teillagern. Bei den Duschen fehlten plötzlich die Brausenköpfe, so daß ein dicker Wasserstrahl auf den ahnungslosen Benutzer herabstürzte. Wirkungsvoll vor allem dann, wenn dieser auch noch heiß war und der Hahn des Kaltwasserzuflusses fehlte. Die Beschwerden häuften sich. Damit war unser Ziel erreicht. Ein Installateur, ein Plumber, wurde herbeizitiert. Wir kannten ihn von gelegentlichen Besuchen im Lager und wußten, daß er seinen Werkzeugkoffer auf der Ladefläche seines „Pick up"-Fords einfach stehen ließ. Er nahm die notwendigen Werkzeuge heraus, den Rest ließ er offen und ungeordnet herumliegen. So hatten wir leichtes Spiel. Einer behielt den Plumber im Auge, ein zweiter entwendete problemlos eine Eisensäge und eine Rolle schwarzes Isolierband, der dritte verstaute sie unter einem Gestrüpp in der Nähe des Bachlaufs. Eine unter einer Plane liegende karierte Jacke, ein sogenanntes „Lumber-Jacket", ließen wir ebenfalls mitgehen. Mit diesem Kleidungsstück sah sein Träger amerikanisch aus. Mit dem gestreiften Sakko und dem karierten Holzfäller-Jackett hatten zwei von uns eine gute Oberbekleidung. Das dritte Stück würde uns die Theatergarderobe stiften.
Die Verpflegungsfrage mußte in den letzten Tagen gelöst werden. Niemand konnte Wochen im voraus wissen, welche haltbaren Lebensmittel in welcher Menge und Verpackung am Stichtag, dem Tag des Verschwindens, wirklich zur Verfügung standen. Ein weit größeres Problem war die Beschaffung von Bargeld. Es war zwar nicht erlaubt, mit den GIs Geldgeschäfte zu tätigen, aber einige findige Künstler verhökerten kleinere Lagerskizzen, Aquarelle von Burgen am Rhein und alte Stadtansichten, meist frei erfunden, an die amerikanischen Soldaten. Vor Weihnachten blühte das Geschäft. Ausgeben konnte man die Banknoten nicht. Die Kantine nahm nur Gutscheine des US-Zahlmeisters an. Der Arbeitslohn war für den internen Lagerbetrieb vorgesehen. Wir hörten uns vorsichtig bei Außendienstlern und besagten Künstlern um, und viele waren hocherfreut, ihre Scheine gegen „Campcoupons" eintauschen zu können. So wurde unser Bestand von Woche zu Woche größer, vor allem am Monatsende, wenn die GIs ihren Sold erhielten und Souvenirs einhandeln konnten.
Da war aber noch der tägliche Morgenappell, bei dem jeder bei Aufruf seines Namens sich laut mit „Hier" zu melden hatte. Wer wäre wohl bereit, dies für uns zu übernehmen? Es konnten nur wirklich zuverlässige Mitgefangene sein. Ohne deren

Hilfe war der ganze Plan wertlos. Wir mußten unbedingt einen Vorsprung haben, um den Abstand innerhalb weniger Tage so weit wie möglich zu vergrößern. So hofften wir auf Mitfahrgelegenheiten auf einem der riesigen Lastwagen, die einzelne Bundesstaaten der USA in wenigen Stunden durchqueren konnten.

Die Tage vergingen zwischen Hoffen und Bangen. Und dann bat uns Willi, es ihm nicht zu verübeln, wenn er nicht mitmachen könne. Er hatte einen „Rundum-Kursus" belegt zur Erreichung der Mittleren Reife. Die in Gefangenschaft angeeigneten Kenntnisse wurden tatsächlich durch ein hierzu befugtes Prüfungskomitee bewertet und in einem Abschlußzeugnis bestätigt. Die notwendigen Formulare lieferte das IRK Genf, und das so dokumentierte Zeugnis wurde in der Heimat anerkannt.

Ich bedauerte seine Entscheidung, da er mir in den vergangenen Monaten ein guter und zuverlässiger Freund geworden war, hatte aber auch Verständnis dafür, daß er an einer Zwischenprüfung teilnehmen wollte, die seiner Weiterbildung diente. Für die Nachkriegszeit vorbereitet zu sein war wichtiger, als sich die POW-Zeit mit Kartenspiel und Fußballmatches zu vertreiben.
Aber ganz wollte Willi nun doch nicht auf eine Unterstützung unseres Vorhabens verzichten. Er erbot sich, beim morgendlichen Zählappell an meiner Stelle „hier" zu rufen. Hans und Peter hatten ebenfalls ehemalige Kameraden ihrer alten Einheit von der Notwendigkeit ihrer Mithilfe überzeugen können.
Somit waren die geplanten Vorbereitungen abgeschlossen. Sobald der Dauerregen nachließ und der Bach seinen normalen Pegelstand wieder erreicht hatte, wollten wir versuchen, auch die letzte Sperre zu überwinden. Wörtlich: durchzusägen!

6. Februar 1944
POW-Camp Opelika, Alabama, USA:
*„Mein lieber Bert, von Pit erfuhr ich, daß Du wieder im Osten bist. Damit hat mich die alte nagende Furcht um Dich wieder erfaßt, zumal man seit Monaten nichts von Dir gehört hat. Ich hoffe, daß Ihr alle gesund heimkehrt. Was nutzt's mir, wenn ich aus der Gefangenschaft zurückkomme und keiner mehr da ist. Du hattest diese Sorge, als ich in Afrika war und die lange Zeit danach bis zum ersten Lebenszeichen. Ich kann mir gut vorstellen, wie Euch nach dem Fall Tunesiens zumute war. Ich bin gesund und wünsche Euch das Gleiche von Herzen. Pit, Chrischan, Mauki, Knö und allen anderen. Du übermittelst es bitte, da ich nicht an alle gleichzeitig schreiben kann. Pit sandte mir einige Aufnahmen aus seiner Nürnberger Zeit. Schöne Motive unserer Heimat. Waldwege, auf denen ich, wenn ich draufschaue, vermeinte, das ferne Verwehen von Klampfentönen zu hören. Oder auch eine Gruppe mit Fähnlein und Trommel. Wie lange habe ich keine Waldschneise im Taunus gesehen. Mit Sonnenglast, Hähergeschrei und Bienensummen? Aber bald wird es wieder so sein wie in früheren Tagen. Verlaß Dich drauf!
Herzlich Dein Berry"*

3. März 1944

„Pit" aus Warschau an „Heia", Berlin:

„... In Frankfurt sieht es wüst aus. Ich durfte mal auf acht Tage nach Hause gondeln. Alles ist jetzt im Keller und wir wollen hoffen, daß nichts passiert. ... Doch nun zu einer sehr traurigen Nachricht. Am 25. 2. starb ganz plötzlich Oma Müller. Als ich es erfuhr – es war schlimm. Am schlimmsten für Bert, der außerdem noch mit einer Verwundung im Lazarett liegt. Leider kann ich Dir die Adresse nicht mitteilen. – Nun vor allem eine Bitte. Mache von Deinen Aufnahmen Oma Müllers einige anständige Vergrößerungen, damit jeder von uns ein Bild bekommt. ... In dieser Umgebung hier, zwischen Wanzen, polnischen Hiwis und sturen Landsern, ist mir ein Bild der Freunde immer ein Trost und ein Lichtblick auf bessere Zeiten. Chrischan sitzt noch in Northeim am Harz und wartet auf seine Abstellung. Von Berry eine Karte vom Oktober 43. Sonst bin ich allein mit meinen Gedanken, meiner Klampfe und den wenigen Büchern, die man hier im Soldatenheim bekommt. ... Für heute schließe ich mit den besten Grüßen in alter Freundschaft, Dein Pit."

13. März 1944

Unsere „Gruppenschneiderin", Tante Gustel, Oma Müllers Kusine, starb zehn Tage nach „Pits" Warschauer Nachricht. Für das Mietverhältnis der gemeinsamen Wohnung Gleimstraße eine Bedrohung. „Bert" war bei beiden Verstorbenen Untermieter, dazu seit langer Zeit und auch weiterhin abwesend. „Gerry" war, obwohl dort wohnhaft, gewissermaßen die Betreuerin der beiden alten Damen und vom Vermieter auch als solche geduldet. Das Frankfurter Wohnungsamt wiederum suchte sogenannten „unterbelegten Wohnraum" für wohnungslose, ausgebombte Mitbürger. Die Wohnung Gleimstraße war da ein durchaus begehrenswertes Objekt.

Ein Luftangriff sorgte einige Tage später für eine ganz neue Situation. Das gegenüberliegende Schulgebäude wurde Ziel eines Bombenangriffs mit erheblichem Schaden auch für die nähere Nachbarschaft. Die Gleimstraße wurde über Nacht fensterlos, und in vielen Fällen zerstörte der Luftdruck Türen und Zwischenwände in den betroffenen Häusern. Brandbomben sorgten für weitere Zerstörung. – So saß „Gerry" nach dieser Nacht nur noch in einem bewohnbaren Raum und einer demolierten Küche. In diese „Restbehausung" konnte keine weitere Person eingewiesen werden.

Tags darauf bat „Knö" um einiges Geschirr und Besteck. Die Wohnung seiner Eltern war ein Trümmerhaufen. Er hatte Sonderurlaub und bemühte sich, eine neue Unterkunft zu finden. Wenn es keine Möglichkeit in der Stadt gäbe, auch irgendwo auf dem Lande.

In einer dieser Märznächte, die 18. oder 23. müßte es gewesen sein, fiel auch das Geschäftshaus an der Hauptwache in einem alliierten Bombenhagel buchstäblich in sich zusammen. Mit welcher Wucht die oberen Stockwerke in die Tiefe stürzten, zeigte der später gefundene eiserne, tonnenschwere Tresor aus Onkel Franks Büro, der aus der 1. Etage durch drei Geschoßdecken bis in den mittelalterlichen Gewölbekeller stürzte. Wo einst die Nachbarhäuser standen, konnte man an den Resten der ehemaligen Brandmauern erkennen.

„Das Jahr 1944 wurde das Unglücksjahr der Stadt Frankfurt. Bei insgesamt 78 Bomben- und 18 Tieffliegerangriffen waren 5559 Menschen ums Leben gekommen. Fast die Hälfte der 176.000 Wohnungen war zerstört, ihre Bewohner obdachlos, ebenso fast alle öffentlichen Gebäude. 12 Millionen Kubikmeter Trümmerschutt bedeckten die Stadt. Die gesamte Altstadt lag in Schutt und Asche, darunter die meisten der zum Teil jahrhundertealten historischen Bauwerke. Frankfurt war ein einziges Trümmerfeld."
(Presse- und Informationsamt der Stadt Frankfurt/Main 1983)

Reichspropagandaminister Goebbels hatte jetzt seinen totalen Krieg, den er der Welt aufzwingen wollte.
Während in deutschen Städten das Chaos herrschte, die Menschen um ihr Leben bangten, saß ich in der warmen Märzsonne im friedlichen Alabama. Es regnete seltener, doch gelegentliche Wolkenbrüche zwangen uns weitere Tage des Wartens auf. Der Wasserstand des Baches war auf wenige Zentimeter gefallen, so daß wir nicht allzu naß und verschmutzt die Freiheit jenseits des Stacheldrahts erreichen konnten.

„DON'T FENCE ME IN"

Gerüchte, das Camp Opelika würde in Kürze aufgelöst, veranlaßten uns, vor der geplanten Zeit mit den Abschlußarbeiten zu beginnen. An jeder Drainagerohrseite befanden sich fünf senkrecht einzementierte Eisenrohre in Armdicke. Sie waren hohl, was leichteres Sägen zuließ, aber auch geräuschvoller war. Zwei mal drei Rohre von insgesamt zehn mußten durchtrennt werden. Nach drei arbeitsreichen Nächten waren alle sechs Rohre durchgesägt und mit einem breiten schwarzen Isolierband wieder so befestigt, daß die Nahtstellen nicht zu entdecken waren. Mit darübergestrichenem Lehm zusätzlich getarnt.

Beim Sägen war einer im Rohr beschäftigt, die beiden anderen spitzten die Ohren, um beim Nahen eines Kontrollpostens den „Maulwurf" zu warnen. Ein unerfahrener Naturfreund konnte das Sägen durchaus für das ähnlich klingende Zirpen der großen Zikaden halten, die zu Dutzenden gerade jetzt im nahen Unterholz ihre Paarungswilligkeit signalisierten. Bei der leichtesten Erschütterung des Bodens verstummten sie, was uns einen Näherkommenden anzeigte. In den darauffolgenden Nächten versteckten wir unser „Sturmgepäck" in der Nähe des Bachlaufs. Ausgenommen private Papiere, Toilettenartikel, Bargeld und die Nahrungsmittel, die erst zwei Tage vor Aufbruch organisiert werden konnten. In allerletzter Minute mußten wir unsere Doppelgänger für den Morgenappell informieren, die, wenn alles planmäßig verlief, uns einen guten Vorsprung sichern sollten.

Da sonntags keine Arbeitskolonnen das Lager verließen, gab es keine Zählappelle. So gewannen wir einen Tag zusätzlich, wenn die Flucht an einem Wochenende stattfand. Nach Einbruch der Dunkelheit krochen wir durch den Abfluß des Baches unter dem stacheldrahtbewehrten Zaun in die Außenwelt. Nachdem das Gepäck im Unterholz verstaut war, mußte einer nochmals in die Rohrleitung, um den Inneneingang, der im Lagerbereich lag, wieder so zu präparieren, daß man die angesägten Metallteile nicht sofort als beschädigt erkennen konnte. Die Spuren am Ausgang zu verwischen war einfacher. Dann verschwanden wir im nahe gelegenen Wald, der aus meterhohem Dickicht bestand, nie gerodet, dschungelartig.

Irgendwo standen wir an einem Highway, der kerzengerade und endlos nach Süden lief und am Horizont verschwand. Tauchte in der Ferne ein Scheinwerfer auf, sprangen wir ins Unterholz. Straßengräben gab es nicht.

So tippelten wir Stunde um Stunde, bis die Sonne uns zwang, ein Versteck aufzusuchen und den Tag zu verschlafen. Wir mußten einsehen, daß wir mit dieser Art der Fortbewegung Wochen benötigen würden, um den Golf von Mexiko zu erreichen, den wir mit einem Segelboot überqueren wollten. Hans war hier der wichtigste Mitstreiter, er verstand etwas von diesem Wassersport. Und wir vertrauten ihm.

Trampen war in den Staaten weniger üblich als in Deutschland. Vor allem wenn man mit der flachen Hand Winkzeichen gab, wurde dies als Gruß verstanden, und die Vorbeifahrenden winkten freundlich zurück. Den Daumen nach oben und den Arm in Fahrtrichtung bewegen war die deutlichere Art, seinen Wunsch zu äußern, made in USA. Der deutsche Anhalter hat es inzwischen übernommen.

Nach einer weiteren Nacht auf Schusters Rappen erreichten wir eine der kleinen, in der Landschaft verstreuten und kaum wahrnehmbaren Siedlungen. Wir hatten den Highway verlassen und unser Glück auf Feldwegen versucht. Obst, Tomaten, Gurken, Melonen und Süßkartoffeln, Mais und Peanuts wurden hier angebaut. Der subtropische Halbdschungel war sonnendurchfluteten Feldern gewichen. Es war noch früh im Jahr, und die Anwohner bereiteten das Ackerland für die Aussaat vor. Armselige Holzhütten, an einer staubigen Straße. Farbige alte Männer in ihren Schaukelstühlen, erstaunt, hier Weiße zu sehen, winkten uns zu. Rundliche Negermamis fütterten das Federvieh, wuschen ihre Wäsche oder werkelten in ihren kleinen Gärten. Sie waren Tagelöhner, Saisonarbeiter für einen Sommer. In den Wintermonaten, der Regenzeit, fanden sie Arbeit in den Kleinstädten, wenn sie Glück hatten. Oder in einer Großstadt bei schlechter Bezahlung und Unterkünften, die abbruchreif waren. Aber sie sangen bei der Haus- oder Feldarbeit, besonders inbrünstig in der Kirche.
In jenen Nestern sang niemand, im Gegenteil, die Jüngeren riefen uns nach: „Hey Yankee, get out of here!“ Wir beeilten uns, bevor es Ärger gab.
Es mochten Stunden vergangen sein, bis wir wieder auf einen Highway stießen. Als einzige Lösung blieb Trampen. Nach einem guten Dutzend Versuchen hielt tatsächlich einer dieser Überland-Trucks. Die beiden farbigen Männer, die aus dem Führerhaus herauskletterten, prüften zuerst die Reifen, dann die Ladung, um dann auf uns zuzuschlendern und in ihrem typischen Southern-Slang, bei dem die meisten Endsilben fehlten, nach unserem Reiseziel zu fragen. Der Fahrer nickte, sein Beifahrer verlangte zwei Schachteln Zigaretten. Nur bis zum nächsten Rasthaus, wir bekämen sie zurück, versprachen sie. Ihre seien aufgeraucht. Ok, sie bekamen sie natürlich, aber ohne Rückerstattung bitte. – Wir hockten zwischen Kisten, Fässern und prall gefüllten Säcken und fuhren südwärts, Richtung Mobile. Nach zwei Stunden flotter Fahrt Halt an einem Motel mit Restaurant und Tankstelle. Peter besorgte drei Coca-Cola und Hamburger. Wir anderen blieben, wo wir waren. Man hatte vielleicht schon unser Verschwinden entdeckt, und alle Welt fahndete nach drei entkommenen deutschen Kriegsgefangenen. Wurden wir erst einmal in den regionalen Zeitungen gesucht, hieß es, die Staatsgrenzen so schnell wie möglich hinter sich zu lassen. Eine Zeitung zu kaufen wagten wir nicht. Um das Meer zu erreichen, mußten wir den Staat Alabama bis zur Küste durchqueren. Hier mündete der Alabama River bei der Hafenstadt Mobile in den Golf von Mexiko. Oder im Westen den Staat Mississippi, dessen Küste bedeutend länger war.

In den vergangenen Tagen bemerkte ich erstmals aus eigener Erfahrung, wie riesig groß die Vereinigten Staaten wirklich sind und über welche Ressourcen sie verfügen.

Nach einer ausgedehnten Pause sollte es weitergehen, doch einer von uns sollte den Fahrern Gesellschaft leisten. Pure Neugier, die zu stillen es sie drängte, Langeweile durch Neuigkeiten vertreiben? Man konnte nur mutmaßen, doch die Angst, ertappt zu werden, war gegenwärtig.

Hans, unser Diplomdolmetscher, erbot sich, diesen Part zu übernehmen. Sein gutes britisches Englisch schrieb er seiner kanadischen Staatsbürgerschaft zu und log den aufmerksamen Zuhörern das „Blaue vom Himmel“ herunter. Man zeigte sich Familienfotografien, auf denen nicht erkennbar war, ob sie in Toronto, Rom oder Moskau gemacht wurden. Es schaffte eine Vertrauensbasis, die wir alle für die kommenden Stunden dringend benötigten. Je nach Situation gaben wir uns als Studenten auf einer Ferienreise oder als Teilnehmer eines Treffens des YMCA, des amerikanischen „Christlichen Vereins junger Männer“ aus. Beides paßte zu Aussehen und Kleidung.

In den Außenbezirken einer Provinzstadt, soweit ich mich erinnere Montgomery, war die vergnügliche Überlandfahrt zu Ende. Die beiden Fahrer waren in ihrer Heimatstadt und sollten am kommenden Tag einige Zuladungen erhalten. Kein Platz mehr für Mitfahrer. „Bye, bye, good luck!“, das war's.

“Thanks for the ride. God bless you“, unsere Antwort ebenso kurz.

Ein zweites Mal fanden wir uns in ungewohnter Umgebung, einem ländlichen Wohnviertel mit farbiger Bevölkerung. Kein sonderlich gutes Pflaster für Fremde. Echte weiße Südstaatler betraten diese Gegenden nie ohne triftigen Grund. Zu groß waren immer noch die beiderseitigen Vorurteile. Die Schwarzen kannten die gelegentlichen Ausschreitungen des Ku-Klux-Klans und die offensichtliche Benachteiligung farbiger Angeklagter vor den Gerichten. Angefangen bei den rigiden Verhörmethoden bis zur Verhängung weit höherer Strafen. Nachgewiesenermaßen wurden in vielen Südstaaten Todesurteile gegen Farbige öfter vollstreckt als gegen weiße Missetäter. Texas stand dabei an erster Stelle.

In einer Ballade von David Weber, vertont von Hanns Eisler, werden diese Mißstände angeprangert. „Janek“ sang es uns schon 1937 vor:

BALLADE VOM NIGGER JIM
Als Nigger Jim aus dem Urwald kam
Und sich ein Trambahn-Ticket nahm
//:Zwischen Harley und Manhatten://
Da brüllten die Herren: Hinaus mit dir,
Was willst du schmutziger Nigger hier
//:Bei unsern weißen Manschetten?!://

Und sie packten ihn beim Kragen,
Und sie warfen ihn vom Wagen
Hinunter auf den Damm,
Denn die Herrschaften mit der helleren Haut,
Die dachten, sie hätten die Stadt gebaut
Und auch die schöne Tram.
Darum gibt es eine Abteilung für weiße Gentlemen,
Darum gibt es eine Abteilung für schwarze Gentlemen,
In der Trambahn, in der Trambahn, mein Junge, merk es dir.
Darum gibt es eine Abteilung, mein Junge, merk es dir.

Es war Rushhour, und wir vermieden das Stadtzentrum, da wir befürchten mußten, uns in den Menschenmassen zu verlieren. So blieben wir in den ruhigen Außenbezirken, in der Hoffnung, irgendwo einen geeigneten Schlafplatz zu finden. Eine Parkanlage mit alten Bäumen und dichten Hecken, wenig Straßenverkehr und in der Dämmerung menschenleer, schien uns eine störungsfreie Nacht zu garantieren.
Ein plötzlich einsetzendes Gewitter mit wolkenbruchartigem Regen ließ uns hastig unter einem mächtigen, baumhohen Rhododendrenstrauch Schutz finden. Der über uns gespannte Blätterschirm verhinderte ein Durchdringen der Nässe. Das Erdreich blieb trocken.
Ein Dutzend Pfauen jedoch fühlten sich durch unser Eindringen in ihren nächtlichen Schlafplatz gestört und stoben mit lautem Klagegeschrei auf und davon. In den wenigen Häusern der näheren Umgebung gingen die Lichter an. Wütendes Hundegebell ließ den einen oder anderen Bewohner nach dem rechten sehen. Wir verständigten uns nur noch flüsternd und vermieden jedes Geräusch.

Tags darauf überraschte uns ein Sheriff beim kargen Frühstück auf einer Parkbank. Um wen es sich hier handelte war schon an dem breitkrempigen Hut, dessen eigentliches Kopfteil in der Mitte in Falten geknickt an eine Zitronenpresse erinnerte, und einem Colt an der linken Hüfte klar zu erkennen. Ein Mann mittleren Alters, die übliche strenge Dienstmiene, die jungen Leuten gegenüber die Wichtigkeit seines Daseins dokumentieren sollte, unterstrich den Ernst der Lage. Unserem Woher und Wohin galt sein Interesse, nicht unserer Identität. Hans blieb nicht eine Sekunde die erwünschte Antwort schuldig.
Wir seien kanadische Studenten auf einer Exkursion durch die Südstaaten der USA. Ein wundervolles Stückchen Erde, nicht so hektisch wie die Großstädte Kanadas, lobte er. Und erst das Essen. Schweinebraten mit Ananassauce und den im Norden kaum bekannten Süßkartoffeln, einfach einmalig. Mir lief das Wasser im Mund zusammen.

Was anfangs wie ein Verhör begann, endete in einem kurzen Plausch über die sichtbaren Unterschiede des Nordens und Südens des amerikanischen Kontinents. Der Gesetzeshüter war's zufrieden, meinte „Ok, boys, enjoy this country and have a good time", tippte mit zwei Fingern an die breite Hutkrempe, machte auf dem Absatz kehrt und schlenderte gemächlich über die weite Rasenfläche auf einen Hundehalter zu, dessen Köter durch lautes Bellen die Ruhe störte.

Daß man auch ohne fließendes Wasser die sichtbaren Körperteile reinigen konnte, bewies ich sehr anschaulich. Mit einem Taschentuch einmal über den taunassen Rasen streichen, ergab Flüssigkeit genug für das Gesicht, weitere Male für Hals und Hände. Zähneputzen fiel aus, ersatzweise einen Apfel oder eine Orange. Getränke wie Tee oder Kaffee waren Luxus. Ein Blick auf unsere Wegzehrung empfahl eine baldige Aufbesserung. Zwar riskant, aber irgendwo mußte es ja so etwas wie einen Markt geben. Noch dringender allerdings benötigten wir eine Straßenkarte der Region, um festzustellen, wo wir waren und welche Richtung eingeschlagen werden mußte. Erst wenn diese beiden Anliegen erledigt waren, wollten wir die Reise fortsetzen.
Einer von uns sollte die Lage sondieren, einkaufen und erkunden, wo die Überlandtrucks Station machten, die Fahrer ihre Mahlzeiten einzunehmen pflegten und ob es eine öffentliche Badeanstalt gab. Einmal duschen und rasieren wäre eine Wohltat in der augenblicklichen Situation. Da bisher keine größeren Ausgaben getätigt worden waren, war unsere Reisekasse immer noch gut gefüllt. Ungepflegt würde uns der nächste „Cop" der Landstreicherei verdächtigen und näher unter die Lupe nehmen. Das Los fiel auf Peter. Wir beschlossen, an Ort und Stelle auf seine Rückkehr zu warten, jedoch nicht länger als sechs Stunden, um genügend Zeit für einen Ortswechsel vor Einbruch der Dunkelheit zu haben. Falls wir uns trennen müßten, galt als nächster Treffpunkt das Rathaus in Mobile. Dort drei Tage um die Mittagszeit 12 Uhr. Erschien Peter nicht, sollten wir die Reise ohne ihn fortsetzen, da er dann vermutlich aufgefallen und festgenommen worden war.

Dritter Tag, 10 Uhr vormittags. Peter machte sich mit 50 $ Zehr- und Wegegeld, kleinem Gepäck, unseren guten Ratschlägen und der Hoffnung guten Gelingens auf den Weg. Wir vertrieben uns die Zeit mit einem Rundgang durch die Grünanlage, beobachteten die Pfauenfamilie, deren Nachtruhe durch unser Erscheinen unter ihrem Schlafbaum so plötzlich gestört worden war. Tagsüber nicht menschenscheu, näherten sie sich, vor sich hinpickend, in der Erwartung, gefüttert zu werden. Wir mußten sie enttäuschen. Für reichlich Futter sorgte dann eine Gruppe Jugendlicher, die die Überreste ihrer Schulbrote großzügig auf dem Rasen verstreuten. Mütter mit Kinderwagen, aus denen es lallte und quäkte, saßen in der inzwischen warmen Märzsonne. Da und dort erblühten gelbe, lilafarbene und weiße Krokusse, wie in Europas

Gärten um diese Jahreszeit. Es könnte der Englische Garten, die Stuttgarter Wilhelma oder der Grüneburgpark meiner Heimatstadt sein.
Nach dreimaligem Rundgang machten wir uns über die spärlichen Reste unseres Proviants her. Hartgekochte Eier, trockenes Weißbrot und einige Dosen Ölsardinen, dazu ein Schluck lauwarmes Wasser aus der Feldflasche konnte man wahrlich nicht als „lukullisches Mahl" bezeichnen. Eine Henkersmahlzeit war reichhaltiger. Eine richtige Siesta mußten wir uns versagen. Die Ungewißheit, ob Peter wieder pünktlich zur Stelle sein würde, ließ uns nicht zur Ruhe kommen.

16 Uhr, die verabredete Zeit seiner Rückkehr überschritten, und langsam war es zur Gewißheit geworden, daß wir unsere Reise ohne ihn fortsetzen mußten. Um 17 Uhr brachen wir auf. Sein Restgepäck in zwei Bündel aufgeteilt, umwanderten wir die Innenstadt in den Außenbezirken. Unter der Brücke eines nach Süden verlaufenden Highways, der einen kleinen Flußlauf überquerte, verbrachten wir die Nacht. Wir mußten Mobile erreichen und dort drei Tage jeweils zur Mittagszeit auf Peters Erscheinen hoffen. Wirklich glaubten wir beide nicht mehr daran.
Der vierte Tag fand uns diesmal auf einem offenen Lastwagen zwischen Zwiebelsäcken und lebendem Geflügel. Ein Dutzend Puten, an den Füßen mit Stricken zusammengebunden, hockten verängstigt in einer Ecke, Hähnchen, Enten und Perlhühner in Drahtkäfigen hochgestapelt an der Rückwand der Fahrerkabine. Der beißende Guanogeruch nahm uns die Freude an der Art des Transports. Aber wir hatten keine Wahl. Froh, nach langer Wartezeit endlich von der dicht befahrenen Asphaltpiste wegzukommen, hatte Hans den beiden Latinos in perfektem Spanisch für dieses Entgegenkommen wort- und gestenreich gedankt. Darüber staunten sie, ein echter Nordstaatler hätte sich vermutlich nie dazu herabgelassen. Ich hingegen schwieg beharrlich und nickte oder lächelte nur, wenn ich es für angebracht hielt. Ihnen gegenüber spielten wir die Rolle der jungen Männer des allseits bekannten christlichen Vereins „YMCA". Auch ohne Poncho, Sombrero und breite Goldohrringe waren sie als Mexikaner zu erkennen. Das Oberlippenbärtchen nicht zu übersehen. Wie aus Pancho Villas Revoluzzer-Armee, Landvolk eben, das sich gegen Großgrundbesitzer und Korruption erhoben hatte. B. Traven und Ernst Löhndorff haben sie uns augenfällig beschrieben.
Die vierspurige Fernstraße verlief noch einige Kilometer um das Stadtzentrum herum, um nun an einer großen Kreuzung ins Umland einzumünden. Und genau hier hielt der röhrende Oldtimer mit einem Ruck, daß wir samt Zwiebelsäcken und Federvieh durcheinanderfielen.

Kaum vom Schreck erholt, noch im Aufraffen und in die Sonne blinzelnd, blickten wir in zwei auf uns gerichtete Maschinenpistolen der Militärpolizei. Was dies bedeutete, war offensichtlich. Absteigen, Leibesvisitation, Hände über dem Kopf zu einem am

Straßenrand parkenden Jeep geleitet. Drei weitere Militärpolizisten waren an den gegenüber einmündenden Straßenecken postiert. Wir waren in eine Großfahndung geraten, und damit unsere Reise hier beendet.
„Want a cigarette?" war die erste Frage an mich. Dabei hielt einer der Militärpolizisten mir eine Schachtel „Lucky Strike" unter die Nase.

Einige Stunden später sahen wir auch Peter wieder. Im City-Jail Montgomerys. Die Zellen, vorne offen und vergittert, wie es uns heute in jedem amerikanischen Kriminalfilm vorgeführt wird. Jeder Besucher konnte die Delinquenten begaffen wie Affen im Zoo. Und jetzt bot sich hierzu die einmalige Gelegenheit, die „Hunnen aus Germany" leibhaftig zu sehen. Vor allem die Sekretärinnen der Stadtverwaltung – das Gefängnis lag in einem der unteren Stockwerke des Rathauses – schäkerten und warfen vielsagende Blicke auf uns. Einige schienen enttäuscht zu sein. Sie hatten sich die Gestalten politischer Karikaturisten ihres Stadtblättchens, das Nazis meist mit langen, wallenden Bärten, Hörnern und Tigergebiß darstellte, erhofft. An deren Stelle drei sauber gekleidete junge Männer vorgefunden, mit denen man sogar englisch sprechen konnte. Such is life!

Die Männer hingegen waren nicht wählerisch in ihren Beschimpfungen, Drohungen und Verdächtigungen. Vor allem die jüdischen Besucher wünschten uns an den Galgen, was ich persönlich verstehen konnte, da mir die Gründe für diese Einstellung aus leidvoller Erfahrung bekannt waren.

Am Nachmittag erschien Camp-Commander Colonel Gerson Cronander in Begleitung von Major H. B. Davis, zuständiger Offizier für den „Prisoner of war"-Sektor, um die Übernahme aus Polizeigewahrsam in die Obhut der US-Armee persönlich zu bestätigen.
Eine geräumige Baracke, in einzelne Zellen unterteilt, versehen mit allen Sanitäranlagen nach Vorgaben des IRK Genf, wurde jetzt für 30 Tage unsere Bleibe. Ein Maschendrahtzaun trennte uns von den anderen Lagereinrichtungen. Die Zellentüren waren unverschlossen, lediglich die Eingangspforte von außen verriegelt. Eine kleines Lager in einem großen. Das Urteil wurde formlos durch den diensthabenden Offizier, einem Leutnant, vorgelesen, und dann ging man zur Tagesordnung über. 30 Tage bei voller Verpflegung, Lesematerial im wöchentlichen Umtausch, Betten und Zubehör wie im Kompanie-Alltag, das konnte man aushalten. Wir spielten Schach und Rommé bis zum „Geht nicht mehr". Peter begann einen Roman zu schreiben, irgendeine Rittergeschichte. Alle zwei Tage eine Dichterlesung, die wir alle sehr erheiternd fanden. Und unser Freund Willi brachte in Begleitung eines GIs unsere tägliche Verpflegung und die Post, so wir welche hatten.

Aber wie konnte es so weit kommen? Welche Zufälle oder Unachtsamkeiten hatten zum Scheitern unserer Flucht beigetragen? Es begann mit Peters Stadtbummel, in dessen Verlauf er einem Zivilfahnder des FBI aufgefallen war. Erst durch seine Festnahme stellte sich heraus, daß im Kriegsgefangenenlager einiges schiefgelaufen sein mußte und mindestens der Inhaftierte dort entwichen war. Der morgendliche Zählappell hatte seit Tagen keinen Fehlbestand angezeigt. Eine Lagerbesatzung von etwa 2500 durchzuzählen war demnach nicht ausreichend. So ließ man die einzelnen Kompanien in allen drei Teillagern vor ihren Betten Aufstellung nehmen und glaubte so die fehlenden Ausreißer zu entdecken. Aber auch diese Maßnahme wies gewisse Mängel in der Durchführung auf. Die unterstützenden „Hier"-Rufer hatten, da sie wußten, in welcher Kompanie sie einsatzbereit sein sollten, stets Zeit genug, anschließend in ihrer eigenen Unterkunft vor ihrem Bett Posten zu beziehen. Als letzten Versuch ließ man die namentlich Aufgerufenen aus der Reihe vortreten und verglich sie mit dem Foto ihrer Gefangenen-Stammakte. Es dauerte geraume Zeit, bis auch Hans und ich, Angehörige verschiedener Kompanien, als Flüchtlinge identifiziert waren.

(Nachweis im Anhang)

CAMP WHEELER, GEORGIA

Auch diese 30 Tage Bau vergingen. Inzwischen hatte ich mit derartigen Einschränkungen schon genug Erfahrungen gemacht. Die Außenkommandos begannen langsam wieder das Stammlager zu verlassen, um in der Landwirtschaft, in Handwerksbetrieben und in der Industrie eingesetzt zu werden. Wir drei Ausreißer durften das Lager nicht mehr verlassen und konnten unsere Kantinenkonten nicht aufbessern. Im Gegenteil, unsere Reisekasse sollte dazu dienen, die Reparaturkosten an der Drainage zu begleichen. Wir mußten froh sein, daß man uns die Zwischenfälle im Sanitätsbereich nicht anlasten konnte. Auch der „Plumber" meldete keine Ansprüche an. Er wußte warum. Fahrlässigkeit zahlt sich nicht aus!

Ende April verdichtete sich das Gerücht, das Lager würde in Kürze aufgelöst und die Gefangenen auf andere Lager verteilt. Unsere bündische Singgruppe war in Gefahr, getrennt zu werden. Die Entscheidung fiel über Nacht. Am 21. Mai 1944 wurden Hans und ich nach Camp Wheeler, Willi und Peter drei Wochen später, am 13. Juni 1944, nach Fort Benning verlegt. Beide im östlich angrenzenden Nachbarstaat Georgia. Camp Wheeler, dem gleichnamigen Truppenübungsplatz angegliedert, gehörte vermutlich, bevor die Drahtzäune und Wachtürme errichtet wurden, zum Gesamtkomplex dieser Anlage. Für etwa 1.200 POW vorgesehen und wesentlich kleiner als Camp Opelika. Bis auf ein Dutzend fast nadelloser Kiefern gab es keinen Baumbestand. Ein geradezu trostloser Eindruck, der mich, gäbe es keine Holzbaracken, an das Camp 210 in Algerien erinnerte. In der Ausstattung des Lagers konnte ich keine wesentlichen Unterschiede zu unserer ehemaligen Bleibe feststellen. Bücherei, Kantine, Theatersaal, Sportplatz und Waschräume säumten die einzige Straße mit den an beiden Seiten aufgereihten Unterkünften. Trotz der tristen Umgebung war es übersichtlicher, da zur Zeit meiner Ankunft nur mit etwa 600 Mann belegt.
Außer unserem Transport, soweit ich mich erinnern kann, etwa um die 100 Mann stark, waren auch die Gefangenen aus drei bis vier anderen aufgelösten Lagern angekommen, und ich traf einige Frankfurter und Hessen unter den Neuen. Sie waren erst kürzlich aus Europa eingetroffen. Durch sie erfuhr ich die wirklichen Ausmaße der Zerstörungen in Deutschland, aber auch die erschreckend zunehmende Zahl der Toten, die entweder durch Bombenangriffe oder fern der Heimat an der Front Hitlers Krieg mit ihrem Leben bezahlt hatten. Und immer endeten die Todesanzeigen mit den patriotischen Phrasen „für Führer und Vaterland" oder „in treuer Pflichterfüllung" gefallen.

6. Juni 1944
Alliierte Verbände der Amerikaner, Briten und Kanadier, zusätzlich unterstützt von französischen, polnischen und anderen Freiwilligen-Verbänden besetzter europäischer

Länder, hatten ihre Invasion an der französischen Kanalküste begonnen. In hartem Ringen und mit schweren Verlusten auf beiden Seiten eroberten sie schließlich Normandie und Bretagne. Nur unverbesserliche Fanatiker glaubten noch an einen Sieg „Großdeutschlands“ über den Rest der zivilisierten Welt. Aber auch in Camp Wheeler gab es davon noch einige. Dies offenbarte sich am 20. Juli 1944, dem Tag, an dem Oberst Graf Stauffenberg Hitler beseitigen wollte.

Inzwischen war ich, man mag es kaum glauben, obgleich ehemaliger Ausbrecher, als Dolmetscher in der US-Zahnklinik, in der auch Kriegsgefangene behandelt wurden, außerhalb des Lagers eingesetzt und hatte von den Ereignissen des Tages keine Kenntnis. Bis plötzlich hinter mir jemand in hessischer Mundart rief: *„He, Berry! Haste schon geheert, se hawwe en erwischt.“*

Ein Regionalsender meldete stündlich Weltnachrichten. Bei der zur Zeit noch unübersichtlichen Lage müsse auf noch ausstehende amtliche Verlautbarungen gewartet werden. Dann folgte die amerikanische Nationalhymne. In den Unterkünften brach Jubel aus. Viele glaubten jetzt an einen Waffenstillstand und baldige Heimkehr. Andere hielten die Meldung für einen Propagandatrick der Amerikaner, um uns zu demütigen und mutlos zu machen. Drohungen wurden laut: „Kommt nur nach Hause, wir werden es euch zeigen!“

Die Ernüchterung ließ nicht lange auf sich warten. Am späten Abend war es erwiesen, daß der Anschlag mißglückt war, die Attentäter festgenommen und standrechtlich erschossen. Etwa 1.000 Personen wurden verhaftet. Und in den folgenden Wochen vor dem Volksgerichtshof verurteilt unter Vorsitz dessen „Präsidenten“ Roland Freisler, bekannt wegen seiner unbarmherzigen Urteile, seiner beleidigenden, erniedrigenden Ausdrucksweise als der „Rasende Roland“. Über 200 Menschen wurden hingerichtet, die anderen mit hohen Strafen belegt. Zusätzlich fielen dem NS-Staat durch Enteignung Vermögensteile zu. Weiterhin wurde eine Sippenhaft, in die auch völlig Unschuldige einbezogen wurden, gegen alle Anverwandten der Verschwörer verhängt. Noch in der Nacht des 20. Juli bezeichnete Hitler in einer Rundfunkansprache das Attentat als „Verbrechen einer gewissenlosen Offiziers-Clique“.

Zu gerne hätte ich jetzt die Diskussionen in den Offizierslagern und die Reaktionen einzelner miterlebt. Hatte doch auch der allseits beliebte und verehrte Generalfeldmarschall Erwin Rommel, bis Ende 1942 Oberkommandierender des „Deutschen Afrikakorps“, durch einen erzwungenen Selbstmord sein Leben beenden müssen.
Im Lager wußte ich jetzt, mit wem ich offen sprechen konnte und wer immer noch dem „Führer“ die Treue zu halten bereit war. Langsam, aber stetig bildeten sich Gruppen, wie die der „Ostmärker“, die jetzt wieder ihr Herz für Österreich entdeckt

hatten. Elsässer und Lothringer, oft zum Wehrdienst gezwungen, bestanden darauf, als Nichtdeutsche klassifiziert zu werden, um damit eine frühere Rückkehr zu erreichen. Dies galt auch für die Südtiroler mit italienischer Staatsangehörigkeit wie Hans Masten aus Meran. Insgesamt gesehen jedoch eine verschwindend kleine Minderheit.
Die beiden jüdischen Postzensoren, der Gefreite Schild, geboren in Köln, und der Unteroffizier Rosenthal, geboren in Berlin, beobachteten diese Gesinnungsänderungen mit zunehmendem Interesse. Aus der Korrespondenz von und nach Deutschland konnte man durchaus auch die politische Einstellung des Absenders respektive des Empfängers herausfiltern. Beide hatten hierzu Speziallehrgänge absolviert. Bei gelegentlichen, fast privaten Gesprächen hatte ich inzwischen eine gute Beziehung zu ihnen aufgebaut.

Der Briefwechsel kam wieder in Gang. Ich hatte meine neue Anschrift bekanntgegeben und wartete sehnsüchtig auf Neuigkeiten. Mit monatelanger Verzögerung kamen Nachrichten, die in der Zwischenzeit längst veraltet waren. „Pit" hatte in den Bombennächten fast alles verloren und war verzweifelt. Wir versuchten ihn aufzumuntern.

29. Juni 1944
„Bert", Truppenübungsplatz Groß-Born, an „Pit", der Bombenurlaub in Frankfurt hat:
„Mein Lieber Pit, heute erreichte mich Dein Brief vom 15. 6. 44 hier auf dem Truppenübungsplatz in Hinterpommern. Am 17. 6. ist diese Sch... hier herum und ich fahre zurück nach Rostock. Werde wohl 2-3 Tage später auf Einsatzurlaub fahren (16 Tage). Leider hast Du nur Kurzurlaub, da Urlaubssperre, sonst hätten wir uns ja getroffen. Ich kann mir denken wie Dir zumute ist, ich habe diese Situation oft genug erlebt. ... Nun, mein lieber Pit, bist Du wieder einmal auf Deiner pessimistischen Tour und siehst zu schwarz. Verzweifle nicht und glaube nicht, wir stünden nach dem Krieg alleine da. Daß Berry Dir nur 2 Karten geschickt hat, liegt daran, daß er nur eine bestimmte Anzahl Briefe schreiben darf. Die Briefe sendet er mir, einmal wöchentlich nehme ich an, die Karten an die anderen. Aber es lag nur an mir, daß ich euch nicht immer vom Inhalt seiner Briefe informiert habe. ... Jetzt zu Deiner Wohnung. Brauchst Du etwas an Möbeln? Ich habe natürlich auch nur noch alten Plunder, aber immer noch besser als gar nichts. Sei nicht zu skeptisch. Das Band, das uns alle verbindet, ist fester als Du glaubst. Dafür haben wir inzwischen zuviel erlebt und erduldet. Sei umarmt Dein Bert."

4. Juli 1944
„Berry" an „Gerry", Frankfurt:
„Liebe Gerry, hoffe Dich und meine Freunde gesund. Seit einigen Wochen haben wir das Camp gewechselt. Der Trott läuft, Post ist lange keine mehr eingetroffen. ... Bin augenblicklich Dolmetscher beim Arzt. Lerne dabei die Umgangssprache besser. Leider wird man stets von guten Kameraden getrennt, so auch von meinem Kameraden aus Aachen, der meisterhaft klampfte.

Ihr werdet ihn dermaleinst kennenlernen. Woche für Woche warten wir in Spannung auf eine Entscheidung. Berts Foto steht vor mir, die letzte Erinnerung an unsere Jugendzeit, die weit hinter uns geblieben. Doch Kopf hoch, wir kehren alle heim.
Herzlichst euer Berry."

4. September 1944
„Berry" an „Bert", irgendwo im Osten:
„Mein lieber alter Junge, in den letzten Tagen, ganz besonders wenn es schwer rund ging, war ich in Gedanken bei Dir. Wo magst Du nun sein? Von Pit kam der 2. Brief. Er ist auch im Osten und von ihm erfuhr ich, daß Du verwundet warst. Der Krieg ist in die Endphase getreten und es bleibt nur noch den entscheidenden Schlag abzuwarten. Wir werden uns in der so stark zerstörten Heimat in den Wäldern noch wohler fühlen als früher. Wie sich doch alles ändert. Ich hoffe und wünsche, daß Deine Bude noch intakt ist und nicht alle unsere alten Erinnerungsstücke flöten gingen, wie z. B. bei Pit und den anderen. Schon zu Zeiten des Fahrtenbetriebs eilten die Tage und Wochen, doch jetzt geht es schneller und schneller dem Alter entgegen. Und wir sind verändert, andere Menschen geworden, glaubst Du? – Doch mein Herz schlägt im gleichen alten Takt Dir zu, mein Freund, selbst wenn ich erst in 10 Jahren heimkehrte. Und wenn wir alles verlören, die Freundschaft bliebe. Tee und Marmeladenbrote gäbe es an allen Lagerfeuern. Bis auf ein baldiges Wiedersehen, Grüße an alle, stets Dein Berry."

25. September 1944
„Berry" an „Bert", im Osten:
„Mein lieber Bert, 16 Monate langen Wartens wurden endlich belohnt. Dein erster Brief ist da! In die Freude jedoch ein bitterer Vermouthstropfen. Mißdeutungen und Vorhaltungen, ohne Versuch mich zu verstehen. Alleine die Furcht, ich könnte an Dir, nach Deiner verfrühten Ehe, wankelmütig werden, zeigt, wie wenig Du mich eigentlich kennst. Bedenke immer, daß ein geschriebenes Wort nie so klingt wie ein gesprochenes, daher manches anders klingt als gemeint. Dieses alles klarzustellen wird mich einige Briefe kosten. Da ich seit Monaten kaum Post bekommen habe, weiß ich nicht, was ihr so für die Zukunft plant. Ich warte gespannt auf die noch anstehende dazwischen liegende Post. Da diese aber nur halbjährlich hier ankommt, ist eine Rückantwort meist überholt. Du irrst z. Beispiel, wenn Du annimmst, mein Adoptivvater erledige meine Geschäfte. Ich bin weit entfernt, ihn mitreden zu lassen, auch wenn er es gerne möchte. Ehe ich es vergesse, daß Oma und Tante Gustel gestorben sind, ist neu für mich. (Der Schriftwechsel „Heia" und „Pit" vom 3. und 13. März 1944 lag mir erst 2004 vor, d. Verf.) Ich bin Dir im Leid so verbunden, als sei es meine Mutter, die mir beide ja oft ersetzten. Wie sich alles ändert, ich bin entsetzt. Wen werde ich noch vorfinden. Wie und wo meine liebe Mutter verstarb, wirst Du auch kaum genau wissen. Sie war zuletzt bei Onkel Karl Zert, und wir erfuhren es erst sehr spät. Es war wohl ähnlich wie 1938 bei Wolkis. Im nächsten Brief gehe ich auf Einzelheiten Deines Briefs ein. Bis dahin halte durch. Grüße an alle, bis zu einer hoffentlich baldigen Heimkehr, stets Dein Berry."

Die Post, so sehr auch herbeigesehnt, war nicht gerade aufmunternd. So erfuhr ich viele Monate später, wie es den Freunden aus Wandervogel, unserer Jungenschaft und anderen, meist illegalen Kleingruppen erging. Es war ein schlechtes Jahr für alle. Der Marine-Maschinist „Grabbel“ Banthin, Zechkumpan in der „Alegria“ und Bauhütten-Angehöriger, hatte seinen „Bombenschaden“-Urlaub eigenmächtig um einige Tage verlängert. Drei Tage Bau waren die Folge. Er hielt seinen Vorgesetzten vor, keine Ahnung von den wirklichen Zuständen in Deutschlands Städten zu haben. Am 4. Juli 1944 wurde er wegen Wehrkraftzersetzung vor ein „Feldkriegsgericht“ gestellt. Unter der Bedingung, sich an die Front zu melden, sah man von einer Strafe ab. Was sollte auch letztlich ein Landser im Knast, wenn an allen Ecken und Enden Soldaten fehlten. „Grabbel“ landete bei einem „Bewährungshaufen“.

26. September 1944

Ihm folgte wenig später der zweite Angehörige der Kriegsmarine, mein alter Freund Willi Hülswitt, bekannt als „Witte“ aus dem früheren Nerother-Fähnlein. Er wurde wegen Befehlsverweigerung und Wehrkraftzersetzung zu dem berüchtigten „Regiment Dirlewanger“ versetzt. Einsätze dort, wo es am meisten brannte, wie Partisanenbekämpfung, Niederschlagen von Revolten. Bis heute als vermißt gemeldet. Weiter wurde 1944 mitgeteilt: In Monte Cassino, Italien, fiel Werner Siebenhühner, Klassenkamerad in der Handelsschule und Angehöriger des „Pachanten“-Ordens im Nerother Wandervogel. Sein älterer Bruder Walter, genannt „die Sieben“, ebenfalls langjähriger Wandervogel und 1938 mit uns vor dem Sondergericht Berlin angeklagt, beging in Polen Selbstmord.

Erst Jahre später erfahren habe ich vom Tod eines weiteren alten Freundes aus dem Nerotherbund und Klassenkamerad, Werner Freislich, „Schräubchen“, der Junge mit der Steinschleuder. 1938 ebenfalls angeklagt. Er fiel am 30. Dezember 1942 etwa 150 Kilometer südöstlich von Rostow und liegt auf dem dortigen „Heldenfriedhof“. Ich bin überzeugt, er wäre lieber am Leben und kein Held!

21. Oktober 1944

Aachen, die erste deutsche Stadt wird von US-Truppen eingenommen. Im Osten fliehen die Deutschen vor der täglich näher kommenden Roten Armee. Ein Volkssturm aus alten Männern und Buben der Hitlerjugend und des Deutschen Jungvolks soll dem Feind Widerstand leisten. Suchkommandos der SS und Militärpolizei hängen jeden Deserteur oder in Verdacht Geratenen gnadenlos auf.

Für diese Untaten war General Schörner verantwortlich, bei den Landsern als „Soldatenklau“ gefürchtet und verschrien. Dirlewanger und Schörner waren die Garanten dafür, daß der bereits verlorene Krieg noch Tausende Opfer kosten sollte. Ihre menschenverachtende Haltung war beispielhaft für Unterdrückung und Terror,

die jetzt nicht mehr nur allein vom „Reichssicherheitshauptamt", dem SD und der Gestapo, sondern auch in der Wehrmacht selbst ausgeübt wurden. Reichspropagandaminister Josef Goebbels versuchte mit der Ankündigung einer „Wunderwaffe", die den Endsieg bringen sollte, aufkommende Zweifel zu zerstreuen und Hoffnung zu wecken.
Was mich betraf, so sank meine Hoffnung ins Uferlose. Anlaß war ein Brief, in dem „Gerry" mir die Ereignisse der letzten Monate mitteilte. Darunter bereits Bekanntes aus Freundesbriefen, über das in chronologischer Folge schon berichtet wurde. Daher hin und wieder Überschneidungen.

25. Oktober 1944
„Gerry", Frankfurt an „Berry", USA:
„Lieber Berry, heute erhielt ich Deinen Brief vom 4. 7. 44 und bin froh, daß wieder einmal Post von Dir eingetroffen ist. Bert fragt in seinen Briefen stets danach. Mache Dir keine Sorgen, er ist in der Heimat, aber krank. Er wird in den nächsten Wochen wieder einmal nach Hause kommen. Hoffentlich hast Du oder erhältst Du nun bald seine Briefe. Ach, er hat Dir so viel zu berichten und hat lange, sehr lange Briefe an Dich geschickt. Wie schön wäre es, Dich wieder bei uns zu haben. Du hättest Freunde an Deiner Seite und fändest Trost und Stärke bei schweren Nachrichten. Und heute habe ich Dir sehr, sehr Schweres mitzuteilen und ich weiß, es wird auch Dir sehr, sehr weh tun. Mir laufen die Tränen über die Backen, und ich habe viel geweint um unseren treuen Freund Chrischan, den Pfalzgrafen. Ja, Berry, unser Chrischan ist im Osten gefallen. Bert habe ich auch schon geschrieben, und Du weißt ja, wie schwer er daran trägt. … Du bist so weit weg und es dauert so lang, bis Dich unsere Post erreicht, und man weiß nicht, ob sie Dich überhaupt erreicht. Hier hat sich viel geändert. Du schreibst immer noch über Deinen Briefen „Liebe Oma, Gustel und Gerry" und ahnst nicht, daß ich bereits über ein halbes Jahr ganz allein bin und unsere liebe Oma und Tante Gustel draußen auf dem Friedhof ihre letzte Ruhe gefunden haben. Oma war nur kurze Zeit krank und schlief am 25. 2. 1944 plötzlich ein. Die arme Tante Gustel mußte über ein halbes Jahr leiden, bis sie am 12. 3. 1944 erlöst wurde. Es hat mich viele Tränen gekostet, bis ich mich in dieses Alleinsein finden konnte. – Bert hat Dir ja in seinem letzten Brief geschrieben, daß wir geheiratet haben. Ich hoffe nur, daß Dich diese Nachricht nicht so schwer getroffen hat wie bei Janek. Ich will Dir Deinen Freund nicht wegnehmen. Es soll so bleiben wie früher. Du bist mir auch immer ein guter Freund gewesen, und ich werde für Dich dasein, wenn Du mich brauchst. Nun sei für heute herzlich gegrüßt und eine baldige Heimkehr wünscht Dir, in alter Treue, Deine Gerry."

Da macht sich das arme Mädel Sorgen um meine Freundschaft. Bei „Janeks" Heirat war die Situation eine andere. Ruth, seine Jugendfreundin und Verlobte, hatte ihn verlassen. Er heiratete die erste beste und wurde Vater. Die Ehe zerbrach, und da alte Liebe nicht rosten soll, so der Volksmund, wurden Ruth und er wieder ein Paar. Wenige Monate später war sie eine der vielen Kriegswitwen. Allein die Aussicht, als

Soldat die Heimat nicht mehr wiederzusehen und eine trauernde Familie zurückzulassen, hätten mich von einer Eheschließung zu diesem Zeitpunkt abgehalten. Ich will aber nicht verhehlen, ich war damals enttäuscht, weil mit diesem Schritt – „Pit", „Ferdi" und „Chrischan" hatten auch schon eine Familie – unsere ganzen Zukunftspläne nicht mehr realisierbar waren. Und ich war gebunden an das Erbe oder was davon noch übrigbleiben sollte. Aus der Traum von Weltfahrten und Männerabenteuern. Jetzt mußte ich mir nicht mehr „Berts" eifersüchtige Vorwürfe anhören, weil er in jeder Freundin eine Auserwählte vermutete und damit eine Einschränkung unserer Freundschaft. So war es nun an ihm zu beweisen, wie haltbar eine Männerfreundschaft, aus Bubenschwärmereien herausgewachsen, in der Zukunft sein würde. Ich war bereit, nach meiner Rückkehr so viele Träume unserer Jugendzeit wie möglich in die ungewissen Nachkriegsjahre mitzunehmen und zu versuchen, sie zu verwirklichen.

Wie das mit einer durch Kriegseinwirkungen geschwächten Mannschaft zu realisieren war, konnte ich mir aus Sicht eines Kriegsgefangenen in USA nicht vorstellen. Mit „Hasch", dem eigentlichen Macher im Berliner Freundeskreis, mit „Janek" und seiner stets weitsichtigen politischen Einschätzung und mit unserem Allround-Handwerker „Chrischan" hatten wir die wichtigsten Mitarbeiter verloren. Wer bei Kriegsende noch vermißt, in Gefangenschaft oder gar gefallen war, würden wir erst in ferner Zukunft erfahren. Jetzt, im Dezember 1944, rissen die Verbindungen ab. Die kommenden Monate waren eine nachrichtenarme, postlose Zeit. Europa versank im Chaos.

24. Dezember 1944

„Bert", Frankfurt, auf Genesungsurlaub an „Berry", USA:

„Mein lieber Junge! Wieder ist Weihnachten. Sonnenwende! Denkst Du, ich vergesse Dich? Wenn ich vom Bürgerhospital Ausgang habe und zu Hause bin, halte ich Zwiesprache mit Dir. Gerry muß dann meine Gedankenflut über sich ergehen lassen. Wenn nur Berry erst zu Hause ist. ... und wenn er jetzt an Weihnachten hier wäre ... usw. Der mongolische Bogenschütze im Silberrahmen mußte Deinem Rötelbild aus Afrika weichen. So blickst Du jetzt am heiligen Abend über Kosakensäbel, Balalaika und Trommel auf die brennenden Lichter. Ihr flackernder Schein weckt Leben auf Deinem Bild. So magst Du wohl dem unbekannten Maler damals beim Zeichnen zugeschaut haben. Du teilst nun schon das zweite Jahr alle Erlebnisse mit uns in diesem Raum, der schon so viele Jahre unsere Welt ist. Und manche Nacht hat Dich Gerry mit in den Keller geschleppt. Meist aber warst Du mit uns beiden unten. Dann waren es sehr schwere Stunden. – Der Ofen knistert und strahlt eine wohlige Wärme aus. Gerry bringt den Weihnachtsstollen und den Glühwein herein. Der Duft steigt mir beim Schreiben in die Nase. Du mußt leider auf Deine Portion verzichten und ich muß sie jetzt mitvertilgen. Mein Weihnachtsgeschenk für Dich liegt in glänzendem Zellophankleid im Kerzenschein. Es ist das Jugenderlebnis eines Jungen und heißt „Die Räuberbande". Handlung in Würzburg. Es ist eine schillernde Erzählung und wird Dir bestimmt gefallen. (Die Weihrauchnacht in der Garten-

hütte hatte er wohl vergessen, d. Verf.) Gerry hat Dir und mir eine dunkelblaue Rubaschka zu Weihnachten genäht. Hoffentlich bist Du nicht größer und breiter geworden als ich. Draußen liegen etwa 50 cm Schnee. Alles trägt ein dickes weißes Winterkleid. Und der Mond strahlt hell über diese glitzernde Welt. Im August habe ich geheiratet und wir sind noch in meinem Zimmer. Die anderen sind unbewohnbar geworden. Ich sitze jetzt mit Gerry in Omas Reich und warte auf Dich. Es ist alles zu verzwickt, um Einzelheiten zu beschreiben. Ich will Dir aber das Herz nicht noch schwerer machen, und Du sollst nie den Glauben an unsere Freundschaft verlieren. Alles Geld und allen Plunder kann der Teufel holen. Sollte mir etwas zustoßen, erbst Du den ganzen Antiquitätenladen mit allem Drum und Dran. Nur nimm Dich Gerry an. Sie ist mir der einzige Freund gewesen in all den langen Jahren, in denen ich auf Dich warte. Nun alles Gute und auf ein baldiges Wiedersehen, Dein Bert."

Dieser Brief „Berts", es war der zweite im Jahr 1944 und auch der letzte, erreichte mich erst Ende Mai, nach Kriegsende 1945.

Nachrichten der amerikanischen Presse und Radiostationen: Die „Ardennenoffensive", ein letztes Aufbäumen der bereits geschlagenen Wehrmacht im Westen, brach zusammen. Und wieder ließen Tausende ihr Leben. Im Osten hatten die russischen Verbände der Roten Armee große Geländegewinne gemacht. Einige NS-Regierungsmitglieder, darunter Hermann Göring, setzten sich in die sogenannte „Alpenfestung" ab.

Weihnachten, der Jahreswechsel und mein 26. Geburtstag waren vorüber. Dauerregen verbannte die Außenkommandos wieder einmal zu Nichtstun und Langeweile. Als Dolmetscher im US-Hospital war ich einer der wenigen, der Arbeit hatte und gelegentlich ein wenig Abwechslung im täglich gleichen Routineablauf der Krankenstation. An den seltenen regenfreien Tagen sorgten auf Wunsch des amerikanischen Lagerkommandanten Gärtnerkolonnen dafür, daß die Frühjahrsblumenbeete an Ostern in bunter Pracht das wenig attraktive US-Camp verschönerten. Tulpen- und Narzissenzwiebeln wurden gesetzt, die Ziersträucher in Form gebracht und die Rasenflächen gedüngt. Und einige Wochen später trug diese Gartenarbeit dazu bei, daß sechs Kriegsgefangene in den Bau wanderten und ein Arbeitskommando in Kompaniestärke sich über die Blumenpracht hermachte. Alles, auch das letzte Pflänzchen, wurde auf den Kompost geworfen. Der Grund für diesen Zerstörungsakt war das unschuldige Aufblühen eines riesigen Hakenkreuzes aus roten Tulpen mit einer weißen Umrandung aus Narzissen. Die Landser, inzwischen wieder im Außendienst, johlten vor Schadenfreude, und auch Gegner der Hitlerclique konnten sich eines Schmunzelns nicht erwehren. Das Ganze war eine wohldurchdachte Antwort auf einen Film, der vor einigen Wochen im Camp-Kino lief. Unter dem Titel „Der Diktator" spielte Charly Chaplin einen trotteligen „Führer" Adolf Hitler, der auf der

Leinwand herumkrakeelte. Es gab Pfiffe und Buhrufe. Die Vorführung konnte erst fortgesetzt werden, nachdem die Protestierenden den Kinosaal verlassen hatten.

Diese Episode erinnerte mich an eine ebenso originelle Begebenheit auf Burg Waldeck nach der Besetzung durch die Hitlerjugend. Als diese nach durchzechter Nacht am frühen Morgen ihre Fahne hissen wollte, fand sie am Ende der Fahnenstange einen Nachttopf, randvoll mit Exkrementen unbekannter Herkunft vor. Die Bauernbuben der nicht gerade nazifreundlichen umliegenden Dorfgemeinden, die es mit den Nerothern hielten, hatten sich diesen übelriechenden Scherz erlaubt. Sagt man. So können politische Gegner mit perfiden kleinen Störmanövern ihre Meinung äußern.

25. März 1945

„Gerry", Frankfurt, an „Heia", Berlin:

„Lieber Heia, in großer Eile schnell noch ein paar Zeilen von mir. Vielleicht kann ich Dir und Bert schon morgen keine Nachricht mehr geben, denn die Amerikaner stehen vor den Toren der Stadt. Die Artillerie draußen ballert, daß Türen und Fenster klirren. Ich habe ein mulmiges Gefühl im Magen. Ich bitte Dich, den beiliegenden Brief an Bert weiterzuleiten, da ich von ihm noch keine Post habe und auch kaum welche bekommen werde. Alle Brücken sind gesprengt und die meisten Frankfurter sind aufs Land geflüchtet. Ich bin alleine hier und kann auch nicht mehr zu meinen Eltern über den Main. Schicke bitte diesen Brief gleich weiter an Bert, damit er sich nicht allzu viele Gedanken macht. Sei für heute, vielleicht aber auch für Wochen oder Monate recht herzlich gegrüßt von Deiner Gerry. Beste Grüße auch an Deine Eltern."

Der besagte Brief hat tatsächlich den Adressaten erreicht und liegt mit den anderen Feldpostbriefen vor mir. Es wird die Lage in und um Frankfurt beschrieben und ist der Liebesbrief einer jungen Frau an ihren Geliebten, der irgendwo als Soldat kämpft und dessen Heimkehr sehnlichst erwartet wird. Zwei Zensurstellen, eine deutsche und eine amerikanische, hinterließen ihre Kontrollstempel, bevor der Empfänger ihn in Händen halten konnte. „Bert" hielt sich irgendwo in Berlin auf, vermutlich bei „Heia".

Was geschah in Europa?

Anfang Februar 1945 hatten sich Roosevelt, Stalin und Churchill in Jalta getroffen, um die Zukunft des „Großdeutschen Reiches" und ihre eigenen Einflußzonen festzulegen. Deutschland sollte aufgeteilt, die osteuropäischen Länder dem sowjetischen Einfluß preisgegeben werden. Eine Entscheidung, die letzten Endes den Ost-West-Konflikt und den „Kalten Krieg" auslöste. Die drei Westsektoren Berlins wurden vom Westen abgeschnitten und waren ohne dessen massive Unterstützung nicht lebensfähig.

25. April 1945
Zusammentreffen amerikanischer und sowjetischer Einheiten bei Torgau an der Elbe. Berlin steht kurz vor der Einnahme durch die Rote Armee.

„Sascha“ war in russische Gefangenschaft geraten. Er hatte versucht, die Oder zu durchschwimmen, nicht ahnend, daß auf der westlichen Seite bereits ein feindlicher Brückenkopf entstanden war. Ein Flugblatt, das von der Roten Armee über den deutschen Frontlinien abgeworfen wurde und zum Überlaufen aufrief, hatte „Sascha“ in seiner Feldbluse versteckt. Ob dies für die weitere Entwicklung ausschlaggebend war, wagte er später selbst zu bezweifeln. Entscheidend war vermutlich die Reparatur eines Lkws der Sanitätskompanie, die sich tagsüber ergeben hatte und der zum Transport russischer Verwundeter eingesetzt werden sollte. Er fuhr damit bis nach Berlin und wurde dort nach einem vierwöchigen „Umerziehungslehrgang“ entlassen. Im Sommer 1945 erschien er in der Gleimstraße als erster der Berliner Freunde.

30. April 1945
Hitler begeht Selbstmord. Bormann äschert ihn im Hof der Reichskanzlei ein. Frau Goebbels vergiftet erst ihre Kinder, bevor er sie und sich selbst umbringt. Großadmiral Dönitz wird neues Staatsoberhaupt. Regierungssitz ist Flensburg.
Die Rote Armee durchkämmt Straße für Straße und jedes Gebäude, um versteckte Nazigrößen aufzuspüren.

„Maxe“ Bürger, der alte Freischarmann, wird von den Russen an seinem Arbeitsplatz festgenommen. Er kann seinen Schutzhaftbefehl vom 17. Juni 1936, den er seit dem Näherrücken der Russen immer bei sich trug, vorweisen und wird nach kurzem Verhör entlassen. Bis auf weiteres zieht er nach Angermünde zu seiner Schwester. „Heia“ besucht ihn dort und überredet ihn, in den Westen zu kommen. Er zögert, hat aber schon einen Großteil seiner umfangreichen Bibliothek zu seinem Bruder nach West-Berlin verlagert. Er selbst zieht in den Ostteil und wird dort nach dem Mauerbau für uns unerreichbar. Unsere Post wird nicht mehr beantwortet.

9. Mai 1945
Der 2. Weltkrieg endete mit der bedingungslosen Kapitulation Deutschlands. Am 7. Mai wurde für den Westen in Reims die Kapitulationsurkunde unterzeichnet, am 9. Mai auf Betreiben der Sowjetunion ein zweites Mal für den Osten in Berlin-Karlshorst. Die Regierung Dönitz in Flensburg fand am 23. Mai 1945 ihr Ende.

Camp Wheeler 10. Mai 1945
Der Lagerkommandant ließ die gesamte Belegschaft des Lagers auf dem Sportplatz antreten. In einer kurzen Ansprache erklärte er das Ende der Kampfhandlungen und deren Folgen für die Kriegsgefangenen in den USA. Es würden natürlich auch weiterhin die Vorschriften der Genfer Konvention gelten, da und dort gäbe es jedoch Einschränkungen, z. B. bei der Verpflegung. Die Rationen seien bis jetzt die gleichen, wie sie die US-Armee für ihre Angehörigen bereitgestellt habe, müßten aber in Zukunft um etwa ein Drittel reduziert werden. Wir spürten diese Maßnahmen weder beim Frühstück noch bei den Mittags- bzw. Abendmahlzeiten.

In der zweiten Maihälfte wurde Hans Masten, unser Lagerführer, in ein Lager für italienische Häftlinge verlegt. Die Amerikaner waren von Anfang an daran interessiert gewesen, einen Lagersprecher und einen Lagerführer zu haben. Die einzelnen Kompanien wählten ihre Sprecher, die wiederum den Lagersprecher, der dem Lagerführer Beschwerden, Verbesserungsvorschläge und Wünsche unterbreitete. Dieser war dann Verhandlungspartner zwischen US-Lagerverwaltung und den Lagerinsassen.
Die „demokratische“ Fraktion schlug mich zum neuen Lagerführer vor. Die wenigen Alt-Nazis und einige Unentschlossene waren in der Minderheit, und ab 20. Mai 1945 zog ich in die Baracke der Lagerverwaltung ein.

UND WO SIND DIE FREUNDE?

Etwa zur gleichen Zeit waren „Bert“ und „Heia“, nachdem sie sich mit Sonja, einer Freundin von Liane Berkowitz und Fritz „Remus“ Rehmer, in einer leerstehenden Grunewald-Villa versteckt hatten, nach Westen aufgebrochen. In Rathenow blieben sie einige Tage bei „Heias“ Eltern, die dort ein kleines Haus besaßen, das sie in den Sommermonaten gerne gegen ihre Berliner Wohnung tauschten und jetzt als Ausweichquartier benutzten. Mit Fahrrädern ging die Reise, fast „fahrtenmäßig“, durch die Provinz, hinter sich russische Truppen, die bis zur Elbe vorrücken wollten.
11. Mai 1945 – Dömitz an der Elbe. Die US-Armee räumte das östliche Ufer und nahm in ihren Booten Flüchtlinge auf. „Bert“ gelang es gerade noch, die Elbe zu überqueren. „Heia“ und Sonja wurden von inzwischen eingetroffenen Rotarmisten daran gehindert und mußten ohne ihre Fahrräder, die man ihnen abgenommen hatte, den Rückweg antreten.

Am 12. Mai 1945 erhielt „Bert“ in Braunschweig ohne genaue Überprüfung einen Ersatzpersonalausweis, um unbehelligt nach Frankfurt weiterreisen zu können. Zusätzlich eine Lebensmittel-Zuteilungskarte für eine Woche, ein Stück Seife und 20 RM Reisegeld. Am 22. Mai 1945 meldete er sich in Frankfurt polizeilich an.
Auch „Knö“ Hartling war zurück. Er hatte sich mit seiner Panzer-Mannschaft von Rumänien bis Wien durchgeschlagen und geriet dort einige Wochen in US-Gefangenschaft. Ende März 1945 machte sich „Pit“ Schmidt zusammen mit einem Kameraden aus Königstein/Taunus vom Riesengebirge nach Frankfurt auf den Heimweg. Im Taunus verbrannte er seine Uniform und klopfte tags drauf als Zivilist an seine Wohnungstür. Den Anzug hatte er sich von seinem Kameraden ausgeliehen. Von Königstein nach Frankfurt wurde er von einem US-Truck mitgenommen. Er gab sich als Pole aus. Die GIs sprachen weder deutsch noch polnisch und glaubten ihm. Er war viele Monate als Besatzungssoldat in Polen stationiert und konnte den Amerikanern daher einen verschleppten Ostarbeiter vorspielen.

Inzwischen hatten die Alliierten die Konzentrationslager befreit und die dort vorgefundenen Zustände filmisch dokumentiert. Am 1. Juni 1945 mußten alle Insassen unseres Lagers diese Dokumentation zur Kenntnis nehmen. Die aufkommende Unruhe versuchten der Lagersprecher Heinz Kitzig und ich durch eine kurze Ansprache zu versachlichen. Wir verwiesen u. a. auf die Leitartikel der beiden international anerkannten Magazine „Life“ und „Time“. Selbst die kritischsten Leser hatten bisher deren Berichterstattung als glaubwürdig angesehen. Am 5. Juni 1945 ermahnte ich in einem Aufruf am Schwarzen Brett alle Kompanien, nicht durch leichtsinnige Äußerungen die Stimmung noch mehr aufzuheizen und damit den Eindruck unverbesserlicher Nazis zu erwecken. Beschönigungen, Entschuldigungen oder gar das

Leugnen dieser unglaublichen Verbrechen könne in Zukunft keineswegs geduldet werden. Die in Amerika befindlichen Kriegsgefangenen hätten mit den Greueltaten einer machtbesessenen Nazi-Clique nichts zu tun.

Ein weiteres Instrument zur Aufklärung und einer freien Diskussion sollte die Lagerzeitung werden, deren Erscheinen für den 1. Juni 1945 geplant war. Der Krieg war beendet, und wir waren nicht nur Zaungäste. Der Titel „Das Offene Wort" sollte alle anregen, sich zu der politischen Lage und dem Lagerleben zu äußern. Hier konnten sowohl neue Ideen als auch Kritiken öffentlich vorgebracht werden. Diese Art der Diskussionsmöglichkeit erschien uns jetzt zeitgemäßer. Heinz Kitzig und ich meldeten uns in einem kurzen Artikel zu Wort und stellten unser neues Presseorgan vor.
Es war nicht nur Aufgabe des Lagerführers, den täglichen Verwaltungsablauf, auch den der Außenlager, zu koordinieren. Verbesserungsvorschläge mußten mit den zwölf Kompanieführern besprochen, abgestimmt und an die amerikanische Verwaltung weitergeleitet werden. Bei Unstimmigkeiten und Rangeleien war er der Schlichter oder auch Schiedsmann. In solchen Fällen waren die Kompanieführer beider Streithähne und der Lagersprecher als Protokollführer anwesend. Es gab aber auch Fälle, bei deren Bewältigung die Amerikaner eingeschaltet werden mußten. Wenn z. B. ein Gefangener, der sich als ehemaliger deutscher Kommunist offen zur UdSSR bekannte, mit dem Tode bedroht wurde. Aber auch die linken Parteigänger blieben nicht immer friedfertig. Nach mehreren sehr robusten Zusammenstößen mußten einige erheblich ramponierte Kombattanten in das amerikanische Hospital überwiesen werden. Ihre Verletzungen konnten in der Lager-Krankenstation nicht behandelt werden.
Die sogenannten „troublemaker" wurden anschließend in andere Lager verlegt. Hitler-Anhänger landeten in Camp Alva, Oklahoma, ihre politischen Gegner in Camp Campell, Kentucky. Dort waren sie vor weiteren Attacken sicher.

Daß jetzt eine ruhigere Zeit anbrechen würde, war leider ein Trugschluß. Findige Tüftler hatten unerlaubt eine illegale Schnapsbrennerei unter einer der nicht belegten Baracken installiert. Obst gab es immer noch in ausreichender Menge, und große runde Glasballons in jeder Küche. Metallröhren oder Schläuche hatten sich die Schwarzbrenner von ihren Arbeitsstätten auf den Außenkommandos mitgebracht. In Autoreparaturwerkstätten und ähnlichen Handwerksbetrieben gehörten sie zum täglichen Werkzeug. Das maschinelle Zurichten auf die verlangten Abmessungen fiel bei der Tagesarbeit kaum auf. Fachkräfte, zwei Winzer und ein Bierbrauer, standen da mit Rat und Tat hilfreich zur Seite. Heinz Kitzig und ich redeten mit „Engelszungen" auf die Missetäter ein und konnten sie dazu veranlassen, ihre Destille abzubauen. Kaum war diese Angelegenheit geregelt, biß ein heimlich gehaltener Hund, einer von vielen Vierbeinern, einen GI in die Wade. Der Lagerkommandant verbot umgehend in einem „Lagerbefehl" am Schwarzen Brett die Haltung aller Vierbeiner.

Darunter fielen Hunde, Katzen und Kaninchen. Was mit diesen Tieren geschehen sollte, wurde nicht geregelt. Im Klartext bedeutete dies: töten, aussetzen oder versuchen, sie an einen tierliebenden GI zu verhökern. Nach einigen Wochen hatte sich, wie vorauszusehen war, nichts geändert, und niemand kümmerte sich weiter darum. Ich auch nicht!

Eine Gitarre, ein Lied oder eine gepfiffene Melodie hatten uns in vielen Fällen einen Freund beschert. Dieses Mal war es Kurt Tucholsky, dessen Buch „Schloß Gripsholm" wir am Tresen der Lagerbücherei beide ausleihen wollten. Hans Hene, erst kürzlich mit einem Europa-Transport in Camp Wheeler eingetroffen, war der älteste der drei bekannten Jungenschaftler aus Pößneck in Thüringen. Als letzter Schriftleiter des „Eisbrechers" war mir nur Jochen, der mittlere, dem Namen nach bekannt. Klaus „Roppel" Hene sollte ich später auch persönlich kennenlernen. Hans sah eher wie ein Gelehrter aus und nicht wie ein seit Jahren in bündischem Betrieb wirkender Jungenschaftler. Er studierte Theologie und machte, bleichgesichtig und hager, den Eindruck eines Stubenhockers. Daß er belesen war, bewiesen seine zahlreichen Brecht- und Kästner-Rezitationen. Viele in Deutschland verbotene Bücher hatte er gelesen oder sogar in seiner eigenen Bibliothek und sie mir empfohlen. Stundenlang wanderten wir vor Einbruch der Dunkelheit durchs Lager und tauschten unsere bisherigen Erlebnisse aus. Sie ähnelten sich in vielem wie z. B. Hausdurchsuchungen, Haft und Verfolgung.

Diese Begegnung und die daraus entstandene gemeinsame Zukunftsplanung war Anlaß, am 25. September 1945 einen mehrseitigen Brief an Eberhard Koebel – tusk – zu schreiben. Wir baten darin um Rat und Unterstützung bei der Gründung eines Jugendbuchverlags und um seine baldige Rückkehr. Hierzu mußte eine Sondergenehmigung des Lagerkommandanten eingeholt werden. Mit Unterstützung der beiden jüdischen Briefzensoren erhielten wir die Genehmigung. Zum besseren Verständnis erläuterten wir unsere Beweggründe in einem separaten Anschreiben an die Lagerverwaltung und fügten sie dem eigentlichen Schreiben bei. Hans Hene, dessen Bruder Jochen tusk in der Emigration in Schweden besucht hatte, glaubte sich zu erinnern, daß der Gesuchte an der London University als Übersetzer tätig war. Andere Quellen deuteten auf die BBC London hin. Wir versuchten es mit der Universität und hofften, daß irgendein dortiger Mitarbeiter sich seiner erinnerte, falls er seinen Arbeitsplatz gewechselt haben sollte. Es war Krieg gewesen, und Jochens Besuch lag einige Jahre zurück. Ob dieses Schreiben den Empfänger erreichte und je eine Rückantwort in die USA eintraf, konnte nie festgestellt werden. Am 23. Oktober 1945 wurde ich mit einem Dutzend Kameraden nach Fort Devens, Massachusetts, im Nordosten der Vereinigten Staaten verlegt. Zwischenstation nochmals in Fort Jackson, South Carolina, das ich bereits 1943 kennengelernt hatte.

Und das wurde es auch. Wir fuhren, verstärkt durch weitere Mitreisende, in ähnlicher Weise wie vor zwei Jahren in geräumigen Pullmanwagen. Diesmal einem Ziel entgegen, von dem wir wußten, daß es unsere letzte Station vor der Heimreise sein würde. Camp Fort Devens war eines der in den letzten Kriegsmonaten neu erstellten Re-Education-Camps. Hier sollten ausgewählte Kriegsgefangene auf ein demokratisches deutsches Gemeinwesen vorbereitet werden, wie Verwaltungsaufgaben in Stadt- und Landgemeinden, die Gewährleistung der öffentlichen Sicherheit u. ä. Mindestens vier Wochen sollten uns deutschsprachige Dozenten, ähnlich einem Collegebetrieb, in dieses Aufgabengebiet einführen. Soweit die Informationen in Fort Jackson.

Sieben Bundesstaaten hatte wir durchquert, in vier verschiedenen Außencamps irgendwo in der Provinz übernachtet, dreimal mußten wir umsteigen und wären im Gedränge der Central Station New York beinahe noch verlorengegangen. Die uns begleitenden GIs waren tatsächlich nur Begleitpersonen und keine schwerbewaffneten Bewacher. Ihnen war bekannt, daß wir in Kürze Amerika verlassen würden. Wer sollte da noch das Weite suchen? Mit unseren prall gefüllten Seesäcken und den in der Lagerschreinerei gefertigten Sperrholzkoffern hatten wir ohnehin große Mühe, uns durch die Menschenmassen der einsetzenden Rushhour zu zwängen. Glücklich, aber todmüde erreichten wir am Abend des 31. Oktober 1945 nach fünf anstrengenden Reisetagen endlich unser Ziel.

1. November 1945

Ein Datum, das für sich sprach. Und ausgerechnet an diesem Morgen stand er leibhaftig vor mir. Willi Wagner, der alte „Rabenklaue"-Nerother und spätere „Pachant", 1938 illegaler Spanien-Fahrer auf dem Weg zu Karl Oelbermann in Afrika. Später als Angehöriger einer Strafkompanie in Libyen in Gefangenschaft geraten, entging er einem schlimmeren Schicksal. Lachend umarmten wir uns. Und als dann hinter mir „Da kiekste, wa? – Det is keen Zufall, Berry" ertönte, wußte ich, wem diese Berliner Schnauze gehörte. Ich kannte sie aus vielen Gesprächen vor, während und nach unserem Fluchtversuch im Frühjahr 1944. Der gute Peter Fuhrmann, bündischer Freund und Mitsänger aus Opelika, war nicht zu überhören. Daß ausgerechnet wir drei als geeignet befunden wurden, hier auf das kommende neue Deutschland vorbereitet zu werden, fanden wir zwar verblüffend, sahen darin aber auch ein gutes Vorzeichen.

Eine Neuigkeit wußte Willi zu berichten. Paul Leser, sein ehemaliger Ordensführer und Autor des „Pachanten"-Ordensliedes, sollte in einem der Durchgangslager deutscher Dolmetscher sein und in Kürze nach Frankfurt in die dortige Militärbehörde versetzt werden. Vielleicht könnte er in dieser Funktion uns unterstützend beraten.

Einige Tage später vervollständigte Hans Hene unser Quartett. Wegen einer dringenden Zahnextraktion mußte er mit einem der nächsten Transporte, die in Fort Jackson zusammengestellt wurden, anreisen. Wir waren in Hochstimmung und hofften, die Weihnachtsfeiertage und den Jahreswechsel in der Heimat erleben zu können. Bis dahin lernten wir die amerikanische Verfassung auswendig herunterzubeten. Daß sie auf deutsche Verhältnisse übertragbar war, bezweifelte nicht nur ich. Auch die Rechtsprechung, hier angelsächsisches, in Europa römisches Recht, zeigte erhebliche Unterschiede in Prozeßführung, Verteidigung und Strafvollzug. Um ehrlich zu sein, keiner hatte den Ehrgeiz, irgendwo und irgendwann Politiker zu werden.
Nächtelang berieten wir, wie wir es schaffen könnten, in diesem zerstörten Rumpfdeutschland wieder eine für alle Jugendlichen attraktive bündische Jugendbewegung auf die Beine zu stellen. Auf beide Beine, versteht sich, ohne Hilfe der Behörden und deren hemmende Vorschriften und Beschränkungen. Noch galt für uns die „Meißner-Formel" mit ihren klaren, jugendgemäßen Forderungen. Die Machtübernahme der NSDAP 1933 hatte uns zwölf lange Jahre daran gehindert, sie zu leben. Jetzt waren wir die Generation eines verlorenen Krieges und älter geworden. Gäbe es nicht das Beispiel der beiden Oelbermänner, die als Kriegsveteranen des 1. Weltkriegs sich daran gemacht hatten, den Nerotherbund zu gründen und bis zu dessen Auflösung erfolgreich zu führen, wären Zweifel angebracht. Warum sollte es diesmal nicht auch möglich sein?

29. November 1945
Camp Shanks, N.Y. – Port of Embarkation
Fünfzig bis sechzig Mann kletterten dieses Mal wie Maulesel bepackt an Bord eines kleinen Passagierschiffs. Keine Menschenmenge wie vor zwei Jahren säumte den Hafenkai, und nur wenige Soldaten standen lässig herum. An Bord wurden die Personalpapiere jedes einzelnen überprüft, bevor wir auf dem geräumigen Deck genauere Instruktionen erhielten. Vier Mann teilten sich eine Kabine, zehn Mann nahmen ihre täglichen Mahlzeiten an einem gedeckten Tisch ein. Saubere Sanitäranlagen, inklusive warmem Wasser, waren ausreichend vorhanden und standen uns täglich zur Verfügung. Es war der Himmel im Vergleich zur letzten Seereise von Algerien nach USA. Außer den deutschen Heimkehrern befanden sich einige GIs auf dem Rückweg zu ihren in Europa stationierten Einheiten. Rekonvaleszenten oder Urlauber. Mit ihnen führten wir Tischtennisturniere und Schachwettkämpfe durch. Es herrschte eine heitere und konfliktfreie Stimmung. Instrumente der ehemaligen Bordkapelle trugen zu gern besuchten Musikabenden bei. Der Frankfurter „Benno" Schilling, späterer Schlagzeuger in Willi Berkings Tanzorchester im Hessischen Rundfunk, zeigte dabei sein Können.

14. Dezember 1945

Le Havre, Frankreich, 11 Uhr vormittags

Nach zwei Wochen Überfahrt betrat ich wieder europäischen Boden. Zählappell, Essensrationen für die Bahnfahrt empfangen, und nach kurzer Busfahrt saßen wir auf unseren Klamotten in französischen und deutschen Güterwagen, die Türen weit geöffnet, und blinzelten in die feuchte und kühle französische Dezemberluft. Es war einer der täglich durch halb Europa fahrenden US-Transportzüge, die alle möglichen Versorgungsgüter für die Armee transportierten. Seit einigen Wochen aber auch eine beschränkte Anzahl deutscher Kriegsgefangener, die als freie Menschen in ihren zerschlissenen deutschen oder ausgemusterten US-Uniformteilen durch ein verwüstetes Frankreich fuhren. Die am Bahndamm winkenden Menschen drohten mit eindeutigen Handbewegungen, sobald sie uns als Deutsche erkannten. Da und dort zogen sie die Hosen herunter und zeigten uns ihr nacktes Hinterteil. Frauen waren da keine Ausnahme, sie hoben die Röcke. Im Morgengrauen des folgenden Tages erreichten wir Saarbrücken. Über Bad Kreuznach und Mainz ging es nach Darmstadt und nicht nach Frankfurt, wie wir erhofft hatten. Im Hauptbahnhof Darmstadt, auch er ein Trümmerhaufen, war Endstation. Wir Frankfurter hätten aussteigen und einfach verschwinden können. Nach eingehender Beratung entschlossen wir uns, die offizielle Entlassung abzuwarten. Gründe gab es dafür genug. Unsere Heimatadressen waren bekannt, unsere ersparten und in Afrika in Verwahrung genommenen Geldbeträge wären verloren. Ein Entlassungspapier hatte vermutlich doch gewisse Vorteile bei der Zuteilung der notwendigen Lebensmittelkarten und Bezugsscheine für Bekleidung, Schuhe usw.

Dabei waren wir noch richtige Glückspilze im Vergleich zu anderen Kameraden, die trotz einer Umschulung in Frankreich in Bergwerken oder beim Aufbau der durch die Deutschen zerstörten Städte noch monatelang eingesetzt wurden. Erst nach massiven Beschwerden des IRK in Genf und christlicher Kirchen in USA waren die Franzosen zu einer Entlassung bereit. Die US-Regierung mußte sich nachsagen lassen, sie habe der modernen Sklavenarbeit Vorschub geleistet. Die Genfer Konvention erlaubte keine Überstellung von Kriegsgefangenen an andere Siegermächte. Nach Beendigung der Kampfhandlungen und einem Waffenstillstand sollten die Gefangenen in ihre Heimatstaaten zurückkehren dürfen. Ein endgültiger Friedensvertrag war keine Voraussetzung.

17. Dezember 1945

Statt sich im eigenen Bett ausschlafen zu können, bezogen wir mit all unserer Habe in einer etwa zwei Kilometer entfernten ehemaligen Wehrmachtskaserne das erste Quartier auf deutschem Boden, eine Wohltat nach drei Tagen Bahnfahrt. Die ablehnende, geradezu feindselige Haltung der Mitbewohner machte sich durch Bemerkungen wie „Da kommen ja die Herren Demokraten“ oder „Ihr Überläufer habt uns hier gerade noch gefehlt“ lautstark bemerkbar. Wir wurden in einem am Ende der breiten Lagerhauptstraße isoliert stehenden Gebäude untergebracht. Das amerikanische Wachpersonal bat uns eindringlich, jeden Kontakt zu anderen Lagerinsassen zu vermeiden. Es handele sich um Kriminelle, um Kriegsverbrecher und SS-Schergen. Aus Sicherheitsgründen wurden nachts die Eingangstüren verschlossen, und zwei Militärpolizisten bezogen in einem Jeep Stellung.

Auf dem Weg zur Kantine, in der alle Mahlzeiten eingenommen wurden, pöbelten uns ein Dutzend internierter NS-Würdenträger an. Wir stimmten, obwohl keine Verehrer der UdSSR Stalins, die Internationale an, worauf lautes Pfeifen und Buhrufen die Wachen auf den Plan rief.
Nach zwei Tagen Unterbrechung stand endlich wieder einer jener US-Transportzüge dampfend auf dem Darmstädter Hauptbahnhof. Ziel sollte das US-Entlassungslager Bad Aibling in Bayern sein.

18. Dezember 1945
Bad Aibling im Schnee. Weiße Weihnachten, wann hatte ich einen richtigen Winter zum letzten Mal erlebt? 1942/43 in Nordafrika bei Sonnenschein und Badewetter, 1943/44 in den Südstaaten der USA, Alabama und Georgia, bei Dauerregen. Doch die weiße Pracht täuschte, das Lager selbst versank im sumpfigen Moorboden. Nachts froren wir in den zugigen Zwölf-Mann-Zelten unter den schäbigen, zerschlissenen Wolldecken. Dauerhusten und Röcheln der Mitschläfer ließen keinen erholsamen Schlaf zu. Die Stimmung war gereizt, zumal ich jetzt wußte, daß meine Entlassung erst nach den Feiertagen, vermutlich im Januar, erfolgen würde. Es war das letzte, aber auch traurigste Weihnachten und Silvester nach 1938 in meinem bisherigen Leben, die Heimkehr zum Greifen nah. Ich hatte den Eindruck, daß uns die amtierende deutsche Lagerführung absichtlich in die feuchteste Ecke der Lageranlage einquartierte und unsere Entlassung durch Verzögerungstaktiken mutwillig verschleppte. Sie hatten den Schreibkram zu erledigen, saßen im trockenen, warmen Holzbau und zeigten keine Anzeichen, noch vor Jahresende irgendein Schriftstück in die Hand zu nehmen. Und wir hatten, obwohl zur Entlassung vorgesehen, striktes Schreibverbot. Doch einige Hiwis, meist Osteuropäer, die bei der US-Armee ein Pöstchen bekleideten, leiteten gegen Zigaretten oder Schokolade Briefe weiter. Und sie erreichten sogar den Empfänger.

25. Dezember 1945
„Berry“ an „Bert“, Kriegsgefangenenlager Bad Aibling:
„Lieber Bert – oder an Gerry, Heia und Pit. – Endlich ist es soweit, daß ich wieder etwas von mir hören lassen kann. Unsere Postverbindung in den langen Monaten der Kriegsgefangenschaft hat leider sehr gelitten im Vergleich zu unserer Jugendzeit. Und vieles hat sich verändert. Hundert

Fragen könnte ich stellen, und doch wäre meine Wißbegier nicht annähernd befriedigt. – Du kannst nach hier schreiben, darfst jedoch nichts von diesem Brief und Datum erwähnen. Nun im Telegrammstil ein Bericht über mein Leben in USA. Vom Lager Opelika wurden wir etwas südlicher nach Georgia versetzt. Dort erreichte mich ein einziger Brief von Dir, in dem ich von Deiner Heirat erfuhr. Und hast Du schon einen strammen Jungen? – Ich habe mich all die Jahre mit den wenigen Bildern aus alten Zeiten als Erinnerungsstücke hochgehalten. Erhielt 1943 1 Brief von Heia, 2 Briefe von Mauki, 4 Briefe von Pit. Ein wenig schwach, findest Du nicht auch? Aber vielleicht ist auch die meiste Post irgendwo untergegangen oder verbrannt. Die übrige Post war vielfach sehr unerfreulicher Art: Tod meiner Mutter, Bombenschäden und Verluste, Tod von Oma und Tante Gustel, Chrischan gefallen, Ärger und Verdruß überall. Wären nicht einige Klampfenspieler und Sänger im Lager gewesen, ich hätte verzweifeln mögen. Du weißt ja, wie aktiv ich zu sein pflege. … Unsere auserwählte Antinazi-Gruppe wurde im Oktober in einem Extra-Lager zusammengezogen. Wir wurden besonders geschult und ausgesucht, um hier in Verwaltung und Polizeidienst eingeweiht zu werden. Ob dies überhaupt für mich in Frage kommt, hängt von dem verbliebenen Vermögen ab. …
Etwas Tee und Tabakwaren bringe ich auch mit! – Ich bin voller Erwartung und habe das Gefühl, daß doch einige von uns diesen Höllenzauber gut überstanden haben. Beinahe hätte ich noch etwas vergessen: Willi Wagner, Bergerstraße, der alte Spanienfahrer, ist hier bei mir. Wir haben uns in USA getroffen und manche Nacht bei Kerzenschein verquasselt. Spielt immer noch so gut Klampfe wie in alter Zeit. Er hat mit vielen Verbindung gehalten, auch mit Paul Leser, dem Ordensführer der illegalen ‚Pachanten'. Er soll wieder in Frankfurt sein und wird einiges tun können. Kurz und gut: Wo wir sind ist oben! Ein Spruch, der mir oft über den Berg geholfen hat. Die 12 Jahre Nazi-Tyrannei sind jetzt endgültig vorbei! Ich grüße euch alle, ihr lieben Freunde und kann kaum ein Wiedersehen erwarten. Meine Träume, Sorgen und Gedanken hängen an diesem Stück Papier und ich sehne mich nach einem Freundeswort, das ich all die Monate so lange entbehrte. Brüderlich umarmt Dich Dein alter Berry."

2. Januar 1946

„Berry" an „Bert", Frankfurt:

„Prosit Neujahr, Freunde! Und schon sind wir kalendermäßig wieder ein Jahr älter. Es wird wirklich Zeit, hier herauszukommen … Durch Willi Wagner habe ich auch in die Emigrantenkreise der Nerother einen kleinen Einblick bekommen. Oelb (Karl), Wolf Kaiser, Knoop, Karlchen Rumpel und einige mehr saßen bis Kriegsende in einem Internierungslager in Südafrika, wie Willi mir durch Briefe von dort bewies. Ob man zurückkommt war daraus nicht zu ersehen. Paul Leser allerdings ist in der amerikanischen Zensurbehörde in Frankfurt oder in der Nähe. Er ist jetzt Amerikaner und ist einige Wochen als „Verhör-Onkel" im gleichen Lager gewesen, in dem Willi und ich später waren. Meine Entlassung hier wird bald erfolgen und ich werde weiter mit euch in Verbindung bleiben. Noch etwas: In Stuttgart ist ein sogenanntes „Junges Wort" gegründet worden, das angeblich auf bündischer Basis aufbaut. Herausgeber ist ein O. H. Fuchs, ein ehemaliger Mann der bündischen Jugend. Mit ihm habe ich bereits Verbindung.

Könnte doch vielleicht einige Deiner Bilder (Verbotszeit!) bringen. Aber vorerst mal abwarten. Bestehen eigentlich noch irgendwelche Aufzeichnungen (Fahrtenbummler, Wir), Liederbücher und Fotos? Oder hat die Gleimstraße massive Bomben- bzw. Brandschäden erlitten? – Jedes Schriftstück, das illegal für irgendwelche Freundesgruppen verfaßt wurde, auch wenn es mit Schreibmaschine geschrieben ist, ist jetzt wichtig. Es sind sowieso viel zu viel Unterlagen vernichtet worden. Auch bei unseren Berliner Freunden. Grüße an Pit, Heia, Conny, Mauki und Knö. Was ist mit Ferdi los? Kümmere Dich mal drum, bitte. Bis auf ein baldiges Wiedersehen, für heute herzlichst Euer Berry.“

19. Januar 1946
Tag der Entlassung. Für mich nicht nur aus der Kriegsgefangenschaft, auch aus der deutschen Wehrmacht, der ich vom 2. September 1939 bis zu diesem Tag angehörte. Da stand ich nun, in der einen Hand den Entlassungsschein, in der anderen einige Reichsmark-Banknoten, der Rest meines Arbeitslohns aus Camp Wheeler, und ein Entlassungsgeld in Höhe von 40 RM. So etwas wie der Abschiedssold für sechs Jahre und fünf Monate im Dienst des „Großdeutschen Reiches“, das Herr Hitler zugrunde gerichtet hatte. Noch ein Blick des amerikanischen Lagerarztes auf meinen dieses Mal ungezieferfreien Körper, mit Unterschrift und Stempel besiegelt.

Dann schulterte ich meinen Seesack, ergriff den inzwischen ramponierten Sperrholzkoffer und bestieg einen US-Truck, der uns zum Bahnhof Rosenheim bringen sollte. Zusammen mit Hans Hene, Peter Fuhrmann, Willi Wagner und etwa 50 bis 60 weiteren Heimkehrern kletterten wir wieder in einen jener Truppentransportzüge, die durch die amerikanische Besatzungszone fuhren. Jetzt setzten sie entlassene Landser an den großen Eisenbahnknotenpunkten ab, die dann mit ihrem Entlassungsschein zum Endzielbahnhof kostenlos weiterfahren konnten. Für mich war dies der Frankfurter Ostbahnhof. Unter dem Jubel Schaulustiger, die uns wie Sieger begrüßten, drängten wir dem Ausgang zu. Hans hatte sich in Würzburg verabschieden müssen. Um weiter nach Thüringen zu gelangen, mußte er hier umsteigen. Wir verabredeten, auf jeden Fall in Verbindung zu bleiben. Für Peter wollte ich bei „Bert“ in der Gleimstraße um ein paar Tage Unterkunft bitten, bis er den jetzigen Aufenthaltsort seiner langjährigen Freundin ausfindig gemacht hatte. Vermutlich die Nordseeinsel Föhr in der britischen Zone.

Mit einem Taxi, für unser umfangreiches, schweres Gepäck das beste Transportmittel, fuhren wir durch das erstaunlich wenig zerstörte Ost- und Nordend in die Gleimstraße 20. Es war 19 Uhr, stockdunkel und eiskalt. Wir waren ausgehungert und froren. Auf mein stürmisches Klingeln wurde unter lautem Schimpfen die Wohnungstür aufgerissen. Doch statt einer weiteren Flut wütender Vorwürfe ertönte ein Jubelschrei. Es war unser Berliner Freund „Sascha“ Negendank, noch einen Suppenlöffel in der

Hand, dem es bei unserem Anblick jetzt die Sprache verschlug. An ihm vorbei drängten sich „Bert“ und „Gerry“, die mich stürmisch begrüßten. Wir umarmten uns und weinten vor Freude. Ich stellte Peter vor, und es war selbstverständlich, daß er für einige Tage hier eine Bleibe fand. Wir versprachen, ohne näher auf den Inhalt unserer Seesäcke einzugehen, großzügige Beteiligung an den Verpflegungskosten. Nach einer warmen Gemüsesuppe, die wir zur Aufwärmung dringend benötigten, klönten wir bis lange nach Mitternacht. Unsere Erlebnisse waren so zahlreich und oft abenteuerlich, daß es Tage dauern würde, bis alle Fragen beantwortet wären. Doch der schwierigste Teil, der einer Klärung bedurfte, lag noch vor mir.

Die Begrüßungsformalitäten in der elterlichen Wohnung auf der „Körnerwiese 4“ verliefen recht eigenartig. Schon die zahlreichen Namen an der Wohnungstür ließen auf ungebetene, eingewiesene Gäste schließen. Und tatsächlich öffnete eine mir unbekannte Frau mittleren Alters und fragte nach meinen Wünschen und wer ich sei. Ich stellte ihr meinen prallgefüllten Seesack vor die Füße, schob den Holzkoffer hinterher und wollte zuerst selbst einmal wissen, wer sie denn sei und wieso sie meinen blauen Skipullover und meine Skihosen als Kleidungsstücke benütze. Dazu mein schwarz-rot-schwarzes Nerother-Halstuch als Turban.
Jetzt reihte sich eine Peinlichkeit an die andere. Erschrocken rief sie meinen Adoptivvater, mit Vornamen natürlich, und ich erklärte ihr laut und deutlich, ich sei der Sohn des Hauses und hier seit 1939 immer noch polizeilich gemeldet. Seesack und Koffer hatte ich inzwischen an ihr vorbei in den Flur geschoben. Dort gingen einige Türen auf, und neugierige Untermieter musterten mich mißtrauisch. Und dann erschien der ehemalige Haushaltsvorstand. Ich erschrak. Was war aus diesem korpulenten Mann geworden? Vor mir stand ein kleiner, in sich zusammengefallener alter Mann, an dem die letzten Jahre sichtbare Spuren hinterlassen hatten. Er sprach mit leiser Stimme. Vorsicht, dachte ich, gerade die kleinen, ausgemergelten, leise flüsternden Gestalten sind oft gehässige, nachtragende und berechnende Mitmenschen. Obwohl er mir irgendwie leid tat, wie er da so stand in einem ehemals teuren Anzug, der nun auch nicht mehr paßte. Es fiel mir schwer, ihn zu umarmen, wußte ich doch von „Bert“, daß er immer noch bestrebt war, alle Jugendfreundschaften zu unterbinden. Auch aus einem seiner Briefe an mich in die USA war dies zwischen den Zeilen herauszulesen. Die Familie müsse jetzt an erster Stelle stehen, so sein Vermerk auf der Rückseite eines Fotos meiner Mutter. Welche Familie? – Er konnte doch nicht allen Ernstes seine jetzige „Haushaltshilfe“ damit gemeint haben.
Das einstige Schlafzimmer meiner Eltern bewohnten beide zusammen, wie unschwer zu erkennen war. Die übrigen vier Zimmer hatte das Wohnungsamt ausgebombten Frankfurter Mitbürgern zugewiesen. Küche, Bad und alle Einrichtungsgegenstände des täglichen Gebrauchs wie Kochtöpfe, Pfannen, Eimer usw. wurden von allen benutzt. Ging etwas zu Bruch, konnte es ohne Bezugsschein nicht wieder beschafft

werden, wenn es diesen Gegenstand überhaupt noch im Handel gab. Anderenfalls mußte er auf dem Schwarzen Markt eingetauscht oder teuer gekauft werden. Der Seltenheitswert bestimmte die Kaufsumme.

Es gab sechs Mitbewohner. Direktor Euler, ehemaliger Mieter der Eysseneckstraße 10, hatte eine mehrjährige Mietvorauszahlung zur Tilgung meiner Erbschaftssteuer geleistet. Das Wohnhaus lag im sogenannten Sperrgebiet und war von der US-Armee belegt. Er pochte, da nicht wissend wohin, auf eine Notaufnahme. Das Wohnungsamt erteilte die Einweisung. Außer ihm und seiner Tochter lebte in der Wohnung noch ein jüngeres Ehepaar, das kaum in Erscheinung trat, da beide tagsüber arbeiteten. Um so lauter und aufdringlicher empfand ich die beiden Alten, deren Frankfurter Mundart mir nach den langen Jahren der Abwesenheit oft recht fremdartig klang. Wie in Bornheim eben, einem alten Stadtteil Frankfurts. Wenn dann die Sonntagsbesuche kamen, war das Chaos perfekt.

Hier wollte ich auf keinen Fall bleiben. Ich zog in das sogenannte „Dienstbotenzimmer“ ein, das schon einmal für einige Wochen mein Notquartier gewesen war. Damals, als Heimkehrer aus Havelberg, bevor ich das möblierte Zimmer am Gustav-Adolf-Platz in Sachsenhausen und eine Lehrstelle bei Meister Henke hatte. Das war vor fast zehn Jahren, und doch kam es mir vor wie eine Ewigkeit! Bett, Stuhl, Tisch und Schrank mußten fürs erste genügen. Die meiste Zeit würde ich ohnehin in der Gleimstraße verbringen. „Heia“, „Conny“ und „Krischa“ hatten sich angesagt, und damit war „Berts“ Bude voll belegt. Für sie eine Bleibe zu finden, d. h. eine Zuzugsgenehmigung des Wohnungsamtes zu erlangen, war das Wichtigste. Auch ich hatte eine Reihe von Behörden abzuklappern, denn ohne Papiere war man ein Gestrandeter. Und davon gab es eine Menge.

Das Geschäftshaus durch eine Luftmine bis in die Kellerräume zerstört, mein Elternhaus im Holzhausenviertel beschlagnahmt im Sperrgebiet. In das Landhaus in Jugenheim an der Bergstraße war ein ehemaliger General eingewiesen worden. In der elterlichen Wohnung hausten fremde Menschen, selbst meine ureigene Garderobe wurde von ihnen aufgetragen. Ich hatte den Krieg tatsächlich verloren, obwohl ich ihn nie gewollt hatte!

WIR MÜSSEN SPUREN HINTERLASSEN, DAMIT ANDERE UNS FOLGEN KÖNNEN

Janek Warczinski, Frankfurt, 1939

Teil III | 1945-1948

Um als Jugendgruppe anerkannt zu werden, mußte man eine behördliche Genehmigung beantragen. Das städtische Jugendamt, meist dem Sozialamt angegliedert, das für Jugendfragen zuständige Ministerium und die Besatzungsmacht, d. h. die Amerikaner, waren die Überprüfer und Lizenzgeber. Diese Prozedur begann am Ort, hangelte sich langsam hoch zum Regierungspräsidium und endete mit etwas Glück irgendwann bei den Amerikanern. Dann begann das gleiche Spiel in umgekehrter Reihenfolge. Es konnte Monate dauern, bis eine Antwort den Antragsteller erreichte. Einzelheiten waren bereits in einem vierseitigen Beschluß vom 7. Juli 1945 durch die Administration of Military Government in the US Zone in Germany festgelegt worden. Auf Befehl des Generals Eisenhower, gez. H. H. Newman, Colonel, Assistant Adjutant General.

Die darin geforderten Maßnahmen liefen wieder auf eine Bevormundung der Jugend hinaus. Aufschlußreich sind daher die ergänzenden Bestimmungen auf Seite 2. Erwachsene sollten in Jugendfragen die Richtung angeben und deren Einhaltung kontrollieren.

Der Historiker Prof. Dr. Arno Klönne weist in einer Studie auf eine ähnliche, ebenfalls für die Zeit nach Hitler geplante Jugendpolitik hin. Unter einem Reichspräsidenten Beck und einem Reichskanzler Goerdeler sollte dann anstelle Baldur von Schirachs ein altgedienter General als Jugendführer die Befehle erteilen. Turn- und Sportlehrer als Gruppenführer; Lehrer, die Soldaten gewesen, und Offiziere mit pädagogischer Begabung sollten zu diesem Zweck besonders geschult werden. Von jugendlicher Selbstbestimmung war keine Rede. (S. Auszüge aus dieser Studie im Anhang) Aber genau gegen diese altväterliche Jugendpflege-Politik hatte 1913 die deutsche Jugend in der „Meißner-Formel" Stellung bezogen. Für uns war sie immer noch bindende Verpflichtung.

Daß die während der NS-Diktatur verfolgten Jugendlichen auch nach der „bedingungslosen Kapitulation" ungefragt übergangen wurden und somit bei Planung und Aufbau Zuschauer blieben, zeigt die sträfliche Unkenntnis der Siegermächte über Wesensart, Ziele und Zukunftshoffnung jugendlicher Gesellung im Nachkriegsdeutschland.

Niemand kannte damals diesen Eisenhower-Erlaß. Aber auch bei dessen Kenntnis und der zu erwartenden Genehmigungszeit hätten wir uns nicht darum gekümmert. Die Frühheimkehrer ließen sich nicht beeindrucken, letztlich kannten sie das alles ja schon aus der Vergangenheit. Illegalität war inzwischen zur Gewohnheit geworden. So keilten sie im Sommer 1945 einige Jugendliche, unter ihnen die beiden russischen

Emigrantensöhne Lonja und seinen älteren Bruder Andrej Popowkin. Ihr Vater war Baßsänger im Don-Kosaken-Chor Serge Jaroffs, dem Patenonkel Andrejs. In einem aus überwiegend Verwandten bestehenden Balalaika-Ensemble spielte Andrej die Primbalalaika. Ein öffentlicher Auftritt im „Steinernen Haus", einem bekannten Altstadt-Restaurant, den „Bert", „Sascha" und „Pit" besuchten, gab dann den Anlaß, ihn und seinen Bruder einzuladen. Und sie kamen tatsächlich. So war mit vier Balalaikaspielern und „Pit" als Gitarristen ein musikalischer Anfang gemacht, auf dem sich weiter aufbauen ließ. Die Gruppe wuchs langsam, aber unaufhaltsam. Auch ohne Behördensegen.

Sechzig Jahre später berichtet in einem völlig anderen Zusammenhang Bodo „Heiho" von Kalben in einer Ausgabe der „Zeitung" Nr. 2/2004 und 1/2005, dem Mitteilungsblatt der „Deutschen Freischar", über einen Abend in der Gleimstraße. Dadurch wird klar, daß die Gleimstraßen-Garnison schon 1945 ihre alte Funktion wieder aufgenommen hatte.

Neben wöchentlichen Übungsabenden der Musikanten standen Wochenendfahrten auf dem Programm. Bei einer dieser Unternehmungen entdeckten sie eine ehemalige Jagdhütte am Waldrand oberhalb von Niederrod/Taunus. Der Ausblick über das Tal und die weiten Wälder, die Silhouette des Feldbergs einmal im Schein der aufgehenden Sonne, allein schon dies wäre einen Ausbau wert.
„Bert" und „Sascha" kletterten über Balken und Bretter und standen vor einem Holzbau – ihn als Hütte zu beschreiben, wäre schamlos übertrieben. Wenn man der Hüttenchronik (1946/47) glauben darf, fehlten drei Fenster mit ihren Klappläden, die Tür, eine halbe Rückwand, der Fußboden und eine Zwischendecke unter dem undichten Dach. Die morsche vierstufige Treppe zu einem überdachten Vorbau, einer Art Veranda, war ebenso verschwunden wie ein Teil des Geländers. Ein Holzverschlag, ehemals ein Abstellplatz für Pkws und Brennholzlager, war unter Brombeerhecken kaum auszumachen, da inzwischen zusammengefallen.

So die Situation vor meiner Ankunft im Januar 1946. Sie hatten bereits einiges in die Wege geleitet. Im Laufe des Sommers 1946 wollten wir dann versuchen, den Besitzer ausfindig zu machen, um das Grundstück zu pachten.
Jetzt war ich wieder da und mußte neben der Gruppenarbeit auch meinen Lebensunterhalt sichern. Ein Erkundungsbesuch bei der US-Besatzungsbehörde verlief genauso, wie ich ihn mir schon während des Vorbereitungskurses in Camp Devens, USA, vorgestellt hatte. Als Mitarbeiter, also Agent, des Criminal Investigation Departments sollte ich nicht nur Schwarzhändler entlarven und zur Anzeige bringen, sondern auch Altnazis enttarnen, die jetzt geschickt als brave Bürger versuchten, sich einen demokratischen Anstrich zu verleihen. Das ganze Programm firmierte unter dem

Namen „Public Safety", auch „Öffentliche Sicherheit". Ein Sonderlehrgang von etwa sechs Wochen sollte mich intensiv mit den mir gestellten Aufgaben vertraut machen. Doch dies war nicht meine Welt, und ich bewarb mich im Carlton Hotel, einem Hotel für amerikanische Offiziere und höhere Beamte der US-Administration, um eine Anstellung im Empfang. Hier halfen meine Sprachkenntnisse und eine Empfehlung der Betreuungsstelle für politisch, rassisch und religiös Verfolgte, der späteren Vereinigung der Verfolgten des Nazi-Regimes (VVN).
Der amerikanische Personalchef, ein in Deutschland geborener Emigrant, versprach mir wohlwollend, die Möglichkeit zu überprüfen. Aber da zur Zeit für diese Stelle keine zusätzliche Neueinstellung geplant sei, sollte ich doch vielleicht in der Zwischenzeit eine Arbeit in der Küche in Erwägung ziehen; ich wäre dann immerhin schon einmal Angestellter des Hauses, und dies erhöhe die Chancen beträchtlich.
Und ich begann als Patissier, dem für alle Süßspeisen verantwortlichen Hotelkonditor, in einer altehrwürdigen Hotelküche eine schweißtreibende, nervenaufreibende Arbeit. In dem Jahrhundertwendebau des Carlton-Hotels war mein Arbeitsbereich beileibe nicht auf dem modernsten Stand. An zwei parallel stehenden sechs Meter langen und etwa 1,50 Meter breiten eisernen Herden, die über die üblichen drei Ringe in der Mitte der Ofenplatte mit Kohle beheizt wurden, werkelten zehn Köche in einer Schicht. Der Küchenchef, ein Schweizer, saß in einem Glaskasten und telefonierte unaufhörlich, weil Sonderwünsche der hohen Herren unbedingt erfüllt werden mußten. Vorausgesetzt, das dazu notwendige Rohmaterial war überhaupt vorhanden. Das alles bei hoher Luftfeuchtigkeit und erbarmungsloser Hitze, zwischen blubbernden Saucen, vor sich hin köchelnden Suppen, Braten und Fischgerichten. In diesem Vorhof der Hölle schrien alle durcheinander, man stand sich im Weg und mußte um jeden Zentimeter auf den glühenden Herdplatten kämpfen. Alles sollte schnell gehen, eßbar aussehen und schmecken. Nicht allzu schwierig, da die Durchschnittsamerikaner gewöhnt waren, Ketchup, süß-saure Saucen und andere „verfeinernde" Zutaten neben Salz und Pfeffer auf ihren Tischen vorzufinden. Nur das vom Patissier zubereitete Dessert blieb von diesen Geschmacksverirrungen verschont. Noch!

Da kaum ein Gast länger als eine Woche blieb, wiederholten sich die Speisenfolgen, von feierlichen Anlässen wie Hochzeiten oder Beförderungen ausgenommen, in einem übersehbaren Turnus. Zehn Mann in der Frühschicht und zehn Mann in der Spätschicht sorgten für die Beköstigung von etwa 150 bis 200 Gästen. Ich hatte tägliche Frühschicht. Das Dessert am Abend bestand aus einem Pudding, der in ungefähr 50 Portionen kaltgestellt wurde und den die Bedienung, je nach Bedarf mit einem Klacks Sahne versehen, dem Gast servieren konnte. Oder aber alternativ die bekannte Ananasscheibe aus der Dose mit gleicher Dekoration. Eine denkbar einfache Veranstaltung, bei der meine Anwesenheit nicht unbedingt notwendig war. Mein freier Tag war der Sonntag. Und so blieb mir genügend Zeit, von Samstag 14 Uhr bis Montag

7 Uhr auf Fahrt zu gehen. Ein Großteil der Verpflegung wurde geklaut und an einem der Kellerfenster deponiert, wo man sie, nach Verlassen des Hauses und an gelegentlichen Proforma-Kontrollen vorbei, später abholen konnte. Jeder wußte es, und auch die Amerikaner sahen darüber hinweg. Das Küchenpersonal, einschließlich der Kellner, versorgte auf diese Weise seine Familie und gute Freunde. Dieser Teil der Gesellschaft blieb verständlicherweise dem Schwarzmarkt fern. Lieferungen kamen frei Haus.

Es würde zu weit führen, all die Behördengänge und schriftlichen Eingaben an diese und jene Dienststelle hier aufzuzeigen. Niemand war zuständig oder der von mir angeführte Paragraph traf gerade auf mich in diesem Fall nicht zu. Ich resignierte und überließ die Lösung des anstehenden Problems dem Zufall oder einfach der Zukunft. „Der Herrgott wird's schon richten", hofften die geplagten Bürger.

Den gleichen Kampf erlebte „Bert" bei dem Versuch, ein Fotostudio anzumelden. Man hielt ihm verständlicherweise entgegen, wo er Filme, Fotopapier und die notwendigen Chemikalien herbekommen wolle. Diese Materialien seien in der Zuteilungsliste nicht vorgesehen. Er wagte es trotzdem und beschaffte sich das Notwendige durch Tauschgeschäfte.
Nach einigen Monaten Dienst bei der „Hilfspolizei", einer Verstärkung der wenigen politisch unbelasteten Beamten, war „Pit" der einzige Freund mit einer festen Anstellung als Reprofotograf bei der neu gegründeten „Frankfurter Rundschau". „Ferdi" kaufte da und dort Restbestände zerstörter Druckereien auf, vor allem kleinere Druckmaschinen und Elektromotoren, die er mit Hans „Grabbel" Banthin versuchte, wieder funktionstüchtig zu machen. „Grabbel" war bei seiner ehemaligen Lehrfirma Hartmann und Braun wieder als Werkzeugmacher unter Vertrag, „Knö" zeitweise beim Hessischen Rundfunk, der auf der Eschersheimer Landstraße seine Arbeit wieder aufgenommen hatte, als Rezitator und Moderator beschäftigt. Vor allem in Kindersendungen als Märchenerzähler. Aber seine bekannte Art, alle und jeden in Verlegenheit zu bringen, beendete nach einigen Monaten diese Tätigkeit. Einem leitenden Angestellten soll er nachgerufen haben: „Ach, eh ich's vergesse, grüßen Sie Ihr Fräulein Mutter."

Irgendwann zwischen Ostern und Pfingsten 1946 meldete sich ein gewisser Gerhard Gallus aus Stuttgart. Briefkopf dieses Schreibens:
„Bundespräsidium Deutsche Jungenschaft"
(die Bezeichnung Präsidium anstatt Führung war von der Lizenz erteilenden US-Behörde vorgegeben). Es war eine Anfrage, ob und wann und unter welcher Bedingung wir uns seiner Gruppe anschließen wollten. Es bestand eine Genehmigung für die gesamte US-Besatzungszone. Wenn dies tatsächlich der Wahrheit entsprach, wäre es für uns die Lösung.

Am Wochenende nach dieser Anfrage machten wir uns zu einem Treffen nach Kirchheim unter Teck auf. Dabei waren die Mitglieder des Balalaika-Ensembles und zwei neu gekeilte Angehörige unserer Frankfurter Jungenschaftshorte. Aus Berlin stieß dort auch noch „Heia“ zu uns, der in Stuttgart mit dem Herausgeber des Jugendblattes „Das junge Wort“ wegen einiger Veröffentlichungen seiner Fotos verhandelte.

In der Bahn hatten wir noch einmal eine musikalische Probestunde eingelegt. Zum Vergnügen der Mitreisenden, die vor unserem Abteil Schlange standen und bei russischen Liedern den Takt mitklatschten und mit den Füßen stampften. Das Zugpersonal nahm es kopfschüttelnd zur Kenntnis. Endlich am Ziel, war unsere Enttäuschung groß, da wir statt einer Jungengruppe nur einige erwachsene, männliche Teilnehmer antrafen. Eine junge Mitarbeiterin des Kultusministeriums sollte den Tagesablauf protokollieren.
Wir brannten darauf, getreu den bündischen Liedern „Asien beben und die Steppe zittern“ zu lassen, und nun lief alles ins Leere. Es gab noch nicht einmal eine schlichte Wandergitarre. Auch keine Jugendherberge, ersatzweise das Vereinshaus des örtlichen Sportvereins. Ein Schlafraum, vier Doppelbett-Kammern und eine schwachbestückte Speisekarte ließen alle Wünsche offen. Hätte Gerhard Gallus nicht über das Ministerium für zusätzliche Lebensmittelkarten gesorgt, ohne die die Wirtin nichts herausrücken wollte, und vom Stadtjugendring Stuttgart Naturalien beantragt, wir wären vermutlich abgereist. Unsere Neugier hinderte uns daran.
Der Freitagabend war ein mehr oder weniger gemütliches Beisammensein, in dessen Verlauf ich versuchte, die wesentlichen Unterschiede herauszufinden und Grenzen abzustecken. Mit unserer Anerkennung als Verfolgte waren wir im Vorteil und bremsten das vorgesehene Marschtempo in Richtung Jugendpflege. Das Thema, „die Jugend müsse von der Straße und aus den Trümmerstädten“, wurde auf beiden Seiten jeweils aus anderem Blickwinkel heftig diskutiert. Um die oft hitzige Debatte abzukühlen, sangen wir einige unserer Lieder. Keines war den Gastgebern bekannt. Die Bezeichnung „Deutsche Jungenschaft“ schien wohl eher zufällig aus dem Fundus alter Jugendbewegungsnamen gewählt. Gerade in Stuttgart sollten die Verantwortlichen über eine in ihrer Stadt gegründete und bekannte Jugendgruppe besser informiert sein.
Der „Fall Helle Hirsch“ hatte doch 1937 die dj.1.11 der Öffentlichkeit noch einmal in Erinnerung gebracht, wonach sie über ein Jahrzehnt in Gestapo-Akten weiterhin sehr lebendig blieb.

Es sollte über das vorläufige Programm vom 13. März 1946 der neu gegründeten, jedoch noch nicht von allen Behörden bestätigten Jugendgruppierung eine Aussprache stattfinden und das Programm heute endgültig die richtige und letzte Fassung erhalten. Das Stuttgarter Jugendamt wollte einige der drei Dutzend Paragraphen da und dort lockern oder präziser formuliert sehen, da sie zu allgemein gehalten waren. Am Samstag vormittag trafen dann doch noch etwa 20 jüngere Teilnehmer ein, die entweder das Treffen für eine Pfadfinder-Tagung hielten oder für einen Wanderverein deutscher Prägung. Mit roten Socken und Edelweiß am Hut, wie sie schon fast ein Jahrhundert in Wald und Feld unterwegs waren. Eine Laute und eine Mandoline verstärkten unsere Musikanten, vorausgesetzt, ihre Liedkenntnis ging über das übliche „Das Wandern ist des Müllers Lust" hinaus.

Gerhard Gallus wurde zum „Bundespräsidenten" und „Bert" zu seinem Stellvertreter gewählt. Gerhard, ein schlanker Typ, an dem Arme und Beine irgendwie ungeordnet herunterhingen und ständig in Bewegung waren, verkörperte den typischen Organisator. So hatte er bereits Verhandlungen über ein Bundesheim in die Wege geleitet, mit allen zuständigen städtischen und Landesbehörden gute Beziehungen aufgebaut und auch die örtliche Presse für seine Zukunftspläne interessiert. Und er rührte kräftig die Werbetrommel, was nicht in unserem Sinn war. Masse statt Auslese entsprach nicht bündischen Idealen, die letztendlich auf Freundschaften aufbauten. Gerhard fehlte das Charisma, das bündische Führer auszeichnete. Freunde wurden wir nie wirklich, es blieb eine Zweckgemeinschaft.

Die sogenannten „Bundessatzungen" entsprachen in keinem der 36 Paragraphen unserer Auffassung von bündischer Gruppenarbeit, weder was Fahrt noch was den Heimabendablauf betraf. Es war ein Sozialisierungsprogramm mit einigen Bezügen zum Pfadfinderwesen, allgemeiner Volksbildungsarbeit und sozialen Aufgaben wie z. B. Landdienst während der Erntezeit. Mit „Bert" als zweitem Mann an der Spitze sollte es doch möglich sein, nach und nach eine andere Richtung einzuschlagen und unsere Vorstellung bündischer Orientierung durchzusetzen.

Wir schlugen ein Bundeslager vor, um gemeinsames Singen und bündisches Gruppenleben zu demonstrieren. An Pfingsten wollten wir uns im Hintertaunus in großer Runde treffen. Unser alter Freund „Hami" Mielenhausen, den wir als Gast eingeladen hatten, brachte nicht nur einige seiner Pfadfinderfreunde mit, sondern auch reichhaltig Verpflegung. Sie hatten schon ihre Zulassung und damit Unterstützung durch das Jugendamt Frankfurt, von dem dann Spendenzuteilungen beantragt werden konnten. Und wir futterten mit.
Auf diesem Pfingstlager sollte dann die „Hessische Jungenschaft" als Landesverband der „Deutschen Jungenschaft" in der US-Zone ausgerufen werden. Gerd Gallus stellte hierfür rechtzeitig, am 14. April 1946, den notwendigen Antrag bei der Besatzungsmacht. Als Verantwortlicher sollte ich von Frankfurt aus die Jungenschaft in Hessen aufbauen. „Bert" war vorerst in Stuttgart aktiv.

Pfingsten 1946

Wir hatten das obere Emstal bei Oberems im Taunus als Lagerplatz gewählt. Die Quelle des Emsbachs versorgte uns mit frischem Wasser, bevor der Wasserlauf über Oberems, Wüstems und Niederems in der Nähe von Esch zusammen mit dem Schlabach in nordwestlicher Richtung nach Camberg entschwand. Die Talmulde, zwischen dem Weilsberg (707 m) mit dem als Kletterfelsen bekannten, im Wald verborgenen „Zacken" im Osten und dem Glaskopf (687 m) im Westen, war so abgelegen, daß sie nur wenigen Wanderern bekannt war. Die Forstbehörde kannten wir seit unseren Jugendjahren, und auch die beiden neuen Bürgermeister von Ober- und Wüstems. Unser alter Freund und Gönner Reuter war seit Kriegsende SPD-Bürgermeister in Wüstems. Die Ortsbehörde von Oberems erteilte uns am 4. Juni 1946 die schriftliche Genehmigung, auf dem Gemeindegelände zelten zu dürfen.

6.- 8. Juni 1946

Pfingstlager Oberems/Taunus.

„Hamis" Pfadfindersippe hatte uns ihre altehrwürdige Vorkriegskohte zur Verfügung gestellt. Über viele Jahre waren wir befreundet und pflegten intensive Kontakte. Zeitschriften und Liedertexte wurden ausgetauscht, und manch illegales Treffen fand in der Frankenallee im Frankfurter Bahnhofsviertel statt.

Wir wären kaum imstande gewesen, ein größeres Jungenschaftstreffen zu organisieren, hätten wir nicht über einen ausreichend großen Bestand alter Dreiecks-Zeltbahnen der Wehrmacht verfügt. Die und andere brauchbare Fahrtenausrüstungen hatte 1941 unser Nürnberger Jungenschaftsfreund aus der „Hess"-Gruppe, „Mümmel" Parsigla, eines Nachts in der Gleimstraße angeliefert. „Mümmel" war damals Angehöriger einer Luftwaffen-Transport-Kompanie und hatte alles einfach aus einem Nachschubtransport „abgezwackt". Seit dieser Nacht lagerten Dutzende von Zeltplanen, Wolldecken, einige Rucksäcke, Feldflaschen und Brotbeutel wohl verpackt in Oma Müllers Keller. Diese Vorratshaltung zahlte sich jetzt aus. Wenn „Mümmel" der Weg in die Nähe führte, war er Gast in der Garnison oder bei „Pits" Familie, die er aus dessen Nürnberger Zeit kannte. Wir haben danach nie wieder etwas von ihm gehört.

Etwa 50-60 Teilnehmer aus Stuttgart, Karlsruhe, Mannheim und Frankfurt waren zusammengekommen. Karlsruhe und Mannheim waren Neugründungen, die sich Gallus angeschlossen hatten. Gerd wollte am zweiten Pfingstfeiertag mit seinen Stuttgartern im Welzheimer Wald einige Gruppen aus Esslingen, Göppingen und – wenn ich mich recht erinnere – auch Ludwigsburger treffen. Ich bin mir nicht mehr sicher, ob damals schon die Schwaben unter Fritz „Muschik" Jeremias und Rudi Rogoll mobil gemacht hatten. Im Stammland der alten dj.1.11 hatte sich bisher keiner der ehemaligen Angehörigen der „deutschen jungenschaft" aus Vornazizeiten zu Wort gemeldet. Wo waren die Gefolgsleute von tusk?

Das Pfingstlager war ein Erfolg und stärkte unsere hessische Position als eigener Landeskreis. Ich hatte Gerd Gallus davon überzeugt, daß wir zwar dem Verband aller Jungenschaften angehörten, jedoch für Hessen autonom sein müßten. Von Stuttgart aus waren die jetzt anfallenden Arbeiten kaum zu bewältigen. Er willigte ein und versprach, nach seiner Rückkehr sofort den dazu notwendigen Antrag zu stellen. Das für den Südwesten genehmigte Programm sollte auch für uns Gültigkeit haben.
So harmonisch, wie ich es mir gewünscht hatte, verlief es leider doch nicht. Es mußte irgendeine Meinungsverschiedenheit gegeben haben, von der ich nichts bemerkt hatte. In einem mir jetzt vorliegenden Fahrtenbericht schreibt „Pit“:
„... bis spät in die Nacht sitzen alle ums Feuer und singen, singen. Wie uns doch alles aufs neue ergreift. Der Bund formiert sich. Wenn nur der Streit nicht wäre. Wie schwer ist es doch, eine Freundschaft auf lange Zeit zu bewahren.“

Kurze Zeit später haben wir ihn an „Hamis“ Pfadfindersippe verloren. Er übernimmt dort eine Pimpfengruppe und erteilt Gitarrenunterricht. Eine Aufgabe, die ihm Freude macht und das Gefühl gibt, etwas Sinnvolles zu tun.
Das Problem der Gleimstraßen-Gruppe war mir seit langem bekannt. Es fehlte der Nachwuchs, ohne den eine Jungenschaftshorte auf Dauer keinen Bestand haben konnte. Die einseitige Ausrichtung auf das Balalaika-Ensemble und dessen weiteren Aufbau konnte nicht allein Sinn und Zweck unserer Gemeinschaft sein. Wir hatten zwar neue Mitglieder hinzugewonnen, die aber als Studenten doch eher Randfiguren blieben. Mit dem geplanten Zuzug der Berliner Freunde würden noch mehr Erfahrungen und brauchbares Wissen nutzlos brachliegen, das an die Jüngeren weitergegeben werden sollte. Ich nahm mir vor, diesen Zustand so schnell wie möglich zu ändern. Doch die Zusammenarbeit mit der Stuttgarter Zentrale gestaltete sich weitaus zeitraubender als angenommen. So blieb für Privatleben und Gruppenarbeit nur ein sehr begrenzter Spielraum.

Seit dem 3. Mai hatte die Gleimstraße einen weiteren „Mitsänger“, gegen dessen Babylallen und -geplärre wir nicht ansingen konnten, ohne hörbar heiser zu werden. Klein Pampelchen, blondgelockt und blauäugig, strampelte munter vor sich hin. Alle nannten ihn „Wölfchen“. Gelegentlich ertappe ich mich heute noch dabei, ihn so anzureden, was er als Sechzigjähriger schmunzelnd zur Kenntnis nimmt.

Aber auch ich hatte nicht die Zeit, die man für eine neue Freundin haben sollte. Neben Beruf, Gruppenarbeit und vielen Stuttgart-Reisen an den Wochenenden dümpelte unsere Beziehung so vor sich hin, was uns – Gisela und mich – nicht gerade glücklich machte. „Berts“ Vaterpflichten war dieser Zustand auch nicht sehr zuträglich, obwohl „Gerry“ tapfer das Ihre tat, um den Ehekarren am laufen zu halten.

Am 6. April 1946 folgte ich einer Einladung zur Gründungsfeier eines Pfadfinderbundes in Stuttgart. Das Ganze war ein einziges Ärgernis. In der Jugendzeitschrift „Das junge Wort" berichtet der Herausgeber Otto Fuchs in der Ausgabe vom 15. Mai 1946 über dieses Ereignis zweispaltig in 130 Zeilen. Die Veranstaltung im Hause des Deutschen Kulturbundes wurde mit dem Andante in d-Moll für zwei Violinen von Johann Sebastian Bach, dem 1. Satz der 5. Sinfonie von Ludwig van Beethoven und zwei Sätzen aus Händels Triosonate eröffnet. Dem staunenden Publikum wurde versichert, daß dieser Pfadfinderbund mit den „Allüren" vergangener Pfadfinderei nichts zu tun habe und ganz neue Pfade suche. In ganz lockerer Gemeinschaftsform nach Art der „Clubs", ohne Gleichtracht und Schablone, gelte es geistige Orientierung zu finden, der Welt gegenüber offen zu sein und Pfade zum Frieden der Menschen zu suchen ... Es handele sich um keinen zweckbetonten Opportunistenklub, keine Versorgungsanstalt, keinen Traditionsverein oder eine „ausländische Aufoktroyierung". Jetzt gelte es, das Pfadfindertum als „geistige Idee" zu erfassen und aus unserer großen „Pfadlosigkeit" heraus neue Pfade zu suchen ... usw., usw. über Stock und Stein.

Als in der anschließenden, sehr grundsätzlichen und leidenschaftlich geführten Aussprache Gerd Gallus diesen „Heilspredigern" auch noch das gerade neu bezogene Jungenschaftsheim in kameradschaftlicher Weise zur Mitbenutzung zur Verfügung stellte, konnte ich nicht mehr schweigen. Fuchs stellt es folgendermaßen dar:
„... ein bündischer Führer aus Frankfurt, dem früheren ‚illegalen bündischen Selbstschutz' zugehörig, sprach dieser Pfadfinderei das Recht einer eigentlichen Jugendbewegung ab. Vom illegalen, antinazistischen Kampf bester deutscher bündischer Jugend ausgehend, wurde Tradition und historische Mission bündischer Jugend aus einer Überzeugung opferschwerer Jahre leidenschaftlich beschworen. Deutsche Jugendbewegung wurde ‚undeutschem Klubwesen', Kluft und Tracht einer militärischen Uniform entgegengestellt. Das Wesen eigentlichen deutschen Pfadfindertums unterscheide sich vom Vorgebrachten nicht unwesentlich. Insofern habe man kein Recht, einen Namen, mit dem sich eine gewisse Vorstellung und ein ganz bestimmter ‚Pfad' verbinde, einfach zu übernehmen und innerlich umzuwerten. ...
Auch der äußere Rahmen dieses Erstaufbruchs wurde im Sinne eigentlicher Jugendbewegung glossiert. Ministerialrat Hassinger vom Württembergischen Kultusministerium und Direktor Götz vom Württembergischen Innenministerium nahmen an der äußerst anregenden Diskussion interessiert Anteil."

Soweit Otto Fuchs in seiner Berichterstattung, die wegen der Länge verkürzt wiedergegeben werden muß. (Originaltext im Archiv Ludwigstein nachzulesen.)

Und am 15. Juli 1946 berichtet Gerhard Gallus im Jugendblatt „Das junge Wort" unter der Überschrift „Deutsche Jungenschaft am Werk" über Versuche, der Jugend deutsche Literatur nahezubringen, Neugründungen in Waiblingen, Crailsheim, Hall

und Ludwigsburg. Die Schaffung eines Theaterrings wurde in Stuttgart angeregt. Das Pfingsttreffen im Taunus und im Welzheimer Wald wurde erwähnt. Ein Treffen zum Landesjugendtag gelobt. Und erstaunlicherweise das Verbot der ehemaligen schwäbischen Jungenschaft durch die Nazis angesprochen. Und weiter ging es in überschwenglichen Darstellungen, die Entwicklung betreffend.
(Quelle Archiv Ludwigstein)

Am 23. Juli 1946 veröffentlicht die „Heilbronner Stimme" in ihrer Ausgabe Nr. 49 unter der Überschrift „Jugend spricht zu Jugend" einen Vortrag Gerhard Gallus im Rahmen der Volkshochschule in ähnlicher Weise über die von ihm gegründete und geführte „Deutsche Jungenschaft". (Im Archiv des Autors)

Ein letztes Mal erscheint am 15. September 1946 eine Kurzmeldung der „Deutschen Jungenschaft", die auch uns Frankfurter betrifft. Zitat:
„Der bisherige Präsident der ‚Deutschen Jungenschaft' Gerhard Gallus, Stuttgart, Herwegstraße 7, hat wegen Überbelastung sein Amt niedergelegt. Die Geschäfte des Bundespräsidiums hat bis auf weiteres Norbert Pampel, Frankfurt übernommen.
Das Sommerarbeitslager in Wolpertshausen bei Hall, an dem Jungen aus Ludwigsburg, Schorndorf, Crailsheim, Stuttgart, Frankfurt/Main und Göttingen teilnahmen, war ein voller Erfolg. Ein abschließendes Treffen der Gruppen in Maulbronn war dazu bestimmt, die Aufgaben für die kommenden Monate festzusetzen und sich über die wichtigen Fragen der Arbeit im Bunde in Aussprachekreisen schlüssig zu werden."

In den Aktenbeständen des Baden-Württembergischen Hauptstaatsarchivs Stuttgart, des Staatsarchivs Ludwigsburg und des Stuttgarter Stadtarchivs (Kulturamt) gibt es keine verwertbaren Hinweise, die den Rücktritt von Gerd Gallus notwendig erscheinen lassen.
Spitzfindige Behauptungen der Sozialistischen Jugend und der Baden-Württembergischen Volksjugend, die Deutsche Jungenschaft sei nicht nur romantisch, sondern auch, wohlwollend ausgedrückt, reaktionär, konnten kaum der Anlaß gewesen sein. Er hatte mit seinem Sozialisierungsprogramm „Jugend weg von den Straßen", preiswertem Zugang zu Theateraufführungen und Dichterlesungen, einem eigenen Jugendheim usw. Erfolge aufzuweisen, die zwar nichts mit der „bündischen Lebenswelt" zu tun hatten, aber junge Menschen ansprachen. Die oben erwähnten Jugendorganisationen wollten keine kleinere, dazu noch parteiunabhängige Gruppierung neben sich aufkommen lassen. Sie selbst jedoch nahmen deren Angebote gerne in Anspruch.
Interessant ist hierzu ein Aktenvermerk des Herrn Dr. Götz, Innenministerium Baden-Württemberg, vom 3. Juli 1946:
„... Eine Unterredung hat mich in meiner Ansicht bestätigt, daß der Weg, die Jugend vor allem in großen Organisationen zusammenzufassen, verkehrt ist. Es gibt sich schon jetzt ganz von selbst, daß Kreise an diejenigen sich anschließen, von denen etwas zu erwarten ist."

Obwohl Hessen auch in der US-Besatzungszone lag und damit den gleichen Richtlinien unterworfen war, verlangte lt. einem Artikel des „Darmstädter Echos" vom 6. April 1946 in einer Sitzung des Jugendausschusses beim Regierungspräsidenten Darmstadt Herr Prof. Herzfeld vom Großhessischen Erziehungsministerium, einen ganz anderen Weg einzuschlagen. Er bemerkte, daß schon jetzt eine mehr oder weniger scharfe Trennung einzelner Gruppen festzustellen sei, die keinesfalls geduldet werden dürfe. Gerade die Einheitlichkeit sei notwendig, um alle Aufgaben zu lösen.

Befremdend wirkte bei dieser Tagung, daß kein Jugendvertreter anwesend war, um zu den aufgeworfenen Problemen Stellung zu nehmen.
In der nächsten Sitzung des Ausschusses sollten Jugendvertreter zu Wort kommen. Ob das etwas ändern würde, bezweifelte ich!

Mit „Berts" Rückkehr nach Frankfurt und einer Umbenennung der „Deutschen Jungenschaft im Südwesten" in Schwäbische Jungenschaft waren wir Frankfurter und alle zukünftigen hessischen Horten aus Stuttgarter Sicht mitgetilgt. Dem Antrag vom 14. April 1946 auf Zulassung als Jugendgruppe, deren Bundespräsidium in Stuttgart ansässig war, konnte jetzt nicht mehr stattgegeben werden. Gallus hatte sowieso die falsche Dienststelle angeschrieben. Nicht die US-Militärbehörde, sondern der Stadtjugendausschuß Frankfurt wäre die erste Instanz gewesen. Nach deren Befürwortung hätten die Amerikaner im nächsten Schritt die endgültige Lizenz erteilen können. Das merkte ich aber erst im Frühjahr 1947, nachdem sich seit Monaten kein Behördenbrief zu uns verirrt hatte.

18. August 1946

R.A.F. British Forces in France

„Mauki" meldet sich aus englischer Kriegsgefangenschaft. Er war der letzte der „Zajagan"-Horte aus der Gleimstraße. Wir freuten uns, daß er lebte. Als Architekt war er, obwohl Gefangener, in seinem Beruf von den Briten in einem Militäraufbauprogramm der englischen Luftwaffe in Frankreich eingesetzt. Wir schrieben ihm und warteten gespannt und hoffnungsvoll auf sein Erscheinen. Es mußte ein geschmuggelter Brief sein, da der Absender stets H. Bialkowski, 16 Frankfurt/M., Gleimstraße 20 lauten mußte. Es gab auch keinen Zensurvermerk. Ein weiteres Schreiben aus Frankreich, das ich auszugsweise zitiere, traf am 6. Oktober 1946 ein:

„Meine Brüder! Mein Ruf an Euch vom 18. 8. wird nun sicherlich in Eurem Besitz sein, und da die Antwort noch aussteht, will ich nochmals berichten, daß alle Post mich schnellstens erreicht über folgende Anschrift: F/O Woodcock, A.M.E.S. 121 c/o A.M.E.S 101 British Forces in France, Post soll stets die Gleimstraße als Absender tragen …

In dieser Woche hat das Weltgericht den Henkersknecht der deutschen bündischen Jugend für 20 Jahre hinter Schloß und Riegel verfügt. Wohl hat das unübersehbare Heer der verfemten und gemarterten Jungen der bündischen Bewegung bei der Anklage Pate gestanden und bezeugt die Greuel und Leiden der vielen Verfolgungsjahre, da man mit uns nicht fertig werden konnte. Wir waren einfach nicht auszulöschen. … Vor allem müßt Ihr mir viel berichten, sehr viel von dem, was Ihr aufgebaut habt. Wie alles so läuft und sich aufwärts entwickelt! Ich kann ja nicht genug davon erfahren. So muß ich jetzt zum Schluß kommen, damit der Schrieb noch fortgeht. Lieber Bruder Bert, Berry, Pit, Heia und Sascha, seid allerbrüderlichst gegrüßt von Eurem Mauki.

Liebe Gerry, liebes Pampelchen!

Die liebsten Grüße sende ich Dir, liebe Gerry, und wenn ich wieder heimkehre zu Euch allen, dann wollen wir wieder froh sein wie in alten Tagen. Dir und Deinem Sohn nur Gutes und Schönes wünschend, bleibe ich immer Dein Mauki."

Er war der alte geblieben. Es war ein typischer Brief von ihm, überschwenglich, ein wenig pathetisch, aber ehrlich gemeint. Und auch der letzte Feldpostbrief von hunderten, die wir uns untereinander in den langen Kriegsjahren von Ost nach West, von Nord nach Süd und umgekehrt, über Kontinente hinweg geschrieben hatten. Die meisten verrotteten im Osten, andere versanken im Mittelmeer, im Westen wurden sie von den Siegern am Ende überrollt oder bei Gefangennahme beschlagnahmt. So warteten wir auf seine Rückkehr und werkelten, jetzt ohne offizielle Genehmigung, was zumindest den Namen betraf, weiter in der bisher eingeschlagenen Richtung. Aber Frankfurt war nicht der Nabel der Welt. Um uns herum hatten sich inzwischen fast unbemerkt auch andere bündische Gruppen gebildet. Mit ihnen suchten wir Verbindung herzustellen. Etwa zwei Dutzend jungenschaftlich geprägte Gruppierungen hatten zur Bildung eines „Bündischen Blocks“ aufgerufen. Am 3. November 1946 wurden in Springe am Deister Vorgespräche geführt, am 27. April 1947 wurde die Grundordnung des Blocks an der Porta Westfalica einstimmig angenommen und am 1. Juli 1947 in Bad Essen am Kanal in einem gesonderten Treffen auch von den bündischen Mädelgruppen bestätigt.

Soweit die positiven Berichte aus der britischen Besatzungszone. Die russischen Behörden duldeten keine Jugendorganisationen außer der FDJ, die auch einige Zeit in den drei Westzonen aktiv war. Über das Verhalten der Franzosen ist mir nie etwas Negatives bekannt geworden. So konnte Siegfried Schmidt, Speyer, seine hektographierten Rundbriefe „Erkenntnis und Tat, Briefe aus dem Geiste deutscher Jugendbewegung“ ohne große Schwierigkeiten in alle Besatzungszonen versenden. Verlagsmäßige Druckerzeugnisse bedurften einer Inhaltsüberprüfung und offiziellen Lizenznummer, die auf der Veröffentlichung angegeben werden mußten. Die regelmäßig erscheinenden „Feuer“, „Lagerfeuer“, „Unser Schiff“, „Kompass“, „Eisbrecher“ u. a., alle von ehemaligen Bündischen, dazu noch von Branchenkennern redigiert, waren daher gefragte Jugendzeitschriften. Daneben gab es von den einzelnen Kultusministerien herausgegebene Mitteilungsblätter für an Jugendpolitik interessierte Leser wie z. B. „Das junge Wort“, Stuttgart, oder „Hessische Jugend“ des hessischen Jugendrings, Wiesbaden.

Gegen Ende 1946 meldete sich auch tusk aus London zurück. Seine heftig diskutierten „Londoner Briefe“ sorgten für Wirbel, vor allem bei den neu entstandenen Jungenschaften. Hier war die äußere Form, wie die marineblaue Jungenschaftsbluse, die alten Bundesfarben Rot-Grau und die Silhouette des Falken über den drei Wellen ohne Wenn und Aber übernommen worden. Kommandoton und Exerzieren, Trommel und Fanfare wurden als nicht mehr zeitgemäß abgelehnt. Horten nannten sich die Gruppen weiterhin.

Vor allem im Rheinland, dem Ruhrgebiet und im Bergischen wurden Einflüsse des dort stark vertretenen Nerother Wandervogels sichtbar. Man gab sich locker. Auch anderes Singen, durch neue Liedtexte und Vertonungen gefördert, nahm jetzt breiten Raum ein. Zur Bekanntgabe irgendwelcher Anweisungen und Mitteilungen standen die Angesprochenen im Kreis und nicht mehr angetreten in gerader Linie wie bei einer militärischen Befehlsausgabe. Eine Ausnahme bildeten da die Schwaben, deren Führer ehemaliger dj.1.11er war und die Tradition bewahren wollte. Das Lager als Ort gemeinsamer Beratungen, freundschaftlicher Treffen untereinander wetteifernder

Horten war immer noch, mangels eines festgefügten Bundesmittelpunktes wie die Burg Waldeck der Nerother, ein sichtbarer Beweis der Zusammengehörigkeit. Neu war die Großfahrt. Das machten uns die Ludwigsburger der Schwäbischen Jungenschaft und die Godesberger Horten später vor.

Auf tusks „Londoner Briefe", ab 5. Februar 1949 Berliner Briefe, hier näher einzugehen, hieße mindestens weitere 100 Seiten meiner Geschichte anzuhängen, ohne eine endgültige Klärung herbeizuführen. Auf zwei Schriftstücke aus einem mir vorliegenden Nachlaß möchte ich jedoch hinweisen. In einem undatierten, etwa 1946 an Werner Helwig und einen ebenfalls in England lebenden ehemaligen dj.1.11er gerichteten Brief erbittet er Unterstützung zum Aufbau der deutschen Jugendbewegung. Man möge ihm bekannte bündische Emigranten mitteilen, z. B. die genaue Anschrift von Karl Oelbermann in Afrika und Jürgen Riehl, von dem es hieß, er sei ebenfalls im Ausland. Weiterhin alle in Schweden gestrandeten Freunde benachrichtigen. Im folgenden geht er auf das Ausscheiden von Günther Dreyer, Hannover, und Gerhard Gallus, Stuttgart, ein. Nazis und Knabenfreunde hätten in der bündischen Jugend keinen Platz. – Dieses Schreiben sollte der frühere Frankfurter Nerother Oskar Sulz (jetzt Oscar Sorell, ehemaliger britischer Armeeangehöriger und in London lebend) mit unterzeichnen und an Werner Helwig und/oder andere Adressaten weiterleiten. Sorell unterschrieb nicht, übermittelte es statt dessen an Dr. Hans Ebeling, in bündischen Kreisen bekannt als „Plato". Eine unverzeihliche Tat! Er war gemeinsam mit Theo Hespers ehemaliger Herausgeber des illegalen Kampfblattes „Die Kameradschaft", das eine katholisch/jungnationale Richtung vertrat. „Plato" war ausgewiesener tusk-Gegner. Alle drei kannten sich aus gemeinsamen Veröffentlichungen wie z. B. die „Bündischen Rundbriefe". Hespers hätte dieses Vorgehen wohl nicht gebilligt. Auch sein Sohn Dirk, der dem Nerother Wandervogel nahesteht, bemüht sich bis heute in Schulen und bei anderen Veranstaltungen die Ideen der bündischen Jugend zu erläutern.

„Plato" und Sorell, Nerothername „Butz", betätigten sich als Journalisten, veröffentlichten Berichte, Vorschläge zur Re-Education der deutschen Jugend, warnten vor einer sozialistischen Regierung – die SPD eingeschlossen – im Nachkriegsdeutschland und spionierten regelrecht auch das Privatleben einzelner Politiker und Jugendführer aus. Wehe dem, der in den zwölf Jahren Hitler-Diktatur mehr als ein kleiner HJ-Bub war oder etwa die niederen Dienstgrade der deutschen Wehrmacht um zwei Sterne hinter sich ließ. So gerieten schlecht recherchierte Meldungen an britische Behörden, die dann falsche Schlüsse daraus zogen.

Könnte es doch ein Versäumnis gewesen sein, diejenigen nicht zu mobilisieren, die sich nicht mit dem NS-Regime einlassen wollten und jetzt wieder mit ihrem Wissen und ihrer Erfahrung am Neuaufbau hätten mitwirken können? tusk mußte auch wissen, daß die so Angesprochenen kein Interesse an einer FDJ haben konnten. Hatte dieser Versuch, der schließlich an der Verbohrtheit einiger Besserwisser scheiterte, ihn endgültig dorthin gebracht, wo er am Ende auch ein Außenseiter blieb?

Der zweite oben angesprochene, spätere Brief an Fritz Jeremias, genannt „Muschik", vom 6. Februar 1947, ebenfalls aus England, zeigt noch deutlicher, daß tusk immer noch an der Gründung einer Jungenschaft interessiert war. Er schreibt:
„... Von H.-J. Müller-Diefenbach, Stuttgart-N., Am Kräherwald 73, könntest Du die Adresse von Martin Keller bekommen und ihm unter Vorlegung dieses Briefs vorschlagen, die D.J. in Stuttgart aufzubauen. Ich wäre ihm dankbar. Er sollte großzügig Buben keilen und Unterführer heranziehen. ... Die Hauptsache ist, dass man mit Schwung und Selbstvertrauen beginnt. Meine Gedanken werden ihn begleiten. ... Es würde mich sehr freuen, wenn Du aus der von Dir treffend geschilderten Not der Lage und aus meinem Vertrauen zu Dir die Kraft schöpftest, mit aufsehenerregender Zielsicherheit und Tatkraft die D.J. in der ganzen US-Zone auf die Beine zu stellen. Sei Dir klar, dass auch Deine beiden Urgruppen an organisatorischen Fortschritten im Ländermaßstab nur profitieren. Man geht so leicht im kleinen trauten Kreis auf! Für heute viele gute Grüße. Tusk."
(Brief im Archiv d.Vf.)

Von den wahren Begebenheiten hatten die beiden Enthüllungsjournalisten keine Ahnung, wie auch wir Frankfurter bald erfahren sollten.

Das Jahr 1947 sollte eine Wende bringen. Doch erst lag Weihnachten vor uns, und ein sehr harter, schneereicher Winter mußte überstanden werden. Kohlenmangel, große Versorgungslücken in allen Bereichen, vor allem bei den Nahrungsmitteln, zwangen zu Hilfsmaßnahmen durch die Besatzungsmächte.

Die Feiertage verbrachte ich in Kempten bei meinem leiblichen Vater und dessen Großfamilie. Eine Bahnfahrt mit vielen Hindernissen und stundenlangen Aufenthalten wegen Schneeverwehungen und eingefrorener Weichen. Endlich am Ziel, stellte ich fest, daß sich mein Vater kaum verändert hatte. Seit 1939 hatte ich ihn nicht mehr gesehen. Nur durch Feldpostbriefe waren wir in den Kriegsjahren in Verbindung geblieben. Er war nie in einer Parteiorganisation und hatte im „Technischen Notdienst", am Ende noch im „Volkssturm" den Krieg überstanden. Seit Mitte der zwanziger Jahre lebte er in Kempten und hatte als selbständiger Architekt einen guten Ruf. Jetzt war er FDP-Mitglied und in der seit 1935 verbotenen und nun wieder genehmigten Künstler-Loge „Schlaraffia" aktiv eingebunden. Hier waren, ähnlich wie in bündischen Gruppen, auch besondere Namen üblich. Ich wurde an seinem wöchentlichen Stammtisch im Weinlokal „Zum Fäßchen" als Sohn aus erster Ehe stolz den Herren Schlaraffen vorgestellt. Herr Bundesbahndirektor Soundso hieß

„Rolldampf" und der Kunstmaler Specht „Picus". Nach 60 Jahren sich noch an ein Dutzend origineller Namensgebungen zu erinnern, ist zuviel verlangt. Es wurde kräftig gebechert, und ich stellte erstaunt fest, daß die Bayern durchaus einen guten, gepflegten Wein zu würdigen wußten.
Das Neujahrsfest und meinen Geburtstag verbrachte ich noch im Kreis der Familie, umsorgt von Mutter Maria, der fürsorglichen zweiten Frau und meiner Stiefmutter. Sie hatte mich wie ihren eigenen Sohn aufgenommen und mir manche ihrer Sorgen anvertraut.

Während ich im Warmen saß, froren „Bert" und „Sascha" in der neu entdeckten Trümmerhütte bei Schneesturm und Eiseskälte. Wenn man den Aufzeichnungen der Hütten-Chronik glauben darf, stellte sich die Situation wie folgt dar:
„...15. 12. 46 – 20 Grad minus, Wind treibt einem die Kälte durch die Knochen. Sascha, Lonja, Andrej bauen den Fußboden. ... Kein Schnee. Gegen Abend noch kälter. ... Mittwoch 18. 12. 46 Schneetreiben. Bert kommt mit einem LKW. Er hat Baumaterial aufgetrieben. Werkzeug, Fenster, ein Wasserfaß, Seile, Äxte, Beile und einen Ofen. Alles ist bei einem Bauern in Niederrod abgestellt.
... 8 Tage später, 2. Weihnachtsfeiertag (26. 12. 1946) Ein hilfreicher Bauer fährt den ganzen Kram zur Hütte hinauf. Das erste Wasser und Stroh. Der Wagen rumpelt durch tiefverschneiten Wald über Baumstümpfe. Brennendrot geht die Sonne hinter den Bergen unter. In Eile werden jetzt alle Luken dicht gemacht. Der Ofen qualmt, und mit einem Dutzend Rohren versuchen sie den Qualm aus der Hütte zu vertreiben. Das Türloch mit Decken verhängt, die Fensterlöcher vernagelt. ... Fünf Tage wird gebaut. Bis in die späte Nacht. Und in der Frühe treibt sie der klirrende Frost aus den Decken. – Tag für Tag Sonnenschein, am Abend Schneetreiben und immer noch eisige Kälte. – Tagsüber Axtschläge und Sägen im Wald. ... – Bert –"
„31. 12. 46 – Der letzte Tag im Jahr! Für ein halbes Jahr ist Holzvorrat geschlagen. Mit Schneewasser wird Bohnensuppe gekocht. Der Ofen glüht. Bullenhitze. Bert doziert über das erste Feuer der Urmenschen. Von drei Theorien wird die Blitztheorie als die einzig richtige anerkannt. – Nach einer ‚Selbstgedrehten' in die Falle, Prosit Neujahr! – Sascha"

Das darauffolgende Wochenende war ich auch wieder dabei.
Eine Einladung zur Gründungsfeier des Landesverbandes Hessen des „Deutschen Pfadfinderbundes" vom 17. bis 19. Januar 1947 in der Jugendherberge Bad Homburg machte uns neugierig. Ein gewisser Hans Schützler, genannt „Hadschi", aus Marburg hatte unterschrieben. Er bat um eine Unterredung. „Bert" lud ihn ein, und wir erfuhren so nebenbei, daß die Mitglieder des hessischen Landesverbandes unter Umständen im Sommer 1947 auch an einer Schweden-Fahrt teilnehmen könnten. Im übrigen sei unser Verfolgtenstatus in diesem speziellen Fall nützlich und auch in Zukunft bei Behörden einzusetzen. Da wir mit dem Ausscheiden von Gallus wieder heimatlos, d. h. ohne Lizenz waren, wäre ein Anschluß an die hessischen Pfadfinder

in der augenblicklichen Situation ein Ausweg. Man hatte uns volle Eigenständigkeit zugesichert, obwohl es den erst zu gründenden Landesverband noch gar nicht gab. Wir hielten uns für alle Fälle bereit und nahmen die Einladung an. Einen besseren Einblick und ein genaueres Programm erhofften wir in Bad Homburg zu erfahren.

An diesem Freitag, dem **17. Januar 1947** blieb die Arbeit in der Hütte liegen. Allein die Aussicht auf die Teilnahme an einer Schweden-Fahrt war zu verlockend. Pünktlich um 18 Uhr nahmen wir Quartier. Im Nebenraum wurden Gitarren gestimmt. Zehn Wiesbadener Nerother des neu gegründeten „Piraten"-Fähnleins hockten auf den Betten und sangen sich ein, ein Probestündchen gewissermaßen. „Wir sind die rheinischen Vandalen ...", und wir sangen mit. Das war doch etwas ganz anderes als das Treffen vor einem Jahr in Kirchheim/Teck. Hier waren wir unter gleichgesinnten, sangesfreudigen Bündischen alter Tradition. Angeführt von Alf Zschiesche, Dichter und Komponist vieler guter und bekannter Lieder.
Was kümmerten uns als Zaungäste endlose Diskussionen um Satzungsparagraphen, Änderungsvorschläge ehemaliger Vorkriegs-Pfadfinder, die alte Regeln wieder einbringen wollten.
Die Nacht war kurz. Als ab 22 Uhr in der Jugendherberge Ruhe einkehren sollte und die Lichter ausgingen, verkrümelten wir uns und saßen mit den Wiesbadenern in einer Bad Homburger Altstadtkneipe. Um Mitternacht begann der Wirt die Stühle hochzustellen. Wir schlichen notgedrungen in unser Quartier und tagten dort bis zum Morgengrauen. Gelegentlich schaute ein neugieriger, durch unser Singen aufgeweckter Schläfer vorbei. Es war wie in den früheren Wüstemser Nächten, damals mit 18 Mann der Bauhütten-Mannschaft.

Die Anwesenheitsliste führte sechzig Namen auf. Tatsächlich waren es mehr Teilnehmer, wie sich später herausstellte. Auch waren Namen von Personen hinzugefügt worden, die an der Tagung gar nicht teilgenommen hatten. Dabei handelte es sich ausnahmslos um sehr zweifelhafte Persönlichkeiten, wie einen Dr. Littmann und einen gewissen Jansen. Beide hatten – und dies ist inzwischen aktenkundig – viele Jahre als Gestapo-Spitzel gearbeitet. Als „Knabenfreunde" erpreßbar geworden, waren sie nicht nur in der bündischen Jugend, sondern später auch in Emigrantenkreisen für das Reichssicherheitshauptamt Berlin tätig. Sie sollten jetzt wieder in führenden Positionen aktiv werden. Diesen Sachverhalt erfuhren wir einige Wochen später und reagierten prompt.

Am nächsten Vormittag sollte die dreiköpfige Landesverbandsführung gewählt werden. Durch Zuruf wurden einzelne Namen vorgeschlagen. „Hadschi" Schützler aus Marburg erhielt bei der in geheimer Abstimmung erfolgten Wahl die meisten Stimmen. Stellvertreter wurde Helmut Neveling, Bad Wildungen. Und ich war schließlich der dritte im Bunde. Hessen war in drei Teilbezirke eingeteilt, ich sollte den sogenannten „Südring" organisieren. Meine Kandidatur war von den Frankfurter Freunden hintenherum mit einigen Sympathisanten, wie den Frankenbergern und einem Teil der Marburger Teilnehmer, derartig geschickt in die Wege geleitet worden, daß ich am Ende nicht nein sagen konnte. Die Wiesbadener Sangesfreunde hatten da, obwohl sie nie die Absicht hegten, zu den Pfadfindern überzutreten, wohl auch noch ihre Hand im Spiel. Sie allein waren zehn Stimmen wert. Ich hatte den Verdacht, daß sie durch mich etwas über Auflösungserscheinungen im DPB erfahren wollten, um dort dann massiv zu keilen. Vielleicht hofften sie sogar, unsere Frankfurter Gruppe, die ja aus ehemaligen Angehörigen ihres Bundes entstanden war, zurückzugewinnen.

Die in den Westzonen inzwischen viele hundert Mitglieder zählenden Pfadfinder zu unterwandern, war eine Utopie. In Hessen half uns der gerade gewählte „Hadschi" Schützler zu einem unerwarteten Erfolg. Er fiel als „Knabenfreund" auf. In Frankenberg, Marburg und Bad Soden-Allendorf wechselten die Sippen und Stämme Namen und Wimpel. Schützler setzte sich nach Schweden ab und blieb auch der einzige, der so 1947 eine Schweden-Fahrt machte! Etwa zur gleichen Zeit erfuhren wir von den ehemaligen Machenschaften Littmanns und Jansens. Ausgerechnet sie hatten Schützler für den Posten des Landesverbandsführers vorgeschlagen. Die ganze Riesenorganisation gefiel uns nicht. Der Schriftverkehr, Rundschreiben und Anordnungen, war im Befehlston abgefaßt. Es war Jugendorganisation und kein Bund und ließ daher keine Freundschaften in unserem Sinne zu. Heute mag sich vieles geändert haben; die damaligen Herausforderungen zwangen, von uns unterschätzt, vielleicht zu diesen Maßnahmen. Schon zwei Wochen später hierzu ein Eintrag in der Hüttenchronik:
„1. 2. 47... Vorlesen des 1. Rundschreibens von ‚Hadschi_. Allgemeines Gelächter. Wir sind uns einig, daß wir bei ‚Hadschis' militaristischem Offiziersclub nicht mehr mitmachen wollen. Wir bleiben lieber bei unseren Kosakenmanieren!"
Erst viele Jahre später hatte ich Gelegenheit, Aufzeichnungen der Frankenberger Freunde zu lesen und erfuhr so die Beweggründe ihrer spontanen, aber auch begeisterten Zustimmung zu jungenschaftlichen Zukunftsplänen.

Chroniken der eigenen Jugendgruppen sind bei einer Gesamtdarstellung eine der wichtigsten Quellen. Durch sie erlangt der Leser detaillierten Aufschluß über Gruppenrituale, das Verhältnis der einzelnen zueinander, den wirklichen hierarchischen Aufbau und nicht den nach außen dargestellten. Die meisten dieser Aufzeichnungen wurden von dem jeweiligen Führer angefertigt. Aber auch hier kann man Unterschiede feststellen. Entweder wird lediglich der Ablauf eines Heimabends, einer Fahrt oder eines Treffens beschrieben, oder aber der Schreiber läßt hierzu seine eigenen Gedanken, Mutmaßungen und Pläne einfließen. Ich hatte beide Muster vorliegen und habe sie mit viel Interesse studieren können.

Die Aufzeichnungen der Frankenberger Horte zeigen deutlich, nach welchen Gesichtspunkten ein Führer sich für einen Wechsel in eine andere Richtung entschließt. „Acke" Lachmann erkennt, wie wichtig gutes, gemeinsames Singen eine Gruppe zusammenschmiedet und auch befähigen kann, eigene Liedtexte zu schreiben und zu vertonen. Lange, ausführliche Gespräche klären die Suche nach einem gemeinsamen Weg. Hier der Beginn einer Annäherung:

„... am 18./19. 1. 47 fand in Bad Homburg ein Treffen der Pfadfinder- Landesmark statt. Herbert und Acke fahren hin. Ronald kam nach. Auf der Hinreise gab es in Marburg unerquickliche Augenblicke, es war wenig schön.
(Es handelt sich um Streit mit „Hadschi", d. Verf.)
Die Tagung selbst verlief höchst stur: Scoutisten und indifferente Erscheinungen (wie „Hadschi") gaben den Ton an. Gegen sie kam die recht heftige, aber sehr gesunde Opposition der Frankfurter Gruppe unter Bert Pampel und Berry Westenburger nicht auf. Wir beobachteten. Aber in der Nacht erlebten wir unvergeßliche Stunden, als die Wiesbadener Nerother und die Frankfurter Jungenschaft sangen. Herbert und ich merkten in diesem Augenblick, wohin wir gehörten, und sofort stellten wir uns darauf ein. ...
In der Folgezeit traten wir mit der Frankfurter Jungenschaft, die bald danach aus dem Hessischen Landesverband austrat, in immer engere briefliche Verbindung.
... Osterfahrt. Auf der Rückfahrt besuchten ‚Ewi' und ich Bert und Berry in Frankfurt. Wir blieben über Nacht dort, erlebten viel und verstanden mehr. Wir quatschten bis 6 Uhr früh. Fuhren erfüllt heim. Wir wußten, daß wir schon weit waren, auf einem Weg, der für uns allein richtig war, der ‚Autonomen Jungenschaft'.
...Wir berichteten den Jungen, die unseren Bund mit aufgebaut hatten. Es war selbstverständlich, daß wir austraten aus dem Pfadfinderverein. Noch selbstverständlicher, daß wir jetzt ganz kompromißlos den von uns als gut erkannten Weg weitergingen. Es bildeten sich von allein zwei Horten, es bildete sich ein neuer, eigener Stil.
...Wir fühlten uns zusammengehörig mit den anderen Jungenschaften Hessens. Frankfurt, Offenbach, Marburg und Bad Soden-Allendorf. Wir wollen zu einem Bunde kommen, wissen auch, daß dies wachsen muß Eines Tages werden wir dastehen und sagen: Wir sind soweit!
So trafen sich zunächst in Frankenberg am Himmelfahrtstag Berry und Jo mit uns. Wir verabredeten unter anderem gemeinsames Handeln gegen Schützler, der sich an Ch. v. H. vergangen hatte. Diese Angelegenheit war sehr langwierig, jetzt endlich, Ende Juni, haben die Pfadfinder ihn abgesetzt.
Auf unserem bescheidenen Pfingstlager, 23.-27.5.47, besuchten uns Berry und Harald. Ich, Acke, besuchte dann Berry in Frankfurt. Die wenigen Stunden waren wertvoll. Sie brachten uns noch näher. Im Inneren errang sich Herberts Horte eine stets wachsende Eigenart. Ihr Liedgut wuchs, ihr Können vervollkommnete sich. Die ersten eigenen Lieder entstanden.
Unsere Sommergroßfahrt: All das Neue erfüllte uns. Wir sahen den Chiemsee und München, den Watzmann und den Hintersee, Gletscher und Bergwälder – aber mehr noch: Wir sahen es zusam-

men. Und als wir dann heimkehrten, war in uns der Ruf der Ferne, der Ruf zu neuen Fahrten."
„Wir alle verarbeiteten die Eindrücke der großen Fahrt. Dann trafen wir uns am 6./7. September in Marburg, um über unseren Bund zu sprechen. Es waren anwesend aus Frankfurt Harald und Berry, aus Frankenberg Acke, Herbert, Ewi, Wolf, Ronald, Rudolf und Wulf. Die beiden Marburger Hansi und Wilfried (später „Pascha", d. Verf.), aus Nordhessen Jo und seine Trabanten. Zu diesem Treffen schreibt Herbert (boy 4/47):
Soeben bin ich von unserem Treffen in Marburg heimgekommen. Der ‚Affe' liegt noch gepackt auf dem Stuhl, die Klampfe lehnt in der Ecke. Noch ist ihr Platz an der Wand leer. Ich bin noch nicht zu Hause. Ich sehe noch unsere Kohte vor mir, mit dem blauen Rauch, der ihr entquillt, und sehe noch die Gesichter der Freunde, höre ihre Lieder seltsam anders und doch nicht fremd. Noch fühle ich den Bann, in den wir alle eine Nacht geschlagen waren."

Alle Ereignisse während der vergangenen Monate finden sich teilweise auch in der „Hüttenchronik" der Horten Frankfurt:
„5.-8.4.47 – Am Wochenende nach Ostern lag immer noch Schnee um die Hütte. Die Wiesbadener Nerother-Truppe hatte sich für das kommende Wochenende angemeldet. So waren wir Jungenschaftler allein. Nicht ganz. Sascha hatte einen jungen Freund mitgebracht, Werner Nikolei, genannt ‚Niko'. Er wohnte im selben Haus, war Postangestellter im Innendienst, Lehrling dem Alter nach. Ich hatte einen gewissen Harald Härter gekeilt, Schüler der Oberstufe in der Frankfurter Musterschule. Eine neue Erfahrung. Aber beide waren begeisterte Wanderer und sie sangen gerne. Unsere Lieder mußten sie noch lernen. ...
Unsere Gruppe pendelte noch zwischen den Wiesbadener Nerothern und den hessischen Pfadfindern, wollte aber weder das eine noch das andere. Wir benötigten andererseits eine Lizenz, die uns in jeder Hinsicht absicherte. Jetzt habe ich sie beantragt, diesmal beim Stadtjugendausschuß. Wir waren immer noch unerlaubt und damit illegal. Immerhin waren wir inzwischen mit Bert, Sascha, Andrej, Lonja, Heia, Niko, Harald, 3 Pimpfen und mir 11 Gruppenmitglieder. Die kommenden Wochen und Monate werden zeigen, wohin die Reise gehen wird, bzw. wie wir uns entscheiden."

Wochen später:
„Wir haben uns entschieden. Pimpfe keilen, Harald erhält von Andrej Gitarrenunterricht. Die Horte Frankfurt II steht! – Nach dem Bad Homburger Meeting hatten wir den Pfadfindern zwei Gruppen weggekeilt. Frankenberg und Bad Soden-Allendorf, eine weitere ist im Entstehen. Ende Mai werden Harald und ich zu einem Treffen in Marburg fahren, zu dem man uns eingeladen hat. Die Hütte bleibt weiterhin Treffpunkt, auch der alte Lagerplatz ‚El Dorado_ wird gemeinsam genutzt. Bert, Andrej, Sascha und Lonja üben fleißig für einen öffentlichen Werbeabend. Niko war unmusikalisch und zu ungeduldig."

Ein Wochenende gemeinsames Singen mit den Wiesbadener Nerothern, im Laufe der Woche Besuch der Frankenberger, vertreten durch Hartmut „Acke" Lachmann und Herbert Leger. Lange nächtliche Gespräche. Johannes Ernst Seiffert, genannt „Jo“, Bad Soden-Allendorf, gesellte sich dazu. Anfrage aus Köln von Michael Jovy. Ein „Pit“ Kluth aus Mönchengladbach hatte von uns gehört. Er war mit „Heia“ Bauers ehemaligem Berliner Hortenführer Kurt Mosebach, dj.1.11-Name „Natter“, im Krieg bei einer Panzereinheit und stand seit dieser Zeit mit ihm in Verbindung. „Natter“ hatte von „Heia“ unsere Anschrift und gab sie an „Pit“ Kluth weiter. Verbindungen liefen kreuz und quer, Sondierungsgespräche in den drei Westzonen. Aufbruchstimmung, nur wir hatten immer noch keine Arbeitslizenz. Und mischten trotzdem mit!

Es begannen sich einzelne Landeskreise zu formieren, mit gewissen Überschneidungen, da gemeinsam gegründete Horten als spätere Ableger sich plötzlich in einem anderen Landeskreis wiederfanden. Abgesehen von Berlin, Hamburg und Bremen als reine Stadtstaaten, gab es meiner Erinnerung nach West, Norden und Friesland, Niedersachsen, Hessen, Rheinland-Pfalz, Baden-Württemberg, Bayern und Schleswig-Holstein als Landeskreise. Die meisten bereits 1947, einige kurze Zeit später 1948.
Ich war es leid, immer noch zwischen Tür und Angel zu stehen und beantragte, jetzt beim Frankfurter Jugendausschuß, die Zulassung als Jugendgruppe. Nochmals mit den Satzungen der inzwischen verblichenen Stuttgarter „Deutschen Jungenschaft“. In der Hoffnung, daß dieses auf reine Jugendpflege ausgerichtete Programm die Lizenzgeber, die von Jugendbewegungsarbeit nichts verstanden, veranlassen würde, endlich dem Antrag zuzustimmen. Es dauerte und dauerte.

Inzwischen waren die beiden „Enthüller“ in London nicht untätig geblieben. „Butz“ war nach Berlin versetzt worden. Während eines Urlaubs in Frankfurt, so der Auftrag der britischen Militärbehörde in Berlin, sollte er die Arbeit in der Stadtverwaltung und deren Jugendpolitik im besonderen auskundschaften und darüber an den englischen Hochkommissar in Westberlin berichten.
Dieser Bericht liegt mir vor, und ich zitiere daraus einige Zeilen, die uns besonders betreffen (Übersetzung aus dem Englischen):
„Berry Westenburger beantragte die Zulassung für eine Gruppe namens „Deutsche Jungenschaft“. B. W. ist Gefolgsmann von Gerhard Gallus, Stuttgart, und dieser ist Führer derselben. (E. Köbel, alias tusk, war vor 1933 Führer der Deutschen Jungenschaft 1.11, besser bekannt durch die Abkürzung dj.1.11 – Ein Teil der Mitglieder dieser Gruppe wurden 1932 Anhänger der kommunistischen Partei. G. Gallus soll keinen Kontakt zu Tusk haben.)“

Weiter beschreibt er den „Bund der Pachanten“ als Zusammenschluß ehemaliger Angehöriger der „Bündischen Jugend“. – Man darf bei dieser Pauschalbezeichnung wohl fragen: Warum hat er hier seinen alten Nerother Wandervogelbund derartig verallgemeinernd dargestellt? Ohne auf Verbot, Beschlagnahme des Bundeseigentums,

Tod von Robert Oelbermann im KZ, Emigration Karl Oelbermanns und die Flucht seines ehemaligen Ordensführers Paul Leser nach Schweden hinzuweisen? Und immer wieder diese Unterstellungen und Verdächtigungen, insbesondere bei den Magistrats- und Jugendausschußmitgliedern!

Ich frage mich heute, warum hat er mich nicht persönlich angesprochen? Die Überlebenden der ehemaligen Freundesrunde waren ausnahmslos als Verfolgte anerkannt, drei davon fielen unter das Nürnberger Rassengesetz, den sogenannten „Arierparagraphen".
Was brachten ihm und seinem inzwischen repatriierten Mitschnüffler „Plato" Ebeling Halbwahrheiten und falsch dargestellte Lebensberichte? Viele, von Michael „Mike" Jovy, Köln, über Christian „Biber" Lankes, Düsseldorf, bis Fritz „Itze" Hölzle, Neuwied, hatte man im Visier. Obwohl „Mike" zu langer Zuchthausstrafe mit anschließender Überstellung in einen „Bewährungshaufen" verurteilt war (er hatte mit Angehörigen seiner bündischen Gruppe im Ausland mit Emigranten Verbindung aufgenommen), schien er den selbsternannten „Aufklärern" höchst verdächtig. „Biber", nicht ganz rein arischer Herkunft wie ich, wurde verdächtigt, politisch rechts außen zu sein. (Reichswehr, Großindustrie), bei „Itze" wußten sie nicht, daß er derjenige in der katholischen Quickborn-Jungenschaft war, der massiv für den Anschluß des Südwest-Gaues an die dj.1.11 eintrat. Hier hatte die „Rotgraue Aktion" sichtbaren Erfolg gezeitigt. – Wieder eine totale Fehleinschätzung, über die man sich nur wundern kann! Bemerkenswert überdies: Sowohl Michael Jovy als auch Christian Lankes vertraten später die Bundesrepublik als deutsche Botschafter!

Etwa zwei Wochen später, **Anfang März 1947**, besuchte uns ein junger Mann. Er wolle wandern, singen und gemeinsam mit guten Kameraden einen Neuaufbau planen. Als Einstand stellte er ein Dutzend US-Schmalzdosen à 450g auf den Küchentisch und schlug vor, für alle Kartoffelpuffer zu backen. Ein eigenartiger Geselle, nicht unsympathisch und – wie es schien – auch praktisch veranlagt.
Zweimal nahm er an unseren Heimabenden teil und dreimal an Wochenendfahrten. Dann verschwand er auf Nimmerwiedersehen. Erst in den neunziger Jahren traf ich ihn zufällig in der Frankfurter Innenstadt wieder. Auf meine Frage, warum er sich so Knall auf Fall verdrückt habe, erhielt ich eine nicht ganz unerwartete Antwort: „Ich habe euch im Auftrag der US-Behörde überprüfen sollen!"

„Heil Hitler! – Ich komme von der Partei und soll ihre Gesinnung prüfen!" war schon zu Nazi-Zeiten ein geflügeltes Wort. Es durften nur nicht die falschen Leute hören.
Gelegentlich hörte man, die Post würde überwacht. Daß dem so war, zeigte mir eine Vorladung ins Frankfurter Polizeipräsidium, 14. Kommissariat, zuständig für politische

Angelegenheiten. Dort hielt man mir einen Brief unter die Nase, Absender ein gewisser Klaus Hene aus Pößneck in Thüringen in der „sowjetisch besetzten Ostzone". Unterzeichnet mit „Roppel", Bruder von Hans. Der Brief, man hatte ihn mir ausgehändigt, enthielt eine Einladung, ganz normal von Familie zu Familie, mit dem Hinweis auf die Möglichkeit der Benutzung eines Interzonenpasses, zwecks Besuchs in einer geschäftlichen Angelegenheit. Nebenbei eine Anfrage nach dem Stand des Neuaufbaus der westdeutschen Jungenschaft, insbesondere in Frankfurt. Und er riet zu einer Wiederholung der „Rotgrauen Aktion" wie in den dreißiger Jahren.

Dieser Begriff schien den Postzensoren eine Untersuchung wert, und sie mobilisierten die politische Polizei. Ob meine Darstellung, es handele sich bei den Farben lediglich um die ehemaligen, natürlich auch von den Nazis verbotenen Farben der Jugendbewegung und nicht um eine politische Agitation, die Untersuchungsbeamten überzeugte, darf man aus damaliger Sicht bezweifeln. Und so vermute ich, daß man die Postüberwachung noch eine Weile aufrechterhielt.
Von weiteren Belästigungen blieben wir dann aber verschont. Neben dem Aufbau unserer Horte, dem Broterwerb und dem Schließen von Versorgungslücken des täglichen Bedarfs bemühte ich mich um eine bessere Unterkunft. Die Dachkammer war zu klein, zu unbehaglich und für mein Liebesleben nicht geeignet.

DAS SELBSTHILFEPROGRAMM

Ich machte mich auf die Suche nach einer Möglichkeit, dieser Notbleibe endgültig zu entfliehen, und zog zu meiner Freundin Gisela, die mit ihrem sechs Monate alten Töchterchen Edith gemeinsam mit ihrer Schwester Ruth eine kleine Drei-Zimmer-Wohnung teilte. Ihr Ehemann war nicht bereit, die im Krieg geschlossene Ehe fortzusetzen. Er lebte in der französischen Besatzungszone inzwischen mit einer Jugendfreundin zusammen. Ich durchstreifte die Straßen auf der Suche nach einem passenden Objekt. In der Baustraße fand ich ein Zwei-Familien-Haus mit einem abgebrannten Dachstuhl, der mit bescheidenen Mitteln in Selbsthilfe in relativ kurzer Zeit wiederhergestellt werden konnte. So die Meinung von Giselas Vater, dem Bauingenieur Baatz. Er war kürzlich auch in die Wohnung seiner beiden Töchter eingewiesen worden, in der er und seine inzwischen verstorbene Frau schon vor dem Krieg gewohnt hatten. Dort wurde es jetzt genauso eng wie in der alten Wohnung in der Körnerwiese.

Die Verhandlungen mit der Hausbesitzerin der Baustraße, einer Frau Beer, waren erfolgreich. Nach Einzug sollte der Mietpreis den angefallenen Ausbaukosten entsprechend reduziert werden. Fertigstellung sollte in etwa drei Monaten sein, vorausgesetzt, man erhielt die notwendigen Materialien wie Dachpappe, Fensterrahmen und Glas, Rohre und vieles mehr.
Meine Freunde, an erster Stelle Robert „Caramba" Achenbach, der Maurerpolier bei Hoch-Tief war und einige Kollegen mitbrachte, kamen nach Feierabend, um die fehlenden Wände zu mauern. Wir hatten uns getäuscht. Es gab keinerlei Unterstützung seitens der Behörden. Aber Anträge und Pläne wurden verlangt. Zudem mußte den Arbeitern mindestens eine Teilverpflegung zugesichert werden, um sie bei Laune zu halten. Mit den spärlichen Kartenrationen war das kaum zu machen. Mit anderen Worten Einkauf auf dem Schwarzmarkt, irgendwie organisieren oder das Bauvorhaben einstellen.

Brauchbares lag in der Stadt genug herum, doch kannte niemand den Eigentümer. Die Freunde machten sich auf den Weg, um auf Trümmergrundstücken nach Balken, Rohren und anderem Baumaterial Ausschau zu halten. Wenn sie etwas geortet hatten, zogen wir bei Einbruch der Dämmerung los, um das Entdeckte sicherzustellen, d. h. zu entwenden. Von diesen Streifzügen sind mir noch zwei in besonderer Erinnerung geblieben.

„Grabbel" hatte im Nordend einen langen, nur leicht angekohlten Balken entdeckt, der ihm als Firstbalken brauchbar schien. Mit einem zweirädrigen Drückkarren rumpelten wir noch in derselben Nacht über das holprige Kopfsteinpflaster samt dem überlangen Balken durch Frankfurts dunkle Straßen. Einer ging als Aufpasser voraus.

Es stellte sich heraus, daß man das Holz anstücken mußte, da die Brandschäden doch erheblich größer waren als angenommen. Aber auch diese Herausforderung wurde dank vieler Freundeshände gemeistert.
Die nächste nächtliche Unternehmung galt der Beschaffung von Sand. Zement war von einer Holzmann-Baustelle gegen Zigaretten angeliefert worden. Da in der Stadt an vielen Stellen gebaut wurde, gab es auch Sand, meist Reste, die nach Baubeendigung am Straßenrand liegengeblieben waren. Wir fuhren mit Fahrrädern nachts durch die Straßen, kehrten die Reste zusammen, gelegentlich auch etwas mehr, und schaufelten sie auf kleine Fahrradanhänger. Das Schaufeln war nicht immer geräuschlos und hallte – Blechschaufeln auf Steinen – laut durch die Stille. Ein Fenster ging auf, und eine Frau schrie in Frankfurterisch hinter uns her: „Es is doch kaum zu glaabe, selbst de Sand wird aam gestohle!" Womit sie genaugenommen natürlich recht hatte, aber indirekt auch zum Aufbau der Stadt beigetragen hatte.
Irgendwann konnte Richtfest gefeiert und der Mietvertrag unterschrieben werden.

Ein weiteres, zur Überschrift dieses Kapitels passendes Unternehmen lief tagsüber ab. „Knö" hatte einige Dutzend Schulhefte aufgetrieben und schlug vor, sie gegen Nahrungsmittel einzutauschen. Die Bauern selbst nahmen den Stadtbewohnern ohnehin vom Kronleuchter bis zum Perserteppich alles ab, was ihnen wertvoll erschien. Schulhefte aber interessierten sie nicht. In unserem Fall mußten wir die kleinen Direktverbraucher und die sie unterstützenden Lehrer ansprechen. In den Dorfschulen. Es war zu Beginn eines neuen Schuljahres, und unsere Hefte wurden dringend benötigt. Die Zettelwirtschaft hatten auch die Lehrer satt, und sie waren es, die den Tausch „ein Heft gegen ein Hühnerei" in Schwung brachten. Man verständigte sogar Kollegen in den Nachbargemeinden.
Die Kinder wurden nach Hause entlassen und kamen mit Eiern zurück. Mehr als wir erwartet hatten. Und manches Ei war wohl auch ohne Wissen der Eltern aus dem Nest genommen worden. Vorsichtig wurden die Eier in einem Blecheimer verstaut und dieser senkrecht in den Rucksack gestellt. Mit dieser empfindlichen Fracht machten wir uns gutgelaunt auf die Rückfahrt. Usingen und Wehrheim hatten wir hinter uns gelassen und den Sattel des Taunus mit der „Saalburg", dem alten Römerkastell, erreicht. Dann ging es in flottem Tempo talwärts, Bad Homburg entgegen. Für „Sascha" jedoch zu flott. In hohem Bogen landete er in einem Gestrüpp, und da es an dieser Stelle keinen Straßengraben gab, fand er sich weit unterhalb der Fahrbahn wieder. Unter Schimpfen und Fluchen, dabei sich einiges Eigelb aus den Haaren und dem Nacken wischend, suchte er seinen Rucksack. Der hatte sich bei diesem Kopfübersturz selbständig gemacht. Wir mußten feststellen, daß der Eimer die zerbrechliche Last nicht hatte schützen können und eine große Anzahl Eier zerborsten oder zu sogenannten Knickeiern geworden waren. In der Gleimstraße gab es mindestens eine Woche lang Eierspeisen aller Art. „Berts" Phantasie waren bei deren Zube-

reitung keine Grenzen gesetzt. Und „Knö“ rief uns spöttisch „Backe, backe Kuchen“ zu, denn er hatte seinen Anteil in heilen Eiern erhalten.

19. Mai 1947

Überraschung! – Ein Behördenbrief! Das Fürsorgeamt der Stadt Frankfurt, dem der Jugendausschuß zugeteilt war, übermittelt einen Bericht über die Sitzung des Jugendausschusses vom 13. Mai 1947 im Sitzungssaal der Stadtkanzlei, Lindenstraße 27 (ehemaliges Gestapo-Quartier!). Die uns betreffenden Punkte wie folgt:

„1. Zulassungsanträge
a. Autonome Jungenschaft, Frankfurt/Main
b. Freie Jugend-Cooperation, Frankfurt/Main
Nachdem Herr Stadtrat Dr. Prestel die Sitzung eröffnet hatte, gab er den Anwesenden die eingereichten Anträge der beiden neuen Jugendverbände zur Kenntnis.
Beschluß: Arbeitserlaubnis für die beiden Jugendverbände auf ein halbes Jahr, danach Wiedervorlage in der Jugendausschussitzung. In Zusammenarbeit mit Herrn Fuchs sollen die Verbände aufgesucht und überprüft werden. Als kleiner Ausschuß hierfür wurden vorgeschlagen Herr Robert Steigerwald, Herr Willi Ganß und Herr Wolfgang Thaetner.“

Der weitere Bericht befaßt sich mit dem Aufgabenbereich dieses Gremiums und macht hierzu Vorschläge zur Verbesserung.

Und wieder soll kontrolliert und geprüft werden. Man hat aus uns ein weiteres Mal einen „Jugendverband“ gemacht. Daran war vermutlich das ehemalige, von mir eingereichte Programm der Stuttgarter Jungenschaft schuld, das auf eine Massenorganisation hindeutete. Was sollte ein Behördenbeauftragter bei einem Heimabend oder einer Kohtenfahrt feststellen? Aber dieser Besuch fand niemals statt, ein Widerruf wurde uns nie mitgeteilt. So konnten wir unbeschadet daraufloskeilen. Und hatten in wenigen Wochen eine schlagkräftige Horte aufgebaut.

Obwohl Frankenberg, Marburg und Bad Soden-Allendorf zu uns gehörten, mußten sie ebenfalls bei dem für ihre Tätigkeit zuständigen Jugendausschuß eine eigene Lizenz beantragen. Bisher schwebten sie als freie Pfadfinder – der hessische Verband war noch nicht gegründet –, als „Südvaganten“ und „Stamm Orpheus“ in der Landschaft. Es mußte demnach eine Erweiterung als „Autonome Jungenschaft Hessen“ oder „Hessische Jungenschaft“ erfolgen. Wir wählten die einfachere Bezeichnung ohne Mitteilung an den Frankfurter Jugendausschuß. Es war lediglich eine Namensänderung ohne Einfluß auf die Gründungsstatuten.

Trotz guter Verbindungen zu neu entstandenen Jungenschaften war unser Vorhaben, eine bündische Jugendzeitschrift herauszubringen, noch nicht verwirklicht. Einige aussagekräftige Fotos lieferten „Bert“ und „Heia“ an die eine oder andere Tageszeitung gegen Honorar. Es war ihr Beruf und daher verständlicher Broterwerb. Es gab auch bereits einige gute Neuerscheinungen und viele kleine Gruppenchroniken. Wir mußten jetzt endlich ernsthaft an diesem Plan weiterarbeiten, anderenfalls könnten wir nur als freie Mitarbeiter unserer Meinung Ausdruck verleihen. Von einer eigenen Gestaltung wären wir ausgeschlossen. Fachkräfte hatten wir. Zwei Fotografen, einer als Bildjournalist ausgebildet, einen Drucker, einen Reprofachmann; wir anderen fühlten uns durchaus in der Lage, selbst gute Berichte zu schreiben, und auf die Unterstützung der Leser konnten wir auch bauen. Das größte Problem war, das geeignete Papier aufzutreiben. Als zuteilungspflichtige Ware wurde es überwiegend an die großen Zeitungsverlage vergeben. Ein weiterer Schwachpunkt war die Redaktionsarbeit an sich. Wie und wer sollte nach Feierabend in seiner Freizeit noch Erlebnisberichte, Liedertexte, Graphiken und Fotos drucktechnisch aufbereiten? Von einem geordneten Verlagswesen hatte keiner Ahnung. Aber einer fiel uns ein.

Jochen Hene, letzter Redakteur des „Eisbrechers“ im Günther Wolff Verlag, Plauen, Bruder meines Kriegsgefangenenkameraden Hans Hene, konnte hier unter Umständen weiterhelfen. Ich schrieb an Hans nach Pößneck, das unglücklicherweise in der sogenannten „sowjetischen Besatzungszone“ lag. Klaus, der jüngste der drei, hatte sich gemeldet, aber kein Wort über seine beiden Brüder verlauten lassen. Ahnungslos plante ich eine Besuchsreise.
Die Industrie- und Handelskammer stellte mir ohne große Formalitäten den gewünschten Interzonenpaß aus. Als Grund der Reise hatte ich geschäftliche Besprechungen angegeben, was ja in gewisser Hinsicht auch den Tatsachen entsprach.
Der Interzonenzug Frankfurt – Berlin war gut besetzt, und die Mitreisenden berichteten wilde Geschichten über Vorkommnisse an der Zonenkontrollstelle Helmstedt. Und tatsächlich mußte auch ich mein Gepäck durchsuchen lassen, die Westgeldbeträge angeben, die dann im Interzonenpaß vermerkt wurden. Sie mußten bei der Ausreise wieder vorgezeigt werden oder bei einem Umtausch in Ostmark – was nur über eine Bank bzw. Sparkasse möglich war – mit der dort erhaltenen Quittung nachgewiesen werden. Tageszeitung und andere Presseerzeugnisse wurden beschlagnahmt, Bücher auf ihren Inhalt hin flüchtig überprüft. Nach etwa 45 Minuten dampfte der Zug über die maroden ostzonalen Gleise, an manchen Stellen nur im Schrittempo, über Bebra, Eisenach und Erfurt in Richtung Berlin weiter. Umsteigen in Erfurt, ein zweites Mal in Arnstadt. Beide Male mit erheblichen Wartezeiten.

„Roppel“ Hene empfing mich am Bahnhof wie einen alten, vertrauten Freund. Hier erfuhr ich, warum er seine Brüder nicht näher erwähnt hatte. Jochen galt noch als vermißt, und Hans hatte sein Theologiestudium abgebrochen und war begeisterter Anhänger der SED geworden. Dies alles durfte nicht in den Westen berichtet werden, ohne den Verlust des Briefes zu riskieren.

Ursel, seine Ehefrau, war schwanger. Zwar gab es in diesem Fall einige zusätzliche Nahrungsmittelmarken und Sonderzuteilungen an Milch und Babynahrung, aber es half bei weitem nicht, den Allgemeinzustand einer werdenden Mutter so zu stabilisieren, wie dies notwendig gewesen wäre. Der von mir mitgebrachte Bohnenkaffee und andere Waren aus US-Beständen, wie Schokolade und Zigaretten, wurden sofort in Landbutter, Schmalz und Eier eingetauscht. Wir tranken ohnehin lieber Tee, und sei er noch so dünn. Der Tauschhandel war im Osten die einzige Möglichkeit – und daher besser organisiert als im Westen –, die dürftigen Rationen aufzubessern. Die sowjetische Besatzungszone belieferte die Russen, und es blieben spärliche Reste für die eigene Bevölkerung.

Stadtrundgang und Besichtigung der kleinen Etikettendruckerei, die, seit zwei Generationen im Familienbesitz, im eigenen Geschäftshaus noch selbständig arbeiten durfte. Ich mußte mich bei der Polizei als Besucher anmelden. Nach Überprüfung des Interzonenpasses, meiner Kennkarte und dem Ausfüllen eines Fragebogens vermerkte der diensthabende Volkspolizist Datum und Uhrzeit meiner Anmeldung. Das alles per Dienstsiegel im Interzonenpaß und einem polizeilichen Meldebogen beglaubigt. Auch der Tag meiner Abreise mußte später bestätigt werden. Auf die Frage, in welchem Hotel ich Quartier bezogen hätte, antwortete ich wahrheitsgemäß in keinem und gab die Anschrift von „Roppel“ an. Dies sei unmöglich, da es kein Privatbesuch, sondern eine geschäftliche Angelegenheit sei, seine Antwort. Dann erschien aus dem Nebenraum ein Mann in Zivil, vermutlich ein Stasi-Beamter, und musterte mich. Er hatte unser Gespräch mitgehört. „Ausnahme, die beiden Henes sind bekannte Parteimitglieder, der mittlere ist noch vermißt, war aber in der Zeit des Faschismus eingelocht und somit Opfer des Faschismus“, belehrte er seinen Kollegen und nickte mir zu. Der Weg war frei. Ich konnte bei „Roppel“ einziehen. Um welches Geschäft es sich handeln könnte, wollte offensichtlich niemand wissen.

Dieses Thema war uns für den Abend vorbehalten. „Roppel“ hatte noch einige der letzten „Eisbrecher“, die sein Bruder Jochen herausgegeben hatte. Nach nochmaliger Prüfung derselben war uns klar, daß wir unseren Plan nicht verwirklichen konnten. Die Druckerei war weder maschinell dafür ausgerüstet noch gab es das notwendige Papier. Die jetzt Regierenden würden niemals eine Jugendzeitschrift tolerieren, die nicht ihre eigene Jugendpolitik vertrat. Eine Zensur würde alles in Grund und Boden kritisieren und vermutlich das Erscheinen untersagen. Trotzdem war „Roppel“ bereit, nach Frankfurt zu kommen, um sich über geeignete Druckmaschinen mit „Ferdi“ zu beraten. Er verriet mir aber auch, daß man bereits an einen Umzug in den Westen gedacht habe. Vor allem des zu erwarteten Nachwuchses wegen. Er müßte den Betrieb und das Elternhaus zurücklassen, befürchtete aber auch, daß irgendwann die Druckerei verstaatlicht werden könnte. Um dies so lange wie möglich zu verhin-

dern, habe er Parteimitglied der SED werden müssen. Nicht nur seine eigene Familie, auch andere Verwandte waren seit Jahren in dem Betrieb beschäftigt, und dieser Umstand hatte ihn bisher alle Fluchtpläne beiseite schieben lassen. Sein Bruder Hans war ihm fremd geworden, und er erwähnte ihn mit keinem Wort.
Nach drei Tagen verließ ich das gastliche Haus, versprach wiederzukommen und lud ihn und Ursel nach Frankfurt ein. Hilfe muß man dort suchen, wo sie ist.

Die Wochenendbesuche der Nerother – die Zahl der Besucher wurde immer mehr – zwangen uns, die Verpflegungsmöglichkeiten zu überdenken. Die Bäume der Streuobstwiesen, Steckrüben und Kartoffeläcker sowie die Bauerngärten der umliegenden Ortschaften durften nicht in unsere Nachschubpläne einbezogen werden. Mit „Spoys" Motorkarre, einem jener dreirädrigen Transportmotorräder, fuhren wir im Morgengrauen die Gemarkungen in Frankfurts näherer Umgebung ab. Hier gab es weit größere Auswahl. Je nach Jahreszeit Kopfsalat, alle Kohlsorten, Zwiebeln, Karotten und Obst. Und wir bedienten uns großzügig. Die feineren Zutaten besorgte ich aus der Carlton-Küche.
Auch „Berts" amerikanische Fotokunden, meist Angehörige der Besatzungssoldaten, zahlten in Naturalien wie Kaffee, Butter, Öl oder anderen, selten auf Karten zugeteilten, Lebensmitteln. In den Frühjahrsmonaten waren die anstehenden Konfirmations- und Kommunionsfeierlichkeiten eine weitere gut sprudelnde Quelle. Die Bauernfamilien beider Konfessionen bezahlten die Familienfotos mit vielen Leckerbissen aus heimischer Küche, rustikal zwar, aber großzügig. Ausreichend für viele hungrige Mäuler und oft noch mit einem Blechkuchen zum Nachmittagstrunk als Dreingabe von der Hausfrau heimlich belohnt. Ein Mutterherz für unsere Pimpfe.

DER LETZTE SOMMER

Die Taunushütte sahen wir nur noch selten. Die Horte Frankfurt II unternahm Wochenendfahrten, verbunden mit Besichtigungen am Wege liegender Sehenswürdigkeiten bei einer Trampfahrt zu befreundeten Gruppen, gelegentliche Erkundungsmärsche in unbekannte Regionen des Taunus, Vogelsbergs oder des Odenwaldes. An heißen Sommertagen einfach ein Sprung ins kühle Naß.

Die folgende Geschichte berichtet von einer Trampfahrt nach Wiesbaden. Dort wollten wir uns mit Nerothern des „Piraten"-Fähnleins treffen. Sie hatten mit Freunden aus Mainz in den nahen Wäldern ein Lager vorbereitet, und alle Beteiligten erwarteten eine sangesfrohe Nacht am Lagerfeuer.
Unsere Mannschaft war vollzählig erschienen und teilte sich in einzelne kleinere Trampgruppen auf. Die damals noch baumbestandene Landstraße Nr. 40 führte durch alle kleinen Ortschaften, die heute links und rechts der Autobahn, am Mainufer oder an den Taunushängen kaum noch wahrgenommen werden. Das Tempo diktiert den Tagesablauf der Autobahnbenutzer, man kennt nicht mehr die Beschaulichkeit ruhiger Fortbewegung.
Bei meiner Ankunft am Treffpunkt Hauptbahnhof Wiesbaden waren bereits drei Pimpfe eingetroffen. Wir genehmigten uns ein Eis und warteten auf die anderen. Stunden vergingen, die inzwischen mit uns versammelten Gastgeber wurden unruhig und drängten zum baldigen Aufbruch. – Eine peinliche Situation. Der Hauptteil unserer Nahrungsmittel und auch der Hortenpott befanden sich zudem noch bei den irgendwo Hängengebliebenen. Wir versuchten, das Beste daraus zu machen; ein Rückzug kam nicht in Frage.
Es wurde trotzdem ein rauschendes Fest. Alle wurden satt, da die Stadt Wiesbaden und auch Mainz ausnahmsweise eine große Nahrungsmittelzuteilung bewilligt hatten. Mit den aus der Hotelküche organisierten Leckereien allerdings hätten wir einen unvergeßlichen Eindruck hinterlassen. In diesen schlechten Zeiten mußte man sich dazu schon etwas einfallen lassen.

Das Rätsel über den Verbleib der Vermißten erfuhren wir am darauffolgenden Montag. Amerikanische Tischfreuden bestanden ja nicht nur aus „Hot dogs", Hamburgern, Eiscreme und Coca-Cola. Das merkte auch unsere verlorenengegangene Resthorte. Sie hatte, mangels Mitfahrgelegenheiten an diesem Samstag vormittag, lange Fußmärsche bewältigen müssen und entdeckte dabei im Straßengraben ein „Care-Paket", vermutlich von einem US-Nachschubtransport abgeworfen. Diesen wertvollen Fund mit zwei Dutzend, dazu noch Unbekannten, zu teilen, hätte keinem Esser einen spürbaren Vorteil gebracht. Gedacht – getan. Man verzog sich in das nächste Waldstück und gab sich ausgiebigen Gaumenfreuden hin. Eine Kurznotiz „Heias" berichtet von einer sogenannten „Fettlebe“, wie Berliner Freßorgien zu nennen pflegen. Nach einer Nacht am Lagerfeuer ein Frühstück mit Bohnenkaffee, Dosenmilch, Zucker, Eiern und Speck, Keksen und Marmelade. Wie im dicksten Frieden, lange entbehrt. Aufbruch, Wanderung nach Königstein, von dort per „Taunus-Expreß“ nach Rödelheim. Eine solche Fahrt habe es nie wieder gegeben, so die einhellige Meinung aller Beteiligten.

Der Bad Godesberger Jungenschaftsführer Jürgen Seydel, bekannt geworden als „Pint“, bündischer Graphiker und Illustrator vieler Jugendzeitschriften, hatte sich an der Offenbacher Meisterschule für Kunsthandwerk, Graphik und Design einschreiben lassen. Er hatte eine Horte gegründet und sich mit mir in Verbindung gesetzt. Wir trafen uns auf einem Trümmergrundstück mitten im Stadtzentrum. Er zeigte Harald und mir das gerade in Angriff genommene Bauvorhaben seiner Mannschaft. Der Vater eines seiner Buben hatte dem Bau einer „Erdkohte“ auf seinem Gelände zugestimmt. Daher war an den Wochenenden vorerst kein Fahrtenbetrieb, sondern Erdarbeit angesagt. Bei unserem Besuch stellten wir fest, daß der runde Erdaushub und darüber, einem Eskimo-Iglu ähnlichen Rundbau, die Erdkohte kurz vor ihrer Fertigstellung stand.
Den endgültigen Zustand, d. h. die Inneneinrichtung dieser Behausung, haben wir leider nie besichtigt. „Heia“ Bauer hat von einer seiner Lappland-Fahrten einige Fotos mitgebracht, so daß wir Jahre später ein wenig mehr darüber erfuhren. Wir blieben mit den Offenbachern in losem Kontakt und trafen uns gelegentlich zu der einen oder anderen Unternehmung. Bei der nachfolgend geschilderten „Krawall“-Fahrt war „Pint“ einer der Teilnehmer. Daß nicht alles, was amerikanische Soldaten im Gelände da und dort liegen gelassen hatten, dem Wohlbefinden des Finders diente, mußten wir auf einer der folgenden Fahrten feststellen.

Ein Sommertag – wie viele in diesem Jahr – veranlaßte uns, ohne Kohte loszuziehen. Ein kleines Tälchen, östlich von Schmitten im Taunus, war unser Ziel. Ein Felsvorsprung auf einem jener Holzabfuhrwege, die in leichten Windungen den Berg umrundeten, war unser Lagerplatz. Der weite Blick über bewaldete Bergkuppen, unter uns die Tannenschonung, aus der ein kleiner Bachlauf sich seinen Weg durch die talwärts angrenzenden Wiesen suchte, entschädigte für den beschwerlichen Anmarsch. Erst im Morgengrauen verzogen wir uns nach einer sangesfrohen Nacht, nur in Decken gehüllt, in den hinter uns aufragenden Buchenwald. Auf seinen weichen Blättern schlief es sich wie zu Hause im eigenen Bett. Beim Suchen nach einer geeigneten Schlafstelle fielen mir einige im Zickzack verlaufende Gräben auf. Wohl in den letzten Kriegstagen erstellte Deckungen. Wer sie hier in diesem einsamen Geländestück, und wann genau, angelegt hatte, war unklar.

Doch zwei Stunden nach Sonnenaufgang wußten wir es. Ich hatte mich zum Bachlauf begeben, um Wasser für unseren Frühstückstee zu holen. Beim Niederbeugen entdeckte ich im feuchten Moos, kaum sichtbar, einen Stahlblechbehälter, olivgrün, abgesichert durch zwei Klappschlösser. Vorsichtig hob ich den aktentaschengroßen Behälter hoch und erkannte die Gefährlichkeit meines Fundes.

„Caution-Explosives" war eine eindeutige Warnung. In der einen Hand den randvoll gefüllten Hordenpott, in der anderen den soeben entdeckten Munitionskasten, erklomm ich vorsichtig den kleinen bergaufwärts führenden Pfad durch die dichte Schonung. Fassungslos staunten mich die gerade Erwachten an. Wir Kriegsteilnehmer kannten uns aus. Es konnte sich hier nur um Handgranaten der US-Armee handeln. Maschinengewehrmunition hatte eine andere Verpackung, Tellerminen waren rund und sahen flacher aus. Erst das Frühstück. Doch dann wollten wir wissen, ob die sechs Eierhandgranaten, um solche handelte es sich tatsächlich, noch verwendbar waren. Sie lagen immerhin mindestens seit Anfang 1945 hier oder aber – doch dies schien allen wenig einleuchtend –, sie waren bei einem Nachkriegsmanöver der US-Armee vergessen worden. Eierhandgranaten waren handlicher als die im deutschen Heer verwendeten Stielhandgranaten. Man konnte sie weiter werfen und, rollten sie auf einen zu, weit weniger schnell ergreifen und zurückwerfen. Diesen Vorteil wußte der Gegner zu nutzen, und manches deutsche Wurfgeschoß, am Holzstiel besser zu erfassen, landete bei seinem ehemaligen Absender. Die Zünder beider Fabrikate waren meist auf fünf Sekunden eingestellt, der Werfer mußte 21, 22, 23 zählen und nach den drei Sekunden die Granate zielgerichtet werfen.

„Pint" nahm die erste, prüfte fachmännisch den Zündhebel, zählte die drei Sekunden und schleuderte das Metallei in weitem Bogen in die Tannenschonung unter uns im Tal. Es krachte gewaltig, doch weniger als vermutet, da die dichte Bewaldung die Detonation abschwächte und die Schallwellen schluckte. Außer einem Häher, der erschrocken schreiend davonflog, war nichts zu hören. Wir donnerten die restlichen Granaten hinterher, und wie zu erwarten waren jetzt Kriegserinnerungen Hauptthema der nachfolgenden Unterhaltung. So wurde auch zwei Jahre nach Beendigung dieser schrecklichen Zeit den Jüngeren unter uns die mörderische Zerstörungskraft und Sinnlosigkeit eines Krieges vorgeführt.
Die Einschlagstellen lagen etwa 200 Meter unter unserem Standort und weit genug entfernt, um Werfer und Zuschauer nicht zu gefährden. Daß aber auch Leichtsinn und Unachtsamkeit am Lagerfeuer direkt zu schmerzlichen Erinnerungen führen konnten, hatte ich vor langen Jahren schon erfahren müssen.

Am nächtlichen Lagerfeuer sollte ein besonders aussagekräftiges Gruppenfoto gemacht werden. Freund „Bert", der Fachmann für solche Pläne, übernahm die

Regie. Ein prasselndes Feuer mußte es sein, der Hordenpott mit Teekanne darauf placiert, die Kleinbildkamera auf einem Stein in Stellung gebracht. „Ferdi" klampfte. Wir anderen hockten dicht gedrängt um die lodernden Flammen, jeder wollte ja gut sichtbar abgelichtet sein. Die Beleuchtung sei nicht ausreichend, meinte „Bert", stellte den Selbstauslöser ein, nahm eilig Platz und warf eine Handvoll Blitzlichtpulver in die Flammen. Das hätte er besser bleiben lassen. Es machte „rumms". Der Hordenpott hatte sich verselbständigt, heißes Wasser und glühende Holzstücke landeten auf Fahrtenhemden und nackten Knien. „Knö" war vor Schreck hintenüber gefallen, er hatte nur verbrannte weiße Socken. Wir anderen allerdings entdeckten Dutzende kleiner Brandlöcher in unseren Fahrtenklamotten. Das kochende Wasser hatte bei allen schmerzhafte Brandblasen hinterlassen. „Berts" Kamera fand sich irgendwo im nahen Schlehenstrauch wieder, das Foto jedoch war gelungen.

Da wir die Hütte weiter benutzen wollten, mußten wir uns auch gelegentlich dort zu Ausbesserungsarbeiten einfinden. Die Jungens der Horte II fuhren zum Baden an die Kinzig. Ich war der einzige, der die turbulenten Zwischenfälle erlebte.
Der Verlauf eines dieser seltenen Sommerwochenenden wird hier in der Hüttenchronik beschrieben:
„Sascha, Horst und Berry warten am Hauptbahnhof. 13.30 geht der Zug und Bert ist immer noch nicht da. Der Bahnvorsteher hebt den Löffel und der Zug setzt sich in Bewegung. Da sieht man mit gehetztem Blick und keuchenden Lungen Bert durch die Sperre rasen, Sascha, der stocksteif immer noch an der Sperre steht, die Fahrkarte aus der Hand reißen. Beide springen auf den schon fahrenden Zug! 17.15 an der Hütte. Aus allen Töpfen und Büchsen geistert uns weißblühender Schimmel entgegen. – Ein phantastischer Vollmond steht über dem Feldberg.
Die anderen werden bald kommen. Wir richten das Essen. 21.45 treffen sie endlich ein. Wir singen bis tief in die Nacht. Andrej, Lonja und Sascha röcheln langsam ein. Wir planen und bequatschen wieder einmal die Jugendzeitschrift, noch ist der Traum nicht in Erfüllung gegangen. Dann geht es endlich in die Kojen. ‚17 Mann auf des toten Mannes Truh' heißt es in Stevenson's Piraten-Story. Hier pennen 7 Kerle in Decken und Planen eingerollt.
5.00 Uhr früh. Einer macht Feuer. Eine Stimme von oben, es ist Horst, der im Deckengebälk pennen mußte, begrüßt dies als lobenswerte Tat.
8.45 ziehen wir ins Nest. Kaufen 1 l Milch für 120 RM. Sascha macht schwarzen Glühtoast, während Bert, Andrej und Günther draußen den ach so beliebten „süßen Pampes" kochen. Ab 4.00 früh gießt es in Strömen, das Kochen im Freien eine Leistung! – Und windig ist es auch noch. Ein Tag zum Liederlernen. Pacht oder Kauf des Hüttengeländes steht zur Diskussion. – Mittags einen sagenhaften ‚Nomaden-Eintopf' (Erbsen und Spätzle), dazu eine salzige Blunztunke. – Rundgang im Regen zur Quelle am ‚El Dorado'. – Dann muß die Rumbuddel dran glauben: 90,50 RM hatten sich darin angesammelt. Wir wollen die Hüttenpacht berappen.
Aufbruch, es regnet immer noch. Sascha, Bert und Lonja bleiben noch einen Tag länger. Wir eilen im Sturmschritt nach Idstein. Da wir vergessen hatten, daß seit einigen Wochen die

Sommerzeit eingeführt war, bekamen wir keinen Zug mehr. Stundenlang versuchten wir zu trampen. Und es regnete weiter. Keine Bleibe war zu finden. So gingen wir letzten Endes zur Polizei, die uns im örtlichen Obdachlosenasyl einquartierte. Am kommenden Morgen rasten wir zum Bahnhof, um ausgehungert, verschlafen und unrasiert, wie echte Penner, die Heimfahrt anzutreten.
Dieser Zug hatte fast 30 Minuten Verspätung. Am Abend hätte uns dies eine ungemütliche Zeit erspart, wir hatten ihn nur um 10 Minuten verpaßt."

Mitten in die Vorbereitungen eines Sommerlagers, zu dem wir uns mit den Frankfurter Freunden des Christlichen Pfadfinderbundes (CP) verabredet hatten, platzte „Roppel" Hene aus Pößneck hinein. Die deutsch-deutsche Ostgrenze hatte er auf heimlichen Schleichwegen überwunden. Noch gab es keinen Sperrzaun. Die an der Grenze liegenden Ortschaften waren noch bewohnt, und die Bauern konnten ihre Äcker auf beiden Seiten dieser Trennungslinie bestellen. Die schwach besetzten Grenzeinheiten waren, vor allem nachts, kein unüberwindliches Hindernis.
Da das Thema „Jugendbuch-Verlag" auch „Hamis" CP-Sippe interessierte, hielten wir bei ihm ein Meeting ab, zu dem auch „Pit" erschienen war. Er, „Bert", „Heia", „Ferdi", „Hami" und „Roppel" versuchten einen gangbaren Weg zu finden, an dessen Ende die Gründung eines kleinen Verlags stehen sollte. Die Hindernisse waren jedoch zu dieser Zeit immer noch unüberwindbar. Solange Mangelwirtschaft bestand, und dies schien allem Anschein nach noch lange fortzudauern, mußte dieses Vorhaben weiterhin ein unerfüllter Zukunftstraum bleiben. „Roppel" wollte bei einem weiteren Besuch, dann mit Ehefrau Ursel, die Möglichkeit eines Umzugs in den Westen im Detail prüfen. Er war durchaus bereit, gemeinsam mit „Ferdi", wenn schon keinen Verlag, eine eigene Druckerei aufzubauen, vorausgesetzt die Papierzuteilung hatte sich erheblich verbessert. In der Zwischenzeit wollten sich beide im Osten weiter bemühen, noch fehlende Ersatzteile aufzutreiben, die dort weit weniger kosteten. Brauchbare Maschinen waren als Reparationsleistung demontiert und in die UdSSR verbracht worden, beschädigte Druckpressen landeten im Schrotthandel. Dort konnte ein Fachmann das eine oder andere Teil preisgünstig einhandeln. Im Rucksack wechselte es dann in vielen Nächten von Ost nach West, wo Freund „Grabbel" Banthin schon wartete.
Er war der Reparaturfachmann und konnte fehlende Teile nachbauen. Nach einer Woche machte sich „Roppel" auf den Rückweg. Im Herbst hatten wir ein weiteres Treffen geplant.

Wir aber gingen in unser Sommerlager in den nahen Vogelsberg. Hier bezogen wir auf einer Waldlichtung an einem der Niedermooser Seen ein vom CP vorbereitetes Zeltlager. Als Verpflegung wurde einmal täglich mit einem fahrbaren Küchenwagen warmes Essen herangekarrt. „Pits" Frau Christine, Kurzname „Tini", überwachte die

Küchenmannschaft und packte, wenn erforderlich, tatkräftig bei der Zubereitung des Frühstücks und des Abendessens zu. Sie war die einzige Frau in dem von etwa fünfzig jungen männlichen Teilnehmern besuchten Treffen und herrschte uneingeschränkt über Töpfe und Pfannen.

In diesem Sommer hatten wir viele neue Lieder gelernt, die wir an die anderen hessischen Horten weitergaben. Eines davon war „Falado“:

Falado, o Falado, wer seilt mit nach Falado?
Jeder sucht es, keiner fand Falado das Wunderland.
Ein Mast ho, zwei Mast ho, Dreimast seilt nach Falado.

Bei der Berge Edelstein schmeckt die See wie süßer Wein.
Schöne Frauen stehn im Wald, wer die küßt, wird niemals alt.
Ein Mast ho, zwei Mast ho, Dreimast, das ist Falado.

Hein Dreimast, der weiß Bescheid, Falado, das ist nicht weit.
Einmal Luv, einmal Lee mitten in der Mittensee.
Ein Mast ho, zwei Mast ho, Dreimast seilt nach Falado.

Hein Dreimast seilt immerzu, reise, reise ohne Ruh.
Halst und wendet weit und breit, seilt bis in die Ewigkeit.
Ein Mast ho, zwei Mast ho, Dreimast, wo bleibt Falado?

Ewigkeit, o Seligkeit, zieht nun an das schönste Kleid,
singt nun aus und Gloria, Falado, jetzt sind wir da.
Ein Mast ho, zwei Mast ho, Dreimast ist in Falado.

Worte von Hans Leip, Weise ist mündlich überliefert

Am nächsten Wochenende folgte ich einer Einladung „Mike“ Jovys nach Köln. In der Garnison war ein Hortenführertreffen der rheinischen und bergischen Jungenschaften anberaumt. Wir Hessen gehörten zwar nicht zum Westkreis, waren aber an einer engeren Zusammenarbeit interessiert. – Als Tagungsort diente die „Bottmühle“, ein viergeschossiger, bis in die Spitze mit wucherndem Efeu umrankter Rundturm, ehemals ein Teil der alten Stadtmauer. Die gleichnamige Straße im Severinviertel roch, wenn je eine Straße jugendgemäß riechen konnte, nach edler Schokolade. Verursacher war die bekannte „Stollwerck“-Schokoladenfabrik nebenan. Sie hatte dank alliierter Hilfe den Betrieb wieder aufgenommen.

Mobiliar war kaum vorhanden. Nur das Allernotwendigste wie Regale, Feldbetten (made in USA), Tische und Stühle und ein riesiges Matratzenlager hatten im 1. und 2. Geschoß die kahlen Räume ein wenig bewohnbar gemacht. Die beiden darüber liegenden Stockwerke dienten als Tagesräumlichkeiten und der Versorgung der Turmbelegschaft und ihrer Gäste. Vorräte und Gerätschaften fanden hier auch einen Platz. Es blieb viel zu tun, aber der Anfang war geschafft, und bald sollten hier auch einige Dauergäste, Studenten und Künstler, eine Bleibe finden.
Die Dachplattform, umsäumt von einem trotz erheblicher Kriegsschäden noch stabilen Geländer, bot einen Blick über weite Teile Kölns. Trümmer – wohin das Auge reichte. Hier hatten sich bei meinem Eintreffen bereits etwa dreißig junge Männer versammelt und diskutierten leidenschaftlich. In einigen Gruppen so laut, daß die Gitarristen sich beim Stimmen ihrer Instrumente gestört fühlten und sich in die unteren, ruhigeren Räumlichkeiten zurückzogen.

Von hier also, dachte ich, gingen die Betrebungen aus, die „Pit" Kluth mir übermittelt hatte. Unter der Überschrift: „Unser Bund, Wille und Form" und dem Hölderlin-Wort „Da wir träge geboren sind, bedarf es eines Falken." „Mike" versuchte seine Vorstellung einer geeinten deutschen Jungenschaft näher zu erläutern. Das Ganze in Kleinschrift rot gedruckt auf grauem Papier. Der Stil der ehemaligen dj.1.11 hatte immer noch seine Ausstrahlung behalten, wenn auch tusks Vorgaben von 1929 nach fast 20 Jahren nicht mehr in allen Formen und Inhalten als zeitgemäß angesehen werden konnten.
Die Anziehungskraft der Jungenschaft aber war unbestritten und gefürchtet, wie Reaktionen nach Bekanntwerden des Rundschreibens beweisen.

„Warum Kleinschrift, ist tuskistisch, der tut so einen Unsinn, warum schon Organisation machen, warum Jovy. Mag gut sein, aber tusk? a+b=c. Warum nicht Zweck- und Arbeitsgemeinschaft, die man dann abdichten kann? Abgesehen von tusk-Gefahr, auch Janssen Gefahr. Warum diese organisatorische Zentralisationswut?"
Zitiert aus einem Schreiben Dr. Ebelings (Plato) an Oskar Sulz (alias Oscar Sorell), Nerothername „Butz". Datiert 1947.

Immer wieder melden sich diese Besserwisser, nie in der Öffentlichkeit, stets in kleineren Zirkeln zu Wort. Eigene Vorschläge oder gar aktive Teilnahme an Diskussionsrunden sind mir nie bekannt geworden. Irgendwann waren auch sie verstummt, die Zeit war über sie hinweggegangen. Die freien Bünde eroberten sich ihren Platz im Getriebe der Jugendbewegung und sind bis heute darin nicht wegzudenken.

Sonntag morgen: Heiser gesungen und übernächtigt verabschiedete ich mich von den Kölner Gastgebern. Im Namen der Frankfurter lud ich „Mike" und seine Horten

nach Frankfurt ein. Mit ihnen, den Offenbachern, Marburgern und Frankenbergern wollten wir ein Kohtenlager im „El Dorado“ organisieren und hatten dafür die Sommerferien eingeplant.
Ich hatte neue Eindrücke erhalten und interessante Menschen kennengelernt. Vielleicht auch neue Freunde gewonnen. Die sogenannten Rheinschienen-Hortenführer Karl Gutzmer, genannt „Pilz“, Günther Platz, Fahrtenname „Huss“, „Kara“ Schulz, Adalbert Wiemers, „Sherry“ Wilderich Freiherr Ostman von der Leye waren alle in Bonn, Bonn-Mehlem und Godesberg aktiv. Später kam noch Karl von den Driesch, Kürzel KvdD, dazu. Jürgen „Pint“ Seydel hatte inzwischen in Offenbach eine neue Horte gegründet und seine vormalige Godesberger drohte sich aufzulösen. Reste gingen dann in KvdDs Horte auf. – Die Namensliste der Männer dieser Aufbaujahre ist lang. Hans Christian „Biber“ Lankes, Essen, Günther Köhl, Düsseldorf, und „Pit“ Kluth, Krefeld, werden da genannt. Mit ihnen wollte ich in Verbindung bleiben.

26. Juli 1947
Schneller als erwartet war es dann soweit. „Mike“ hatte sich mit zwei Horten angemeldet. Diesmal erschien die Frankfurter Mannschaft mit Ausnahme von Harald, „Heia“ und dreien unserer Pimpfe vollzählig. Die Frankenberger und Marburger waren auf Süddeutschlandfahrt, „Pints“ Gruppe wollte an die Nordsee. Aber sechs Wiesbadener kamen als Verstärkung. Ohne unser Zutun war dort eine neue Horte entstanden, eine Abspaltung der Wiesbadener Nerother. Wir hatten sie an jenem „Care Paket“-Wochenende kennengelernt, an dem uns die anderen Freunde verlorengegangen waren. So hatten sich, soweit meine Erinnerung, etwa drei Dutzend Jungenschaftler am alten Heftricher Bergwerk zu einem Sommerwochenendlager eingefunden. Die Kölner Freunde hatte ich am Frankfurter Hauptbahnhof in Empfang genommen. Ein Eintrag unter gleichem Datum in „Mac“ Assmanns Fahrtenbuch beschreibt diese Begegnung:
„Frankfurt. Siesta am Main. Mit 2 Stunden Verspätung Ankunft in Frankfurt. Heute vormittag Rundgang durch die Stadt. Der Führer der Frankfurter Jungenschaft, Berry, übernahm die Leitung. Die Stadt sieht doch ziemlich lädiert aus.
26./27. 7. 47 Idstein/Taunus. Lager bei Heftrich. Mit 12 Mann der Frankfurter Jungenschaft verlebten wir einen schönen Samstag. Der Hinmarsch (Idstein-Heftrich) war etwas mühselig, in Strömen floß der Schweiß. Sogar Mike war aufgelöst. Der gute Bert erschien uns mit seiner Wegtheorie manchmal etwas zu humorvoll. – Abends klangen dann wieder unsere Lieder vom Plateau, auf dem wir lagerten. Bert, Berry, Lonja und Andrej sangen und spielten dazu erstklassig Balalaika, Banjo und Klampfe. Wenn am Lagerfeuer eine Klampfe klang, war wie Abenteuer unser Chorgesang.
28. 7. 47 Der Rückmarsch und die anschließende Rückfahrt vom Lager war sehr anstrengend. In Frankfurt trennten wir uns, und jede Fahrtengruppe zog in gewissen Abständen in Richtung Autobahn nach Stuttgart los.“

Wir planten eine Norddeutschlandfahrt. Schon in gut acht Wochen begannen die Herbstferien, und da nicht in allen drei Westzonen die Schulferien zur gleichen Zeit anfingen, trafen wir die zu besuchenden Horten auch zu Hause an. Ende September, es war das Wochenende vom 27./28. September 1947, gingen neun Mann der Frankfurter Horte II auf Trampfahrt. Stunden vertrödelten wir auf wenig befahrenen Landstraßen. Dem Tagesziel Frankenberg näherten wir uns in vielen kleinen Hopsern von Dorf zu Dorf. Harald und Gerd landeten weitab in der Provinz und mußten von Bad Wildungen ca. 30 km per pedes nach Frankenberg tippeln. „Heia" kam pünktlich mit zwei Pimpfen am Sonntag früh zum Frühstück an. Sie hatten in einer Feldscheune übernachtet. „Acke" Lachmann, der ewig zerzauste, blasse Philosophiestudent, hatte es tatsächlich geschafft, uns ein reichhaltiges Frühstück aufzutischen. Es gab sogar frische Brötchen, Milch und Honig. Nach einem kurzen Rundgang über Ober- und Untermarkt mit sehenswerten Fachwerkbauten, vorbei an der Stadtkirche und am alten Gymnasium, dessen Oberklassenschüler nach und nach der Jungenschaft beitraten, trafen wir uns mit einigen Hortenangehörigen zu einer Wanderung. Der Tag verging wie im Fluge, und nach einer durchsungenen Nacht nahm uns am Montagmorgen die Frankenberger „Molkerei-Karre" bis Kassel mit.
Der Milchtransporter rüttelte uns gehörig durch, wir hockten zwischen und auf den Kannen und versuchten die Balance zu halten. Mehrere Dörfer wurden angesteuert, leere Kannen ab-, volle neu dazugeladen. Ein Schwätzchen hier, ein Gläschen dort – die Zeit verstrich, und erst am Spätnachmittag erreichten wir die Molkerei. Etwa acht Kilometer vor Kassel. Den Rest des Weges tippelten wir, nachdem kein einziger Wagen Anstalten machte, uns mitzunehmen. Auch noch nach zwei Jahren war die Stadt ein Trümmerfeld. Natürlich keine Jugendherberge. Wir hockten im Wartesaal des zerbombten, notdürftig instand gesetzten Kasseler Hauptbahnhofs. Der Wartesaal war eine hölzerne Wartehalle inmitten der noch erhaltenen Außenwände. Keine Gastronomie, weder Sprudel noch Pfefferminztee. Selbst gegen Marken war keine noch so dünne, aber heiße Suppe zu erhalten. September 1947, immer noch ein Hungerjahr, und der kommende Winter sollte einer der kältesten werden. – Wir konnten unsere Vorräte – die Stadt hatte diesmal reichhaltig zugeteilt – nicht kochen und mußten das trockene Brot mit Leitungswasser herunterspülen. Dazu einige Scheiben Hartwurst oder Pflaumen, die wir während der Ladepausen in den Bauerngärten geklaut hatten. – Um Mitternacht nahm uns die Bahnpolizei vorläufig fest. Nach langen Erläuterungen des Woher und Wohin, trotz des Vorweisens einer Bescheinigung unseres Status als zugelassene Jugendgruppe, wurden wir aus der Wartehalle verbannt. So hockten wir – die Nacht war kühl – eng aneinandergedrängt vor dem ehemaligen Hauptportal des Kasseler Bahnhofs. An Schlaf war nicht zu denken. Am frühen Morgen sahen wir dementsprechend aus: verfroren, übermüdet und ungewaschen.

Wie wir aus Kassel in Richtung Göttingen loszogen, kann sich der Leser vorstellen. Wir hatten Glück, es wurde ein sonniger Dienstag. Gegen Mittag große Körperpflege am Weserstrand. Und ein kleines Kochfeuer am Waldrand, Brühwürfelsuppe, Zwieback und Hartkäse. Diesen hatte man uns in der Molkereizentrale in einem großen Dutzendkarton spendiert. Harald wurde unterwegs von einem Kochgerätehersteller aufgelesen, der ihm beim Abschied einen nagelneuen Hordenpott schenkte. Hergestellt aus einem ehemaligen Wehrmachtsstahlhelm. Auch das gab es in dieser Zeit: Hier ein amtlicher Rauswurf, dort hilfreiche Unterstützung.

Göttingen, Johanniskirchturm, Sitz der dortigen Jungenschaft und Wohnung Walter Scherfs, bekannt als „tejo". Er hatte in Göttingen die „Akademische Freischar" mitgegründet und vertrat diese auch im sogenannten „Bündischen Block", Sprachrohr aller bündischen Gruppen in der britischen Zone. Doch irgendwann wurde er Verfechter jungenschaftlicher Ideen und nannte seine Gruppe Horte. – Liederaustausch, Pläneschmieden und singen, singen bis weit nach Mitternacht. In einem über dem eigentlichen, persönlichen Wohnbereich gelegenen Schlafraum konnten wir diesmal ungestört eine Nacht verbringen. Zwar eng, aber erholsam. Tags drauf die unvermeidliche Stadtbesichtigung, bevor wir unsere Reise nach Hannover fortsetzen konnten.
Es war ein wundervoller Sonnentag; der Herbst ließ das Obst reifen. Wir nutzten diese Möglichkeit zur Aufbesserung unserer ohnehin vitaminarmen Mahlzeiten. Dabei bildete der neue Hordenpott ein brauchbares Kochutensil. Im neuen blubberte Grießbrei, im alten garten die Äpfel.

Für unsere Pimpfe war diese Trampfahrt ein einmaliges Erlebnis. Die Nazis hatten das Trampen bei Strafe verboten. Es galt als Asphaltromantik und eine Art Landstreicherei, die nicht in ihr Ordnungsgefüge paßten. Doch diesmal zehn lange Tage eigene Entscheidungen treffen zu dürfen, ohne stets den erhobenen Zeigefinger eines Erziehungsberechtigten vor Augen zu haben, dazu in einer verschworenen kleinen Gemeinschaft, das war echtes Abenteuer. Daran konnten auch der bereits erwähnte Gewaltmarsch Haralds durch Hessens grüne Auen, die Nacht im Kasseler Hauptbahnhof oder gelegentliches Magenknurren nichts ändern. Wer hatte schon auf hochbeladenen Lastwagen gesessen und, von tiefhängenden Ästen der Chaussee-Bäume gepeitscht, am Ende Beulen und Schrammen davongetragen? Wehe dem, der irrtümlich einen Zement- oder gar Kohlentransporter bestiegen hatte. Zu spät mußte er feststellen, daß Zement- und Kohlenstaub schon bei leichtem Luftzug das Atmen erschwerten. Auch das spätere Erscheinungsbild war nicht gerade vertrauenerweckend. Ein längerer Aufenthalt auf frisch geernteten, noch taufrischen Kohlköpfen war ebenfalls wenig erstrebenswert, man roch danach und hatte einen nassen Hosenboden. Für einen Tramp keine Hindernisse, eher eine Herausforderung. Überraschend auch, wenn man nach langem Warten in der Fahrerkabine eines Möbeltransportes saß und dann erstaunt feststellen mußte, daß gerade zwei Pimpfe in einem flotten Oldtimer-Sportflitzer an einem vorbeigefahren waren. Oder aber, wie es Harald gelang, als Beifahrer auf dem Rücksitz einer Polizei-BMW-Maschine sitzend uns alle zu überholen.

Hannover war erreicht. Zerstört wie alle Großstädte, endlose, leere Fensterreihen in Trümmerstraßen. Am Rande der Stadt bezogen wir für eine Nacht die Kohte der Horte Hannover II. Hortenführer war Günther Welter. Er nannte sich „Welf", die Bündischen hießen ihn „General Einbein". Um die 1,85 m, hager, stelzte er auf seiner Krücke vor uns her. Die Kriegsverletzung schien ihn nicht davon abzuhalten, den üblichen Fahrtenbetrieb mitzugestalten. Seine Besserwisserei jedoch störte uns. Eine echte freundschaftliche Beziehung konnte hier nie entstehen. Er vertrat, obwohl ehemaliger HJ-Führer, eine alte dj.1.11- Linie, die selbst tusk bereits für nicht brauchbar gehalten hatte. Die Nachkriegsjungenschaften waren nicht eine Fortsetzung des ehemaligen, aber auch einmaligen Jungenbundes. Einige wenige hatten dies noch nicht erkannt. „Welfs" Ansichten führten später durch eigenwillige Aufrufe zu Abspaltungen und Dauerärger.

Diesmal trat die Nachtruhe früher als in Kohtennächten üblich ein. Um 9 Uhr waren schon alle unterwegs. Ziel Minden.

Nach Göttingen die nächste Stadt, in der sich auch eine Besichtigung lohnen sollte. Das Trümmerfeld Hannover, dazu „General Einbein", wollten wir so schnell wie möglich hinter uns lassen. Mit wenig Umsteigen erreichten wir um die Mittagszeit die Weserstadt Minden. Der tausendjährige Dom und das mittelalterliche Rathaus wurden gerade wieder instand gesetzt. Bald würde man die Kriegsschäden nicht mehr sehen.

2. Oktober 1947
In Minden werden wir mit Pauken und Trompeten empfangen. Nachzulesen in der Horten-Chronik:
„Anfang Oktober kommt Berry, Führer der hessischen Jungenschaften, vorbei. Einige seiner Horte begleiten ihn, vor allem Harald gefällt. Am Spätnachmittag vereint die Heimrunde beide Kreise (Landeskreise, d. Verf.) Günther Schmitz erscheint unerwartet aus Hannover. Durch ihn und seine Meisterschaft auf der Klampfe rückt das Lied in den Mittelpunkt der Runde. Es ist neuer Antrieb, das Spielen zu lernen. Zwei Lernkreise zeichnen sich ab. Nicki, Wölfi und Hajo, dann Bimbo und Zawo. Berrys Aufkreuzen und das Einquartieren seiner Jungen bei Nicki schmolz diesen und Hans wieder in die Horte."

Welche Nachwirkungen solche Hortenkontakte manchmal haben konnten, war mir damals nicht aufgefallen. „Hajo“ Zenker und sein gleichaltriger Freund Gerd Behrsing hatten die Mindener Jungenschaft gemeinsam aufgebaut. Im weiteren Verlauf blieb sie eine der aktivsten. Der hier erwähnte Günther Schmitz war ehemaliger Nerother. Die Verbindung zu seinem Bund und einigen früheren Kameraden pflegte er noch zu dieser Zeit. Im Jahre 1947 war er auf Bitten „tejos“ dessen vorläufiger Stellvertreter und, wie ich hörte, Kanzler im Landeskreis Niedersachsen. Nach der Gründung der „Deutschen Jungenschaft“ als Bund trat er nur noch gelegentlich in Erscheinung. Jetzt bestimmte die sogenannte „Reichshorte“ als oberstes Beratungsgremium des Bundesführers die allgemeinen Richtlinien. Alle amtierenden Landeskreisführer, von ihren Horten gewählt, waren automatisch Mitglieder dieser Versammlung. Später wurde sie erweitert. Auch Bayern gehörte dazu und mußte von mir anfangs mitvertreten werden.

3./4. Oktober 1947

Einen Tag waren wir bei den Mindener Freunden. Harald und „Heia“ wollten noch nach Bremen, die Resthorte trampte unter meiner Führung nach Lüneburg. Wir wollten einer Einladung nachkommen, die Helmut Tinz, der Hortenführer, mir zugesandt hatte.

„Heia“ und Harald waren Gäste der Jungenschaft Bremen. Unterkunft in deren Heim, wo auch ein Singabend stattfand. Sie trennten sich. Jeder wollte noch bei Verwandten oder Freunden Privatbesuche abstatten. Wie sie später berichteten, wurden sie von einem US Army-Pick-up aufgelesen und bewältigten die Strecke in einem Stück. „Heia“ hatte seine Leica wohlweislich unter seinem Fahrtenhemd verborgen, da man nie wußte, wie Besatzungssoldaten beim Anblick einer so bekannten und begehrten Kamera reagieren würden. Auch die Bremer Jungen sollen eine gute Mannschaft gewesen sein, doch leider habe ich weder Namen noch Anschriften erhalten, um die Verbindung weiter zu pflegen.

In Lüneburg, einer 1000-jährigen Stadt mit engen Gassen, gesäumt von Giebelfronten, dem Stadtplatz „Am Sande“ und gotischen Backsteinkirchen, deren inzwischen grüne Kupferdächer sie besonders eindrucksvoll erscheinen ließen. Wir zogen in die Jugendherberge, da es noch kein eigenes Heim gab und auch die Familien der Pimpfe nicht in der Lage waren, uns aufzunehmen.

Helmut Tinz wollte mehr politische Arbeit in seiner Horte einführen, was bei der Landeskreisführung auf wenig Gegenliebe stieß. So war auch leider das Singen ein wenig zu kurz gekommen und unser Besuch genaugenommen Zeitverschwendung.

Nach Hannover und Lüneburg mußte ich einsehen, daß nicht alle Horten meinen Erwartungen entsprachen. Hierzu Herbert Legers Kommentar: „Das, lieber Berry, liegt in der Natur der Sache!“ Obwohl wenig hilfreich, begleitete diese Äußerung unsere Freundschaft über viele Jahrzehnte.

Nach zwölf Tagen endete unsere gemeinsame Herbstfahrt. Die Jungen hatten zum ersten Mal andere deutsche Städte kennengelernt und alle Freuden und Leiden, die diese Art der Fortbewegung nun einmal mit sich bringt. Ausdauer, lange Wartezeiten zu ertragen, ungewöhnliche Situationen richtig einzuschätzen und danach zu handeln, auch einmal einen Hungertag zu überstehen wurden nach einigen Tramptagen zur Selbstverständlichkeit. Alle hätten noch gern weitere Tage auf der Landstraße verbracht.

In Frankfurt waren während meiner Abwesenheit „Roppel“ Hene und seine Frau Ursula eingetroffen und wieder Gäste bei „Hami“. „Roppel“ hatte sich vorgenommen, mit „Ferdi“ und „Pit“ gemeinsam eine kleine Druckerei und Reproanstalt aufzubauen. Sie einigten sich und, soweit meine Erinnerung, bastelten an einem Gesellschaftervertrag. „Ferdi“ und „Pit“ sollten sich nach geeigneten Geschäftsräumen umsehen und weitere Vorbereitungen in Angriff nehmen. „Roppel“ wollte auf der anderen Seite mit der Auflösung des Pößnecker Betriebs beginnen. Endgültiger Start im Westen war für Anfang 1948 geplant. – Der Jugendbuchverlag war in weite Ferne gerückt und wurde nie wieder in Erwägung gezogen.
Auf diesem Sektor tummelten sich inzwischen viele mit mehr oder weniger Erfolg.

Die Pößnecker konnten nur eine Woche bleiben, nicht ohne den einen oder anderen Abend mit uns in der Gleimstraßen-Garnison verbracht zu haben. Nach „Roppels“ Meinung waren wir noch meilenweit von der alten dj.1.11 entfernt. Er hatte noch nicht verstanden, daß auch in der bündischen Jugend und vor allem im Westen die Zeit nicht stehengeblieben und ein Zurückdrehen unmöglich war.

In meinem recht zivilen Privatleben war ich beruflich einen Schritt weitergekommen und hatte die ersehnte Stelle im Carlton Hotel als Empfangschef erhalten. Keinen Ärger mehr mit den Kollegen um einen passenden Platz auf den heißen Ofenplatten. Keine Kommandoschreie des Küchenchefs, nicht mehr das scheppernde Geräusch von Tellern und Schüsseln, kein Gezanke mehr mit der Kellnerbrigade und vor allem nicht mehr diese unerträgliche Hitze in der veralteten Kellerküche. Mit anderen Worten: Mir konnte nichts mehr anbrennen!

Die lichtdurchflutete Eingangshalle, mit Blick auf den westlichen Teil des großen Bahnhofvorplatzes und den vorbeifließenden Verkehr, war jetzt mein Arbeitsplatz. Abwechslungsreich, da die oft ausgefallenen Wünsche der Gäste nur mit Fingerspitzengefühl und diplomatischem Geschick zu erfüllen waren. Als Offiziershotel war eine 100%ige Belegung die Regel, was die Herren des Empfangs häufig zu langatmigen

Erklärungen zwang, wenn die Dienststelle vergessen hatte, eine Übernachtung zu buchen. Peinlich vor allem dann, wenn gerade ein Leutnant seinen Zimmerschlüssel erhielt und der danebenstehende Major keine Bleibe fand. Dann mußten die Telefondamen ihr ganzes Geschick und ihre Überredungskünste einsetzen, um in den benachbarten Hotels, dem Exelsior oder Monopol-Metropol, einen Übernachtungsplatz zu finden. Wenn dies gelang, war ein gutes Trinkgeld die Bemühung wert. Trinkgelder waren ein willkommener Ausgleich für manchen Ärger, aber auch ein Dankeschön in Fällen einer rein privaten, schier unlösbaren Angelegenheit.

Ein alter Oberst hatte zwar ein Nachtquartier, brachte jedoch eine weit jüngere weibliche Person mit. Natürlich eine Ehefrau oder Nichte. Bis auf Großmütter wurden alle verfügbaren weiblichen Verwandten angegeben, obwohl der Gast wußte, daß wir diese Schwindeleien von Berufs wegen kannten. Wir hatten es uns in solchen Fällen zur Gewohnheit gemacht, in den Anmeldungen suchend zu blättern, mit irgend jemandem zu telefonieren, um dann doch noch angeblich eine Doppelzimmerreservierung in den Unterlagen zu entdecken. Einige Dollarnoten oder eine Stange Zigaretten waren beiden Seiten diese Komödie wert.
Ganz Schlaue versuchten es auf eine andere Weise. Sie schickten ihre weibliche Begleitung unbemerkt in die 1. Etage voraus und meldeten sich dann erst als Gast am Empfangstresen an. Doch wir erfuhren von diesem Manöver kurz darauf entweder durch den Room-Service, der in Anspruch genommen wurde, oder spätestens bei der Abreise. Die Zimmermädchen hatten Erfahrung genug, um am Zustand des Bades oder des Bettes die Benutzung durch eine weitere Person festzustellen. Auf der Rechnung fand der Gast die Buchung für zwei Personen und zahlte ohne Widerspruch. Wer unsere Crew hintergehen wollte, mußte schon ein gerissener Bursche sein.

Das Unangenehmste allerdings war das Entfernen angetrunkener Damen aus dem benachbarten Rotlichtviertel, die gelegentlich wie Heuschrecken in die Lobby einfielen und alle männlichen Personen mit eindeutigen Aufforderungen in Verlegenheit brachten. Oft half dann nur der Ruf nach der Militärpolizei, deren nächster Posten im gegenüberliegenden Hauptbahnhof stationiert war. Und diese Jungens verstanden ihr Handwerk.

Manchmal glich das große Rund der Hotel-Lobby einer Zirkusarena. Einmal wöchentlich gab es eine „Floor-Show“, bei der ein lustiges, meist internationales Künstlervölkchen auftrat. Beginn dieses Spektakels gegen 20 Uhr, nach dem Abendessen. Aber schon am Spätnachmittag brachten die hereinströmenden Teilnehmer die gläserne Drehtür in Schwung. Bodenturner, Jongleure, Gesangsgruppen, Tänzer und ein Ballett füllten den großen Raum. Sprachen aller Herren Länder, die wortreichen Begrüßungszeremonien nahmen kein Ende. Der eine oder andere lustige Geselle schlug auch schon mal ein Rad, ein anderer machte einen Handstand und lief so kopfüber auf seinen Händen auf die lachenden Kinder zu. An diesen Abenden wurde es auch für die Beschäftigten spät, und mancher Angetrunkene mußte mit sanfter Gewalt auf die Straße geschoben werden. Wer Glück hatte, fand ein Taxi.

Ein Blick auf die damalige amerikanische Damen- und Herrenmode allerdings ließ mich Schreckliches ahnen. Da die deutsche Nachkriegsbevölkerung alles aus den Vereinigten Staaten für besonders erstrebenswert hielt, waren bald fliederfarbene und rote Smokingjacken auch bei uns zu festlichen Anlässen zu sehen. An warmen Tagen übertroffen jedoch noch von dem bisher nur aus Filmen bekannten Hawaiihemd und der bunten, karierten Golfhose. Die Damenwelt gefiel sich in himmelblauen oder pinkfarbenen Gewändern, passend dazu die Haarfarbe. Ältere Damen bevorzugten für ihre gelackten Hochfrisuren ein leichtes Lavendel.
Dieses farbenprächtige Defilee zog allabendlich zu irgendwelchen im Hause stattfindenden Veranstaltungen, den sogenannten „Galas", an uns vorbei. Einmal träumte ich, ich stünde in meiner Fahrtenkluft – Juscha und kurzen Hosen – mitten in dieser Menschenansammlung und wäre gezwungen, irgendwo in den hinteren Räumen das Tanzbein zu schwingen. Die Kollegen fragten mich bei Dienstbeginn, ob ich krank sei oder schlecht geschlafen hätte. Ich mußte schrecklich ausgesehen haben.

Nach diesem Blick in die Erlebniswelt meines Berufs ein ebensolcher in den familiären Bereich, worin sich jetzt einiges ändern sollte. Ende des Jahres wollten Gisela und ich heiraten. Die Voraussetzungen waren gut, wenn auch an einen Wiederaufbau des Geschäftshauses und die Eröffnung der Konditorei und des Cafés nicht zu denken war. Noch gab es keine Wiederaufbaukredite, und die hier zu bewältigende Arbeit war beträchtlich. Vater Becker hatte sich bereit erklärt, die einstweilige Beratung zu übernehmen, würde aber von Kempten aus die notwendige Bauleitung kaum durchführen können. Die Auftragslage dort war gut, und seine Familie, immerhin Frau und fünf heranwachsende Kinder, wollte er nur im Notfall alleine lassen.

Zwischen Weihnachten 1947 und Neujahr 1948 hatten die hessischen Horten ein Wintertreffen in der Jugendherberge Burg Breuberg im Odenwald geplant. Um dieses vorzubereiten bzw. den Platz des Geschehens auf seine Eignung zu prüfen, sollte ein Vorkommando aufbrechen. Die Wettervorhersage hatte nasse Tage und gelegentlich einen Schneefall angekündigt. Am 31. Oktober 1947 zog Harald, verantwortlich für diese Fahrt, mit den Pimpfen Pedro, Horst und Gerd los. Einfach so ins Unbekannte. Trampen war auf den wenig befahrenen Landstraßen des Odenwalds kaum möglich, es wurde eine Tippeltour im Nieselregen. Doch Kohte und ein wärmendes Lagerfeuer, auf dem eine kräftige „Erbswurst"-Suppe brodelte, ließen alle Strapazen vergessen. Man sang und schlief in den 1. November 1947 hinein. Es war einer dieser

Novemberfeiertage Allerheiligen und Allerseelen, dazu noch ein Wochenende und so drei Tage frei.

Beim Stadtjugendausschuß und beim Roten Kreuz beantragte ich für das Wintertreffen eine Lebensmittelzuteilung in Naturalien, erhielt jedoch nur Lebensmittelbezugsscheine. Wir mußten uns demnach um die Bevorratung selbst kümmern, was einen erheblichen Ärger nach sich zog. Welcher Lebensmittelhändler war schon bereit, drei Sack Kartoffeln, fünf kg Reis und große Mengen Butter, Öl, Hartkäse usw. an eine Person abzugeben und seine eigene Dauerkundschaft damit zu vernachlässigen? Ich hatte einen Zuteilungsantrag für insgesamt 30 Personen gestellt, obwohl die Nordhessen dies eigentlich für sich bei ihrer Stadtverwaltung hätten machen müssen. Als Beweis für die Teilnahme dieser Personenanzahl legte ich die Reservierungsbestätigung des Jugendherbergsvaters vor. Darauf waren Anzahl der Teilnehmer und die Dauer unseres Aufenthalts ausgewiesen. Not macht erfinderisch, aber oft auch unehrlich.

22. Dezember 1947 standesamtliche Trauung.
Ohne große Bekanntgabe feierten wir mit den beiden Trauzeugen in unserem neuen Zuhause, Baustraße 16. Frau Änne Wißfeld, die Mutter eines mir nahestehenden ehemaligen Klassenkameraden, und mein Vetter Dr. Heinrich Becker, Landarzt in Seeheim a. d. Bergstraße, waren neben Schwiegervater Baatz und meiner Schwägerin Ruth die einzigen Gäste. Beim Personalchef meiner Dienststelle hatte ich mir einen Tag Sonderurlaub erbeten und mußte notgedrungen hierzu eine Begründung angeben. Neben guten Wünschen überraschte uns das Carlton-Hotel mit den Zutaten für ein komplettes Mittagsmenu als Hochzeitsgeschenk.

27. Dezember 1947 Aufbruch zum Hortentreffen.
„Spoy" hatte seine motorisierte Dreiradkarre inzwischen gegen einen Opel-Blitz-Lkw der ehemaligen Wehrmacht eingetauscht und war bereit, Verpflegung und unsere 10köpfige Mannschaft in den Odenwald zu schaukeln.
Doch bis es soweit war, erlebte ich zum ersten Mal Leiden und Freuden eines frischgebackenen Ehemanns. Gisela, zu deren winterlichen Lieblingsbeschäftigungen Nähen, Stricken und Häkeln gehörten, hatte einen „Norweger"-Pullover zu stricken begonnen. Es sollte mein Geburtstagsgeschenk werden. Rücken- und Vorderteil, dies mit einem roten Elch auf dunkelblauem Grund, waren bereits fertig. Es fehlten nur noch die beiden Ärmel. Eine Kleinigkeit für sie, dachte ich, die beiden kurzen Stücke doch noch bis zur Abfahrt am 27. Dezember anzufertigen.

Ich weiß, ich weiß, liebe Leserinnen, daß bündische Männer ihren Partnerinnen oft Unmögliches zumuten. Aber sie werden dafür auch meist hart bestraft. Kaum sind sie unter dem grünen Rasen, wird alles an Bündisches Erinnernde sofort entsorgt. Fahrtenklamotten in einen, Briefe und Fotos in einen anderen Mülleimer, die Bibliothek übernimmt ein Antiquar. Die ihnen zugedachte Strafe erleben sie nicht mehr; der Chronist und Historiker jedoch, auf Zeitzeugenberichte angewiesen, wird diese schmerzlich vermissen.

Am Abreisetag konnte ich dann tatsächlich das begehrte Kleidungsstück überstreifen, des Lobes voll für diese doch noch rechtzeitig vollbrachte Arbeit, deren Entstehungsgeschichte jahrzehntelang für Gesprächsstoff sorgte.

Die in luftiger Höhe im 12. Jahrhundert errichtete Wehrfeste Breuberg, im 16./17. Jahrhundert von den Grafen von Wertheim in ein prächtiges Renaissance-Schloß umgebaut, zählt zu den eindrucksvollsten und weiträumigsten Süddeutschlands. Der gleichnamige Ort am Fuße des Burgbergs überraschte mit gut erhaltenen Fachwerkhäusern derselben Epoche.
Unter Fauchen und Röcheln kroch „Spoys" Holzgasmotor-betriebener Opel-Blitz auf einem verschneiten, holprigen Waldweg bergan. Am Ziel staunten wir über den breiten Wehrgraben und die mächtigen Mauern mit kleinen Schießscharten. Zwei Mauerringe verwehrten den direkten Zugang zur Burg. Nach Passieren eines kleinen Vorhofs erreichte der Besucher über eine Zweibogenbrücke das gewaltige Eingangstor. Nicht alle Gebäude konnten betreten werden. Teils waren Flüchtlinge einquartiert oder bereits notwendige Restaurierungsarbeiten begonnen worden. Wir bezogen Quartier im Hauptgebäude mit Blick über die schneebedeckten Berghöhen des Odenwalds. Und es schneite weiter, eine Wetterbesserung war nicht zu erwarten. Die Räume waren kalt und ohne Heizanlage. Öfen nur im Tagungsraum und den sogenannten Wirtschaftsgebäuden. Wir hatten außer unserem Verpflegungsanteil – er mußte beim Herbergsvater zusammen mit dem verbliebenen Lebensmittelkartenbestand abgeliefert werden – drei Säcke Koks und zwei Kisten Eierbriketts mitgebracht. Nur die schwarzen Eier konnten in den vorhandenen Öfen verbrannt werden, der Koks landete im Vorratskeller der Wirtsleute. Irgendwann würde es auch hier eine Zentralheizungsanlage geben, die die langen Wintermonate für sie erträglicher werden ließ.

Mit 24 Frankenbergern, zehn Frankfurtern und vier Angehörigen aus „Jo" Seifferts Soden-Allendorfer Mannschaft bevölkerten wir das riesige Burggelände, bestiegen Turm und Zinnen.

Was tun bei diesem Wetter? – Singen, neue Lieder lernen und einüben, vielleicht einen Chor bilden, vorlesen, eine Wanderung durch verschneite Wälder, eine Ortsbesichtigung im Tal, verbunden mit kleinen Einkäufen. Ein Geländespiel und ein Fußballmatch sollten stattfinden. Hierzu 22 Spieler zusammenrufen. Am Ende waren es

sieben gegen sieben. Das Osterlager planen. Lange Diskussionen über den endgültigen Standort. Wir entschieden uns für das Neckartal, vielleicht noch mal ein Burggelände. Die Wahl fiel auf die kleine Ruine „Schwalbennest“, mit Blick auf Neckarsteinach. Diesmal ein großes Kohtenlager mit allen hessischen Horten. Da Ostern bereits in drei Monaten war, mußten schon jetzt, nach Rückkehr in die Heimatorte, die Vorbereitungen in Angriff genommen werden.
Doch erst kam das Sonnwendfeuer. Tagelang hatten wir Holz gesammelt, im Ort ein Dutzend morscher Bretter und Balken erbettelt und in einer der Außenanlagen, den sogenannten Vorwerken, mühsam aufgestapelt. Und es schneite weiter. Unser Holzstapel war kaum noch als solcher zu erkennen. Er ähnelte einem meterhohen Schneemann, ohne Arme und Gesicht und sehr steif. Eine halbe Stunde vor Jahreswechsel standen alle im Kreis um dieses Gebilde herum. Aber alle Versuche, ein Sonnwendfeuer zu entfachen, scheiterten kläglich. Das nasse Holz wollte und wollte einfach nicht brennen. Nach kurzem Aufflackern verlöschten die Flammen zischend. Enttäuscht zogen wir in den Tagungsraum, um hier die letzten Minuten des alten Jahres in Erwartung des neuen zu verbringen.

Der Herbergsvater hatte unser Kommen bemerkt und fand sich bereit, den Rittersaal ausnahmsweise für uns zu öffnen. Neben dem großen Renaissance-Kamin war trockenes Holz für mehrere Tage gestapelt. Im Nu flackerte ein Feuer, das nach allen vergeblichen Versuchen draußen in der Kälte die Feststimmung wiederherstellte. Bei Tee und Weihnachtsgebäck, das einige spendierten, wurde es noch eine gelungene Feier. Mit wilden Gesängen endete diese letzte Nacht des Jahres 1947. Erst in den Morgenstunden trat Ruhe ein in den alten Gemäuern der Feste Breuberg.
Im Laufe des Vormittags fuhren die auswärtigen Freunde mit der Bahn und wir wieder mit „Spoy“ nach Hause, zurück in den Alltag. Für mich bedeutete dies: „Good morning, Sir. What can I do for you?“

25. März-10. April 1948

Osterferien. – Gründonnerstag war Anreisetag. Drei Tage Lagerleben am Neckarstrand. Zweiter Osterfeiertag Aufbruch. So war es geplant und abgesprochen. Die Ämter hatten Lebensmittelzuteilungen zugesagt, nur eine Frage blieb bisher ungeklärt: Woher bekommen wir ausreichend Zeltbahnen, genügend, um mindestens drei sogenannte Not-Kohten aus Wehrmachtszeltbahnen errichten zu können?
„Bert“ und die Horte I wollten mit acht Mann Ostern auf dem Hüttengrundstück verbringen und mußten eine Vorrats-Kohte aufschlagen. Er konnte uns deshalb mit seinen Zeltbahnen nicht aushelfen. Die Nordhessen benötigten für drei Kohten eine größere Anzahl, die nicht so ohne weiteres aufzutreiben war. Auch die Freunde von „Hamis“ CP waren in den Osterferien unterwegs und daher nicht imstande, hier hilfreich einzuspringen. Herbert und „Acke“ baten um Hilfe. Wir fanden eine Firma,

die Zelte verlieh. Gigantische Bier- und Festzelte. Nach dem Zusammenbruch der Wehrmacht konnten sie aus deren Beständen auch anderes Zeltmaterial erwerben. Autoplanen, Abdeckhauben für Geschütze und die normale Dreieckszeltbahn in Tarnfarbe hatte man auf Lager. Harald nahm sich der Sache an. Und lieh sich insgesamt 36 Zeltbahnen. Obwohl noch nicht volljährig, übernahm er die Verantwortung und unterschrieb den dazu notwendigen Vertrag. Am Lagerplatz wurde ein Teil an die dankbaren Empfänger übergeben.

Noch während des Fällens der Kohtenstangen erschien der zuständige Revierförster und machte darauf aufmerksam, daß dieses Waldgebiet Privatbesitz und ohne Zustimmung des Eigentümers Abholzen nicht gestattet sei. Er verwies auf die Gemeindewiesen am Neckarufer. Diese seien seit einigen Monaten zum Zelten freigegeben worden. Man müsse jedoch mit gelegentlichen Polizeikontrollen rechnen. Am Spätnachmittag hatten wir gemeinsam unser Lager aufgeschlagen, ein Feuer brannte und Teewasser war bereitgestellt. Jetzt waren die Osterferien für alle erst tatsächlich auch sichtbar angebrochen.

Drei Kohten standen in Reih und Glied. Wir Frankfurter hatten uns näher zum Fluß in einem begrünten Uferstreifen niedergelassen. Vorsichtig begannen die ersten Triebe zu sprießen. Der Neckar führte Hochwasser, und eine reißende Strömung gurgelte und schwappte ans Ufer. Trüb und eiskalt, wie wir bei der Morgentoilette leidvoll feststellen mußten. Helmut Tiesnesis, „Renjo" genannt, ein Junge der Offenbacher „Pint"-Horte, die mit uns waren, sprang kopfüber in den kalten Fluß. Dies soll sogar irgendeiner der Teilnehmer fotografiert haben, niemand hat die Aufnahme je zu Gesicht bekommen. Erst Jahrzehnte später, am 5. Juni 2005, erfuhr ich bei meinen Recherchen zu diesem Osterlager, daß die Offenbacher über die Odenwaldstraße nach Hause trampten. In der Jugendherberge Beerfelden bekam der kühne Taucher plötzlich eine schwere Erkältung und hohes Fieber. Man setzte ihn und einen Hortenangehörigen als Begleitperson in einen Zug und schickte sie so auf dem schnellsten Weg nach Hause.

Die Osterfeiertage waren, soweit erinnere ich mich gut, zwar sonnig, aber windig und trotz des Kohtenfeuers eiskalt. Ein Sprung ins kalte Wasser und eine durchfrorene Nacht hätten auch eine Lungenentzündung zur Folge haben können. Nachhaltige Schäden sind jedoch nicht aufgetreten, wie „Pint" berichtete.

„Acke" und seine Mannschaft fuhren die verbleibenden Ferientage ins schöne Taubertal. Wir machten einen Zwischenhalt in Heidelberg mit Stadt- und Schloßbesichtigung, bevor wir die Heimreise antraten.
Nach einigen Wochen – Harald hatte den größten Teil der geliehenen Zeltbahnen

zurückgebracht, etwa ein Dutzend hatte Herbert noch für die Taubertalfahrt benötigt – trudelte eine Anfrage wegen des Verbleibs der noch nicht zurückerstatteten Bahnen bei ihm ein. Harald zitierte Herbert herbei, um diesen unklaren Sachverhalt an Ort und Stelle zu erörtern. Irgenwie konnte dieser tatsächlich die Firma dazu breitschlagen oder überreden, den Fehlbestand entweder selbst als Verlust zu verbuchen oder großzügig den Frankenberger Schlitzohren als Spende zu überlassen. Ob er als Entschuldigung angab, sie seien verbrannt oder gestohlen oder sonst etwas, haben wir nie erfahren, aber auch nicht danach gefragt.

RÜCKBLICK

Es war die letzte Fahrt der Horte II der Frankfurter Jungenschaft. Sechzehn lange Jahre, von 1932 bis 1948, ein Leben voller Freude im Kreis verläßlicher Freunde. Jetzt, im Alter von 28 Jahren, war es an der Zeit, Horten- und Landesvorsitz, damit auch den in der „Reichshorte", abzugeben. Harald trat meine Nachfolge als Hortenführer an, „Acke" wurde im Laufe des Jahres 1948 in die „Reichshorte" berufen. Aber auch die verbliebene Hüttenmannschaft löste sich auf, nachdem Beruf und Studium dem einzelnen kaum Zeit ließen, die regelmäßigen Treffen wahrzunehmen. „Ferdi" und „Pit" schickten sich an, auch ohne „Roppel" eine eigene Firma aufzubauen. Mit Ausnahme von „Heia" und „Knö" waren alle inzwischen verheiratet, meist auch Väter geworden. Hans war nach Saarbrücken umgezogen, Andrej und „Sascha" hatten ein Studium begonnen und Andrejs jüngerer Bruder Lonja war nach Frankreich ausgewandert. „Bert" war jetzt alleiniger Pächter der Hütte, die nach und nach zu einem beliebten Familientreffpunkt an den Wochenenden wurde. Bis in den 1950er Jahren ein Zerwürfnis mit dem Besitzer und der Forstverwaltung den Pachtvertrag endgültig beendete. Das von der Nachkriegsgruppe mühsam mit Liebe aufgebaute Holzhaus verfiel im Laufe weniger Monate in den gleichen Zustand, in dem wir es als Ruine vorgefunden hatten. Irgendwann wurde an seine Stelle eine nagelneue Fertighauskonstruktion gesetzt.

„Conny" Müller und „Krischa" Kerstian erhielten keine Zuzugsgenehmigung der Stadt Frankfurt und blieben in Berlin. Helmut „Strupp" Michels war nach kurzem Aufenthalt in der Garnison nach München umgezogen. Als passionierter Bergsteiger wollte er in der Nähe der Alpen sein neues Domizil aufschlagen. Bei einer seiner Klettertouren stürzte er 1958 in der Schweiz tödlich ab. Der Havelberger „Reiher" Werk und ein weiterer Berliner „Gunnar" Machoy waren im Osten gefallen. „Maxe" Bürger blieb zu lange unentschlossen, dann, durch die Mauer getrennt, bis 1990 für uns unerreichbar. Heia und ich besuchten ihn und blieben brieflich in Verbindung. Er wurde 92 Jahre alt. Die Dresdner Horte hatte der Krieg ausgelöscht. Wer nicht bei Kampfhandlungen ums Leben gekommen war, blieb unter den Trümmern seiner Heimatstadt begraben. Nur Heino habe ich in den kommenden Jahren in Bremen besucht. Er hatte auch geheiratet und war Vater zweier Töchter. „Mauki" war, nachdem ich ihn endlich nach langem Suchen in Ratingen gefunden hatte, kurz darauf verstorben. Mein bereits angesagter Besuch wurde durch die Nachricht seines Ablebens hinfällig. Die Todesanzeige ein letzter Gruß.
Tante Martha, inzwischen mit dem ehemaligen österreichischen Sozialminister verheiratet, und zur Kommerzialrätin ernannt, lebte in der Nähe Wiens. Ihre Töchter, Ehefrauen mit einer stattlichen Kinderzahl, waren noch in England. Entfernte jüdische Verwandte in Budapest hatte man noch kurz vor Kriegsende ermordet.

Von „Roppel“ hörten wir erst 15 Jahre später eine erschreckende Geschichte. Er hatte sich von dem „Untersuchungsausschuß Freiheitlicher Juristen“ als Mitarbeiter anwerben lassen und meldete seine Beobachtungen nach Westberlin, teils durch persönliche Gespräche, teils durch andere Mittelsmänner. Am 16. Februar 1955 wurde er durch das Bezirksgericht Gera (AZ 1Ks 21/55) wegen Spionage zu 12 Jahren Zuchthaus, Entzug des gesamten Vermögens, Verlust aller bürgerlichen Rechte, Entzug des Führerscheins und vielen anderen „Sühne-Maßnahmen“ verurteilt. Er war ein Nichts geworden. Erst ein ehemaliger Freund und Pößnecker Jungenschaftler, inzwischen nach Frankfurt geflüchtet, berichtete mir dies auf Wunsch von Frau Ursel Hene, die jetzt offiziell ihre Ausreise beantragt hatte. Bis zum letzten Tag mußte „Roppel“ seine Strafe verbüßen, um dann im Zuge bekannter Austauschprogramme „Menschen gegen Butter“ die endgültige Freiheit zu erlangen. Auf Seite 4 des Urteils werden auch meine Besuche erwähnt:
„Der Angeklagte hatte Verbindungen zu einem westdeutschen Herbert Westenburger in Frankfurt/Main. Dessen Rolle ist undurchsichtig, doch besuchte dieser den Angeklagten mehrmals in Pößneck, angeblich zu geschäftlichen Besprechungen über Druckerei und Herstellung von Büchern. Dieser Sachverhalt ist durch Einlassung des Angeklagten als erwiesen festgestellt worden.“

Nach diesem, wie ich zugebe, melancholischen Rückblick jetzt die andere, die tröstliche Seite. Verfolgung, Krieg, Behördenbehinderungen und materielle Not haben nicht verhindern können, daß wir unsere Knabenträume in vielen wichtigen Vorhaben erfolgreich durchsetzen konnten.

Es brennt vor uns die Flamme
und um uns ist das Zelt,
der Rauch steigt blau und träge
empor und in die Welt.

Wir sitzen beieinander
ums Feuer eng geschart,
es ziehen unsre Träume
hinaus auf große Fahrt.

Und einer mit der Klampfe
begleitet unsern Traum,
die alten Fahrtenlieder
erklingen durch den Raum.

Der Blick geht mit dem Rauche
bis zu den Wolken gleich –

die Weite und die Freiheit
sind unser wahres Reich.

Die Kohte ist die Heimat
der echten Jungenschaft.
Wir glauben an die Treue
und an die eigne Kraft.
Text von Heinz-Felix von Gruner (vex),
vertont von Heinrich Steinhöfel (heinpe)

Wenn auch für unsere Nachfolger die Suche nach der „blauen Blume" nicht aufgehört hat, die Fahrt der „Falado"-Segler nie enden wird, so werden doch die Träume am Kohtenfeuer für Augenblicke zur Wirklichkeit.

Die Firma S.F. Jollasse, Konditorei und Café, ist nie wieder entstanden. Die gemütlichen Kaffeehäuser Wiener Stils mit einer Auswahl internationaler Zeitungen, dem obligatorischen Glas Wasser zusammen mit dem Kaffee serviert, mußten den Coffee-Shops und Bistros weichen.
Es sollte in allen Lebensbereichen schneller gehen, auch wenn man dafür ein ungemütliches Ambiente in Kauf zu nehmen hat.

Ich aber halte mich jetzt an Friedrich Gundolfs besinnliche Textzeilen:
„Schließ Aug und Ohr für eine Weil vor dem Getös der Zeit ..."
und lege meine Brille und mein Hörgerät zur Seite!

ANHANG

Bilder
Dokumente

Bedauerlicherweise sind einige Dokumente durch unsachgemäße Lagerung während der Kriegsjahre, Brand und Nässe nach 70 Jahren nicht lesbarer reproduzierbar. Wenn jedoch ein schlechtes Dokument eine einmalige Situation beschreibt, ist es stets besser als Beweis als keines.

Teil I

FOURNISSEUR BREVETÉ

A. Rumpelmayer

CONFISEUR GLACIER

12, Rue Masséna

· NICE ·

Nice, le 8 Juillet 1884

Je certifie que Monsieur Jollasse a travaillé chez moi comme Ouvrier pour la pâtisserie depuis le 1 Novembre 1883 jusqu'aujourd'hui - j'ai été très satisfait de sa bonne conduite et l'activité dans le travail -

Rumpelmayer

Zeugnis 1882-1883
Rumpelmayer, Nizza

47 RUE DE MONCEAU

Le nommé Jollasse, François, est resté à mon service en qualité de confiseur-pâtissier-glacier du mois de novembre 1886 à ce jour et je puis Certifier qu'il connait parfaitement toutes les branches de sa profession. Paris ce 19 Juin 1889

Bne Rothschild

Zeugnis 1886-1889
Baron Rothschild, Paris

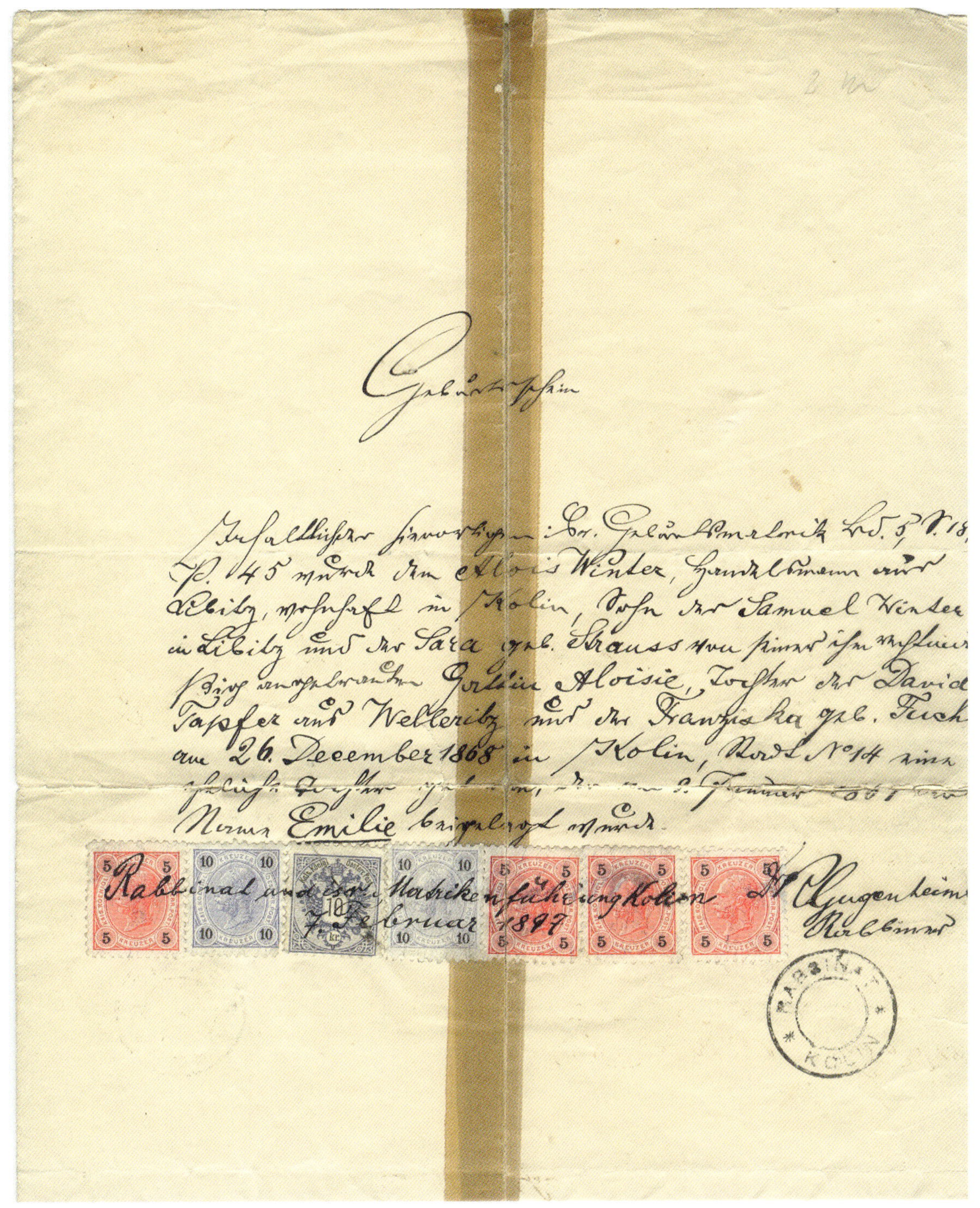

Geburtsschein

Inhaltlich der hierortigen isr. Geburtsmatrik Bd. 5, F. 18, P. 45 wurde dem Alois Winter, Handelsmann aus Libitz, wohnhaft in Kolin, Sohn des Samuel Winter in Libitz und der Sara geb. Strauss von seiner ihm rechtmässig angetrauten Gattin Aloisie, Tochter des David Tassfer aus Welleritz und der Franziska geb. Fuchs am 26. December 1868 in Kolin, Nro. 14 eine eheliche Tochter geboren, die am 3. Jänner 1869 den Namen Emilie beigelegt wurde.

Rabbinat und isr. Matrikenführung Kolin
7. Februar 1897

Dr. Guggenheim
Rabbiner

RABBINAT KOLIN

Geburtsschein, Großmutter Emma Jollasse, geb. Winter, Rabbinat Kolin 1868

Vater Jakob Becker, 1958

Mutter Nelly Westenburger, geb. Jollasse, 1940

Herbert Helmut Westenburger, gen. Berry, 1930

Großeltern Becker, Heppenheim, 1910

Großeltern Jollasse, Sohn Frank und Tochter Nelly, um 1912/14

Innenansicht des großelterlichen Cafés, 1910

Elternhaus, Frankfurt/Main, Eysseneckstr. 10, 1934

Roßmarkt 2-10, aus: Frankfurter Zeitung, Beilage 6.4.1912 (nach einer Reproduktion im Sta Frankfurt a.M.), 2. Haus v. rechts, S.F.Jollasse, Conditorei und Café

Robert und Karl Oelbermann, die Gründer und Bundesführer des Nerother Wandervogels, 1926

Die Nerother Höhle

Gründungsstätte des Nerother Bundes.

Robert Oelbermann. Karl Oelb.

Burg Waldeck, vor 1920, Nikitje, 20.7.42 in einem russischen Blockhaus gefunden. Einem Feldpostbrief von Bert Pampel beigefügt!

Burg Waldeck, 2005. Erbaut in 80 Jahren ohne öffentliche Zuschüsse

Text: Paul Leser, Frankfurt, 1933 – Melodie „Gleich wie die Möwe…"

J

Nationalsozialistische Deutsche Arbeiterpartei

Parteigericht

Gaugericht.
Hessen= Nassau
v.L/S.

Frankfurt/ M., den 1?.9.?4.

An das
Oberste Parteigericht, II Kammer,
M ü n c h e n .

Betr: Robert Westenburger.

Gegen den Pg. R. Westenburger /Frankfurt=M. wurde durch das zuständige Ortsgericht und das Gaugericht ein Beschluss auf Ausschluss aus der Partei gefasst, da seine Frau die Tochter einer Jüdin ist, und er sich nicht scheiden lassen will. Seine Begründung, die er gibt, zeigt nur, dass er von dem Rassegdanken, und der Gefährlichkeit des jüdischen Blutes überhaupt noch nichts begriffen hat. In einem Punkte seiner Beschwerde hat er Recht. Ich habe in meinem Beschluss von der rein jüdischen Abstammung seiner Frau gesprochen, während sie nur Halbjüdin ist, doch ist dies nur ein Diktierfehler, der ohne jeden Einfluss auf die Unzulässigkeit der Bindung ist.

Heil Hitler !

[Unterschrift]

Anlage: ein Akt.

Serge Jaroff, Dirigent und Gründer des original Don Kosaken Chores, Foto aus einem Programmheft, 1937

Eberhard Köbel – tusk, Gründer und Führer der „deutschen autonomen jungenschaft“ (dj. 01.11) vom 01.11.29

Kohtenlager der d.j.01.11 im Winter 1931/32 bei Todtnauberg/Schwarzwald (Teilansicht), Foto: tusk

Die „rot-graue“ Garnison der illegalen Jungenschaft, Frankfurt/Main, Gleimstraße 20, 1941. Foto: Heia Bauer, Berlin

Dezember 1931/12

bubentyrker

Nachrichtenblatt des Lagerfeuers

Die Rotgraue Aktion

Rotgraue Hochburg — Rotgraue Garnison — Rotgraue Rebellen — Rotgrauer Beginn. Was bedeuten diese Namen? Sie bedeuten die Organisation der Berliner Gruppen der Deutschen Jungenschaft.

tusk war noch nicht lange wieder in Berlin von seiner Nowaja-Semlja-Fahrt. In Brieselang trafen wir uns mit 35 Reichspfadfindern, die zu uns wollten. Da brachte tusk einen Vorschlag: den Rotgrauen Aktionsplan zur Mobilisierung aller Jungen und zur endgültigen Schaffung der Deutschen Jungenschaft. Wir zusammen gründen den ersten rotgrauen Gau. Namen vorschlagen! — Das war der Rotgraue Beginn.

Inzwischen haben unsere Gedanken überall Fuß gefaßt: in den Freischaren, in den Pfadfinderbünden, in den Kolonialjugendbünden, überall steht man auf dem Boden der Jungenschaft oder behauptet es wenigstens. Zwar hat man die Aufnahme von dj. 1. 11 heute noch in allen Bünden abgelehnt, aber man kann über die Gedanken der Jungenschaft nicht hinweggehen. Quickbornjungenschaft, Christdeutsche Jungenschaft, Ordensjugend, Deutscher Pfadfinderbund, Deutsche Freischar, überall ist Aufbruchstimmung. Überall wird der Jungenschaftsgedanke offen oder heimlich propagiert, die obersten Führer versuchen mit Verboten die Bewegung aufzuhalten. Die dj. 1. 11-Tracht, die in allen Bünden spontan von den Jungen getragen wird, wurde teilweise untersagt. Aber trotzdem, die Gedanken setzen sich durch. Wo man noch zögert, ist es nur ein ängstliches Festhalten am Zustand, die Furcht vor der Veränderung. Die rotgraue Aktion der Jungen aller Bünde marschiert! —z.

1932/3

Der SW ist rotgrau

Der SW ist der südliche und westliche Teil der Quickbornjungenschaft (katholisch). Er trat der rotgrauen Aktion geschlossen bei. Wir begrüßen ihn. Es sind etwa 700 Jungen. „Bockpfote" heißt ihr Kleinblatt, das der „Rakete" ähnelt. Bockpfote 3 schreibt über den SW folgendes:

rup / bonn: SW ist keine Clique. Er ist unser großes Werk, für das wir kämpfen und siegen. Im Werk werden die Alten uns achten lernen.

Liederabend in Köln 1932

Liederabend in Neuwied 1933

SÜD-WESTDEUTSCHE AUTONOME JUNGENSCHAFT IM QUICKBORN

BARRIKADEN

S.-W. SINGT AUS REVOLUTIONEN

AM SAMSTAG, DEN 22. JULI, 20.30 IM KREISMUSEUM

EINTRITTSPREIS 0.50 MARK

Berry, Heinz und Pit als Interbrigadisten in Knös Spanien-Sketch. Foto: Bert Pampel, Frankfurt/Main, 1937

Bert und Carli als Dachdecker
Fotos: Pit Schmidt, Frankfurt/Main

Wo machen wir weiter?
Fotos: Pit Schmidt, Frankfurt/Main, 1938

„Slawophile" Jungenschaft, Bert vor der Hütte, Wüstems 1938, Foto: Pit Schmidt

V.li. Bert stehend, verdeckt Hans, Walli, Ferdi, Rolf, Carli und Berry, Sommer 38, Wüstems/Ts., Foto: Pit Schmidt, Frankfurt/Main

Janek auf der Whisky, Sommer 38, Foto: Heino Schlabbers, Mönchen-Gladbach

Allah, Carli, Chrischan, Berry, Ojüste und Walli, Sommer 37, Foto: Bert Pampel, Frankfurt/Main

Winter 1937/38 Wüstems/Ts., v.li.: Fritz und Kurt Hofmann, Mitte: Lina Trautmann, gen. „Kai", daneben Erich Schutt und „Chrischan". Foto: Bert Pampel, Frankfurt/Main

Anna Müller, Berts Großmutter. Die eigentliche Wohnungsinhaberin der Gleimstraße 20. Verständnisvoll und nachsichtig für all das, was geschah. Foto: Heia Bauer, 1941

Geheime Staatspolizei — Staatspolizeistelle Düsseldorf

[An]genommen [Mo]nat Jahr Zeit	Raum für Eingangsstempel	Befördert Tag Monat Jahr Zeit
[Se]p. 1938 * 0 1 25	Staatspolizeistelle Düsseldorf 1 5. SEP. 1938 .... Anl.	an durch
durch		Verzögerungsvermerk
Nr. 23763	Telegramm — Funkspruch — Fernschreiben — Fernspruch	

+ DRESDEN NR. 18 905 15.9.38 0122-
AN DIE STAPO DUESSELDORF ===
BETR.: BUENDISCHE JUGEND.--
VORG./ : ROEM. 2 H - 543/38.-.

AUF DAS FS VOM 13.9.38 WIRD MITGETEILT, DASS HAEHNEL, DRESDEN, UND DER BUENDISCHE SELBSTSCHUTZ HIER BEREITS BEKANNT SIND. AUCH DIE VERBINDUNG HAEHNEL-BERRX , FRANKFURT/ M. IST HIER BEREITS BEKANNT. HAEHNEL STEHT HIER UNTER SCHAERFSTER UEBERWACHUNG. AUS TAKTISCHEN GRUENDEN WURDE BISHER NICHT ZUGEGRIFFEN. ENTSPRECHENDE RUECKFRAGEN SIND WEGEN DES B. S. UND DES BERRY MIT DER STAPO FRANKFURT BEREITS GEHALTEN WORDEN. DA DURCH DIE DORTIGEN FESTNAHMEN DIE HIESIGEN VORBEREITETEN MASSNAHMEN KEINEN ZWICJ MEHR HABEN WIRD HAEHNEL HEUTE FESTGENOMMEN WERDEN. WEITERER BERICHT FOLGT. ===

STL. DRESDEN ROEM. 2 H- 434/38+++

79

Geheime Staatspolizei
Staatspolizeistelle Halle (Saale)
Nr.-Nr. II H 14097/38.
Bitte in der Antwort vorstehendes Geschäftszeichen und Datum anzugeben.

Halle (Saale), den 20. September 1938.
Dreyhauptstraße 2, Eingang Hallorenring
Fernsprecher Nr. 27691

Staatspolizeistelle Düsseldorf
23. SEP. 1938
............Anl.

Betrifft: Bündische Jugend.
Vorgang: FS Nr.23.605 vom 15.9.38, II H-543/38.
Anlagen: 1 Akte.

Robert S c h n e i d e r , geb. 10.8.15 zu Bromberg, wohnhaft in Halle, Paul Berckstr.123, wurde festgenommen und am 17.9.38 dem Richter vorgeführt, der gegen ihn Haftbefehl erliess.

Vernehmungsdurchschriften füge ich bei.

Ich bitte ihnen zu entnehmen, dass "Spoy" (Schneider) von "Berry" (Westenburger, Frankfurt a/M) aufgesucht und für den "Bündischen Selbstschutz" geworben wurde. Aus dem Schriftwechsel ist ausserdem ersichtlich, dass der "Bündische Selbstschutz" am oberen Rhein und am Main, insbesondere in Frankfurt, schon eine nicht unerhebliche Anhängerzahl hat.

Vernehmungsdurchschriften und z.T. Fotokopien der Briefe von "Berry" und Walter Siebenhühner habe ich gesandt an:

Stapoleitstellen Magdeburg und Karlsruhe und Stapo Frankfurt, damit von dort Weiteres veranlasst werden kann.

I.V.
gez. Wolff.

An die
Geheime Staatspolizei
Staatspolizeistelle
in D ü s s e l d o r f,
Ufer der Alten Garde 2.

Beglaubigt
Stapostelle

Geheime Staatspolizei — Staatspolizeistelle Düsseldorf

Aufgenommen Tag Monat Jahr Zeit	Raum für Eingangsstempel	Befördert Tag Monat Jahr Zeit
23. Sep. 1938 * 09 20	Staatspolizeistelle Düsseldorf 23. SEP. 1938 .... Anl.	an durch
DR. – durch		Verzögerungsvermerk
IIH Nr. 24445	Telegramm — Funkspruch — Fernschreiben — Fernspruch	

FRANKFURT/MAIN NO. 24613 23.9.38 0825 –
AN DAS GESTAPA BERLIN, ALLE STAPOLEIT – U. STAPOSTELLEN UND GRENZSTELLEN. – –
BETR.: BUENDISCHER SELBSTSCHUTZ. –
VORGANG : MEIN FS. NO. 24171 VOM 16.9.1938 ROEM. 2 H. 11389/38. – –
DAS FESTNAHMEERSUCHEN HAT SEINE ERLEDIGUNG GEFUNDEN. –
WESTENBURGER WURDE HIER FESTGENOMMEN. –

STAPO FRANKFURT/MAIN ROEM. 2 H. 11389/38 – MONDORF. +

Heftrand

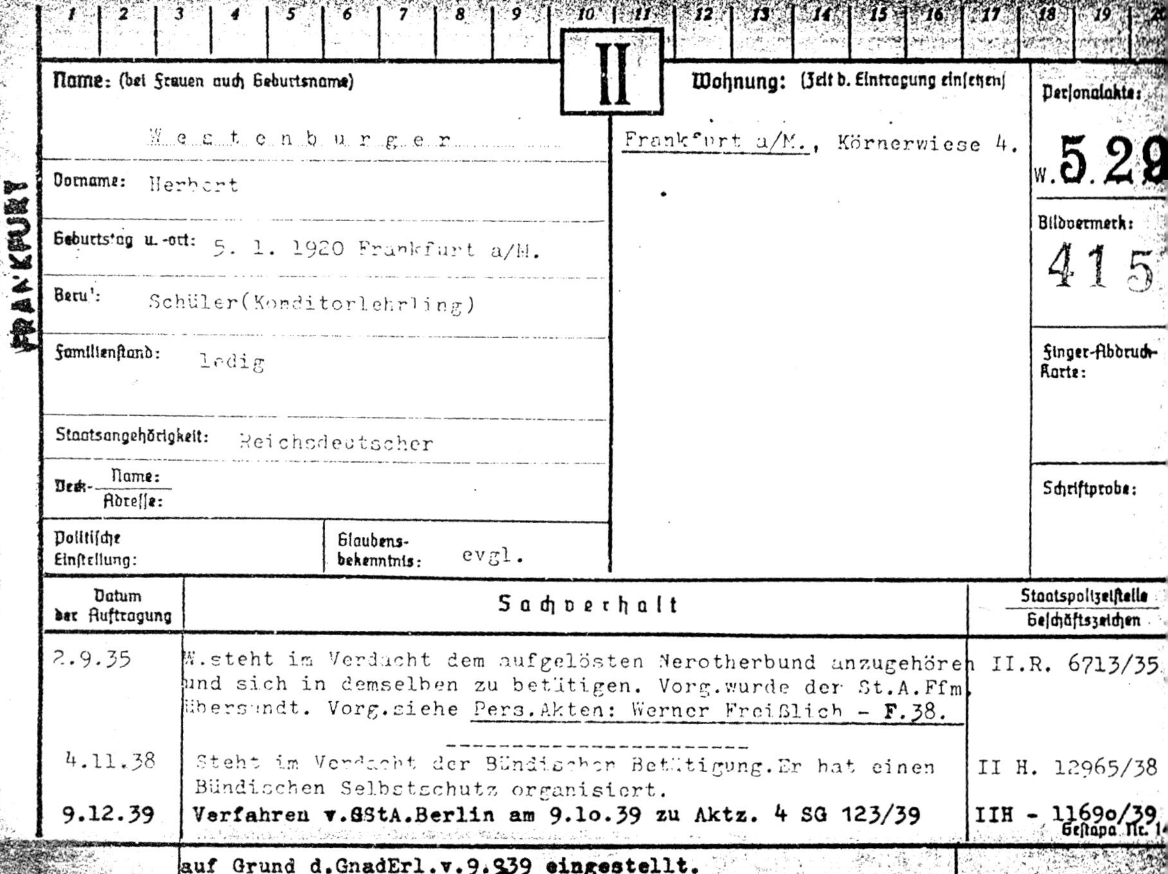

FRANKFURT

1 2 3 4 5 6 7 8 9 10 11 12 13 14 15 16 17 18 19 20

II

Name: (bei Frauen auch Geburtsname) Westenburger

Vorname: Herbert

Geburtstag u. -ort: 5. 1. 1920 Frankfurt a/M.

Beruf: Schüler (Konditorlehrling)

Familienstand: ledig

Staatsangehörigkeit: Reichsdeutscher

Deck- Name: Adresse:

Politische Einstellung:

Glaubensbekenntnis: evgl.

Wohnung: (Zeit d. Eintragung einsetzen) Frankfurt a/M., Körnerwiese 4.

Personalakte: W. 529

Bildvermerk: 415

Finger-Abdruck-Karte:

Schriftprobe:

Datum der Auftragung	Sachverhalt	Staatspolizeistelle Geschäftszeichen
2.9.35	W. steht im Verdacht dem aufgelösten Nerotherbund anzugehören und sich in demselben zu betätigen. Vorg. wurde der St.A. Ffm. übersandt. Vorg. siehe Pers.Akten: Werner Freißlich – F.38.	II.R. 6713/35
4.11.38	Steht im Verdacht der Bündischen Betätigung. Er hat einen Bündischen Selbstschutz organisiert.	II H. 12965/38
9.12.39	**Verfahren v. GStA. Berlin am 9.10.39 zu Aktz. 4 SG 123/39 auf Grund d. GnadErl. v. 9.939 eingestellt.**	**IIH – 11690/39**

Gestapa Nr. 1

52

**Der Generalstaatsanwalt
bei dem Landgericht**

4 Sond. K. Ms. 118.38

Bei Rückschreiben wird um Angabe der vorstehenden Geschäftsnummer ersucht

Berlin NW 40, den 5. M a i 1939
Turmstraße 91
Fernruf: 356701

An die

Staatspolizeistelle

D ü s s e l d o r f

Zu: B.Nr.II H 689/38

Die hiesige Strafsache richtet sich nur gegen Robert Schneider.

Bezüglich der weiteren Beschuldigten aus Kreisen des „Bündischen Selbstschutzes" sind besondere Verfahren anhängig die zum Teil noch nicht abgeschlossen sind.

Auf Anordnung:
[Unterschrift]
Justizangestellter.

Staatspolizeistelle Düsseldorf
– 7. MAI 1939
II H

18.5.

**Staatsanwaltschaft
bei dem Landgericht**

Nr.: 4 Sond. Kms. 118/38

Berlin NW 40, den 23. Jan. 1940
Turmstraße 91
Fernsprecher 356701

Zu: II H. 689/38

Es wird mitgeteilt, daß die weiteren Verfahren gegen die Angehörigen des „Bündischen Selbstschutzes" teils mangels hinreichenden Tatverdachts eingestellt, teils durchgeführt worden sind.

Auf Anordnung
[Unterschrift]

Justizangestellter

Landesarchiv Berlin

BERLIN

Kalckreuthstraße 1-2, D-1000 Berlin 30

Herrn
Herbert Westerburger
Oskar Schindlerstraße 21

W-6000 Frankfurt/Main 50

Fernruf:
Vermittlung (0 30) 21 23-1
Intern (9 82)
Durchwahl 21 23-

Geschäftszeichen	App.	Datum
LA-IX/USch	-3147	29.1.1992

Betr.: Akten der Staatsanwaltschaft beim Landgericht Berlin
hier: 4 S Js 123/39
Vorg.: Ihr Schreiben vom 14.1.1992

Sehr geehrter Herr Westerburger,

vielen Dank für das von Ihnen zugesandte Buch. Es stellt eine schöne Bereicherung unserer Dienstbibliothek dar.
Eine Kopie aus den Geschäftstagebüchern ist leider aus konservatorischen Gründen nicht möglich.
Nachfolgend alle vorhandenen Daten der 13 Mitangeklagten, neben Ihnen waren dies:

1. Pampel, Norbert, Lichtbildner, Frankfurt/M.
2. Warczinski, Johannes, Arbeiter, Frankfurt/M.
3. Schmidt, Kurt, Frankfurt/M.
4. Schlabbers, Heinrich, Mönchengladbach
5. Van C(?)esbeeck, Otto, Mönchengladbach
6. Siebenhühner, Walter, Rehe
7. Frisslich, Werner, Aschersleben
8. Wilhelm, Christian, Hanau
9. Werk, Fritz, Berlin-Spandau
10. Hartling, Hugo, Frankfurt/M.
11. Hähnel, Karl-Heinz, Dresden
12. Bender, Robert, Tuttlingen
13. Schneider, Robert, Halle/Saale

Mit freundlichen Grüßen
Im Auftrag

Dr. Uwe Schaper

Öffnungszeiten:
Montag-Mittwoch 8.30-15.30 Uhr
Donnerstag 8.30-18.00 Uhr
Freitag 8.30-15.00 Uhr

Teil II

Die Turmbesatzung des Wasserturms Orankesee, Berlin – Hohenschönhausen, 1941, Fotograf unbekannt

Liesel Lang, genannt „Gerry", Berts langjährige Gefährtin und spätere Ehefrau (1946), Foto: Bert Pampel, 1943

Drei Berliner Unentwegte: Heia Bauer und Conny Müller besuchen „Hasch" Müller vor seiner Versetzung nach Afrika, Berlin 1941, Foto: Max Bürger, Berlin

Aufbruch zur Wochenendfahrt „Heino" Schlabbers, „Strupp" Michels und „Maxe" Bürger. 1942 Berlin, Foto: Heia Bauer

Drei Aktivisten: Fronturlaube wurden zusammengelegt. 1942. v.li n.re: Bert Pampel, Chrischan Wilhelm, Frankfurt, Heino Schlabbers, Bremen, Foto: Heia Bauer, Berlin

Illegale Jungenschaftsgruppe auf Wochenendfahrt in die Mark Brandenburg, Berlin, Oktober 1942, Foto: Heia Bauer

Nationalsozialistische Deutsche Arbeiterpartei
Gau Hessen-Nassau

Gaugeschäftsstelle:
Frankfurt a. M., Adolf-Hitler-Haus, Schließfach 1636
Girokonto 6221 Nassauische Landesbank, Frankfurt am Main
Fernruf 50011 / Postscheck-Konto: Frankfurt am Main 53003
Kreisgeschäftsstelle:
Darmstadt, Rheinstraße 95 / Fernsprecher 4644-4645
Girokonto 127 Städt. Sparkasse Darmstadt / Postscheck: Ffm. 57457

Kampfzeitungen des Gaues:
„Frankfurter Volksblatt" Frankfurt/Main
Große Gallusstraße 21, Fernsprecher Nr. 28231
„Hessische Landeszeitung" Darmstadt
Rheinstr., Ecke Saalbaustr., Fernsprecher 5341—5343

Kreis Darmstadt
Ortsgruppe Jugenheim a. d. B.
Konto Spar- u. Darlehenskasse Jugenheim
Fernsprecher 136

Ortsgruppenleiter.

20. Flakdivision (mot) (...)
Führungs...
Eingang: 16.4.43
Br. B. Nr.:

Jugenheim, den 9. April 1943
Hauptstraße 41

An den Kdt.-Führungsstab
Führer der Einheit L 49 783
Lg.P.München 2.

Sehr geehrter Herr Leutnant!

Auf Ihr Schreiben vom 17.März 1943 betr. die Mutter des Ob.Gefreiten Westenberger teile ich Ihnen mit:
Frau W. ist erst am 21.12.42 nach Jugenheim zugezogen und dadurch hier fast unbekannt. Auf die Meinung der Nachbarn konnte ich nichts geben und habe ich mich deshalb an die Gestapo in Darmstadt gewandt, die aber nichts wußte.- Von der Gestapo Ffm bekam ich die Mitteilung, daß Frau W. auf Grund einer begangenen strafbaren Handlung festgenommen wäre und sich z.Zt. noch in Haft befindet.

Ich bitte, die Verzögerung entschuldigen zu wollen, aber die Anfragen bei den Behörden nahmen so lange Zeit in Anspruch.

...ORED
...WAR CAMP
...RGIA

Nationalsozialistische Deutsche Arbeiterpartei Ortsgruppe Jugenheim a.d.B. Gau Hessen-Nassau

Heil Hitler!

[signature]

Ortsgruppenleit...

Dienststelle L 49 783 Gefechtsstand, den 19.4.43

Kommandant des Stabsquartiers

An die

Staatspolizeileitstelle

Frankfurt/Main

Lindenstraße

Der Obergefreite Herbert Westenburger, geb. am 5.1.1920 zu Frankfurt / Main, zuletzt wohnhaft in Frankfurt / Main, auf der Körnerwiese 4, hat hier vor einiger Zeit gemeldet, daß seine Mutter, Frau Nelly Westenburger, wohnhaft in Jugenheim a.d.B., Alsbacherstraße 46 plötzlich verschwunden sei.

Auf eine Anfrage der Dienststelle bei der zuständigen Ortsgruppe (Ortsgruppe Jugenheim a.d.B.) teilte der Ortsgruppenleiter mit Schreiben v.9.IV. 43 mit, daß Frau Westenburger [illegible] strafbaren Handlung von der Gestapo Frankfurt / Main [illegible] nommen sei. Die Auskunft hat bei dem Obergefreiten Westenburger eine begreifliche Unruhe ausgelöst. Er ist außerdem in lebhafter Sorge um sein Vermögen (Haus Jugenheim a.d.B., Alsbacherstr.46).

Da die Schwierigkeiten des afrikanischen Kriegsschauplatzes z.Zt. eine Beurlaubung des Obergefreiten Westenburger aus dem Einsatz verbieten, bittet die Dienststelle um unmittelbare Auskunft von der Staatspolizeileitstelle über Art und Schwere der strafbaren Handlung und ihre Folgen.

[illegible]

Oberleutnant

und Kommandant des Stabsquartiers.

Auschwitz, den 27. August 1943

An Herrn

Robert W e s t e n b u r g e r,

F r a n k f u r t a.M.
Auf der Körnerwiese 4

Sehr geehrter Herr Westenburger !

Ihre E h e f r a u meldete sich am 16.8.43 krank und wurde daraufhin unter Aufnahme im Krankenhaus in ärztliche Behandlung genommen. Es wurde ihr die bestmögliche medikamentöse und pflegerische Behandlung zuteil. Trotz aller angewendeten ärztlichen Bemühungen gelang es nicht, der Krankheit Herr zu werden.

Ich spreche Ihnen zu diesem Verlust mein Beileid aus.

Ihre Ehefrau hat keine letzten Wünsche geäussert.

Ich habe die Gefangeneneigentumsverwaltung meines Lagers angewiesen, den Nachlass an Ihre Anschrift zu senden.

Die Todesurkunde wird Ihnen in den nächsten Tagen zugesandt.

Der Lagerkommandant:
i.V.
[Unterschrift]
SS-Hauptsturmführer.

17997

G 1

Sterbeurkunde

(Standesamt II Auschwitz Nr. CXLVIII60/1943)

Die Nelly Westenburger geborene Jollasse

evangelisch

wohnhaft Frankfurt am Main, Auf der Körnerwiese Nr. 4

ist am 23. August 1943 um 08 Uhr 15 Minuten

in Auschwitz, Kasernenstraße verstorben.

Die Verstorbene war geboren am 19. November 1890

in New York

(Standesamt Nr.)

Vater: Franz Jollasse, zuletzt wohnhaft in Frankfurt am Main

Mutter: Emma Jollasse geborene Winter, zuletzt wohnhaft in Frankfurt am Main

Die Verstorbene war ~~nicht~~ verheiratet mit Robert Westenburger

Auschwitz, den 14. September 1943

Der Standesbeamte
In Vertretung

(Siegel) Der Standesbeamte des Standesamts II Auschwitz, Kreis Bielitz

H.

Gebühr RM -.30

Gebührenfrei

Abendliche Heimkehr deutscher Kriegsgefangener nach einem Ernteeinsatz 1943, Foto: US Army

Berry, 1943 in alliierter Gefangenschaft, bereit, einen zweiten Versuch zu unternehmen! US-Fotograf, gegen Honorar

Omnibus-Haltestelle
nach
Sachsenhausen
Unser Herrgott
hat viel gelitten
aber durch die Fahrgass
ist er nicht geschritten

Frontstadt
Frankfurt
wird gehalten!

103
HAUSHALTSWARE
DEUTSCHE ZÜNDWAREN MONOPOLGES.
pst!

Herbert Westenburger June, 5. 45

camp leader POW camp Wheeler

To all companies

The recent film about atrocities in German Concentration - Camps caused a certain consternation among the POW's.

We all know that these cruelties committed have nothing in common with the POW's and the German people themselves. They are an invention of a ruthless criminal clique which has led Germany in deepest unhappiness and dishonor.

Therefore it is entirely incomprehensible that some of us try to find an excuse for all these evils or dare to belief that it concerns american propaganda.

Germany has now lost her reputation in the whole world. It will be a hard and long way for us to convince the world that we are willing to make good our guilt.

For reasons of reinstatement of German Honor it will be impossible henceforth to tolerate people among us who are destructive to our good intentions.

Herbert Westenburger

-Das Offene Wort-

Monatliche Lagerzeitung der deutschen Kriegsgefangenen

Herausgeber: Lagerfuehrung Camp Wheeler — Verantwortlich: Arbeitsgemeinschaft "Das Offene Wort"

VOL. 1—NO. 1 CAMP WHEELER, GA. JULI '45

ZUM GELEIT

Liebe Kameraden. Heute liegt unsere Lagerzeitung vor Euch. Die anhaltenden Versetzugen der letzten Wochen nahmen uns eine Anzahl guter Mitarbeiter. Und, sagt einmal selbst, wer von Euch hatte noch Lust ,wenn er spaet abends von seinem Arbeitskommando heimkam, geistige Arbeit zu verrichten.

Wir wollen aber mit besonderem Eifer wieder eine monatliche Lagerzeitung starten mit einem woechentlichen Informationdienst.

Den Namen haben wir geaendert, wie Ihr seht. Der Name "Zaungast" erschien uns in der heutigen Zeit, in der wir nicht laenger Zaungaeste dessen, was um uns geschieht, sein duerfen, ungeeignet. Wir wollen nicht mehr am Rande stehen und das, was wir hoeren, sehen oder lesen nur als vollendete Tatsache hinnehmen. Wir muessen uns damit auseinandersetzen.

"Das offene Wort," wie wir unsere neue Lagerzeitung taufen, soll Euch allen Gelegenheit geben, ueber das, was Euch beschaeftigt, bekuemmert oder erfreut, ein offenes Wort zu fuehren. Das heisst nun nicht, dass jeder einfach seinen Bettnachbarn, einen Stubenkameraden oder seinen Kompaniefuehrer anpoebeln und beleidigen kann. Es hat jeder das Recht, Vorschlaege, Fragen und Beschwerden, die das Allegemeinwohl unseres Lagers betreffen, hier vorzubringen. Recht und Vernunft, wie uns der "Ruf" in seinem Leitsatz sagt, muss auch hier im Klienen den Ausschlag geben.

Auf gute Zusammenarbeit!

Herbert Westenburger, Lagerfuehrer

Liebe Kameraden! Die vorliegende Zeitung ist die erste des Hauptlagers Wheeler, die nach dem Kriegsende erscheint. Ihr veraenderter Name soll richtunggebend fuer ihren Inhalt sein, das heisst, jeder soll die Gelegenheit haben auf ihren Seiten ein offenes Wort zu sprechen ueber das, was ihn bedrueckt, oder das sonst von allgemeinem Interesse ist. Es liegt nun an Euch, diese Gelegenheit wahr zu nehmen, und nicht nur immer das zu lesen, was andere schreiben. Auf meinen Wunsch hat mir der Lagerfuehrer einige Exemplare fuer die Seitenlaeger zur Verfuegung gestellt, und ich hoffe auch von dieser Seite auf eine rege Mitarbeit, sodass wir die Zeitung auf alle Laeger ausdehnen koennen.

Ich glaube, dass diese Einrichtung mithelfen kann, das Licht der Wahrheit, von dem ich schon einmal sprach, auch in die dunkelsten Ecken zu tragen.

—Heinz Kitzig, Lagersprecher.

Adolf Hitler und Himmler erkannten, dass der deutsche Richter, von wenigen Ausnahmen abgesehen, sich nicht dazu bereit fand, gegen Recht und Gesetz und gegen seine Ueberzeugung der Willkuer der Partei und Gestapo zu willfahren, halfen sie sich selbst mit der Gestapo. Deutsche Maenner und Frauen, denen vielfach nichts anderes vorge-worfen werden konnte, als dass sie politisch anderer Meinung waren als die Fuehrung und ihre Ansicht geaeussert hatten, oder die sich oft aus rein privaten Gruenden mit Amtstraegern der Partei ueberworfen hatten, wurden ihrem zustaendigen

Teil III

Copy.

Eingang 10.11.45

MILITARY GOVERNMENT
Detachment H 285
Kreis Aibling - Bavaria
Co E.3rd Mil.Govt.Regt.

6 November 1945.

Betr.: AG 014.1 GEC-AGO (Main) APO 757 25 October 1945 Amendment to Part I (Education), Section VII (Education and Religious Affairs), Administration of Military Government in the U.S. Zone in Germany, 7 July 1945.

An : Kommandierende Generale
Eastern Military District
Western Military District.

Betätigung der Jugend.

a. Sie werden dafür sorgen, dass keinerlei Jugendbetätigung in der Art der Hitlerjugend oder einer militärischen oder militärähnlichen Natur wieder ins Leben gerufen wird.

b. Zu der gleichen Zeit werden Sie aktiv die Bildung von freiwilligen Gruppen junger Leute für kulturelle, religiöse und der Gesundheit dienenden Zwecke fördern. Diese Gruppen sind in erster Linie beabsichtigt für Knaben und Mädchen zwischen 10 und 18 Jahren. Sie werden sich alle bemühen, ein hohes moralisches Niveau bei der deutschen Jugend zu entwickeln und aufrechtzuerhalten. Die Bildung von Untergruppen der anerkannten internationalen Jugendorganisationen wie z.B. Pfadfinder, Pfadfinderinnen, christlicher Verein junger Männer, christlicher Verein junger Mädchen und jüdischer Verein junger Männer soll gefördert werden. Alle Gruppen werden dazu beitragen, eine erfolgreiche Entwicklung demokratischer Ideen zu ermöglichen, Gedankenfreiheit zu entwickeln und die Ideale der Rechtlichkeit, Toleranz und Ehrenhaftigkeit zu pflegen.

c. Sie werden darauf achten, dass Jugendausschüsse im Kreise gebildet werden, um die Betätigung der Jugend in Gang zu bringen und zu kontrollieren. Alle diejenigen, welche die Absicht haben, Jugendgruppen zu gründen, welche als Führer von Jugendgruppen sich betätigen wollen oder welche bei den Kreisjugendausschüssen Anstellung finden wollen, müssen vorher von der Militärregierung genehmigt sein. Die Untersuchung wird entsprechend dem üblichen Entnazifizierungsverfahren durchgeführt werden.

./.

d. Die Mitgliedschaft in allen Jugendgruppen wird freiwillig sein. Eine unterschiedliche Behandlung aus religiösen, rassischen oder sozialen Gründen wird nicht gestattet sein; dagegen können Jugendgruppen einer bestimmten Konfession genehmigt werden.

e. Keine Jugendgruppen dürfen ohne die Genehmigung der Militärregierung gegründet werden. Die Militärregierung, die sich ihrerseits auf die Kreisjugendausschüsse stützt, wird die Verantwortung dafür tragen, dass die Gruppen in ihrer Tätigkeit sich an die durch die Genehmigung festgelegten Bedingungen halten. Eine Liste aller genehmigten Jugendgruppen soll beim Kreisausschuss geführt werden. Diese Liste soll den Namen der Gruppe, die Namen der Führer und Verwalter, Angaben über die Ziele, die Zahl der Mitglieder und eine Übersicht über die Tätigkeit enthalten.

f. Keine Jugendgruppe soll sich politisch betätigen.

g. Sie haben die Jugendgruppen ständig zu überprüfen, um sicherzugehen, dass sie nicht für illegale Zwecke missbraucht werden.

Ergänzende Bestimmungen.

1. Pflichten der deutschen Behörden.

a. Jeder Kreis soll die Bildung starker Jugendgruppen in seinem ganzen Gebiet fördern, wobei er sich an die Direktiven und die politischen Linien der Militärregierung hält.

b. Die Jugendausschüsse im Kreis sollen aus Männern und Frauen gemeinschaftlich bestehen, die ihrerseits verschiedene Interessen vertreten wie z.B. Erziehung, Kirchen, Jugendwohlfahrtsamt, Gesundheitsbehörden, verschiedene Wirtschaftsgruppen usw.. Diese Personen sollen von denjenigen Organisationen gewählt werden, welche sie repräsentieren. Der Vorsitzende des Ausschusses soll normalerweise der Landrat oder der Oberbürgermeister sein.

c. Anträge auf Gründung von Jugendgruppen müssen Angaben enthalten über die Gründer, die als Führer vorgeschlagenen Personen und die beabsichtigte Betätigung. Jeder Antrag soll zuerst dem Jugendausschuss im Kreis, danach, falls genehmigt, mit den entsprechenden Bemerkungen und Empfehlungen dem MGO (dem leitenden Offizier der Militärregierung) des Regierungsbezirks zur endgültigen Bestätigung vorgelegt werden.

2. Jugendführer.

a. Alle Personen, welche Jugendgruppen gründen und führen, müssen sehr sorgfältig geprüft werden nach der üblichen Denazifizierungsmethode, da Führung der deutschen Jugend von äusserster Bedeutung ist.

b. Die Betätigung der Jugend soll als eine Art von öffentlichem Dienst an der Gemeinde betrachtet werden. Deshalb sollen die Führer von Jugendgruppen in der Regel für diesen Dienst keine Bezahlung erhalten.

3. Kontrolle.

a. Offiziere der Militärregierung sollen sich überzeugen, dass alle Forderungen erfüllt sind, bevor sie die Gründung von Jugendgruppen erlauben.

b. Nach der Gründung einer Jugendgruppe liegt die Verantwortung für dieselbe beim Kreisjugendausschuss, welcher seinerseits der Militärregierung direkt verantwortlich ist.

4. Eltern- und Lehrerräte.

Ein Rat von Eltern und Lehrern soll in jedem Kreis gebildet werden; er soll den Jugendgruppen beratend zur Seite stehen.

5. Verbotene Handlungen.

a. Die verantwortlichen deutschen Behörden sollen alle, die mit Betätigung der Jugend zu tun haben, darüber aufklären, dass sie sich schwerer Bestrafung aussetzen, wenn sie eine der nachstehend genannten Sachen einführen:

Alles was

(1) Militarismus oder Nationalismus verherrlicht;
(2) die Lehren der nationalsozialistischen Führer zu verbreiten, neu zu beleben oder zu rechtfertigen sucht;
(3) eine Politik feindlicher Gesinnung aus Gründen der Rasse oder Religion begünstigt;
(4) Missachtung oder Feindseligkeit gegen eine der vereinigten Nationen nährt oder Zwietracht zwischen ihnen erstrebt;
(5) Kriegswesen oder Kriegsvorbereitung zum Ziele hat, sei es auf dem Gebiet der Wissenschaft, der Wirtschaft oder der Industrie, oder das Studium der Geo-Politik begünstigt.

b. Keine Uniformen oder Embleme sollen ohne vorherige Genehmigung der Militärregierung des betreffenden Regierungsbezirks erlaubt sein.

c. Paraden, Exerzieren, Marschieren und alle anderen Formen von vormilitärischer und militärähnlicher Ausbildung sind verboten. Es wird auch keine Gruppen geben, welche mit oder ohne Absicht die verwerflichen Methoden der Hitler-Jugend oder des Nationalsozialismus lebendig erhalten.

AUF BEFEHL DES GENERALS EISENHOWER

/s/H.H. Newman
H.H. NEWMAN
Colonel, AGD
Assistant Adjutant General.

Alte Jagdhütte bei Niederrod/Ts. vor der Wiederinstandsetzung, Herbst 1945

Nach monatelangem Ausbau Treffpunkt der Jungenschaft Frankfurt. Oft mit befreundeten bündischen Gruppen – 1946. Fotos: Bert Pampel

Frankfurt a. M., den 25. Januar 1946

Merkblatt
für die Anmeldung der Jugendvereinigungen beim Jugendausschuß

1.

Alle Jugendorganisationen müssen vor der Aufnahme ihrer Tätigkeit beim Jugendausschuß angemeldet werden, der seinerseits nach Prüfung den Bescheid der Militärregierung einholt. Das gleiche gilt für Vereinigungen irgendwelcher Art, die, ohne Jugendorganisationen zu sein, Jugendliche unter 19 Jahren aufnehmen. Die Militärregierung wird jedoch keine Jugendorganisationen politischer Parteien oder solche, die politische Ziele verfolgen, genehmigen. Die bestehenden Jugendorganisationen haben sich gleichfalls unverzüglich anzumelden; sie gelten bis zum Entscheid der Militärregierung als vorläufig zugelassen, haben sich jedoch gemäß Anordnung derselben jeder parteipolitischen Betätigung zu enthalten.

2.

Der Anmeldung ist eine Satzung der Vereinigung beizufügen, aus der ihr Name, ihr Zweck und die Art und Weise hervorgehen müssen, wie sie ihre Ziele verwirklichen will, ferner die Erklärung, daß jede parteipolitische Betätigung und jede Verbindung mit politischen Parteien ausgeschlossen ist. Weiter muß die Zahl der Mitglieder sowie Name, Stand und Anschrift der Gründer und verantwortlichen Leiter angegeben sein. Die Gründer und Leiter haben auch die Fragebogen der Militärregierung auszufüllen und einen Lebenslauf einzureichen. Sie sind dafür verantwortlich, daß jede militaristische, chauvinistische und rassenfeindliche Strömung unterbunden wird und haben, wenn ihnen die strikte Durchführung dieser Grundsätze nicht mehr möglich sein sollte, dem Jugendausschuß davon sofort Mitteilung zu machen. Die Genehmigung der Vereinigung kann widerrufen werden, wenn sie nach ihrer bisherigen Tätigkeit keine Gewähr für ein ordnungsmäßiges Verhalten bietet. Der Jugendausschuß hat das Recht, sich jederzeit durch Delegierte von der Arbeit der Jugendorganisationen zu überzeugen.

3.

Jede Jugendorganisation hat zum letzten Tage jedes Monats einen kurzen schriftlichen Bericht abzugeben. Wesentliche Änderungen in den Angaben, die bei der Anmeldung gemacht worden sind, müssen dem Jugendausschuß unverzüglich mitgeteilt werden.

4.

Über den Zusammenschluß der Jugendorganisationen und die Bildung einer Vertretung aus ihren eigenen Reihen neben dem Jugendausschuß wird noch nähere Bestimmung ergehen.

Gerhard Blümlein & Co., Frankfurt a. M.

Deutsche Jungenschaft
BUNDESPRÄSIDIUM STUTTGART

STUTTGART, den 14. April 46.
Alexanderstraße 29

Gruppe Frankfurt/Main

To the
American Military Covernment
Frankfurt/Main

Herewith I beg to ask you to grant the
license to the Group Frankfurt/Main of the
"Deutsche Jungenschaft".

Two questionnaires and two statutes of
the assossiation of the Deutsche Jungenschaft
are enclosed.

The assossiation of the autonomous
Deutsche Jungenschaft is licensed already in
Stuttgart. The group Frankfurt/Main will be
leaded by Herbert Helmut Westenberger, Frank-
furt/Main, Körnerwiese 4.

Gallus
President.

Pit Schmidt, Frankfurt mit Gästen aus Stuttgart auf dem „Zacken", oberhalb des Pfingstlagers. Vorne Gerd Gallus (Rückenansicht), Pfingsten 1946. Foto: Bert Pampel

Pfingsten 1946, Oberems/Ts., Gründungslager der Hessischen Jungenschaft. Foto: Hans „Hami" Mielenhausen, Frankfurt/Main, 1946

A b s c h r i f t .

E n t s c h l i e s s u n g .

In Springe/Deister kamen auf Grund einer Einladung zur Bildung einer in der britischen Zone zusammengefaßten Deutschen Jungenschaft außer den eingeladenen Gruppen verschiedene bündische Gruppen hinzu. Ohne näher auf die Zusammenhänge einzugehen, kristallisierte sich aus den vorläufigen und angesetzten Besprechungen mit erschreckender Klarheit die Notwendigkeit zur Bildung eines Blockes heraus. Dieser Block soll alle Bünde und Gruppen umfassen, die entweder in Arbeit und Haltung schon "bündisch" sind, oder in Wesen und Zielsetzung ihrer Gruppenarbeit dieser inneren Einstellung entsprechen. Wegen der vorliegenden Dringlichkeit sind die anwesenden Gruppen einmütig zu einer augenblicklich einsetzenden Arbeit in dieser Richtung bereit.

Es sind sich alle Anwesenden darüber klar, daß das Fehlen zahlreicher und wichtiger Bünde und Gruppen bei der heutigen Tagung eine endgültige Fassung ausschließt. Diese endgültige Fassung kann nur zustande kommen, wenn alle Gruppen und Bünde eine gemeinsame Basis in dieser Richtung gefunden haben. Alle Anwesenden sind sich darüber einig, daß dieser Block im wesentlichen eine Vertretung der gesamten bündischen Jugend nach außen hin darstellen soll. Darüber hinaus wurde erkannt, daß sich aus diesem überbündischen Block eine fruchtbare Arbeit unter den einzelnen Bünden herbeiführen läßt. Das Eigenleben und die Selbständigkeit der Bünde und Gruppen wird dadurch in keiner Weise berührt.

Bis zum endgültigen Aufbau des Blockes wurden aus der augenblicklichen Notwendigkeit heraus drei vorläufige Vertreter der bündischen Jugend für den Zonenausschuß der deutschen Jugendverbände (z.Zt. in Vlotho/Weser) benannt. Die Entsendung der vorläufigen Vertreter hat keinen Einfluß auf die Wahl der endgültigen Vertretung des Blockes.

Als Vertreter (vorläufige) wurden gewählt:

1.) Günther Schmitz von der Deutschen Jungenschaft, Ortsring Hannover,
Hannover, Linsingenstr. 31.
2.) Gerhard Herzig von der Bündischen Freischar, Schwalenberg/Lippe.
3.) Walther Scherf von der Akademischen Freischar Göttingen,
Göttingen, Johanniskirchtum.

Um den Vertretern der bündischen Jugend die erforderlichen Unterlagen für ihre Arbeit zu geben, wurde vorgeschlagen, eine Arbeitsgemeinschaft zu bilden, die sich aus bevollmächtigten Vertretern der Bünde und Gruppen zusammensetzt. Damit ist erreicht, daß die Wünsche und Fragen aller Verbände bekannt werden. In der Überzeugung, daß diese Arbeit der Beginn einer umfassenderen ist und daß alle anderen Bünde an unserer Stelle genau so gehandelt hätten, unterzeichnen

Springe/Deister, den 3. November 1946

DEUTSCHE JUNGENSCHAFT HANNOVER	:	GÜNTHER DREYER
BÜNDISCHE FREISCHAR (STURMSCHWALBEN)	:	GERD HERZIG
BÜNDISCHE FREISCHAR HAMELN	:	ALFRED HELDORF
DEUTSCHE JUNGENSCHAFT WOLFENBÜTTEL	:	ARTHUR GUTSMANN
DEUTSCHE JUNGENSCHAFT VERDEN	:	JOACHIM THIES
WÖLFLINGE BONN	:	WILDERICH VON OSTMAN
DEUTSCHE JUNGENSCHAFT HILDESHEIM	:	WILLI KUNZ
BÜNDISCHE FREISCHAR BRAUNSCHWEIG	:	WILLI RADEL
JUNGE KAMERADSCHAFT OSNABRÜCK	:	GÜNTER HALBERSTADT
JUGENDRING HANNOVER	:	KARL-HEINZ WUNDENBERG
HANSISCHE JUNGSCHAR BREMEN	:	JÜRGEN PRÜSER
STURMVOGEL VIERSSEN/RHLD.	:	PAUL BOUREN
DEUTSCHE JUNGENSCHAFT GÖTTINGEN	:	KARL SIEMENS
DEUTSCHER WANDERBUND GÜTERSLOH	:	ALBERT GROSSE-STRANGMANN
DEUTSCHE JUNGENSCHAFT LÜNEBURG	:	HELMUT TINZ
DEUTSCHE JUNGENSCHAFT BREMEN	:	KARL KLINGE
AKADEMISCHE FREISCHAR GÖTTINGEN	:	WALTHER SCHERF

114 Grundordnung des "Bündischen Blocks" [1947]

1) Der 'Bündische Block' ist die Vereinigung aller Bünde und Gruppen der Bündischen Jugend zum Zwecke einer einheitlichen Vertretung Bündischer Belange vor der Offentlichkeit und gegenüber den Besatzungsmächten.

2) Der Bündische Block greift in das Eigenleben der Bünde oder der Bündischen Gruppen nicht ein.Er beschränkt sich darauf,Empfehlungen an seine Mitglieder zu richten.

3) Im Bündischen Block sind Jugendgruppen beider Geschlechter zusammengefasst,die weder von Parteien,noch Konfessionen oder Zweckverbänden abhängig sind.Diese Gruppen erstreben in jugendgemässer und naturhafter Art die Formung eines charakterlich einwandfreien und geistig reifen Menschen,der durch sein Leben seine Verantwortung gegenüber der menschlichen Gesellschaft und seinem Volk Tat werden lässt.Diese Bündischen Gruppen bauen auf auf der Tradition der alten Jugendbewegung.

4)
Der Bündische Block schafft sich zur Erfüllung dieser Aufgaben folgende Organe
a) das Grosse Bündische Thing
b) den Grossen Bündischen Rat.

5)Das Grosse Bündische Thing setzt sich zusammen aus den von der Militärregierung und den deutschen Behörden genehmigten Bünden vertreten durch ihre Leiter oder deren Stellvertreter.Diese Leiter sind berechtigt für je loo Mitglieder einen weiteren stimmberechtigten Vertreter zustellen.

6)Der Grosse Bündische Rat wird aus den Reihen des Grossen Bündischen Things in freier und geheimer Wahl gewählt.Die Kandidaten werden durch Zuruf in Vorschlag gebracht.Der Grosse Bündische Rat besteht aus fünf männlichen und zwei weiblichen Mitgliedern.Die Kandidaten, die die eisten Stimmen auf sich vereinigen,gelten als gewählt.Die Reihenfolge innerhalb des Rates wird ebenfalls von der Stimmenzahl bestimmt.

7)Der Grosse Bündische Rat wählt aus seinen Reihen vier männliche Mitglieder,die die Bündischen Interessen im Zonenausschuss der Jugendverbände für die Britische Zone vertreten.Der Leiter des Rates ist in gleicher Eigenschaft immer auch Leiter der Bündischen Vertretung im Zonenausschuss.Er kann in Übereinstimmung mit den übrigen Bündischen Vertretern im Zonenausschuss einen derselben als Sprecher dort bestimmen.Die zwei weiblichen Mitglieder des Rates sind gleichzeitig die Bündischen Vertreterrinnen im Frauenbeirat des [Zo]nenausschusses.Der Grosse Bündische Rat wird jährlich im Frühjahr neu gewählt.Wiederwahl ist möglich.Bei dieser Gelegenheit hat der Rat dem Thing Rechenschaft über seine Tätigkeit im vergangenen Jahr abzulegen.

8)Das Grosse Bündische Thing fasst seine Beschlüsse in freier und geheimer Abstimmung.Bei dieser Abstimmung ist Zwei-Drittel-Mehrheit der anwesenden Mitglieder erforderlich.Das Thing ist beschlussfähig, wenn mindestens 60% seiner Mitglieder anwesend sind.Hierfür ist Voraussetzung,dass sämtliche Mitglieder rechtzeitig schriftlich eingeladen worden sind.Der vom Leiter des Grossen Bündischen Rates bestellte Geschäftsführer ist für die Einladung verantwortlich.Der Rat kann das Thing einberufen.Das Thing muss einberufen werden,wenn mindestens 20% seiner Mitglieder schriftlich die Einberufunf beim Geschäftsführer beantragen.

9) Spricht das Thing mit mindestens 60% seiner Stimmen einem Angehörigen des Rates das Misstrauen aus,so hat dieser sofort zurückzutreten.Eine Neu-Zuwahl hat sofort zu erfolgen und endet mit dem Ablauf der Wahlperiode.

lo) Das Ehrengericht des Bündischen Blockes setzt sich zusammen aus 6 Mitgliedern,die von dem Grossen Bündischen Thing gewählt werden. Die Wahl erfolgt in gleicher Weise wie die des Rates und gilt und gilt für ein Jahr.Wiederwahl ist möglich.Der Vorsitzende des Ehrengerichts wird von dessen Mitgliedern ür die gleiche Zeit gewählt.Ausserdem werden vom Thing drei Mädel gewählt,die in allen Fällen,in denen Angelegenheiten der Mädelschaften zur Verhandlung stehen,drei männliche Mitglieder ersetzen,die durch den Vorsitzenden bestimmt werden.

Im übrigen hat dr die Stellung eines Wortführers ohne besondere Abstimmungsvorrechte. Ein Mitglied des Ehrengerichtes fungiert als Vertreter der Anklage und ist dann nicht stimmberechtigt. Die Sprüche des Ehrengerichtes werden mit einfacher Mehrheit gefällt. Ein Mitglied des Rates nimmt an den Sitzungen des Ehrengerichtes als Beisitzer ohne Stimmrecht teil. Er stellt die Verbindung zum Rat her. Der Rat ist berechtigt, gegen die Sprüche des Ehrengerichtes ~~xxxxxxxx xxxxxx~~ einmal sein Veto einzulegen. Der zweite Spruch des Gerichtes ist endgültig und unanfechtbar. Die Eineberufung des Ehrengerichtes erfolgt durch seinen Vorsitzenden a) bei schriftlicher Anzeige b) bei Aufforderung durch den Rat c) aus eigener Entschliessung in allen Fällen, die das Ansehen des Bündischen Blocks gefährden.

11) Diese Grundordnung ist angenommen auf einstimmigen Beschluss des Grossen Bündischen Things vom 27. April 1947 an der Porta Westfalica. Vorstehende Grundordnung wurde einstimmig bestätigt durch das besondere Thing der Bündischen Mädelgruppen in der Britischen Zone vom 1. Juni 1947 in Bad Essen am Kanal.

Die Mitglieder des Grossen Bündischen Rates sind in der Reihenfolge des Abstimmungsergebnisses bezw. der Stimmenzahl:

Dr. W. Helmut Jordan, Düsseldorf
Dr. Rolf Cremer, Hamburg
Michael Jovy, Köln
Günther Schmitz, Hannover
Walter Scherf, Göttingen
als Mädel:
Inge Herzig, Schwalenberg
Lischen Engelmann, Oldenburg

Vertreter im Zonenausschuss der Jugendverbände für die Britische Besatzungszone sind:
Dr. W. Helmut Jordan
Dr. Rolf Cremer
Michael Jovy
Günther Schmitz
Mitglieder des Mädelbeirates: Inge Herzig und Lischen Engelmann.

Mitglieder des Ehrengerichtes sind: Vorsitzender: Rudolf Agner, Hamburg
Gerd Behrsing, Minden - Willi Kunz, Hildesheim
Wiko Koller, Stadthagen - Klaus Kasten, Hemerode - O.F. Stripp, Hamburg.
Als weibliche Mitglieder:
Helga Kerfs, Düsseldorf - Eva Retzlaff, Bad Pyrmont
Liselotte Keienburg, Hamburg.

Frankfurter und Kölner Jungenschaft im Anmarsch zu einem gemeinsamen Sommerlager, Heftrich/Ts. 25.- 27.7.1947. Foto: Bert Pampel

Auf den Abräumhalden des alten Silber-Bergwerks Heftrich. Die große Singrunde mit Liederaustausch. Stehend der Fahnenträger. Foto: Berry Westenburger

Auf der Rückfahrt vom Osterlager 48 am Neckar. Besuch des Heidelberger Schlosses. Teilansicht der Frankfurter Horte II in der Hessischen Jungenschaft. Fotos: Heia Bauer

Teilansicht der Frankenberger und Neuburger Horten. Ostern 1948 am Neckar. Foto: Heia Bauer

Hans Coppi

Einweihung einer Erinnerungstafel für Liane Berkowitz an ihrem Wohnhaus Königin Luise Platz 1 am 25. November 1993

Als die Gestapo Liane Berkowitz in den Morgenstunden des 26.September 1942 aus diesem Hause holte, war sie 19 Jahre jung und im dritten Monat schwanger. Sie wohnte mit ihrer Mutter, der Gesangslehrerin Katharina Berkowitz, seit Ende der dreißiger Jahre am Viktoria- Luise- Platz. Ihre Eltern waren 1923 aus der Sowjetunion geflohen und hatten in Deutschland Asyl gefunden. Ihr Vater, der Dirigent Viktor Wassiliew starb kurz danach. Die Mutter lebte später mit Henry Berkowitz zusammen, der 1930 Liane adoptierte. Henry Berkowitz emigrierte Ende der dreißiger Jahre nach England, weil er als Jude in Berlin keine Existenzmöglichkeit mehr hatte. Die Mutter wollte jedoch in Berlin bleiben. Liane besuchte mehrere Privatschulen in Berlin, seit 1941 die Heilsche Abendschule in der Augsburger Straße, eine Vorbereitungsanstalt für das Abitur. Hier freundete sie sich mit Fritz Rehmer an, der sie eines Abends in die Charlottenburger Rüsternallee mitnahm. In der geräumigen Wohnung des Psychoanalytikers John Rittmeister lernte sie seine Frau Eva, Fritz Thiel, Otto Gollnow, Ursula Goetze und andere aus der Heilschen Abendschule näher kennen. Liane Berkowitz war zunächst überrascht, daß in diesem Kreis so offen, kritisch und ablehnend über das NS-Regime gesprochen wurde. Die deutsche Gesellschaft, wo der staatlich verordnete Rassenwahn immer furchtbarere Züge annahm, machte ihr Angst. Der Einfall der Wehrmacht in die Sowjetunion bestärkte ihre Vorbehalte gegen das NS-Regime.

Russisch war ihre Muttersprache. Rußland trug sie als Sehnsucht im Herzen. Die Zugehörigkeit zur russisch orthodoxen Kirche bedeutete ihr ein Stück Geborgenheit. Ihr Freund und späterer Verlobter Friedrich Rehmer kam aus der bündischen Jugend. Aus der oppositionellen Haltung machte er kein Hehl. Dieses Deutschland betrachtete er nicht als sein Vaterland. Er wurde im Juni 1941 eingezogen, kam an die Ostfront, wurde verwundet und lag seit Januar 1942 in einem Berliner Lazarett. Seine Schilderung der sowjetischen Verhältnisse unterschied sich von den antibolschewistischen Hetztiraden der NS-Propaganda. Er informierte auch über Gewaltverbrechen an der Zivilbevölkerung und den Kriegsgefangenen.

All dies berührte Liane zutiefst. Sie beteiligte sich an einer Aktion gegen die antisowjetische Propagandaausstellung „Das Sowjetparadies“ im Mai 1942. Diese konspirativ waghalsige und deshalb umstrittene Aktion war auch von Friedrich Rehmer befürwortet worden, der dafür eintrat, mit dem Reden aufzuhören und ein Zeichen zu setzen. Mit Otto Gollnow klebte sie in der Gegend zwischen Kurfürsten- und Uhlandstraße ca. 100 Zettel mit der Aufschrift „Ständige Ausstellung – Das Naziparadies – Krieg – Hunger – Lüge – Gestapo – wie lange noch?“.

Die Teilnahme an dieser Aktion und die Weitergabe von illegalem Material erfüllten nach der ideologiegeleiteten Rechtsauffassung des zweiten Senat des Reichskriegsgerichtes den Tatbestand der „Beihilfe zur Vorbereitung zum Hochverrat und zur Feindbegünstigung“. Die unbarmherzigen Richter, die noch nach 1945 das Reichskriegsgericht als eine Insel der Rechtstunabhängigkeit darstellten und für ihre Verbrechen nicht belangt wurden, bedienten die Erwartungen der NS-Führung, die eine exemplarische Bestrafung gefordert hatte. Von den 79 Angeklagten – die meisten waren Zivilisten – aus dem Verfahrenskomplex „Rote Kapelle“ erhielten 19 Frauen und 30 Männer die Todesstrafe.

Verzweifelt schrieb die 19jährige, zum Zeitpunkt ihres Prozesses im siebten Monat schwanger, nach der Gerichtsfarce: „Wenn man bedenkt, wie jung wir sind, so kann man nicht an den Tod glauben. Leider ist es die rauhe Wirklichkeit.“ Immer wieder kreisten ihre Gedanken um ihr Kind. Sie bat die Mutter, es in der russisch-orthodoxen Kirche am Ferbelliner Platz taufen zu lassen. All ihre Hoffnungen waren auf einen möglichen Gnadenakt gerichtet. Ende März war Liane Berkowitz in das Frauengefängnis in die Barnimstraße verlegt worden, wo sie am 12.April ein Mädchen zur Welt brachte, das sie Irene nannte. Einen Monat später wurde der Vater des Kindes in Plötzensee hingerichtet. Die Nachricht vom Tod ihrer Liebe erschütterte Liane, und sie bat ihre Mutter im Juni, das Kind an sich zu nehmen, da sie um dessen Gesundheit fürchtete. „Bete für mich. Ich bin furchtbar unglücklich“ endete dieser Brief, ein Aufschrei aus innerster Not. Am 25. August brachte die Mutter das Kind in ein Kinderheim nach Eberswalde, wo es Mitte Oktober 1943 verstarb. Wir kennen nicht die Ursachen.

Hitler verweigerte Mitte Juli für die 19jährige Liane Berkowitz genauso den Gnadenerlaß wie für meine Mutter und die anderen neun Frauen und zwei Männer, die am 5.August 1943 in Plötzensee sterben mußten. Der katholische Pater Peter Buchholz erlebte Liane Berkowitz in den letzten Tagen leidenschaftlich und voller jugendlichem Übermut. Den Angehörigen war es verboten, ihre Toten zu bestatten, nichts sollte mehr an diese Gegner des NS-Regimes erinnern. Die Verfolger versuchten nach 1945, mit der Diffamierung ihrer Opfer sich selbst reinzuwaschen. Die Rechtfertigungsmuster der Gestapo und der Wehrmachtsrichter wurden in der Atmosphäre des Kalten Krieges

bereitwillig übernommen. Lange Zeit wurden die Frauen und Männer der „Roten Kapelle" mit ihren weltanschaulich und politisch so unterschiedlichen Prägungen und Ansichten als Spione für die Sowjetunion und Verräter aus dem deutschen Widerstand ausgegrenzt. Diese Zerrbilder spielten auch in der bezirklichen Auseinandersetzung um den Adam-Kuckhoff-Platz noch in den achtziger Jahren eine Rolle. Vor fünf Jahren forderten die Jusos aus Schöneberg eine Ehrung für Liane Berkowitz.
Einzel- und gruppenbiographische Forschungen der letzten Jahre ermöglichen eine neue Sicht auf diese umstrittene Widerstandsorganisation, die jetzt als integraler Teil der deutschen Widerstandsbewegung anerkannt wird. Die Urteile der Wehrmachtsjustiz und des Reichskriegsgerichtes sind jedoch im Gegensatz zu den Urteilen des Volksgerichtshofes bisher weder geächtet noch aufgehoben, so auch das Todesurteil gegen Liane Berkowitz.
Was bleibt von dieser jungen Frau? Da sind die eindrucksvollen Briefe und Kassiber an die Mutter, die in der israelischen Gedenkstätte Yad Vashem liegen. Johannes Tuchel hat sie im letzten Jahr veröffentlicht. Jetzt erinnert diese Tafel an Liane Berkowitz, die sterben mußte, weil sie leben wollte. Deshalb hat sie gehandelt, als viele andere nur ihre Pflicht taten und es zuließen, daß Verbrechen und Wahnwitz politischer Alltag in Deutschland wurde. Diese Tafel zeigt, daß es auch in diesem Stadtteil Menschen gab, die gegen den braunen Hauptstrom lebten, nicht wegsahen, nicht gleichgültig sein konnten. Dies bleibt angesichts aktueller nationalistischer, rassistischer und neonazistischer Bedrohungen der Demokratie eine sehr aktuelle Botschaft.
Literatur: Johannes Tuchel: Briefe von Liane Berkowitz, in: Kurt Schilde (Hrsg.): Eva-Maria Buch und die „Rote Kapelle". Erinnerungen an den Widerstand gegen den Nationalsozialismus, Overall-Verlag, Berlin 1992, Neuauflage 1993.

Verfolgung und Vernichtung nichtarischer Ehepartner in Mischehen 1942/43 in Frankfurt/Main

Seit im Januar 1942 die Wannsee-Konferenz die „Endlösung der Judenfrage" zum festen Bestandteil ihrer Rassenpolitik machte, wurde deren Beschlüsse auch in Frankfurt rigoros umgesetzt. Das sogenannte „Juden-Referat" übernahm Heinrich Baab, bekannt geworden als Handlanger des Todes. Im Auftrag des Reichssicherheitshauptamtes und Heinrich Himmlers, Reichsführer der SS, übertraf er an Brutalität und Zynismus alles bisher Dagewesene. (Adolf Diamant, „Gestapo Frankfurt", 1988 Frankfurt)
Baab übersah nichts, ging jeder Denunziation nach und verfolgte in seinem krankhaften Judenhaß auch Angehörige der Ehen, in denen ein Teil nichtarischer Abstammung war. Mischlinge 1. Grades hießen Abkömmlinge mit einem jüdischen Elternteil, Mischlinge 2. Grades hatten einen Großelternteil als jüdische Vorfahren. Er hatte sich vorgenommen, Frankfurt „judenrein" zu machen. Und kannte auch bei deren Verfolgung keine Ausnahme. Es gipfelte in den Jahren 1942-43 in einer mitleidslosen Verfolgungsjagd und Verschickung in die damals noch unbekannten Vernichtungslager. Das Leben von 387 Frauen wurde durch Heinrich Baab buchstäblich ausgelöscht. Eine davon war meine Mutter. Sie wurde nur 53 Jahre alt, war evangelisch getauft, konfirmiert und 1917 in der Frankfurter Katharinenkirche evangelisch getraut. An der Tatsache, daß ihre Mutter als Jüdin geboren wurde, war sie unschuldig, wurde aber dafür bestraft. In welchem Staat lebten wir eigentlich, der seine Söhne zu Soldaten machte, deren Mütter zur gleichen Zeit jedoch wissentlich ermorden ließ.
1949, sechs Jahre nach diesen Untaten, wurde Heinrich Baab der Pro-zeß gemacht (Kay Boyle „Der rauchende Berg, Geschichten aus Nach-kriegsdeutschland, 1991) Darin eine Reportage über diesen Prozeß. Am 15.6.91 veröffentlichte die Frankfurter Rundschau sechsspaltig, ganzseitig einen Rückblick, der einen erschauern läßt.

Der Täter wurde in 55 Fällen des Mordes, in 21 Fällen des versuchten Mordes, in 30 Fällen der tätlichen Bedrohung und Körperverletzung im Amte, in 6 Fällen der Aussageerpressung und in 22 Fällen der Frei-heitsberaubung angeklagt und zu lebenslänglicher Zwangsarbeit, des Verlustes der bürgerlichen Rechte und der Zahlung der Prozesskosten verurteilt. Während der Verhandlung, die Familie trat als Nebenkläger auf, stellte sich heraus, daß der anonyme Anruf einer weiblichen Person das Juden-Referat erst auf meine Mutter aufmerksam gemacht hatte. War diese Maschinerie erst einmal in Gang gesetzt, gab es kein Anhalten mehr. Vorgeladen, inhaftiert, nach einigen Wochen zu einer Gallenblasenope-ration entlassen, erneut vorgeladen und in das Gestapo-Gefängnis Klapperfeld bis zur Abschiebung nach Auschwitz eingeliefert. Das Standesamt Auschwitz meldet den 23.8.43 als Todestag. Die Verurteilung Baabs war eine Ausnahme. Die meisten Gestapo-Kollegen kamen straffrei davon. Blieben unentdeckt, waren ins Ausland entkommen oder zwischenzeitlich verstorben.
Anton Mondorf, der 1938 die Mitglieder des „Bündischen Selbstschutzes" in Frankfurt in die Mangel genommen hatte, war während der Kriegsjahre nach Prag versetzt worden. Wenn auch nicht so brutal und fanatisch, half es ihm

dort wenig, ein Todesurteil beendete seine Gestapo-Karriere. Sein Kollege, Johann Gabbusch, der weit schlimmere Vernehmungsmethoden bevorzugte, war inzwischen verstorben. Die Israelis holten sich Eichmann, die Franzosen den Schlächter von Lyon, Klaus Barbie. Die Deutschen entließen Heinrich Baab 1972 krankheitsbedingt in die bundesdeutsche Freiheit. Keinem seiner ehemaligen Häftlinge wurde diese Gnade je zuteil.

Im August 2006 übermittelte mir ein guter Freund einen „Archivfund". Es handelt sich um eine Seite eines Berichts, den der ehemalige Frankfurter Gestapobeamte Heinrich Baab in der Haftanstalt Butzbach geschrieben hat und der neben der Organisation der Gestapo auch einzelne Fälle aus seiner Dienstzeit beschreibt. Unter der Signatur Bestand Chroniken S5/185 (Erinnerungen des Heinrich Baab, ehem. SS-Untersturmführer und Kriminal-Sekretär, an die Zeit 1937-45 in Frankfurt a.M.). Darin heißt es auf S. 39: „Die SD-Dienststelle in Frankfurt a.m., Leiter SS-Stubaf. Willi Pallas, stellte im Frühjahr 1943 fest, daß die Inhaberin des Caffee's Jolasse an der Hauptwache, die Jüdin Westenburger sei. Der SD verlangte die Festnahme, da sie ihre jüdische Abstammung verschwiegen habe, und daß die Fortführung des Geschäftes zwei Angestellten, die der NSDAP angehören, übertragen werden soll. Nach der Festnahme von Frau Westenburger, deren geschiedener Mann bei einer Behörde als Reg.Rat tätig war, erhielt die Staatspolizeistelle ein Protestschreiben des „Afrikakorps", dem der Sohn als Unteroffizier angehörte. Unter der Auflage, das Geschäft während der Öffnungszeiten nicht aufzusuchen, erfolgte ihre Entlassung. Der SD-Führer Pallas war mit dieser Entscheidung nicht zufrieden. Hinter dem Rücken der Staatspolizei setzte er sich mit dem RSHA in Verbindung und erreichte, daß Frau Westenburger kurzfristig wieder festgenommen und innerhalb 24 Stunden in ein KZ abtransportiert wurde, trotzdem sie noch unter den Folgen einer kurz vorher durchgeführten Operation litt."

Dieser Bericht bedarf einiger wichtiger Richtigstellungen:
1. In seinem eigenen Prozeß 1949 behauptet Baab, ein anonymer Anruf habe seine Dienststelle im Frühjahr 1943 auf Frau Westenburger aufmerksam gemacht. Es sei eine weibliche Stimme gewesen.
2. Bereits 1934 war mehreren Dienststellen der NSDAP durch das Ausschlußverfahren meines Adoptivvaters aus der Partei und SA bekannt, daß meine Mutter lt. NS-Sprachregelung Mischling 1. Grades (ein jüdisches Elternteil) war. Sie war nämlich der Anlaß zu diesem Verfahren.
3. Bei der letzten Volkszählung 1939 mußte neben Namen, Wohnort, Beruf, Ausbildung auch die Religionszugehörigkeit der Eltern und Großeltern der gezählten Person angegeben werden. Aus diesen Angaben erstellte das „Reichssippenamt" in Berlin eine Klassifizierung nach rassischen Kriterien (s. Anlage).
Auch durch diese Erhebung war meine Mutter eindeutig amtlich als Halbarierin gekennzeichnet. Sowohl in Punkt 2 als auch in Punkt 3 hatte die Gestapo und das RSHA Berlin, beabsichtigt oder irrtümlich, einen großen Fehler begangen. Er setzt sich in der Berichterstattung und in Punkt 4 fort.
4. Um zu vermeiden, daß durch parteipolitische Interessen die Firma S.F. Jolasse in fremde Hände gelangen könnte, hatte meine Mutter als Alleinerbin die Erbschaft zu meinen Gunsten ausgeschlagen. Sie war damit nicht mehr die Inhaberin. Ich hatte das Geschäft an drei langjährige Angestellte verpachtet. Zwei waren Frauen, der dritte Pächter, der altgediente Fahrer, Diener und Freund meines Onkels. Ich erhielt die Pacht ohne Beanstandungen.
5. Es stimmt zwar, daß mein Adoptivvater in einer Behörde als Regierungsrat tätig war. Dies war in den Jahren 1920-24 im Preußischen Innenministerium. Dort schied er aus mir unbekannten Gründen aus. Mit einem Erbteil meiner Mutter, nach dem Tode beider Großeltern 1930 und 1931, betrieb er eine kleine Düngemittelfabrik in Obereschbach. Ein Bombentreffer, wohl ein sogenannter Notabwurf, zerstörte die Anlage.
6. Meine Eltern waren nicht geschieden, wie es irrtümlich in Baabs Bericht heißt. Beweis, die Ausschlußakte des Parteimitglieds. Wegen einer Weigerung, sich scheiden zu lassen, erfolgte der Ausschluß. Die spätere Mitteilung des KZ-Lagerkommandanten und der Sterbeurkunde, auf der „evangelisch" als Religionszugehörigkeit angegeben ist. Auch dies hätte zum Zeitpunkt der Inhaftierung ohne weiteres festgestellt werden können (s. Anlagen).
7. Die Anfrage der 20.Flak-Division vom 19.4.43 bei der Frankfurter Gestapo (s. Anlage) nach dem Verbleib meiner Mutter hatte insoweit Erfolg, daß sie aus der Haft entlassen wurde. Daß dagegen das RSHA Berlin sich über alle Bedenken hinwegsetzte, zeigt den Rassenwahn der dort Verantwortlichen.
8. Es ist nicht richtig, wenn behauptet wird, ich sei Unteroffizier der Deutschen Wehrmacht gewesen. Mein letzter Dienstgrad war der eines Obergefreiten der Luftwaffe. Wäre meine Mutter „Voll-jüdin" gewesen, wäre ich nicht Soldat geworden. Vermutlich hätte ich als „Dienstverpflichteter" in einer Munitionsfabrik Granaten drehen müssen oder eine andere Sklavenarbeit im Bereich der Rüstungsindustrie verrichtet. Auch diese Tatsache wurde ignoriert.
Heute kann ich mich nicht des Eindrucks erwehren, daß man auf diese oder jene Weise – wenn schon nicht die Immobilien – so doch den Geschäftsbetrieb irgendeiner Person zuschieben wollte. Diese Person müßte sehr gute Beziehungen zum SD in Frankfurt gehabt haben.

BUNDESARCHIV R2/GB Datum: 22.03.2000

Ergänzungskarten der Volkszählung vom 17.05.1939

1)Recherche : Hessen-Nassau

Familienname	Vorname	Geburtsname/-datum/-ort
Westenburger	Robert	28.07.1881 Mainz
Ergänzung	Erfassungsadresse	Abst.:NNNN-0
---	Frankfurt a. M. Auf der Körnerwiese 4	

Hoch- und Fachschule: Universität Bonn
Verzugsadresse/-datum: ---
Abwanderungsziel/-dat.: ---
Deportationsziel/-datum: ---
Todesort/-datum: ---

2)Recherche : Hessen-Nassau

Familienname	Vorname	Geburtsname/-datum/-ort
Westenburger	Nelly	Jollasse 19.11.1890 New York
Ergänzung	Erfassungsadresse	Abst.:NNJJ-2
---	Frankfurt a. M. Auf der Körnerwiese 4	

3)Recherche : Hessen-Nassau

Familienname	Vorname	Geburtsname/-datum/-ort
Westenburger	Herbert	05.01.1920 Frankfurt a. M.
Ergänzung	Erfassungsadresse	Abst.:NNNJ-1
---	Frankfurt a. M	

Auf der Körnerwiese 4
==

4)Recherche : Hessen-Nassau

==

Familienname	Vorname	Geburtsname/-datum/-ort
Westenburger	Herbert	05.01.1920 Frankfurt a. M.
Ergänzung	Erfassungsadresse	Abst.:NNNJ-1
---	Frankfurt a. M. Auf der Körnerwiese 4	

==

5)Recherche : Hessen-Nassau

==

Familienname	Vorname	Geburtsname/-datum/-ort
Metzger	Emmy	27.08.1908 Michelstadt
Ergänzung	Erfassungsadresse	Abst.:NNNN-0
---	Frankfurt a. M. Auf der Körnerwiese 4	

==

Keine Angaben im Gedenkbuch.

Der Fluchtversuch in USA

Für diesen mißglückten Ausbruch im März 1944 gibt es zwei von einander unabhängige Beweise.
1. In den Akten der Special War Problems Division, Department of State, archiviert in den National Archiven am 21.4.1944, findet sich ein Überprüfungsbericht des POW-Camps Opelika des Internationalen Roten Kreuzes vom 3.4.1944. Unter Punkt 16, Absatz 2, Disziplinare Maßnahmen, d.h. Bestrafungen, ist folgende Bemerkung zu finden: Drei Mann flohen, nachdem einer die Eisenstäbe, die einen Abfluß sicherten, durchgefeilt hatte. Dieser ist inzwischen repariert. Er zementierte ihn sehr geschickt und seine Kumpane folgten ihm. Jeder in einer Nacht. Sie trafen sich in einer nahegelegenen Stadt, wo sie dann innerhalb weniger Tage gefangen werden konnten. Natürlich wurden sie eingesperrt. Sie sagten später, sie hätten natürlich nicht damit gerechnet, längere Zeit in Freiheit zu bleiben. Sie wollten einmal auf die andere Seite des Drahtes.
(Kopie in Englisch beigefügt). Auch diesen Archivfund verdanke ich meinem Freund, dem Historiker Rafael Zagovec.
2. Das Hessische Ministerium für Wissenschaft und Kunst schrieb gemeinsam mit der Gemeinnützigen Hertie-Stiftung im Frühjahr 2004 einen Wettbewerb aus: „Jugend debattiert: Was bedeutet uns der Widerstand gegen den Nationalsozialismus heute?“ – ein Beitrag zum 20. Juli1944, jetzt nach 60 Jahren.
Hierzu wurde ich um Mitarbeit gebeten. Die Wöhlerschule, ein Frankfurter Gymnasium, bat mich um ein Interview mit Oberklassenschülern, das in der Folge, nach einigen Stunden intensiver Arbeit und Einblick in mein Privatarchiv, die Schüler befähigte, eine Arbeit abzugeben, der die Jury unter 28 eingereichten Beiträgen den 2. Preis zuerkannte.
Am 13.7.2004 diskutierten Schüler und Zeitzeugen über dieses Thema in der Frankfurter Paulskirche und nahmen ihre Auszeichnungen in Empfang. Regionale und auswärtige Medien berichteten darüber, und in diesem Zusammenhang glaubte ein gewisser Willi Ostlender aus Aachen mich als ehemaligen Mitgefangenen in Camp Opelika, Alabama-USA, erkannt zu haben. Es stellte sich heraus, daß er tatsächlich „der Willi“ war, der unsere Flucht mit unterstützt hatte und mein „Hier-Rufer“ bei den Zählappellen war. Es folgten zahllose Ferngespräche und wochenlange Korrespondenzen, in denen jeder dem anderen über sein Leben, nach fast 61-jährigem Schweigen, berichten wollte. Für Willi, durch Schlaganfall in Motorik und Sprache beeinträchtigt, eine Glanzleistung. In einem Brief vom 10.8.2004 berichtet er von dem Fluchtversuch ohne zu wissen, daß er mein einziger Tatzeuge war, den ich dringend benötigte. Im Frühsommer 2005 sahen wir uns nach 61 Jahren als 80-jährige Männer wieder! (Brief und Fotos beiliegend)

From the Special War Problems Division
DEPARTMENT OF STATE TO:
War: Gen. Bryan
Date: 4/27/44

PRISONER OF WAR CAMP
OPELIKA, ALABAMA

1. NAME OF CAMP: Prisoner of War Camp, Opelika, Alabama.

2. DATE OF VISIT: April 3, 1944

3. VISITED BY: Dr. Marc Peter, Delegate of the International Red Cross Committee,

Accompanied by - Mr. Charles C. Eberhardt, Department of State.

4. PRECEDING VISIT: November 22,23, 1943 by Messrs. Werner Tobler of the Legation of Switzerland and Parker W. Buhrman of the Department of State.

5. CAMP COMMANDER: Colonel ~~George~~ Gerson Cronander

6. CHIEF, PRISONER OF WAR SECTOR: Major Homer B. Davis

7. EXECUTIVE OF

in the Post Exchange for similar articles.

Articles made in the "hobby shop", paintings, carvings, etc., may now be sold on the prisoners' account at the Post Exchange.

An American stenographer and a bookkeeper employed in the canteen are paid from its profits. Prisoners have free access to accounts in canteen books and a general audit is made by them accompanied by the American in charge, once a month.

16. DISCIPLINARY MEASURES:

One Arab prisoner was recently confined for four weeks for beating an fellow Arab.

Three men escaped, after one had filed an iron bar protecting a drain which had been repaired. He cemented the bar very cleverly and his companions followed him, one each night. They gathered in a nearby town, where they were captured within a few days. They were confined of course. They said that they had no idea that they could enjoy freedom for any length of time. Simply wanted to get out from behind the prison fence.

Fourteen men who expressed their anti-Nazi ~~vies~~ views too frequently and too loudly, were in protective custody during the visit. Their transfer to Camp Campbell had been authorized and they were only awaiting transportation.

17. WORK-KIND AND NUMBER OF MEN ENGAGED:

The number of prisoners on a pay status within the camp averages from 200 to 250. The same three side camps are maintained- at Valdosta and Albany, Alabama and at Dublin, Georgia. But the number at Valdosta has been increased to 500, with the result that of the 2482 prisoners being held, some 1500 are on the pay status, or about 60% - rather a good showing for a German Prisoner of War Camp.

18. COMMENTS OF THE INTERNATIONAL RED CROSS COMMITTEE REPRESENTATIVE:

Dr. Peter was pleased at the number of books which were on hand and being used daily- in the library and recreation halls. He heard no complaints worthy of reporting, he stated. He listened to all, and "laughed them off", so far as the writer was able to observe or learn.

CHARLES C. EBERHARDT

Willi Ostlender
Am Bongard 18
52080 Aachen
Tel. 02 41 / 55 38 90

Aachen-Eilendorf, 10.08.04

Mein lieber Berry,

heute kam Dein lieber Brief vom 5./6.08.04. Er hat mich in seltene Freude versetzt, für die ich Dir von Herzen danke. Ich hatte Dich leibhaftig vor mir, als ich ihn las. Es erinnerte mich an Opelika als wir zusammen waren und gemeinsam unsere Lieder zur Gitarre sangen. Wir fühlten uns in die jugendbewegte Zeit der Heimat versetzt und vergaßen darüber, dass wir fern der Heimat in Amerika als „Prisoners of war" zu einer Cowboy-Gitarre sangen. Es waren Momente, die ich nicht vergessen kann. Die aber auch so mancher andere nicht erlebt hat.

Ich freue mich mit Dir, dass das Foto mit dem Sinnspruch von Dir, Dir besondere Freude macht. Es hat auch eine besondere Bewandtnis. Du hattest es mir zu Weihnachten 1943 mit der Gefangenenpost übermittelt und dazu noch einen „Nerother" gezeichnet, gelungen dargestellt, der zur Gitarre sang. Das war zu meinem Trost gemeint, weil ich einer der wenigen war, die noch keine Post von zu Hause bekommen hatten. Wo das gezeigte gezeichnete Bild geblieben ist, weiß ich leider nicht mehr. Was die Liedtexte anlangt, da kann ich Dir noch helfen: Ich habe vom Verlag Günther Wolff Plauen noch die letzten Ausgaben 1933 „Heijo der Fahrtwind weht", „Lieder der Trucht", „Lieder der Eisbrechermannschaft". Das erste ist das Lied der Nerother, es ist für Dich bestimmt, sofern es Du noch nicht hast. Die Liederbücher haben inzwischen hohen Seltenheitswert. Es wird höchste Zeit, dass wir uns gegenseitig besuchen, darauf freue ich mich besonders. Wenn unsere Tochter zurück ist packen wir das Thema an.

Heute macht mir das Schreiben ~~wes~~ weniger Schwierigkeiten. Ich bin schon anderthalbe Stunde dran und ich glaube, dass ich diese Seite noch voll kriege. Das Üben ist auch etwas wert.

Wie ging es in Opelika weiter? Für mich war Euer Ausbruchversuch das größte Ereignis. Du hattest mir das Fluchtdatum heimlich in eine Kladde, die wir in der Lagerschule benutzten, geschrieben. Dazu hattest Du eine Landschaft mit einer aufgehenden Sonne gezeichnet und in die halbe Sonne das Datum geschrieben. Ich war also unterrichtet. Das war deshalb notwendig, damit ich wußte, ob wann ich mich bei dem ~~Zählap~~ Zählappel Deiner Kompanie für Dich mitzählen ließ. Das entwickelte sich zu einer interessanten Sache. Das amerikanische Lagerpersonal konnte nicht feststellen, wo Leute fehlten. Deine Mitausreißer hatten ein Gleiches vorbereitet. Es waren ein Berliner und ein Mailänder (die Namen habe ich vergessen). Zum Schluß benutzten die Amis die Unterlagen mit den Fotos von den Gefangenen (wie ich Dir eines in dem Brief mitgeschickt habe) und ließen jeden einzeln vorbei gehen. So stellten sie endlich fest, wo und in welcher Kompanie welche fehlten. Ich habe dann noch eine Zeit lang das Essen aus der Küche in den („Stockage?") Bau gebracht und damit geht meine Erinnerung an Dich in Opelika zu Ende.

Ich habe inzwischen anhand meiner Unterlagen festgestellt, dass wir am 13. Juni 44 von Opelika nach Fort Benning verlegt worden sind. Anfangs war ich der Meinung, wir wären noch in Fort Benning zusammen gewesen.

Nun, mein lieber Berry, ich lerne deinetwegen wieder schreiben. Das ist ein weiteres Positivum. Ich komme zum Ende. Nächste Woche mehr! Alles Gute, Dir und Deiner lieben Frau, auch von meiner lieben Frau, herzlichst

Dein Willi

Willi Ostlender 1944, Camp Opelika, Alabama, USA. Foto: US-Army

und 2004 in Schlossborn/Ts.. Privataufnahme

Nach 61 Jahren treffen sich die Freunde wieder. 2005, Privataufnahme

Pläne zur Jugendpolitik in einem Deutschland nach Hitler

Zwei führende Männer des Wiederstandkreises, der am 20.Juli 1944 vergeblich versuchte, Hitler zu stürzen, nämlich Ludwig Beck und Karl-Friedrich Goerdeler, haben im Jahr 1941 ihre Vorstellungen über Politik nach Hitler formuliert. Beck war damals unter den Mitverschworenen als Staatspräsident, Goerdeler als Reichskanzler für das nachhitlerische Deutschland vorgesehen. Über die Pläne für die Erziehung der Jugend nach dem Ende des NS-Regimes hieß es in dieser internen Denkschrift:

„Aus der Hitlerjugend wird die Staatsjugend, Die Spitzenorganisation der HJ wird sofort aufgelöst, ihr Vermögen sichergestellt, an ihre Stelle tritt ein in Erziehungsfragen bewährter General. In der Großstadt muß das Zusammenfinden der Jugend organisiert werden. Es ist notwendig, um auch schon im jugendlichen Menschen das klassengelöste Gefühl der Volksgemeinschaft stark werden zu lassen. Die natürliche Grundlage der Jugendorganisation ist die Klasse und die Schule. In der Klasse ist der Turn- und Sportlehrer der gegebene Jugendführer. Für die Schule ist ein dazu besonders geeigneter Lehrer, der Soldat gewesen ist, mit der Aufgabe zu betrauen. Die Gleichaltrigen sind auch bezirklich zusammenzufassen. Zur Führung sind Offiziere berufen, die besondere pädagogische Begabung haben und für diesen Zweck besonders geschult werden."

Solche Konzepte von Repräsentanten des konservativ-militärischen Widerstandes gegen Hitler weisen, so meine ich, nicht nur darauf hin, daß aus dem Gelingen des Putsches vom 20.Juli 1944 gesellschaftspolitische Verhältnisse hervorgehen sollten, die zumindest in Sachen Jugenderziehung mit freiheitlichen Idealen nicht allzu viel zu tun hatten; es wird auch deutlich, wie sehr damals Männer aus alten Eliten der deutschen Gesellschaft die reale Entwicklung jugendlichen Lebens und jugendlicher Mentalität verkennen konnten. Beck und Goerdeler hatten offenbar nicht wahrgenommen, daß die Zeiten vorüber waren, in denen eine vaterländisch-autoritäre Jugendpflegeorganisation im Stile etwa des einstigen Jungdeutschland-Bundes junge Menschen hätte erfassen können; sie hatten nicht verstanden, daß die Voraussetzungen dafür jugendgeschichtlich auf dreifache Weise aus der Welt geräumt waren: Erstens durch die deutsche Jugendbewegung bis 1933; zweitens durch die Erfahrungen der Hitler-Jugend nach 1933; drittens durch die auf jugendliche Selbstbestimmung zielenden oppositionellen Gruppen von Jugendlichen, die es im dritten Reich gegeben hatte.

Arno Klönne, Jugend im 3. Reich, die Hitlerjugend und ihre Gegner
Diederichs Verlag/Köln-Düsseldorf, 1982, Seite 283ff.

In memoriam Herbert (Berry) Westenburger

In memoriam Herbert (Berry) Westenburger

Von allen Geschenken, die uns das
Schicksal gewährt, gibt es kein größeres Gut
als die Freundschaft — keinen größeren
Reichtum, keine größere Freude.

Epikur

Ein Leben für die Freunde und die Freundschaft ist zu Ende gegangen.

Herbert (Berry) Westenburger

✳ 05. 01. 1920 † 08. 08. 2015

Traurig nehmen wir Abschied

Doris Schäfer

und alle Familienangehörigen

Luzie Pingen

Die Trauerfeier mit anschließender Urnenbeisetzung findet
am Mittwoch, dem 9. September 2015 um 12.00 Uhr in Frankfurt
auf dem Friedhof Bonames, Im Storchenhain 24, statt.

Bücher der Pfadfinder- und Jugendbewegung